エッセンシャル法学

大谷 實編著

［第7版］

成文堂

第7版はしがき

　1992（平成4）年6月に初版として刊行された本書は、6度目の改訂を迎えることになった。本書が目指した意図や目標については、「はしがき」を是非お読みいただきたいが、あれから27年が経過して、この度、第7版を世に送ることができた。誠に感慨一入のものがある。特に、今年は平成最後の年に当たるとともに、2001（平成13）年4月に学校法人同志社総長に就任した筆者は、それから4期16年間学園の運営に没頭し、一昨年3月末日もって退任した。その後、わずか2年目に本書の第7版を上梓することができ、編著者として格別の思いがある。

　本書をアップ・ツー・デートなものとするため、版ごとに、新しく制定された法律や注目すべき判例を「はしがき」で指摘してきたが、今回は、①思想・良心に関する最高裁平成30年7月19日判決や小中学校の道徳教育に係る変更、②2017年以後の民法（債権関係）の改正、③相続に関する大法廷判決や相続分等に関する民法改正、④外国人労働者の大幅受け入れに関する出入国管理法の改正、⑤少子化対策に係る「改正次世代育成支援対策推進法」の制定、⑥人格権の一内容である「忘れられる権利」に関する下級審判例などが目ぼしいものであり、いずれも国民の生活に係る問題として解説・検討が加えられている。そのほか、今回も統計や図表等を新しいものに差し替え、全体を点検し直しながら、「出来るだけ分かりやすく」をモットーとして改訂が試みられた。今後とも、本書を活用していただければ幸いである。

　なお、本書の改訂に当たっては、株式会社成文堂の阿部成一社長、編集部の篠崎雄彦氏および編集部の各位にお世話になった。記して謝意を申し上げたい。

　　2019年2月

　　　　　　　　　　　　　　　　　大　谷　　實

はしがき

　この書物は，大学における「法学」の講義用テキストである。法学の入門書ないし教科書は数多いが，それらを見ると，余りに専門的に過ぎて消化不良を起こすようなもの，あるいは法学のガイダンスにとどまるようなものが少なくないように思われる。そこで，私の研究室から巣立った研究者で法学の講義を担当した経験をもつ者が集まり，その経験を基に，大学生が社会へ出てから本当に必要な法律の知識は何かという観点に立って，教科書を執筆しようということになった次第である。こうして本書は，学生諸君が大学を卒業した後に，各自の個人生活を豊かにし社会の発展に寄与するために，どうしても必要な法律に関する知識，すなわち法学上の基本的な知識及び考え方を整理・検討して執筆したものである。本書のタイトルに「エッセンシャル」を付け加えたゆえんである。

　本書を開けばすぐに分かるように，類書には見られない工夫が凝らしてあり，それが本書の特色となっている。特色の第一は，各章の冒頭にレジュメを付けて，その章で述べようとすることをあらかじめ示している点である。読者は，それを見ながら講義を聴き，知識を整理することができるであろう。第二は，判例を数多く取り入れた点である。これは，具体例や裁判所の判断を示すことによって，何が問題になっているかを読者に自ら考えて貰うことを狙いとするものであるが，同時に生きた法を学ぶために判例は絶対に必要であるという趣旨も含んでいる。第三に，憲法に関する叙述の占める割合が，比較的大きいという点である。今日の法の仕組みや法的価値の根源を知るうえで憲法は不可欠であるということと，教職課程で必要な日本国憲法の講義にも兼用できるようにすることがその理由である。第四に，Terms やReference の欄を設けている点である。これによって読者は，必要な知識を頭に定着させることができるであろう。

　本書は，右に述べたような考え方にたって数回の会合を開き，一応の打ち合わせをしたうえで各自が執筆したものであるが，執筆は分担者それぞれの責任において行い，私は全体を調整したにすぎない。

本書が企画されてから2年以上経過してしまったが，その間，成文堂社長阿部耕一氏及び同編集長土子三男氏は，我々執筆者を叱咤激励され，出版にまで漕ぎ着けて下さった。ここに，改めて記し，深く感謝申し上げる次第である。

平成4年5月

大　谷　　實

第2版はしがき

本書の初版が発行されてから4年が経過したにすぎないが，その間，製造物責任法の制定，刑法の全面改正，精神保健法が「精神保健及び精神障害者福祉に関する法律」に改められるというように，市民生活に直接かかわる重要な法律の改正が行われた。また，平成3年に制定された借地借家法が平成4年に施行され，さらに，夫婦別姓を含む民法の改正も実現しつつある。そこで，こうした法律の動きに即応するとともに，内容の一層の充実を図るため，全面的に改訂することにした次第である。

平成8年2月

大　谷　　實

第3版はしがき

　本書の第2版が発行されてから5年が経過した。この間に，臓器移植法，情報公開法，不正アクセス禁止法，児童買春ポルノ禁止法，通信傍受法，犯罪被害者保護法といった市民生活に直接関係する法律が制定されたほか，少年法も重要な点で改正が行われた。また，司法制度改革審議会の審議も進み，参審制，陪審制の論議も本格化してきた。こうした法律分野の動きに照らし，本書をアップ・ツー・デートなものにするため，版を改め，第3版とすることにした次第である。

　本書の出版に中心的な役割を果たした京都産業大学助教授青木紀博君は，平成10年9月6日に逝去された。彼の死去は本書の共同執筆者にとって痛恨の極であったが，幸い，青木君のご夫人 青木苗子弁護士が青木君の分担であった第2章と第8章を執筆して下さった。青木弁護士も大学院時代に私の研究室で修士論文を書かれた方である。なお，青木君の分担であった第11章と第19章は，同じ同志社一門の愛媛大学助教授 十河太朗君，同志社大学専任講師 川崎友巳君に執筆をお願いした。

　この書物の狙いは，初版はしがきで詳しく述べたとおりであり，版を重ねるに従って，その目標に少しずつ近付きつつあるように思われる。

　本書が広く利用されることを期待する次第である。

　平成13年2月1日

大　谷　　實

第4版はしがき

　司法制度の改革が進み，ここ数年の間に市民生活にかかる新しい法律や制度が誕生した。また，民法の現代語化，商法や刑法の改正が断行されつつある。そこで，これらの動きに対応するため，三つの点を念頭に置きながら，版を重ねることにした。

　一つ目は，新法及び法改正に対応するもので，民法の現代語化，刑法の改正，会社法はじめ経済取引関連法規の改正，人事訴訟法，消費者保護法の改正，労働関係法規の改正，心神喪失者等医療観察法の制定，個人情報保護法などについて，新たに書き加えた。二つ目は，加筆・補正するもので，憲法改正問題，裁判員制度，行政手続法におけるパブリックコメント手続の制度化，社会保障・医療保障・年金制度などに手を加えた。三つ目は，資料・データを更新するもので，引用文献や犯罪白書のデータ等を差し替えた。

　今回の改訂によって，法律学の入り口で必要な最小限の新しい知識を提供できたと考えている。法科大学院の未修者の方々にも，入門書として利用していただくことを期待するものである。

　　平成17年3月3日

　　　　　　　　　　　　　　　大　谷　　實

第5版はしがき

　平成13年6月に発表された司法制度改革審議会の意見書は，三つの改革の柱を掲げた。①国民の期待に応える司法制度の構築，②司法制度を支える法曹の在り方，③国民的基盤の確立である。①については裁判員制度等の新設，②については法科大学院を含む法曹教育の新展開など，ここ数年間に大きな改革が成し遂げられている。問題は③である。

　裁判員制度は曲りなりにも実施に漕ぎつけられたが，それに至るまでの裁判員制度に対する国民の無関心は，目を覆うばかりであった。その最大の原因は，司法制度を支える国民的な基盤が脆弱な点にあったといってよいであろう。日本国憲法の価値の根源は個人主義であり，個人主義の社会では，本来，法を主体的に捉えて自分のものにするという自覚が求められ，国民一人ひとりが主体的に法の担い手となるべきなのに，法を他人事として捉え，貴方任せにして自らのものとする自覚が乏しかったように思われる。自由で公正な社会を築くためには，法を自らのものとして捉え，真の意味で国民のものとする自覚が必要となるのである。近年，一般市民のための法教育の重要性が指摘されている所以である。

　本書の第4版は，平成17年に刊行されたが，国民の法教育が脚光を浴びているところから，一般市民の方にも利用していただくために，法律に関する最新の知識を提供し，併せて，叙述を正確にするため，大幅な改訂を実施することにした次第である。

　平成22年4月

　　　　　　　　　　　　　　　　大　谷　　實

第6版はしがき

　本書の第5版を発行してから3年が経過した。その間，多くの法改正が実現し，また，重要な判例も出ている。例えば，地方分権にかかる一連の法改革，平成24年の消費者安全法の改正による「消費者安全調査委員会」の新設，児童虐待防止に関連した親権停止制度の新設を含む民法の改正などが実現した。

　一方，判例では，平成21年度の衆議院総選挙にかかる「一票の格差」問題について，最高裁大法廷判決が出ている。また，教育権については，最高裁平成23年5月30日判決をはじめ，4件の最高裁判例が現れた。

　さらに，人工生殖，臓器移植，安楽死・尊厳死等の生命をめぐる法律問題や医療訴訟等の医療問題について，専門家の間で議論が進められている。

　こうした近年の動向を踏まえ，法律の知識を幅広く平易に提供するという本書の立場から改訂し，第6版とする次第である。

　平成25年2月

　　　　　　　　　　　　　　　　　　　　大　谷　　實

目　次

第 7 版はしがき

Chapter *1*
法とは何か ——————————————————*1*

Essence ··· *1*

1. 法 の 意 義 ·· *2*

2. 法 の 基 礎 ·· *3*

3. 法 学 と は ·· *5*

Chapter *2*
法の学び方 ——————————————————*10*

Essence ··· *10*

1. 法を学ぶまえに ································ *11*

2. 法への興味・関心 ···························· *14*

3. 法律をものにするために ··················· *18*

Chapter *3*
法の仕組 ——————————————————*25*

Essence ··· *25*

1. 法源としての法 ································ *26*

2. 成文法の分類 ·································· *29*

3. その他の成文法 ································ *33*

Chapter *4*
憲法の基本原理 ————————————————*37*

Essence ··· *37*

1. 明治憲法から日本国憲法へ ················· *38*

2. 国 民 主 権 ······································ *40*

3. 平 和 主 義 ······································ *42*

4. 基本的人権尊重主義 ·························· *45*

5. 憲法改正問題 ·································· *51*

x

Chapter 5
国の統治機構 ——————————————53

Essence ···53

1. 三 権 分 立 ···································54
2. 国　　　会 ·····································55
3. 内閣と行政 ···································58
4. 裁　判　所 ···································62
5. 地 方 自 治 ···································66

Chapter 6
平　　等　　権 ——————————————70

Essence ···70

1. 「法の下の平等」原則 ·····················71
2. 平等の意義 ···································72
3. 平等権の内容 ·······························74

Chapter 7
自由権（1）——精神的自由・経済的自由 ——————85

Essence ···85

1. 精神的自由権 ·······························86
2. 経済的自由権（1）························98
3. 経済的自由権（2）·······················100

Chapter 8
自由権（2）——人身の自由 ——————————104

Essence ··104

1. 適正手続の保障 ···························105
2. 被疑者の権利 ·····························109
3. 被告人の権利 ·····························111
4. 刑罰の限界 ································116

Chapter 9
社　　会　　権 ——————————————120

Essence ··120

1.　生　存　権 ……………………………………… 121

2.　教　育　権 ……………………………………… 125

3.　勤労の権利 ……………………………………… 129

4.　労働基本権 ……………………………………… 129

Chapter 10
裁判の仕組 ————————————————————133

Essence ………………………………………………… 133

1.　裁判の意義と機能 ……………………………… 134

2.　裁判所の組織 …………………………………… 137

3.　裁判の担い手 …………………………………… 140

4.　裁　判　手　続 ………………………………… 143

5.　国民と司法 ……………………………………… 146

Chapter 11
財　産　と　法 ————————————————————151

Essence ………………………………………………… 151

1.　財産法の構造 …………………………………… 152

2.　債　　　権 ……………………………………… 154

3.　物　　　権 ……………………………………… 159

4.　権利義務及び法律行為の主体 ………………… 165

Chapter 12
経済取引と法 ————————————————————168

Essence ………………………………………………… 168

1.　経済取引と法 …………………………………… 169

2.　消費者保護 ……………………………………… 169

3.　企　業　と　法 ………………………………… 179

4.　経　済　と　法 ………………………………… 185

Chapter 13
家　族　と　法 ————————————————————189

Essence ………………………………………………… 189

1.　家　族　と　法 ………………………………… 190

2. 夫　　婦 ……………………………………191

3. 親　　子 ……………………………………195

4. 相　　続 ……………………………………200

Chapter 14
犯 罪 と 法 —————————————————207

Essence ……………………………………………207

1. 犯罪と刑罰の種類 …………………………208

2. 刑法の機能と基本原則 ……………………213

3. 犯罪の成立要件 ……………………………215

4. 違法と責任 …………………………………219

Chapter 15
労 働 と 法 —————————————————223

Essence ……………………………………………223

1. 労働者保護法 ………………………………224

2. 労働基本権 …………………………………230

Chapter 16
事 故 と 法 —————————————————235

Essence ……………………………………………235

1. 事故と被害者の救済 ………………………236

2. 加害者の民事責任 …………………………237

3. 不法行為責任の限界 ………………………240

4. 各種事故の被害者救済対策 ………………244

Chapter 17
社会保障と社会福祉 ————————————255

Essence ……………………………………………255

1. 社会保障制度とは何か ……………………256

2. 医療保障制度 ………………………………260

3. 年 金 制 度 …………………………………263

4. 社会福祉制度 ………………………………265

目　次　xiii

Chapter 18
医 療 と 法 ————————————271

Essence ……………………………………………………271

1.　医療と法との関係 …………………………………272

2.　医 療 訴 訟 …………………………………………274

3.　生命をめぐる法律問題 ……………………………277

4.　精 神 医 療 …………………………………………283

5.　感　染　症（新型インフルエンザ）………………285

Chapter 19
情報化社会と法 ————————————287

Essence ……………………………………………………287

1.　情報化社会 …………………………………………288

2.　情報の発信と法 ……………………………………289

3.　情報の受信と法 ……………………………………291

4.　情報の保護と法 ……………………………………297

5.　マスメディアへのアクセス権 ……………………301

Chapter 20
国際社会と法 ————————————303

Essence ……………………………………………………303

1.　国際社会と国際法 …………………………………304

2.　国際法と国内法の関係 ……………………………307

3.　国際紛争の平和的解決 ……………………………309

4.　戦争の違法化と国際安全保障 ……………………311

5.　国際的人権保障 ……………………………………313

6.　国際社会の組織化 …………………………………314

日本国憲法 …………………………………………………317

事 項 索 引 …………………………………………………327

Chapter 1

法とは何か

Essence

1. 法の意義

社会的動物としての人間 ─〈 社会 / 国家

社会に準則は不可欠⇒社会規範 ─ 宗教 / 道徳 / 法 / 慣習

「法」という言葉の多義性 ─ 法則 / 教義 / 道理 / 法学における法

2. 法の基礎

法の要素としての物理的強制力

強制力の基礎についての多様な考え方（法神授説，正義論，自然法論，社会契約説など）

法の存在根拠──正義の内容としての個人主義

3. 法学とは

悪法も法？

法学の各分野 ─ 法解釈学 / 法哲学 / 法史学 / 比較法学 / 法社会学

法解釈学は学問か

リーガル・マインド

裁判員制度と法教育

1. 法の意義

社会的動物としての人間　人間は，その性質上単独で生活することはできず，何らかの形で集団としての社会生活を営んでいる。社会は，家庭・学校・地域社会・職場・職業集団・地方公共団体など種々の形態を含むが，これらを包括する人間の最も強固な結合体は，現在のところ国家である。ところで，人間は，それぞれ個性を有し，各人固有の欲望ないし欲求を持っているから，いかなる社会においても人間相互の矛盾・対立が生じ，それが争いや紛争の原因となる。そして，この矛盾・対立をそのまま放置するときは，「人は人にとって狼」（T. ホッブス，1588〜1679）となり，人間社会は完全に崩壊してしまうことは明らかである。

社会に準則は不可欠　こうして，社会を維持し発展させるためには，各人が守るべき準則すなわち社会規範が不可欠となるのである。「社会あるところ，そこに法あり」という法格言があるゆえんである。社会規範とは，社会を構成している人々が，社会の秩序を維持するために必要なものとして承認した社会生活上の準則をいう。社会規範には，道徳，宗教及び慣習などがあり（➡26頁），それぞれ人間の社会的行動を規律する機能を有し，社会秩序の維持に寄与している。しかし，これらの社会規範だけで社会秩序を維持することはとうてい不可能であり，現在地球上に存在しているすべての国家は，法を手段として社会秩序を維持しているのである。こうして，法もまた社会規範の一種にほかならない。

法学における法　法という言葉には，いくつかの意味が含まれていることに注意を要する。法は，もともとは物事の普遍的な在り方ないし仕方を意味する。また，法則など物事の必然的な関係や，教義ないし道理といった宗教的・道徳的な意味も含んでいる。しかし，法学でいう「法」は，そのいずれでもない。「法」は，法則のように存在する事柄の必然的関係をいうのではなく，人間として「まさにあるべきこと」「まさになすべきこと」すなわち当為の在り方を意味する。その点では，道理に近い意味を含んでいる。しかし，単なる道理は社会規範ではあるが，法そのものではない

のである。

　では，そもそも法とはいかなるものを意味するのであろうか。前述のように，人間が安定した社会生活を営むためには，道徳・宗教などの社会規範を絶対に必要とするのであるが，それらの社会規範のうち，国によって制定ないし承認され，その遵守が国家権力によって強制されるものを法と呼ぶ。後に詳しく説明するように，憲法，民法，刑法などの成文による法すなわち法規のほかに，慣習や判例といった不文の形式で法的強制力が与えられているものはすべて法である。ちなみに，法と法律という用語の使い分けについて，若干の注意を必要とする。法律は，厳密にいうと国会の議決によって成立する法規をいうのであり（➡30頁），その意味では，法律は法より狭い概念である。しかし，法律学とか法律家という場合は，法と同じ意味で使われるのである。

2. 法の基礎

物理的強制力　　われわれは，先に，法とは，国によって制定ないし承認され，国家権力によってその遵守が強制される社会規範であると定義した。この定義からも分かるように，法の核心的な要素は，その物理的な強制力にある。例えば，刑法をみれば分かるように，裁判によって刑の言渡しがなされると，国家は犯人の意思とは関係なくその人を死刑や懲役に処するのであって，要するに，法の強制力は物理的な力の行使にほかならない。もっとも，法の中には，例えば民法における契約のように，当事者の意思に任せているものも数多くあり，それらは強制力を伴わないように見えるが，例えば金銭を借りた者が約束の期限までにそれを返さなければ，借りた相手方から裁判所に訴えられ，そして裁判に負ければ強制執行によって返済させられるのであり，契約のような場合にも物理的強制力がはたらくのである。このように，法は国家権力による物理的強制力を伴う社会規範であり，場合によっては死刑のように人の生命さえも奪うことができるのである。

　それでは，こうした強制力は，何を基礎として認められるのであろうか。

4 **Chapter 1** 法とは何か

多様な考え方　強制力を中核的要素とする法の基礎については，ギリシャ時代から様々な思想が展開されてきた。①法の基礎は神にあると説いた法神授説，②正義にあると説いた正義論，③理性によって認識される法すなわち自然法にあるとする自然法論，④「絶え間ない戦いの状態に疲れた人間が，自分の自由の一部分を差し出して残った自由を確保する」ために結んだ社会契約が基礎であるとする社会契約説，⑤最大多数の最大幸福が基礎であるとする功利主義などが主張され，また，⑥国家における支配階級の利益を守ることが法の究極の根拠であるとする立場，⑦多数の人々の共通の利益を守ることが根拠であるとする立場も主張された。

　これらの法思想は，それぞれ異なった時代や文化を背景としているので，そのいずれが正しいということはできないが，法が正義を基礎とするものでなければならないことは否定できないであろう。そうでなければ，法は権力者の道具となり，その強制力は暴力に堕落してしまうからである。問題は，正義に何を盛り込むかにある。神の秩序を地上に樹立することが正義であるとする時代もあったし，第二次世界大戦が終結する以前のわが国では，天皇と国家に奉仕することが正義であるとする法思想が有力だったのである。しかし，個人の信念としてならばともかく，このような「正義」が法的正義であると考える人は，今日では少ないであろう。

法の基礎　われわれ日本人は，明治以降，国家主義ないし全体主義の価値観を植えつけられて来た。明治憲法は，この価値観に立脚して制定されたものであるが，第二次世界大戦の敗戦を契機として，それまでのものとは正反対の個人主義の価値観を基礎とする憲法を持つに至った。そして，日本国憲法制定後半世紀を経た現在，この価値観は完全に国民の間に定着したといってよい。個人主義とは，個人の尊厳ともいい，人間社会におけるあらゆる価値の根元は，具体的な生きている一人一人の個人にあり，国や社会は何にも勝ってこの個人を尊重するように努めるべきであるとする原理をいう。人間は誰でも，与えられた条件の中でそれぞれの幸福を追求して生きるのであるから，それが最大限に尊重され，保障される社会こそ理想の社会であるといってよい。個人主義は，人間の本質的欲求から導き出された究極の原理なのである。こうして，現代における正義の実質は，個人主義を基礎と

する価値であるということができる。

　個人主義は，人間が相互に他人の幸福追求を尊重し合うことを前提として成り立つものであるから，他人の犠牲において自己の利益を主張する利己主義を否定するとともに，全体のために個人を犠牲にする全体主義を否定し，すべての人間を主体性を持った人格として平等に尊重しようとする原理である。この原理から，平等権を基礎とする自由権その他の基本的人権の保障が法的正義の具体的内容として導き出される。このような正義の考え方からすると，国や社会は個人の幸福追求のためにこそ存在する理由があるのだから，国の政策や意思を決定するのは個人でなければならない。多数決原理を基礎とする国民主権，議会制，三権分立といった民主主義的な諸制度は，まさに個人主義の政治的帰結である。法ないし法の要素としての強制力の基礎は，まさに個人主義なのである。

　このように，法の強制力の基礎は個人主義にあり，したがって，法の究極の目的は，個人主義を実現することにあるといってよいであろう。国家は，個人主義的な価値を実現するために様々な法を作って強制し，また，法を破った者に対しては刑罰や損害賠償といった法的な制裁を加えて社会秩序の維持を図るのである。

3. 法学とは

悪法も法？　すべての法は，個人主義を基礎としなければならない。しかし，世界の国々を眺めてみると，全体主義的な法制度を持っている国も多い。そうした法は，われわれの立場からすれば正義に反する悪法といわざるをえず，それらの国に対しては，人権的な立場から改革を求めるべきであろう。ところで，このような反人権的な法が悪法であることは明らかであるが，問題は，憲法に則り，基本的人権を尊重する立場から民主的な手続きによって制定された法であるにかかわらず，しばしば「悪法」のレッテルを貼られる場合があるということである。

　ここにいう「悪法」が，明らかに誤ったものであったり不合理である場合は，国民はその法に抵抗すべきであるとともに，国は，もちろんその法を使

6 *Chapter 1* 法とは何か

うべきではなく，速やかに改正すべきである。しかし，現在使われている法が明らかに不合理であるといった悪法の例は稀であって，むしろ，価値観の違いが悪法という評価の原因となっている場合がほとんどである。このことは何を物語るかといえば，等しく個人主義に立脚しても，それを実現する具体的な政策については，その人の立場の相違に応じて，価値観は多様にありうるということなのである。

　個人の尊厳に立脚する自由社会においては，このような価値観の相違をお互いに認め合うことが前提となるから，そのどれかを絶対的に正しいとするのではなく，憲法に則り民主的な手続きに基づいて制定されたものである以上は，一応民意を反映したものとして，正当な法と評価せざるをえない。それゆえ，その法が正当か否かは相対的なものであることに注意しなければならない。法は，人々を強制して有無を言わさず従わせるものであるにかかわらず，その中身の正当性がこのように絶対的なものでないということは，法学ないし法律学の性質を理解するうえで極めて重要である。

法学の各分野　法学は，法哲学，法史学，比較法学，法社会学および法解釈学などを含む。法哲学は，法の哲学的基礎を明らかにするものであって，法の基礎は何かといった問題を扱う学問分野である。法史学は，法の歴史を扱うものであり，わが国の法が，大化の改新以後，中国法の影響を受けて発展し，明治維新以後はフランスおよびドイツを中心とするヨーロッパ法の影響を受け，さらに，第二次世界大戦後は英米法を継受して発展したのであるが，こうした法の歴史的発展の経過を明らかにする分野である。比較法学は，国家間あるいは英米法系と大陸法系といった異なった法の伝統を持つ法の比較を扱う分野である。法社会学は，法が社会においてどのように機能しているかということを科学的・実証的に明らかにする分野であり，例えば，所有権が現代の社会においてどのような意味を持っているかを経験科学的に明らかにする分野である。法解釈学は，個々の法の意味を体系的に明らかにする分野であり，憲法学，民法学，刑法学などの表題がつけられている法律書は，大体，法解釈学を内容とするものである。

法解釈学の特殊性　以上の法律学の各分野のうち，法律学の中心を占めるのは，何といっても法解釈学である。法解釈学は，裁判所などの国の機

関が実際に事件に適用すべき法の中身を明らかにするものであって，医学に譬えていうと，法解釈学は臨床医学に相当し，法哲学などは基礎医学に当たるのである。ところで，法解釈を扱った書物，例えば，民法学や刑法学の書物を手にしてみると，ある条文の解釈について，多くの学説の対立があることに驚かされるであろう。例えば，一般に「人」といえば特に説明をしなくても直ちに理解してもらえるが，法律上「人」という場合，人は法人を含むか，また，人間としての人の始まりは母体から分離した時点か，それとも一部露出した時点かといった議論があり，学説が対立しているのである。このように，一般には自明のものとされている言葉の解釈についてさえ学説は複数存在しているのであるが，それでは，そのうちのどれか一つが正しく，それ以外の学説はすべて誤りなのであろうか。

　われわれは，先に，法は正義を実現するためにあるが，正義は多様に存在しうるのであって唯一絶対的なものではないということを確認した。そうだとすると，法を解釈する者の価値観の相違によって解釈は異なってくる道理であり，学説が多様に存在することはやむを得ないことといわなければならない。また，ある時代には正当な解釈も時代の変化によって不当な解釈になるということはしばしばあることであって，これは価値観が法の解釈に反映する証左でもある。したがって，学説の当・不当は，どれだけ多くの支持者が得られるか，あるいは関係者を納得させることができるかということに帰着する。

　このように考察してくると，法解釈学は，事物の法則や真理の探究を目指す科学とは異なった学問分野であることが分かる。そのため，法解釈学の学問性に疑問を持つ見解が現れたり，法解釈論は「説得の技術」にほかならないといった見解も主張される。確かに，価値観が解釈者の主観に基づくものだったり恣意的なものであるとすれば，それは学問の名に値しないであろう。しかし，個人主義に立脚し，いかにすれば個人の幸福追求権を保障できるかを基礎として法の意味を体系的・客観的に明らかにすることは，十分に学問の名に値するといってよい。そもそも学問とは，事物の体系的認識ないし知識の体系化をいうのであり，また，価値に関係する哲学や社会科学もまた，本来，一義的な真理の探究を目指すものではないのである。

8　**Chapter 1**　法とは何か

リーガル・　このように，法解釈学においては，異説があることが当然なの
マインド　であり，法学を学ぶ場合，まずこのことを十分に自覚しておか
なければならない。そして，どの学説も一応正当性を主張しうるものである
とすれば，それぞれの学説がいかなる価値観に立脚しているかということを
十分に理解するように努め，そのうえで自らの考えを決める必要がある。

　リーガル・マインド（legal mind）という言葉が，しばしば使われる（➡
13頁）。これは英語では余り使われない用語のようであり，わが国の造語に
近いが，おそらく「法的な考え方」という意味で使われているものと思われ
る。では，法的な考え方とは何か。一般の思考方法と法的なものの考え方の
決定的な違いは，何よりもまず法的な考え方の出発点に法規を中心とした法
があるということである。現に存在している法の存在を無視して法的な思考
はありえない。法の存在を前提として，種々の考え方があるということを十
分に自覚し，それぞれの考え方に検討を加えて理解し，その利害得失を明ら
かにしたうえで，紛争の当事者や一般の人が納得する根拠・理由を示して結
論を導き出すこと，これが法的なものの考え方すなわちリーガル・マインド
というものである。

裁判員制度　リーガル・マインドとの関連で，新しい法律問題が浮上してい
と法教育　る。一つは裁判員制度であり，他は，法教育の問題である。前
者は，国民の司法参加のために新しく設けられた制度である。1923（大正
12）年の陪審法の制定により刑事裁判への国民参加制度が部分的に実現して
いたが，1943（昭和18）年に最後の陪審裁判が行われてから一時停止とな
り，約70年後の2009（平成21）年5月に，裁判官とともに，一般市民が有
罪・無罪および刑の重さを決める判断に参加する裁判員制度が導入された
（➡148頁）。これによって，国民一人ひとりが主権者として刑事裁判の担い
手となるのであり，その役割を適切に果たすことが求められている。リーガ
ル・マインドの涵養の必要性が叫ばれる所以である。

　一方，日本社会では「法律家は悪しき隣人」といわれてきたことからも分
かるように，法律を社会生活における行動基準とすることに躊躇する傾向が
あるように思われる。かなりの教養人でも，六法全書を買い求める人は非常
に少ないようである。そこで，現代の価値の根源である個人主義の考え方，

自由で公正な社会の担い手として必要な法的なものの考え方を身につけさせるために，近年，文部科学省は学習指導要領において法教育の充実を図るとともに，学界においても，2010（平成22）年に「法と教育」学会が設立され，リーガル・マインドの強化が重要な課題となっている。

Chapter 2

法の学び方

Essence

1. 法を学ぶまえに

法のイメージ

「堅苦しいもの」⇒条文の暗記？

「事実への条文のあてはめ」⇒やはり条文の暗記？

「画一性・冷酷さ」⇒愛も友情もない？

「縁遠いもの」⇒一生，法など無用？

法を学ぶ意義

法的思考，リーガル・マインドを身に付けること

…多くの事実，さまざまな価値観⇒バランス感覚⇨論理的思考

法の制定・運用は国民の意識の反映

…主権者としての国民⇒権利＝法を見る目

2. 法への興味・関心

「大人の学問」…社会現象，人間の営みへの興味

小説・ルポルタージュを読む…法と人間の関わりを知る一つの手段

3. 法律をものにするために

講義を聴く意味…結局は，法を学ぶ早道

講義の聴き方┬教科書…講義に併せて読む

　　　　　　├ノート…論理の流れをメモ

　　　　　　└六法…条文⇨六法の習慣

判例の重要性…法の生きた姿

判例の学び方…〔事実〕⇒〔論点〕⇒〔理由〕⇒〔結論〕の流れをつかめ

法的知識・思考の表現

レポートの書き方…〔問題点〕⇒〔判例・学説〕⇒〔自説の根拠〕⇒〔結論〕

〔構想〕⇒〔文章化〕⇒〔推敲〕⇒〔清書〕

試験の答案の書き方

ゼミ報告の方法

1. 法を学ぶまえに

二つのタイプの読者 本書を手に取って読まれている読者の大部分は，法について未だそれほど多くの知識を持ち合わせていない，いわゆる初学者であろうが，そこには，おそらく二つのタイプがあると思う。一つは，何らかの目的意識をもって，ともかく法を積極的に学びたいと考えている読者である。もう一つのタイプは，法を学ぶことにあまり興味は湧かないけれども，何らかの事情で法を学ばざるを得ない状況に置かれてしまったという，いわば「気の毒」な読者ではないだろうか。

「好きこそ物の上手なれ」というように，法を学ぶにあたっても，やはり関心や好奇心がなければ，上達を望むのは困難であろうし，法を学ぶことが苦痛以外の何物でもないということにもなりかねない。それでは悲劇である。法を学ぶにあたって，後者のタイプの読者はもちろん，法を積極的に学ぼうと考えている読者も，法あるいは法学のもっている一般的な性質に少し目を向けておいてはどうであろうか。

法というもののイメージ 法や法学というものに対しては，あまり好ましくないイメージがつきまとっているようである。例えば，法学は「堅苦しい」というイメージ。しばしば，法律の実務家や研究者は六法全書に書かれている法律の条文をほとんど暗記しているのか，という問いが発せられる。これは，法を学ぶことは，あの味気ない法律の条文を暗記することであるという先入観の現れであろう。たしかに，法律の専門家は多くの法規を知ってはいる。しかし，法律の条文は六法に書かれているのであるから，これを見ればよい。条文の暗記自体はさして重要ではない。

また，法は社会における争いごとを解決する手段であるが，事実が確定し，それに適用される法律規定さえ見つけ出せば，答えは自動的に得られると考えている人も少なくないようである。そうだとすれば，やはり，法を学ぶことは，事実に適用される法律規定を覚えることだということになる。啓蒙時代の著名な思想家モンテスキューは，「裁判官は法律の言葉を述べる口である」といった。恣意的に法が適用されていた当時においては，主権者である

12　*Chapter 2*　法の学び方

国民がその代表者を通じて制定した法律に基づいて国政が行われなければならず，裁判官が主観的に法を解釈適用すべきではないと主張することは意味のあることだった。しかし，現実には，裁判官による法の解釈を否定することは不可能である。例えば，「人」という一見当たり前と思われる文言についても，いつから「人」となるかについて，刑法199条の殺人罪の客体としての「人」に関しては，胎児の身体の一部が母体から露出したときであり（一部露出説），民法1条の3の権利の主体としての「人」においては，胎児の身体が母体から全部露出したとき（全部露出説）であると解釈されている（➡7頁）。

　このように，法の解釈は不可欠であって，その場合には，法の文言の日常的な意味に従って解釈すること（文理解釈）が基本とはなるが，その条文のもつ論理的意味を考え（論理的解釈），他の法規定との比較や均衡を考慮し（体系的解釈），その法規に示された制度の目的を斟酌し（目的論的解釈），さらには，社会情勢や社会的必要性をも考慮して（社会的解釈），法律の規定を合理的に解釈することが必要なのである。

　法は画一的であり，冷酷でさえもあるといわれることがある。ロシアの文豪トルストイは，キリスト教的な「愛」の共同体を理想の社会と捉え，「法は婚姻というが愛を語らず，契約というが友情を口にしない」と，法に対して痛烈な批判を浴びせている。法にとって重要なことは，婚姻や契約という形式だけであり，愛情や友情という人間にとってより本質的な問題には見向きもしないということであろう。たしかに，法は形式を重んじる。愛に満ちた夫婦生活を送る男女であっても，婚姻届を欠けば，法律上は夫婦とはみなされない（➡191頁）。冷淡にも，人の心は切り捨てられる。しかし，法のもつ画一性・形式性は，国民に対して広く適用される法がすべての人に対して公平かつ平等に適用されるために，なくてはならない特質なのである。法が愛そのものを語り，裁判官が愛を判断すれば，法適用の公平さは失われ，社会に混乱をもたらすことにもなりかねない。しかし，他方で，上に述べた法の解釈を通して，法の適用に人間的なものを注ぎ込むことも，公平さを失わない限り可能なのである。

　法はわれわれの日常生活とは縁遠いものであると感じられるかもしれない。悪事をはたらいたり，争いごとを起こさずに生活している以上，法とは

無縁でいられるというイメージである。しかし，「社会あるところに法あり」といわれるように，人が集まり社会が形成されれば，何らかのルールが必要になる。法はわれわれの秩序を維持するために，様々な紛争を解決する手段として不可欠なものなのである。しかも，今日のように，複雑に人や物が入り組んだ社会では，好むと好まざるとにかかわらず，法と係わらざるを得ない。複雑な人間関係は思いもかけない利害の対立を生み出すし，日常の消費生活においても，悪徳商法のような不正な取引に巻き込まれたり，身体や健康に有害な商品を手にすることもある。科学技術が高度に発達した現在では，思いもかけない災害が襲う可能性も否定できない。そればかりか，自動車の運転や会社の業務という日常的な活動から犯罪を犯してしまい，あるいはその被害者になることも稀ではない。法はわれわれの生活のじつに広範な部分を覆っており，われわれの生活を保障してもいるのである。

法を学ぶ意義　法は，社会秩序を維持し，我々の権利や利益を保障し，現実の生活における幸福を実現するために，われわれに対して義務を課し，これを強制する。法が国民に対して義務を課す場合には，通常の人ならば誰にでも守れる程度の義務を課す。法は一般人を対象とするものであり，それゆえに，このような法を扱う法学は，きわめて実践的で，かつ世俗的な学問なのである。

　法を学ぶということは，国民の社会生活における現実的な幸福を実現するために，法がどのような制度を設け，それがどのように解釈・運用されているかを知り，理解することである。現実の社会生活においては，国家や社会あるいは個人の利益が複雑に交錯しており，多数の国民の現実社会における幸福を見出すためには，多様な視点から社会を観察し，多くの国民が納得できる結論を導き出すことが必要となる。法制度や法の解釈を学ぶことによって，おのずと，このような総合的判断能力，つまり，多くの事実を前提にして，相対立する価値を衡量し，バランス感覚を働かせて，論理的で，説得力のある妥当な結論を導くという法的思考能力が涵養されるのである。これはリーガル・マインドと呼ばれる（➡8頁）。法を学ぶ意義は，とりもなおさず，このようなリーガル・マインドを身に付けることにあるといってよいであろう。

14 **Chapter 2** 法の学び方

　法は国家機関によって制定・運用されるが，民主主義社会では，それは，究極的には，われわれ国民の意識を反映したものである。法あるいは法律家の行う判断は，ときとして時代の要請に遅れた融通のきかないものであることもあろう。しかし，法は，その性質上，社会の動きや国民の意識に追従していくべきものである。そうだとすれば，われわれが法を知り，それを評価しうる目を養っておくことは，我々の社会生活における幸福の実現にとって不可欠の素養なのである。「法」を意味するドイツ語の Recht，フランス語の droit などは，同時に「権利」という意味をもっている。法とは権利の体系なのである。19世紀の法律家イェーリングは，法律を学ぶ者の必読書の一つである『権利のための闘争』のなかで，すべての権利は闘い取られたものであり，権利のうえに眠る者は，やがて権利を失うと説いているのである。

2. 法への興味・関心

現実の社会と法　法学は「大人の学問」だといわれる。さまざまな人間がうごめく複雑な社会を複線的に見る視点が，要請されるという意味であろう。法を学ぶことは，社会の諸現象を法の目を通して学ぶことである。したがって，法を学ぶには，自分の身のまわりに起こる種々の事象に関心を向け，あるいは，新聞やテレビなどのメディアを通じて，現実社会の諸現象を知ることがどうしても必要である。そして，そうした社会現象に法がどのように係わり，どのようにして国民の幸福を実現しようとしているかを考えてみることが，法を学ぶ出発点だといってもよい。新聞などを毎日読み，社会と法の係わりを自分なりに考え，蓄積していくことによって，我々は現在社会の多くの側面を知り，同時に，法のシステムやメカニズムをおのずと身に付けていくことができるのである。

　法が現実社会における人間の営みを扱うものである以上，法が扱う事件にはさまざまな人間が係わり合っている。法に係わる人間を通して，法をながめてみることも，法を学ぶ一つのきっかけを与えてくれよう。法律を学ぶ者は，論理的な法的思考を鍛えると同時に，社会に生きる人を見る視点をそこに注ぎ込むことを忘れてはならない。他方，法と人間との係わりを見ること

は，法律に興味を見出せない読者にも，今までとは違った法の見方を教えて
くれるであろう。

小説・ルポル　法と人との係わりを知るための一つの方法として，小説や
タージュを読む　ルポルタージュを読むことを推奨したい。ドストエフスキ
ーの『罪と罰』を挙げるまでもなく，法や道徳と個人の自由や良心との葛藤
は文学の永遠のテーマの一つである。また，毎日の新聞には犯罪記事があふ
れているが，個々の事件の背景には簡単な報道では捉えきれないドラマがあ
る。ここでは，わが国の犯罪，刑事裁判に関する小説・ルポルタージュを中
心に，いくつかの作品を紹介しよう。

　直木賞を受賞した佐木隆三の『復讐するは我にあり』（講談社文庫）は，昭和
38年の連続強盗殺人事件の犯人をモデルにした小説で，日本の犯罪文学の先
駆と評価された。同氏は，その後も『死刑囚永山則夫』（講談社文庫），『宮崎
勤裁判』（朝日新聞社），『オウム法廷連続傍聴記』（小学館）と，時代のエポッ
クとなった事件の裁判記録をもとにした緻密な作品を次々と発表してきた。
これらは，日本の実際の刑事裁判がどのように進んでいくのかを知る格好の
教材でもある。

　少年の殺人事件は，社会に強い衝撃を与える。佐瀬稔『金属バッド殺人事
件』（草思社）は，昭和55年の大学浪人生による両親殺害事件を扱ったもの。
平成９年の神戸小学生虐殺事件の加害者が14歳の少年であったことにわれわ
れは驚愕した。朝日新聞大阪社会部『暗い森』（朝日文庫）は，同事件の犯人
の少年に多面的に迫ったルポタージュである。しかし，その後も平成10年に
は高校教師が生徒に刺殺される事件，平成12年には高校生による佐賀県バス
ジャック殺人事件，愛知県主婦殺害事件…と，動機が曖昧で残忍な少年事件
が相次いで発生し，少年事件は社会問題となった。これらの事件をめぐって
は，ルポルタージュのほか，心理学，教育学，哲学の分野からも多くの論考
が加えられている。

　最近多く出版されるようになった犯罪被害者やその遺族の手記は，当事者
の悲痛な肉声を伝えるとともに，事件が平穏な生活を送っている市民に突然
起こりうる出来事であることを実感させる。被害者の父親を主人公としたル
ポルタージュ小説に，佐藤秀郎『衝動殺人』（中央公論社）がある。行きずりの

16 **Chapter 2** 法の学び方

殺人で息子の命を奪われた主人公の生涯を賭けた努力は，昭和56年，犯罪被害者補償制度（➡213頁）として実を結んだ。犯罪被害者問題には，補償の内容の充実，報道による第二次被害からの保護，被害者の心の傷の回復など，なお課題が多い。一方，朝倉和泉『還らぬ息子・泉へ』（中央公論新社）は，祖母を殺害して自殺した少年の母親の手記である。取り返しのつかない事態が発生する前に自分に何かできたのではないかと問い続ける加害者の家族の苦しみもまた大きい。

　小説では，刑事裁判をテーマにした大岡昇平『事件』（新潮文庫），少年院を舞台とした立原正秋『冬の旅』（新潮文庫），そして加賀乙彦『宣告』（新潮文庫）が必読だろう。『宣告』は，死刑執行（➡118頁）を待つ死刑囚の極限の心理を描いた重厚な作品である。著者は精神医学者でもあり，東京拘置所に医官として勤務中に著者と交流のあった死刑囚がモデルになっている。映画化されたスティーブン・キング『グリーン・マイル』（新潮文庫）の死刑囚の描かれ方と比較しても興味深い。毛利甚八作，魚戸おさむ画『家栽の人』（小学館）は，悩みながら事件処理にあたる家庭裁判所の裁判官を主人公にした異色のコミックである。裁判官というなじみの薄い仕事に親近感を覚えることができる。また，弁護士については，井浦秀夫『弁護士のくず』，『弁護士のくず第二審』が，現代的な社会問題を素材に，幅広い弁護士の仕事を上質のエンターテイメントに仕上げている。

　受刑者の社会復帰は刑罰の重要な目的であるが，実際には容易なことでない。水上勉『その橋まで』（新潮文庫），吉村昭『仮釈放』（新潮社）は，長期間の服役後に仮釈放された者の目から見た社会の容赦ない厳しさを描く作品である。

　冤罪については，「徳島ラジオ商殺し事件」（➡115頁）を追った開高健『片隅の迷路開高健全集4巻』（新潮社），鎌田慧『弘前大学教授夫人殺人事件』等がある。誤った裁判の犠牲者の苦悩は犯罪以上に深刻である。

　生命の終焉をめぐるテーマを主題としたものとしては，安楽死問題を含む森鷗外『高瀬舟』が有名であるが，最近は，脳死および臓器移植（➡279頁）を問題とする数多くの著作が出されている。　渡辺淳一の「ダブル・ハート」（『死化粧』角川文庫所収）は，和田心臓移植事件をベースにした切れ味鋭い小

説。柳田邦男『犠牲』（文藝春秋社）には，高名なドキュメンタリー作家が息子の脳死認定を受け入れるまでの苦悩が吐露されている。平成９年の臓器移植法で脳死が容認されたからといって，人が何をもって近親者の死を受容できるのかという根本的な問題は解決されてはいない。医療過誤事件を扱った小説として山崎豊子『白い巨塔』（新潮文庫），渡辺淳一『麻酔』（講談社文庫）がある。そのほか告知，終末期医療の問題を取り上げた著作も多く，そこでは患者の自己決定権を尊重するために具体的に何をすべきかが問われている。医療と法の関わり（➡272頁）は多様である。

　視点を変えて，お金にまつわるものも少し。カード破産をテーマにしたサスペンスである宮部みゆき『火車』（双葉社）は，カード社会の怖さを迫力ある筆致で描き出す。青木雄二『ナニワ金融道』（講談社）はサラ金業者の従業員を主人公にしたコミック。主人公が債権回収にしのぎを削る様子が，筆者の豊富な法的知識と経験をベースにリアルに描かれる。夏原武・黒丸『クロサギ』・『新クロサギ』は，社会で実際に起っているさまざまな詐欺事件の仕組みを教えてくれる。

　また，法律社会の先輩にあたるアメリカの法廷・法律小説には，小説としてのおもしろさからも，アメリカの法制度をかいま見るためにもお薦めの作品が数多い。中でも，ジョン・グリシャムの『陪審評決』と『評決のとき』（いずれも新潮文庫）はいずれも長編であるが，陪審制度を持つアメリカならではの作品で一読を勧める。

　ほかにも法に関わる小説，ドキュメンタリーは数多い。評論，随筆を加え，金融問題，企業合併・倒産問題などビビッドなテーマまで視野に入れると，心を惹かれる著作は枚挙にいとまがない。法への興味を駆り立て，法の奥深さを知るためにも，読者は，とりあえず本屋に行って，是非いくつかの本を手に取ってみてほしい。

映画・ドラマを見る　読書と同じように，映画やドラマの鑑賞も，法の世界を理解するのに有益である。DVDなど，今でも比較的簡単に手に入る作品を中心に紹介しておきたい。

　まず，日本の映画では，痴漢冤罪を扱った『それでもボクはやってない』，犯罪の捜査から，起訴，裁判，刑の執行という刑事司法の流れを理解するの

18　*Chapter 2*　法の学び方

に役立つ『半落ち』，ドラマでは，ごみ処理場の建設をめぐる業者と住民たちの闘いとなりゆきで弁護士を演じることになった役者が繰り広げるコメディー『合い言葉は勇気』，離婚や遺産相続から刑事弁護まで，さまざまな事件に取り組む弁護士の日常をポップに描いた『リーガル・ハイ』などがある。また，刑事事件については，型破りの検事が活躍する『HERO』，『HERO 2』，えん罪と戦う弁護士の姿を描いた『99.9』，『99.9 Ⅱ』も参考になる。

　海外の映画では，陪審員裁判の真髄を見ることができる名作『十二人の怒れる男』，医療過誤裁判を扱った『評決』，離婚した夫婦による一人息子の養育権訴訟を素材にした秀作『クレイマー、クレイマー』，大企業を相手取った環境訴訟で，当時，史上最高額の和解金を勝ち取った素人女性の半生を描いた『エリン・ブロコビッチ』など枚挙にいとまがない。同様に，ドラマでも，ボストンの法律事務所を舞台にした社会派ドラマ『ザ・プラクティス』やロサンゼルスの法律事務所を舞台にしたリーガル・コメディー『アリー my Love』など，日本とは違った法律と社会の関係や裁判の仕組みを知るために有益なものが多数ある。

　鑑賞の際には，ストーリーだけでなく，取調べの場面では，取調室の様子，裁判の場面では，法廷のデザインや裁判官の服装などにも注目してもらいたい。それらの視覚的な情報を得られることが，映画やドラマの長所である。

3. 法律をものにするために

　　　　　　　　　　　以下においては，法律を特に身につけたい人，とりわけ法学部
講義を聴く　の学生諸君を対象にして，法律学の学習の仕方について述べておこう。まず，大学などの講義を聴く機会があれば，できる限り講義を聴くべきだということである。講義には担当者の個性が色濃く現れるが，対象となる法領域のエッセンスが展開される。したがって，講義を聴くことによって，自然と，当該法領域のポイントや法的思考が身に付いていくはずである。これを逆の面からいうと，講義を聴かずに法的な知識や思考をマスターしようとするならば，遙かに多くの努力が必要になるということなのである。

　講義を聴く場合には，以下の点に留意して欲しい。まず，講義では，テキ

3. 法律をものにするために   19

Reference ①
六法

「六法」とは，憲法，民法，刑法，商法，民事訴訟法，刑事訴訟法の六つの基本的な法律をいうが，通常「六法」という場合には，これらの他主要な法令を収録した法令集を指す。大型の六法には，『六法全書』(有斐閣)があるが，これは必要に応じて図書館などで利用すればよいであろう。個人用六法には，数種類のものがある。大きさ(中型・小型)と法令中心か判例付きかを基準にまとめてみた。用途によって，使い分けてみてはどうだろうか。また法令は，電子政府HP〈http://law.e-gov.go.jp/cgi-bin/idxsearch.cgi〉の法令検索でも確認できる。

	法令中心型	判例付き型
中 型		**模範六法**(三省堂)…各種の国家試験にも通用し，学習用の六法として定評がある。収録法令数も多い。 **判例六法プロフェッショナル**(有斐閣)…収容法令数は多くないが，判例情報を満載。
小 型	**ポケット六法**(有斐閣)…法令中心型の携帯用六法の代表。 **デイリー六法**(三省堂)…学習用としての機能を追求。	**模範小六法**(三省堂)…実務にも学習にも役立つ携帯型六法。

ストが使用される場合が多いであろうから，テキストを十分に利用することである。進度に合せて，あらかじめテキストを読み，講義にのぞむのが好ましいことはいうまでもないが，少なくとも，講義を聴いた後で，その内容に合せて，テキストを読み，理解を深めていくことが必要である。

　次に，要点をノートすることである。これは，講義を聴くことの核心をなす。講義では一定のテーマについて，その内容が明らかにされていくが，重要なことは，今，何が問題とされ，どのような論理を経て，いかなる解決が導かれるのかという論理の流れを追うことである。そして，その要点をノートにメモしていくのである。最初は，講義の内容を追って要点を書き留めるという作業は，容易でないかもしれない。しかし，努力さえ惜しまなければ，その要領を身に付けることは，それほど困難ではないはずである。ノートをとることが，後で知識や思考の整理に役立つのはもちろんであるが，ノート

20 **Chapter 2** 法の学び方

をとることによって，おのずと，法的な知識を蓄え，法的な思考を実践していることになる。このことが法律をものにするためにきわめて重要であることは，いくら強調しておいても，強調しすぎることはないであろう。

　最後に，法律を学ぶ場合には，必ず法律の規定を知らなければならない。そのためには，法令集である「六法」が必要不可欠である。少なくとも，法学部で法を学ぶ学生君などは，講義に六法を携えて行き，機会あるごとに六法を開いて必要な条文を読む習慣を身に付けて欲しい。いつの間にか，どこに，どのような規定があるのかが理解できるようになるであろう。

　以上に述べたことは，法を学ぶための基本的方法でもある。自宅や下宿，図書館などで学習する場合にも，教科書（または参考書），ノート（あるいはワープロ，パソコン），六法を開いて同じ方法で学んでいけばよいであろう。

判例の学び方　　「判例」とは，一般には，以前に行われた裁判所の裁判を指すが（➡27頁），狭義では，裁判所の裁判のうち，同じような事件が起こったときに先例になる裁判をいう。法は紛争解決の基準となる規範であるが，現実に紛争が生じた場合，究極的には，紛争事実に対して適用されるべき法を探し出し，一定の解釈を加えてこれを適用することによって，妥当な解決を見出すのは裁判所である。裁判所は唯一の司法機関であるから（憲法76条），裁判所の示した解釈が最終的な法の解釈となる（有権解釈）。したがって，判例は具体的事件に適用された法の生きた姿なのであり，現在の法を知り，法を理解するためには，判例を学ぶことは不可欠である。

　判例を知るためには，先ず，講義を聴き，教科書を読むことである。多くの教科書には，それぞれの論点について，重要な判例が掲げられ，その趣旨が簡潔に記述されている。もう少し詳しく重要な判例の内容やその意味を知るためには，学習者を対象にした文献を見てみる必要がある。判例百選（『憲法判例百選』とか『民法判例百選』などの名称で刊行されており，基本的な判例を集め，原則として，一つの判例について見開き二頁で，「事実の概要」，「判旨」および「解説」がコンパクトにまとめられている）や重要判例解説（判例百選を補完するもので，年度ごとに『平成○○年度重要判例解説』という名称で刊行されている）は，判例学習のために，おそらくもっとも広く利用されていると思われる。この他にも，最近では，この種の書物が多く出版されている。

3. 法律をものにするために　*21*

　判例をさらに詳しく知るためには，判例集にあたって原文を読んでみなければならない。判例は，「最判昭和48年4月4日刑集27巻3号265頁」というような形式で示される。これは，最高裁判所の判決で，昭和48年4月4日に言渡されたものであり，この判決は『最高裁判所刑事判例集』の27巻3号265頁以下に掲載されていることを示している。当該判例集の当該箇所を探せば，判例の原文を読むことができるのである。下記の判例集のほか，裁判所のHP〈http://www.courts.go.jp/〉でも主要な判例は見ることができる。

　判例を学ぶ場合には，次の三点に注意を払って整理するのがよい。①現実の裁判は具体的な事実に対してなされる裁判所の判断であるから，事実関係を知ることである。当事者の主張する事実が食い違うことがしばしばあり，裁判所がどのような事実を認定したかは非常に重要である。②そのような事実関係の下で，何が，なぜ，法律上の争点になったかを理解しておかねばならない。③この争点に対して裁判所が下した結論を，その理由とともに整理す

Reference ②
主な判例集

①最高裁判所民事判例集（「民集」と略される。以下同じ）
②最高裁判所刑事判例集（「刑集」）…①，②は最高裁判所が発足した昭和22年以降の判決・決定のうち，最高裁判所判例委員会が選んだ重要なものを掲載する。
③高等裁判所民事裁判集（「高民（集）」）
④高等裁判所刑事裁判集（「高刑（集）」）…③，④は，昭和22年以降の高等裁判所の判決・決定のうち，各高等裁判所の判例委員会が選んだものを掲載している。
⑤下級裁判所民事裁判例集（「下民（集）」）…昭和25年から63年までの下級裁判所の民事に関する判例が選ばれて掲載されている。
⑥刑事裁判月報（「刑月」）…従来の「下級裁判所刑事裁判例集」（「下刑（集）」）を引き継いだもので，下級裁判所の刑事に関する判例を掲載する。昭和44年から63年まで。
⑦労働関係民事裁判例集（「労民（集）」）…昭和25年以降の労働関係のうち，民事，行政事件に関する裁判例が掲載されている。
⑧行政事件裁判例集（「行（裁）例集」）…昭和25年以降の行政関係裁判例を掲載。
⑨家庭裁判月報（「家月」）…昭和24年以降の家事関係裁判を掲載。
⑩大審院民事判決録（「民録」）・大審院刑事判決録（「刑録」）
⑪大審院民事判例集（「民集」）・大審院刑事判例集（「刑集」）…⑩，⑪は最高裁判所の前身に当たる大審院の判決・決定を掲載する判例集である。
⑫判例時報（「判時」）
⑬判例タイムズ（「判タ」）…⑫，⑬は民間の定期刊行物である。

22　Chapter 2　法の学び方

る。つまり，〔事実〕⇨〔争点〕⇨〔理由〕⇨〔結論〕という流れを追って，判決の要点を理解していくのである。この積み重ねは，法律知識を深め，法的思考を鍛えるであろう。そして，さらに，同じ争点あるいは類似の争点に関する他の判例はどうなのか，そのような判例に対して，学説はどのような対応を示しているのだろうか，自分自身どのような考えに立つのがよいのだうかと，思考はますます広く，深くなっていくはずである。

法的知識・思考の表現　大学で講義を聴く場合にも，積極的・主体的でなければならないが，それはやはり受動的な作業である。法律をものにするためには，他者の意見に耳を傾けながらも，自分の意見を積極的に表現するという能動的な作業も必要である。自分の考え方を論理的に，しかも，聞き手に分かりやすく表現することは，けっして容易ではない。しかし，これも経験を重ねなくては，上達を望むべくもない。

　ゼミや演習などと呼ばれる少人数クラスの授業（以下，ゼミという）があれば，必ず参加すべきである。ゼミの運営方法にはさまざまな形があろうが，その目的が，ゼミ参加者の積極的な質問や意見の表明，討論を通じて，対象課題についての理解を深め，思考を鍛えることにあることに変わりはない。たとえ，質問や意見の内容が拙いものであっても，自己を的確に表現する訓練の場として，ゼミを大いに利用すべきである。

　講義やゼミでは，しばしばレポートの提出が義務づけられる。自分の見解を文章によって表現することは，一層困難な作業である。法律に関するレポートを作成する場合には，その叙述にとくに決まった形式や順序はないが，次の諸点に留意すべきである。まず第一に，与えられた論題（問題）について，問題点（論点）がどこにあるのか，それがなぜ問題になるのかを明確に示さなければならない。問題の所在を示すことはきわめて重要であり，これができなければ，以下の論述はまったく無意味なものとなってしまう。試験でも同じであるが，出題者は一定の論点についての理解や考え方を問うているのであるから，その論点をはずした答案が採点の対象とならないことは自明の理であろう。問題点が明らかになれば，第二に，これに関する判例や学説を示し，それを検討・評価しなければならない。そのためには，準備の段階で，できるだけ詳細に判例や学説を調べる必要がある。ここで，注意して欲しい

ことは，判例や学説を単に羅列するだけでは，あまり意味がないということである。端的にいえば，従来の諸見解を検討するのは，論点についての考察を深め，自己の見解を導くためなのである。そして，第三に自己の主張・立場が明確に示されなければならない。これは結論に当たる部分である。結論のないレポートは論外であるが，結論だけが一人歩きしたレポートも同じように望ましくない。大切なのは，結論に至る理由づけに客観的な裏付けがあり，その論理過程に一貫性，合理性があるということである。

　以上のようなポイントを押さえ，構想を練り，文章化し，推敲を重ねることによって，良いレポートが書けるであろう。このことは，試験における答案作成の場合にも，本質的に妥当する。もちろん，試験では，学説や判例を

Reference ③
いろいろな資格・職業

「法学部はつぶしのきく学部」といわれる。現実社会では，法律知識が必要とされる場合が少なくないし，多様な価値を見極めて，バランス感覚をもちつつ，論理的に説得力のある解決方法を見出す能力が要求されるから，このような知識や能力をもつ者はどのような職業からも必要とされるということであろう。さらに，法律を学ぶことによって多くの資格を取ることが可能になるという面もある。

①裁判官・検察官・弁護士…司法試験の魅力と難しさを知らない人はいないであろう。②司法書士…裁判所・検察庁・法務局に提出する書類の作成，登記・供託関係業務等を行う法律専門職。試験は民，商，刑法と登記，供託，民事訴訟関係法令を対象とするが，最近では難易度が上昇している。③行政書士…官公署に提出する書類その他権利・義務・事実証明に関する書類の作成等を業とする。試験は国家試験であるが，その業務は都道府県に委託されている。④弁理士…特許，実用新案，意匠，商標に関する諸事項を扱う業務で，科学技術の発展などによりその重要性は増加しており，試験も難しくなっている。工業所有権法，特許法，実用新案法，意匠法，商標法などが中心科目。⑤税理士…租税に関する業務を内容とする資格で，試験は5科目（税法科目3科目，会計学科目2科目）について行われるが，一部科目合格制（一度合格した科目は再度受験する必要はない）をとっていることもあって，非常に人気の高い試験である。⑥公認会計士…財務書類の監督・証明・整理，財務に関する調査・立案・相談などを業務とする会計専門家で，試験の難しさは司法試験と双璧をなす。会計学，経営学，経済学，商法が主な試験科目。その他に⑦不動産鑑定士（不動産の鑑定評価を行う），⑧土地家屋調査士（土地・建物の登記についての手続や調査を行う），⑨宅地建物取引主任者（土地・建物の売買等の代理・媒介を行う），⑩社会保険労務士（労働・社会保険関連業務を行う）などの資格試験がある。

さらに，⑪国家公務員，⑫地方公務員，⑬裁判所職員，⑭国税専門官，⑮労働基準監督官の採用試験など，法律知識を活かせる職業は多い。

24 **Chapter 2** 法の学び方

あれこれ調べることはできないし，時間も限られている。〔論点の摘示〕⇨〔自説の根拠〕⇨〔結論〕という流れを一層意識して，答案構成の構想を十分練ったうえで，答案を作成すべきであろう。また，ゼミなどで報告する場合も，レポート作成と同じ考え方で臨めばよい。ただ，口頭で，他のゼミ参加者の討論のための素材を伝えることに報告の趣旨があるのだから，所定の時間内で要領よく，分かりやすく報告することを心掛けるべきである。報告の要点を記したレジュメ（場合によっては，必要な資料）を配付することは，不可欠であろう。

Chapter 3
法の仕組

Essence

1. 法源としての法

法源 ⟨ 成文法＝制定法―憲法，法律，命令，規則，条例など
　　　　不文法―判例，慣習，条理など

実定法↔自然法

2. 成文法（憲法，法律）の分類

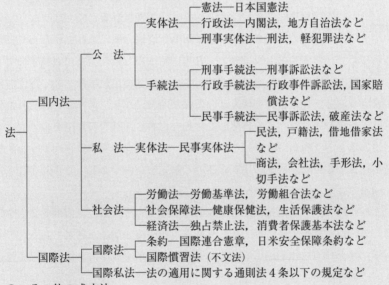

3. その他の成文法

　命令―行政機関
　規則 ⟨ 最高裁判所規則―司法機関
　　　　議院規則―立法機関
　条例―地方公共団体
　条約―内閣

26　**Chapter 3**　法の仕組

1. 法源としての法

法源とは何か　人間社会の紛争を法的に解決するために裁判（➡134頁）が行われるが，裁判官はなんの拘束もなく勝手気儘に裁判できるわけではなく，何らかの基準に従わねばならない。この裁判官が従うべき基準を，一般に「法源」とよぶ。日本国憲法76条3項は，「すべて裁判官は，その良心に従ひ独立してこの職権を行ひ，この憲法及び法律にのみ拘束される」と規定しているが，裁判官は，裁判の基準として憲法や法律等に法源を求め，法を解釈・適用して事案の妥当な解決にあたるのである。

成文法と不文法　法源は，成文法と不文法に大別される。成文法とは，文章の形式を備えた法である。立法作業によって法として制定されるので，制定法ともよばれる。日本国憲法など六法全書に収録されているのは成文法である。とくにイギリスやフランスの市民革命を経て近代国家が誕生すると，国家権力と個人との関係が明確になり，国家ないし政府の目的は，自由や平等など人の自然的な権利を保護し，社会の安全を維持することにあるという理念が確立した。国家は，この理念の実現に適うような法規範を整備するため，種々の法を意識的に制定したのである。このように，近代国家では成文法が重要な部門を占めている。

これに対し，不文法とは，成文法以外の法をいう。近代以前の成文法が完備していなかった時代にも，社会生活を規律する法規範が必要であったのであり，また，今日においてもあらゆる社会的紛争を成文法で規定し尽すというのは不可能である。このように，不文法は，現実に法としてわれわれの社会生活を規律する働きをもっており，法源となるのである。その種類として，慣習法，判例法，条理などがある。

慣　習　社会生活には，一定の人々の間で長年にわたり繰り返し行われているうちに，人々が一種の社会規範として守るようになった行為様式がある。これが慣習というものであるが，とくに社会秩序を維持するために法としての拘束力をもつようになった慣習は慣習法と呼ばれ，そうでないものは「事実たる慣習」とよぶ。「法の適用に関する通則法」3条は，慣習

法の効力につき,「公の秩序又は善良の風俗に反しない慣習は,法令の規定により認められたもの又は法令に規定されていない事項に関するものに限り,法律と同一の効力を有する」と規定する。慣習法が法律と同一の効力をもつのは,それが公序良俗に反せず,法律がとくに慣習によるべきことを認めている場合(民法228条,236条等)のほかは,法令に規定がない場合に限られる。このように,慣習法は原則的に成文法を補完する効力だけが認められている。なお,商慣習については,商法1

> **Reference ④**
> **「法の適用に関する**
> **通則法」と法令**
> 「法の適用に関する通則法」とは,法律の施行時期や,渉外的(国際的)な法律問題についてどの国の法を準拠法として適用するかを定めた法律をいい,従来,「法例」と呼ばれていたが,2006年に約100年ぶりに全面改正された。人の行為能力はその本国法によって定められることや,日本国外における取引は行為地法による取引保護を図ることなどを規定し,近時の社会経済情勢の変化や諸外国の国際私法に関する法整備の動向に対応させている。一方,法令とは,一般に法律と命令を総称したものをいう。

条2項が「商事に関し,この法律に定めがない事項については商慣習法に従い,商慣習法がないときは民法(明治29年法律第89号)の定めるところによる」と規定し,成文法たる民法に優先する効力を認めている。

法令中の公序良俗に関する規定は強行法規と呼ばれ,これと異なる契約をしても(例─売春契約),当事者の意思いかんにかかわらず無効とされるのに対し,法令中の公序良俗に反しない規定は任意法規と呼ばれ,当事者が当該法令の内容と異なる意思表示をしたときは,その意思は任意法規に優先する(民法91条)(➡155頁)。民法92条は,法令中の公序良俗に関しない規定と異なる慣習がある場合において,当事者がこれによる意思表示をすれば,慣習に従うことを定めている。この場合,慣習法に限らず,事実たる慣習でもよい。

判　例　判例法とは,裁判所において類似の事案や争点に関して同趣旨の判決が反復されることにより,それが法規範になったものをいう。英米のコモン・ロー諸国では,判例が原則的に法源となり,先例拘束の原則により,同様の争点に関する裁判所の判断を拘束する力をもつ。もっとも,今日では英米法系の国々のほとんどが成文法をもつにいたっている。イギリスでは,憲法について基本的人権規定が成文化され,「1998年人権法」が制定されている。また,刑事法について,「1984年警察・刑事証拠法」と「1985年

28   **Chapter 3** 法の仕組

犯罪訴追法」の制定に続き，統一刑法典の立法化が検討されてきたが，統一化への道は険しい。その大きな理由の一つとして，故意や過失の犯罪の成立要件の内容や判断基準等が，殺人罪や傷害罪等の人の生命・身体に対する罪と窃盗罪・詐欺罪等の財産とでは，判例の積み重ねによってそれぞれ発展してきたために，異なる犯罪類型に統一的基準を見出すことは困難だからである。

　これに対し，わが国のような大陸法系の成文法主義の国では，裁判官は憲法と法律にのみ拘束されるから（憲法76条3項），判例に一般的な拘束力があるわけではない。しかし，制定法の解釈に争いが生じたり，制定法だけでは処理できない法律問題が生じることはしばしばみられる現象である。このような場合に，裁判所は具体的事件の解決のために一定の判断を示すが，その判断を将来の同種の事件にも適用することが多い。とくに最高裁判所が下した判決は，社会の変化によりそれが適合しなくなったという特別の事情がないかぎり，法的安定性の見地から変更されるべきではないと考えられている。こうして，一つの具体的事件の解決を目指した判決が，その後の同一の争点を争う裁判において，同様の判断を示す先例としての機能をはたし，強い拘束力をもつ法源となるのである。民法における譲渡担保や刑法における共謀共同正犯（➡判例〔47〕218頁）は，その典型例である。

条　理　条理とは，物事の道理または筋道という意味であるが，これが法源であるかどうかは争いがある。条理を法源であるとする説によると，裁判に際して適用すべき法規がないような場合でも，刑事事件ならばともかく，民事事件では何らかの判断を下さなければならないが，そのような場合，裁判所は条理に従い裁判すべきであるということになる。この説の条文上の根拠は，裁判事務心得（明治8年太政官布告第103号）が「民事ノ裁判ニ成文ノ法律ナキモノハ習慣ニ依リ，習慣ナキモノハ条理ヲ推考シテ裁判スヘシ」と規定し，またスイス民法1条も，法規や慣習法がないときは，「自分が立法者ならば法規として定めるであろうと考えるところに従い裁判すべきである」と規定していることに求められている。

　これに対し，条理を法源とみる必要がないとする説によると，条理は客観的に認識しうる形で存在するものではないから，裁判所事務心得は，裁判所

は具体的事件について条理に従って判決を下すべきだという当然の義務を明らかにしているにすぎないということになる。

実定法と自然法　成文法にせよ不文法にせよ，現実の社会に存在していて人々を拘束している法がある。これらの法を総称して実定法とよぶ。社会は国により時代によって変動するから，実定法の内容は一律ではなく，普遍性をもたないことは当然である。これに対し，実定法を超え普遍的に正しい法が存在するという考え方がある。そのような法は人間の理性に基づいて成立するとされ，自然法とよばれる。自然法思想の起源は古代ギリシャ時代に遡るが，とくに近世の絶対主義の時代に，絶対専制君主の制定する法に対し，18世紀の啓蒙的自然法思想は，欲望の担い手である諸個人が理性によって契約を結んで社会秩序を形成するという社会契約説を説き，フランス革命をはじめとする市民革命に影響を与えた。

　近代国家が誕生し，市民社会の発展とともに個人の自由と平等を基調とする近代法が整備されるようになると，19世紀には社会に実在する法，とくに制定法のみが法であるとし，自然法の法源性を否定する法実証主義の立場が登場し支配するようになった。こうして，一連のファシズム立法が公益という名において成立した。しかし，第2次世界大戦後，ナチスの法に従ったことに深刻な反省が生まれ，社会正義に著しく反する悪法は否定されるべきであるとする自然法思想が復活した。

　このように，実定法には悪法になる可能性があることは否定できない。しかし，社会で現実に存在し機能しているのは実定法である。現代は，社会構造が複雑で，人々の価値観や利益が多岐にわたっているため，国家と国民，国民相互間の利益の調整は困難ではあるが，合理的な法律問題の解決を目指して，実定法を適正に解釈し適用する努力を怠ってはならないのである（➡5頁）。

2.　成文法の分類

成文法の仕組　成文法は，憲法，法律，命令，規則，条例，条約などから成り立っている。このうち憲法は，国家の統治体制の基礎を定める法（根本法または基礎法）である。わが国では，日本国憲法がこれにあた

Reference ⑤
法典

法典とは，各分野の法に関する基本的な事項を体系的に編別組織して1つの成文法にまとめたものをいう。法典は全体として国法秩序の体系を成し，目的と手段，普遍と特殊という関係で相互に密接な関連を有し，一定順序で分類配列されている。法典は法規の整理や統合，法的安定性の確保に役立つ反面，時代の変化に対応困難な側面をもつ。ドイツやわが国など大陸法系の諸国は法典を基礎とするが，コモン・ローを基礎とする英米法系の諸国でもそのほとんどが法典をもつにいたっている。

る。日本国憲法98条1項は，「この憲法は，国の最高法規であって，その条規に反する法律，命令，詔勅及び国務に関するその他の行為の全部又は一部は，その効力を有しない」と規定し，憲法の最高法規性をうたう。したがって，憲法はすべての法の最上位にあるとともに，憲法に基づき法律以下の下位の成文法が制定されるのである。

　法律とは，国権の最高機関である国会の議決によって成立した法をいう（形式的意味の法律）。法律は広い意味で法の一切を指すが，狭い意味では衆・参両議院の議決を経て制定された国法の一形式をいい，憲法，命令，規則などとは区別される。社会生活のほとんどは，この法律によって規制される。法律の数はおびただしいが，基本的なものはそれほど多くはない。民法，商法，会社法，刑法，民事訴訟法，刑事訴訟法などが代表的な法律であるが，これらと憲法を合わせた六大法典を一般に「六法」と呼ぶ（➡Ref. ① 19頁）。ところで，各法典は，それぞれ相互に関連すると同時に，制度の目的に従い論理的，実際的ないし便宜的に一定順序で整理分類（➡Essence 25頁）されている。この体系的な分類を理解しておくことが，法学を学ぶうえで必要である。

国内法と国際法　法は，国内法と国際法とに大別される。国内法は，国内において制定され，その国においてのみ効力を有する法であり，国家法とも呼ぶ。国際法は，国際社会における国家間の関係や国際連合等の国際機構と国家との関係を規律する法をいう。一方，国際的な私人間の生活関係を規律する法を国際私法と呼ぶ。国際私法は，渉外的な私法関係について法の抵触を解決し，これに適用すべき私法を指定する法である。わが国では，「法の適用に関する通則法」4条以下の規定が中心であるが，手形法88条以下，小切手法76条以下等もそれにあたる。

公法・私法・社会法 国内法は，公法，私法と社会法に分かれる。公法と私法の区別はローマ法以来行われているが，その区別の基準は必ずしも明確ではない。一般に公法は，国家と団体，国家と国民という公的な生活関係を規律する法をいう。狭い意味では，憲法と行政法を指すが，広義ではその他，刑法，刑事訴訟法，民事訴訟法などを含む。これに対し，私法は個人と個人との生活関係を規律する法であり，「私的自治の原則」が支配する領域に一般的に適用される民法と，企業関係や商取引を規律する商法と会社法が代表的なものである。なお，民法は広く私人間の関係を規律するのに対して，商法は商取引の関係を規律するので，両者は一般法と特別法の関係にある。すなわち，商取引等において，商法の規定があればこれが先に適用され，商法に規定がない事項については民法の規定が適用されるということである。これが，「特別法は一般法に優先する」という原則である（➡152頁）。

ところで，公法と私法は，近代市民社会において市民生活のルールとして市民の総意に基づいて制定されたもので，市民法といえる。とくに私法は，自由と平等を基調とする「私的自治の原則」に立脚し，資本主義社会の発展に大きな役割をはたした（➡153頁）。しかし，19世紀末以降，資本家と労働者，企業と消費者，地主と小作人，家主と借家人といった経済的強者と経済的弱者との不平等な関係が生みだされるようになると，これを是正するために，国家は生存権保護の観点から「私的自治の原則」を修正して弱者救済を目的とする法の制定を急いだ。こうして制定された法を，一般に社会法と呼ぶ。労働法，社会保障法，経済法などが，これにあたる。これらの法は，本来の私法的関係を公法化したものであるから，公法と私法の統合法ないし中間法の位置づけがなされている。

Reference ⑥
一般法と特別法

特定の人・場所・行為など特定の事項に対してだけ適用される法を特別法といい，適用範囲にこのような限定がなく，広く一般的に適用される法を一般法という。もっとも，この区別は相対的であって，商法は，民法の特別法であるが，保険業法との関係では一般法となる。特別法は，一般法のなかの特殊な事項を取り出し，これを特別に取り扱おうとするものであるから，同一の事項に適用される一般法と特別法がある場合には，特別法が一般法に優先することになる。

32 **Chapter 3** 法の仕組

実体法と手続法　法の規定内容によって，実体法と手続法とに区別される。
実体法とは，権利，義務の発生，変更，消滅の要件を定め
た法をいう。刑法，民法，商法などがこれにあたる。これに対し，手続法と
は，権利，義務の具体的な実現の手続を定めた法をいい，訴訟法とも呼ぶ。
刑事訴訟法，民事訴訟法などがこれにあたる。

　ところで，実体法と手続法の関係を理解するため，具体的な例をあげよう。
例えば，A君はマイカーの不注意な運転でBさんを轢き重傷を負わせたとし
よう。この場合，Aの行為が「自動車の運転により人を死傷させる行為等の
処罰に関する法律」第5条の過失運転致傷罪にあたることは明らかである。
同条項には，「自動車の運転上必要な注意を怠り，よって人を死傷させた者
は，7年以下の懲役若しくは禁錮又は100万円以下の罰金に処する。ただし，
その傷害が軽いときは，情状により，その刑を免除することができる。」と
書かれている。このように，実体法である刑法には，いかなる行為が罰せら
れ，その処罰はいかなる程度・種類のものであるかが規定されている。しか
し，この規定だけではAを処罰できない。処罰は，過失運転致傷罪を犯し
た疑いでAを取調べ，起訴し，裁判で有罪とすることによって初めて可能と
なる。それには，訴追の手続を定めた刑事訴訟法が必要である。

　一方，民事事件として，BはAに人身事故に関する損害賠償を請求できる。
民法709条は，「故意又は過失によって他人の権利又は法律上保護される利益
を侵害した者は，これによって生じた損害を賠償する責任を負う。」と規定
し，加害者に対して被害者が損害賠償を請求できる権利を認めている。この
ように，民法はどのような場合に誰の権利と誰の義務がどのような内容で生
ずるかという実体的な関係を定めている。しかし，Aが義務を果たさなけれ
ば，Bは損害を賠償してもらえなくなる。そのような場合には，裁判に訴え
て賠償額の支払いを命じてもらい，加害者がこれに応じない場合には，強制
執行をしてもらう必要がある。そこで，訴訟や強制執行の手続を定めた法で
ある民事訴訟法が必要となる。

　以上のように，手続法は，実体法上の具体的な権利・義務の実体関係を実
現する役割を担っている。

3. その他の成文法

命　令　国の行政機関によって制定される成文法を命令という。このうちもっとも重要なものは，内閣が制定する政令である。政令の制定は，次の場合に限定される。第一は，憲法および法律を実施するために必要な事項を定める場合（執行命令）である。第二は，法律の委任に基づいて，その委任された事項を定める場合（委任命令）である。これを認める明文規定はないが，憲法73条6号は「政令には，特にその法律の委任がなければ罰則を設けることができない」と規定しており，これは，法律による政令への委任を予想し，許容したものとみなされている。また，内閣法11条も，「政令には，法律の委任がなければ，義務を課し，又は権利を制限する規定を設けることができない」という委任命令の存在を前提とする規定を置いている。政令は，閣議の決定により成立し（内閣法4条3項），天皇が公布する（憲法7条1号）。

　その他，内閣総理大臣または各省大臣が発するものとして，それぞれ内閣府令と各省令がある。また，各委員会や庁の長が発する「規則」，会計検査院の制定する会計検査院規則，人事院の制定する人事院規則なども命令の一種である。

規　則　最高裁判所規則とは，最高裁判所が定める規則をいい，訴訟に関する手続，弁護士，裁判所の内部規律および司法事務処理に関する事項を内容とする（憲法77条1項）。これらの事項につき，最高裁判所に規則制定権が与えられているのは，裁判の手順といった問題は，国会によるよりも，法律の専門家である裁判所に任せた方が適切な法を定めることができるからである。最高裁判所規則には，刑事訴訟規則，民事訴訟規則，家事審判規則，少年審判規則などがある。最高裁判所は，下級裁判所に関する規則の制定権を下級裁判所に委任できる（同条3項）。

条　例　条例とは，地方公共団体がそれぞれ法律の許す範囲内で自主的に制定する法をいい，都道府県条例と市町村条例とがある。地方公共団体は，法令に違反しないかぎり，地方自治法2条2項の事務である固有事務，委任事務および行政事務のすべてにつき，条例に規定できる（➡Ref.⑬

34 **Chapter 3** 法の仕組

68頁）。このうち行政事務に関しては，法令に特別の定めがあるものを除き，条例で制定しなければならない。一般の行政事務に関するもののほか，公安，迷惑防止，青少年保護，公害防止などの各条例がある。行政事務に関する市町村条例は，その規定内容が同様の都道府県条例に違反すると無効になる。条例違反に対しては，2年以下の懲役もしくは禁錮，100万円以下の罰金，拘留，科料または没収の刑又は5万円以下の過料を科する旨の想定を設けることができる（地方自治法14条3項）。この罰則規定に関しては，憲法が「法律の定める手続によらなければ…刑罰を科せられない」（31条）とし，さらに「その法律の委任」がなければ政令によって罰則を定めることができない（73条6号）と規定しているのに，なぜ条例によって処罰できるのかが問題となる。この点につき最高裁判所は憲法違反ではないと判示している。

判例〔1〕

条例は，国民の公選した議員をもって組織する国会の議決を経て制定される法律に類するものである（最大判昭和37年5月30日刑集16巻5号577頁）

〈**事実**〉被告人は，大阪市天王寺区の路上で，通行中の者を売春目的で誘ったため，大阪市公安条例68号街路等における売春勧誘行為等の取締条例2条1項に違反するとして起訴された。これに対し被告人は，憲法31条は法律の定める手続によらなければ刑罰を科せられないと規定しているから，条例で処罰できないし，また，仮にできるとしても，地方自治法14条5項が地方公共団体に罰則の制定権を与え，およそ2年以下の懲役に相当する犯罪であれば条例で定めてよいと規定しているのは，憲法31条に違反し無効であるとする無罪の主張を行った。しかし，一・二審とも被告人の主張を退け，罰金5千円に処したため，被告人は同条例の憲法違反を理由に上告した。

〈**判旨**〉「憲法31条はかならずしも刑罰がすべて法律そのもので定めなければならないとするものではなく，法律の授権によってそれ以下の法令によって定めることもできると解すべきで，このことは憲法73条6号但書によっても明らかである。ただ，法律の授権が不特定な一般的の白紙委任的なものであってはならないことは，いうまでもない。ところで，地方自治法2条に規定された事項のうちで，本件に関係のあるのは3項7号および1号に挙げられた事項であるが，これらの事項は相当に具体的な内容のものであるし，同法14条5項による罰則の範囲も限定されている。しかも，条例は，法律以下の法令といっても，……公選の議員をもって

組織する地方公共団体の議会の議決を経て制定される自治立法であって，行政府の制定する命令等とは性質を異にし，むしろ国民の公選した議員をもって組織する国会の議決を経て制定される法律に類するものであるから，条例によって刑罰を定める場合には，法律の授権が相当な程度に具体的であり，限定されておればたりると解するのが正当である。そうしてみれば，地方自治法2条7号及び1号のように相当に具体的な内容の事項につき，同法14条5項のように限定された刑罰の範囲内において，条例をもって罰則を定めることができるとしたのは，憲法31条の意味において法律の定める手続によつて刑罰を科するものということができるのであって，所論のように同条に違反するとはいえない。従って地方自治法14条5項に基づく本件条例の右条項も憲法同条に違反するものということができない。」

　最高裁は，条例が国会の制定する法律に類するものであることを主たる根拠にして，条例の罰則の一般的委任を合憲としている。

　　条　　約　国際社会においては，国内法だけではなく，国家間の秩序を維持する国際法が必要であり，国家間の公的な関係を規律する国際（公）法と，異なる国民間の私的な生活関係を規律する国際私法がある。ここでは，国家間，国家と国際機関の間，国際機関相互間において締結された文書による合意であって，国際法上重要な法源となる条約をとりあげる。

　ところで，日米安全保障条約のように，「条約」と銘打つ場合もあるが，実際には，条約は憲章，協定，議定書，宣言，国際協定など種々の名称でよばれることが多い。条約の締結権は内閣にある(憲法73条3項)。条約には，締結の事前または事後に国会の承認を必要とする憲法上の条約(同条3項但書)と，それ以外の国家間の約束である行政取極（行政協定）とがあり，両者は内容により区別される。憲法上の条約は，法律事項，財政事項または政治的に重要な事項に関する国家間の約束であつて，批准を発効要件とするものをいう。これに対し，国際取極とは，条約締結権をもつ行政府が，その固有の権限に属する事項または既存の条約や国内法により授権された事項につき，条約国と締結する条約をいう。授権範囲内であれば，国会の承認を必要としない。条約が締結されると，各国家は互いにそれに従うべき義務が生じるとともに，憲法上の条約は，公布によって当然に国内法としての効力が発生する。

　条約と国内法との関係については，条約が関係国を拘束するものであり，憲法が国際協調主義を強調していること（憲法前文，98条2項）からも，条約

36 **Chapter 3** 法の仕組

の効力は原則的に法律に優先する。しかし，条約と憲法との効力関係については，争いがある。この点については，憲法98条2項は条約遵守の義務を定めているものの，違憲の条約の誠実な遵守までも定めてはいないことなどの理由から，憲法が優位するという考え方が有力である。

　最後に，不文法の国際法としての重要な国際慣習法について，触れておこう。これは，国家間で慣習的に繰り返されている間に国際慣行となり，それが法的拘束力のある国際慣習となった法をいい，条約と同様の効力を有するが，国家間の合意とは関係なく一般的に国家を拘束する点で条約と区別される。かつては，国際慣習法が国際法の中心であったが，条約の締結が増大するにつれ，今日では条約の方が重要な位置を占めている。

Chapter *4*

憲法の基本原理

━ *Essence* ━

1. 明治憲法から日本国憲法へ

憲法＝国家の最高法規

明治憲法（大日本帝国憲法）━┬━君主主権・天皇主権
　　　　　　　　　　　　　├━外見的立憲主義
　　　　　　　　　　　　　└━天皇から与えられた臣民としての権利・義務

日本国憲法━個人主義を基本理念とする

基本原理━┬━国民主権
　　　　　├━平和主義
　　　　　└━基本的人権尊重主義

2. 国民主権

国民主権＝国の政治のあり方を最終的に決定する力が国民にあるという原理

国民主権の展開 ━┬━間接民主制
　　　　　　　　└━直接民主制

象徴天皇━日本国民の総意に基づく（憲法1条）

3. 平和主義

日本国憲法前文

戦争の放棄（憲法9条1項）

戦力・交戦権の否認（憲法9条2項）

4. 基本的人権尊重主義

基本的人権生成の歴史と日本国憲法（憲法97条，11条，12条）

自由権と社会権

憲法13条━┬━個人の尊厳⇒人権保障の究極の原理
　　　　　├━包括的人権規定⇒幸福追求権⇒新しい人権
　　　　　└━公共の福祉による人権の制限

人権の主体━外国人，法人

人権のカタログ

5. 憲法改正問題

憲法調査会

38 **Chapter 4** 憲法の基本原理

1. 明治憲法から日本国憲法へ

憲法とは　憲法は国家の基本法であり「法律の法律」と呼ばれるように，最上級の法的効力を持つ法律である。日本国憲法98条も，憲法の最高法規性を認め，「その条規に反する法律，命令，詔勅及び国務に関するその他の行為の全部又は一部は，その効力を有しない」と規定している。

憲法と一口にいっても，さまざまな分類が可能である。第一に，君主の意思で作成される欽定憲法か国民の意思で作成される民定憲法かの分類である（両者の要素を持つものを君民協約憲法という）。わが国の明治憲法（大日本帝国憲法）は前者に属し，日本国憲法は後者に属する。第二に，文書に書かれた成文憲法か文書化されない不文憲法かの分類である。わが国の明治憲法，日本国憲法はもちろん，欧米その他ほとんどの国の憲法は前者の成文憲法であるのに対し，イギリスは憲法の法典を持たない不文憲法国である。第三に，改正が通常の法律よりも慎重な手続を要する硬性憲法か通常の法律の改正手続で足りる軟性憲法かの分類である。ほとんどの成文憲法は前者に属し（憲法96条参照），今日では後者の憲法は例外に属する。

明治憲法　明治憲法は，明治22(1889)年に，君主主権を原理として，天皇が臣下に与える欽定憲法として公布され，第二次大戦終了まで効力を有した。明治憲法の最大の特色は絶対的な神権天皇主義にあり，近代憲法の国民主権原理を否定していることである。すなわち，明治憲法では，天皇は神聖不可侵であり（3条），統治権の総攬者であって（4条），天皇の権限は幅広く認められていた（8条〜13条など参照）。

他方，明治憲法は近代的な立憲主義的要素も併せ持っていたが，きわめて不十分なものであった（外見的立憲主義という）。明治憲法は権力分立制を採用していたが，内閣は天皇の輔弼機関（55条），帝国議会は天皇の立法権の協賛機関（5条），裁判所は天皇の名において司法権を行う機関（57条）であり，三者は共に天皇統治権の補助機関にすぎなかった。内閣は憲法上の機関ではなく官制により定められるもので，天皇に対し責任を負い，議会に対しては責任を負わない（55条）。帝国議会は二院制を採用していたが，皇族，華族，

勅選議員から構成される貴族院が衆議院と対等な関係にあるとされ，しばし
ば衆議院を抑制したし，議会自体の地位も低く，固有の立法権を持たなかっ
た。また司法権の独立は認められていたが，裁判所は天皇の権限を代行する
機関にすぎず，軍法会議等の特別裁判所の設置も認められていた (60条)。

　また，基本的人権の保障については，第二章に「臣民権利義務」の章を設
け，近代憲法の立憲主義的要請に一応こたえてはいるが，あくまで天皇に従
属する臣民の地位において，統治権の総攬者である天皇から与えられた権利
にすぎなかった。また，個別的な権利として，居住移転の自由 (22条)，信書の
秘密 (26条)，言論・著作・印行・集会・結社の自由 (29条) 等の自由権が規定
されていたが，すべて法律の留保 (「法律ニ定メタル場合ヲ除ク」，「法律ノ範囲内
ニ於テ」) の制限つきであった。さらに，国民の権利は，明治33年 (1900) の治
安警察法や大正14 (1925) 年の治安維持法等の法律によって制限されていた。

日本国憲法の成立　昭和20 (1945) 年8月14日，第二次世界大戦に敗れ，ポ
ツダム宣言が受諾されるとともに，明治憲法体制は幕を
閉じた。ポツダム宣言は日本の非軍事化を要請する一方で，日本国民の間に
おける民主主義的傾向の復活強化，言論・宗教・思想の自由をはじめとする
基本的人権の尊重の確立をうたい，強く民主化を要請した。こうした要請
は，明治憲法の根本的な改正を迫るものであり，改正作業が進められた。こ
の間の事情については今日なお詳らかでない部分も多いが，昭和20年10月，
連合国軍総司令部は，政府に憲法の改正の必要を示唆し，松本国務大臣を委
員長とする憲法問題調査委員会が設置された。本委員会は昭和21 (1946) 年2
月に「憲法改正要綱」を作成したが，これに対し連合国軍総司令部は，明治
憲法の枠内を出るものではないと結論し，承認するには至らなかった。そこ
で，総司令部は，独自の草案を政府に示し，曲折を経つつも，政府は昭和21
年3月には「憲法改正草案要綱」を公表した。この後，帝国議会の審議を経
て，昭和21年11月3日に，日本国憲法が公布された (施行は昭和22〔1947〕年
5月3日)。以上の憲法改正は，明治憲法73条によるものとされているが，日
本国憲法は内容的にも明治憲法の国家主義・全体主義の基本原理を根本的に
否定し，個人主義 (－個人の尊厳) を基本理念とした憲法へと根本的に改正さ
れたのである (➡4頁)。新憲法は個人主義の価値感を基礎として，そこから，

40　**Chapter 4**　憲法の基本原理

①国民主権，②平和主義，③基本的人権尊重主義という３つの基本原理を導いているのである。

2. 国民主権

日本国憲法における国民主権　明治憲法のもとでは，天皇主権制がとられていた。これに対し，日本国憲法は，その前文の冒頭において，かつて神権天皇主義を背景に政府の行為によって悲惨な戦争を招いた結果を反省し，「ここに主権が国民に存することを宣言し，この憲法を確定する」とし，国民主権制の採用をうたい，次のようにいう。「そもそも国政は，国民の厳粛な信託によるものであって，その権威は国民に由来し，その権力は国民の代表者がこれを行使し，その福利は国民がこれを享受する。これは人類普遍の原理であり，この憲法は，かかる原理に基くものである」。国の政治のあり方を最終的に決する力である主権が国民にあり（＝国民主権），国民が主権者として国政に参加することは，今日の民主主義の観点からみれば当然の要請である。これは，あらゆる価値の根源を個人に求める個人主義からの当然の帰結なのである。

国民主権の具体的展開　日本国憲法における国民主権の具体的展開としては，二つの類型が見られる。一つは間接民主制であり，他は直接民主制である。民主主義の理想からいえば，国民が直接に国政に参加する直接民主制を採用すべきであるが，現実には不可能であるから，日本国憲法も国政の基本方式としては間接民主制をとっている。議会主義の採用がそれであり，前文でも，「日本国民は，正当に選挙された国会における代表者を通じて行動し」と述べるとともに，憲法41条は「国会は，国権の最高機関」であると規定している。また，憲法15条は，国民に公務員を選定し罷免する権利を認め，公務員の選挙については，成年者による普通選挙を保障している。今日の国会は，明治憲法下における天皇立法権の協賛機関ではなく，国民によって選挙され，全国民を代表する機関であり，国民に代わって主権者の権能を果すべきものなのである。それゆえ，憲法上国会には立法権以外にも国政全般について強い権能が与えられているが（➡55頁以下），それは国民主権を間接的に

保障するものである。他方，直接民主制に属するものとしては，憲法改正の際の国民投票（96条1項），最高裁判所裁判官の国民審査（79条2項），地方特別法の制定への住民の参加（95条）がある。

国民主権と象徴天皇制 日本国憲法は，国民主権を基本原理とするが，他方で象徴天皇制を認めている。無論，国民主権と明治憲法下の天皇主権とは相容れるものではない。しかし，日本国憲法はわが国固有の歴史・伝統と国民感情を考慮し——国民主権としては不徹底ではあるが——天皇制の存在を認め，国民主権との調和を図るべく天皇を象徴化した。憲法1条は，天皇は日本国・日本国民統合の「象徴」であり，その地位は，「主権の存する日本国民の総意に基く」と規定しているのである。

象徴としての天皇は，国政に関する権能を有しない。統治機能は，国会，内閣および裁判所に分散し，それぞれが独立して国政に関与するのである（➡53頁以下）。天皇はただ国事行為を内閣の助言と承認のもとで行い，その責任は内閣が負う（憲法3条）。日本国憲法が認める天皇の国事行為には，①内閣総理大臣の任命（6条1項），②最高裁判所長官の任命（6条2項），③憲法改正，法律，政令および条約の公布（7条1号），④国会の召集（7条2号），⑤衆議院の解散（7条3号），⑥国会議員の総選挙施行の公示（7条4号），⑦国務大臣および法律の定めるその他の官吏の任免の認証，全権委任状の認証，大使・公使の信任状の認証（7条5号），⑧大赦・特赦・減刑・刑の執行の免除および復権の認証（7条6号），⑨栄典の授与（7条号），⑩批准書および法律の定めるその他の外交文書の認証（7条8号），⑪外国の大使および公使の接受（7条9号），⑫儀式の挙行（7条10号）がある。

天皇の地位を皇位といい，皇位は世襲のものとされ，皇室典範の定めによる（憲法2条）。明治憲法の下では，皇室の財産には国民の介入が認められなかったが，日本国憲法は「すべて皇室

Reference ⑦
天皇の公的行為

日本国憲法は天皇が国事行為以外の公的行為を行うことを禁止しているのだろうか。天皇の行為は，大別すると国事行為と私的な行為（研究，相撲観戦など）に分かれるが，その中間的な公的行為もある。例えば国会の開会式での「おことば」，外国訪問などである。これらについては，象徴としての天皇の行為を逸脱しない限度で許されると解すべきである。ただ，こうした公的行為も，内閣の責任の下で行われなくてはならない。

42　**Chapter 4**　憲法の基本原理

財産は，国に属する」（88条）と規定し，皇室財産の国有化を図るとともに，「皇室に財産を譲り渡し，又は皇室が，財産を譲り受け，若しくは賜与することは，国会の議決に基かなければならない」（8条）として，皇室財政の民主的運営化を図っている。

3. 平和主義

憲法前文　日本国憲法の第二の基本原理は平和主義であり，憲法は前文においてその旨を明らかにしている。すなわち，「日本国民は，恒久の平和を念願し，人間相互の関係を支配する崇高な理想を深く自覚するのであって，平和を愛する諸国民の公正と信義に信頼して，われらの安全と生存を保持しようと決意した」。

　この前文2項第1段は，数多くの悲惨な結果を生んだ第二次世界大戦の反省を背景に，日本国民が平和を愛する諸国民との信頼関係を築き，連帯を深めながら，恒久平和という崇高な理想に向って努力することを宣言したものである。また，平和主義の徹底化を図るためには，日本国民のみならず諸外国の国民が平和的に生存する権利（平和的生存権）の保障も必要であることから，前文2項第3段では，「われらは，全世界の国民が，ひとしく恐怖と欠乏から免かれ，平和のうちに生存する権利を有することを確認する」と述べている。

戦争の放棄　日本国憲法の平和主義原理を具体的に条文化したのは，9条である。前記の憲法前文の法的性格については，その裁判規範性の欠如を指摘する見解もあるが，憲法9条と前文との間には思想的な連続性があることは否定できない。9条1項は戦争の放棄を次のように規定している。「日本国民は，正義と秩序を基調とする国際平和を誠実に希求し，国権の発動たる戦争と，武力による威嚇又は武力の行使は，国際紛争を解決する手段としては，永久にこれを放棄する」。従来，戦争には，①侵略戦争，②制裁戦争，③自衛戦争の三種があるとされてきた。9条1項が①の侵略戦争を放棄したことには異論はない。問題は，「国際紛争を解決する手段としては」の文言をめぐって，①②③の一切の戦争を放棄したと解するか，①のみを放

3. 平和主義　*43*

棄し，②③の制裁・自衛戦争は放棄していないと解するかである。文理解釈としては後説も可能であるが，次のような理由から前説が妥当である。第一に，2項で国の交戦権を否認している。第二に，日本国憲法の他の条項に，戦争を遂行するための規定がない。第三に，これまでの歴史からみて，実際に侵略戦争と自衛戦争を区別するのは困難である。このように，9条1項は自衛戦争を含めて一切の戦争を放棄したと解することができるが，かといって国家の自衛権自体を否定するものではない。よく例えられるように，個人にも正当防衛が認められると同様に，国家にも急迫不正の侵害に対しては反撃を認めるべきである。

**戦力の不保持と
交戦権の否認**　9条2項前段は，「前項の目的を達するため，陸海空軍その他の戦力は，これを保持しない」と定める。第一の問題は，「戦力」とは何かである。この意義につき戦争の遂行に役立ちうる潜在的な物的・人的組織力（例えば，飛行機，船舶，警察，消防など）をも含める見解もあるが，広きに失する。ここでいう「戦力」とは対外的な戦争を遂行するために設けられた物的・人的組織力と解するのが妥当である。第二の問題は，わが国の自衛隊はここにいう戦力としての軍隊ではないかであり，戦後憲法論の最大のテーマである。日本政府の公式解釈は，自衛のために必要最小限度の組織された力（＝防衛力）は戦力ではないとして，自衛隊は合憲としているが，自衛隊の合憲性をめぐっては裁判でも争われ，社会的な関心を集めてきた。主な9条裁判としては，砂川事件，恵庭事件，長沼事件および百里事件があるが，いずれも憲法判断を回避した（➡判例〔2〕44頁）。

最後に，9条2項後段は，国の交戦権を認めていない。これは国際法で認められている「戦争をする権利」をも放棄したことを意味し，絶対的な平和主義を裏付けるものである。なお，憲法98条2項は，条約・国際法規の忠実

Reference ⑧
憲法の変遷

憲法の変遷とは，憲法上定められた改正手続によることなく，憲法の条項が実質的に変更されることをいう。憲法の変遷という用語自体はG・イェリネックによって最初に用いられたとされるが，わが国でも，近年，その概念を認めるか否かにつき議論がある。なかでも自衛隊の存在を背景に憲法9条の変遷の問題がさかんに論じられた。この点については，最高裁判所が自衛隊の合憲性をなお正面から認めていないので，憲法9条が変遷したとは考えにくいというのが多数説である。

44 **Chapter 4** 憲法の基本原理

な遵守を求めているが，これは，国際協調主義（前文第3項）に基づく平和秩序の確立を目的としたものである。

判例〔2〕

自衛隊が「軍隊その他の戦力」に当たるかどうかは，裁判所が判断すべきものではない──長沼事件──（札幌高判昭和51年8月5日行集27巻8号1175頁）

〈事実〉防衛庁は，第3次防衛力整備計画に基づいて，地対空ミサイル発射基地を設置するため，森林法26条2項に基づいて，本件保安林指定の解除処分を行った。そこで，地元住民（原告）は，憲法9条に違反する自衛隊のミサイル基地設置の目的でなされた右解除処分は違憲無効であり，森林法26条2項による解除の要件である「公益上の理由」に該当しないから，右処分は違法であるとして，国（被告）に対して右処分の取消を求める訴訟を提起した。

第一審は，①森林法の保安林制度の目的を定める規定も，帰するところ，憲法の基本原理である民主主義，基本的人権尊重主義，平和主義実現のために地域住民の「平和のうちに生存する権利」＝平和的生存権を保護しようとしており，地域住民の平和的生存権が侵害され，またその危険がある場合には，その地域住民は森林法上の処分の取消を求める法律上の利益があり，本件はそのような場合に当たるから，裁判所は違憲審査権を積極的に行使しなければならず，いわゆる統治行為論（➡64頁）を用いることは，憲法81条の規定，さらには97条，98条にみられる憲法の趣旨・精神に合致しないとし，②憲法9条の解釈として，9条1項にいう「国際紛争を解決する手段としての戦争」とは，不法な戦争を意味し，自衛戦争，制裁戦争までを放棄するものではないが，同条2項の「前項の目的」は，憲法前文の趣旨や憲法成立の経緯からみて，「国際紛争を解決手段として」だけに限定されず，また，9条1項の「武力」は2項の「戦力」と同じ意味であり，「外敵に対する実力的な戦闘行動を目的とする」組織体である「陸海空軍」，およびこれに匹敵する実力をもち戦争目的に転化できる人的，物的手段としての組織体である「その他の戦力」を意味する。もちろん，憲法は，独立の主権国であるわが国が自衛権までも放棄したとするものではないが，自衛権の保有・行使は軍事力による自衛に直結するのではなく，非軍事的な自衛抵抗の方法は数多く存在している。自衛隊は，明らかに，前述の陸海空軍という戦力に該当する。③したがって，自衛隊法等は憲法9条2項に違反し，無効であり，本件解除処分は，森林法26条2項の「公益上の理由」を欠き，取消を免れないとした。

森林法26条2項「農林大臣は，公益上の理由により必要が生じたときは，その部分につき保安林の指定を解除しなければならない。」

〈判旨〉「憲法前文…第2，第3項の規定は…理念としての平和の内容については，これを具体的かつ特定的に規定しているわけではなく…第4項の規定に照しても，右平和は崇高な理念ないし目的としての概念にとどまるものであることが明らかであつて，前文中に定める『平和のうちに生存する権利』も裁判規範として，なんら現実的，個別的内容をもつものとして具体化されているものではない」。憲法は，一方で，裁判所に違憲審査権を与え，他方で三権分立制をとっているから，「高度の政治性を有する国家行為については，統治行為として…司法審査権の範囲外にあることが予定されている…。…もっとも，…立法，行政機関の行為が一見極めて明白に違憲，違法の場合には…裁判所の司法審査権が排除されているものではない」。そこで，憲法9条2項の解釈については，「自衛のための軍隊その他の戦力の保持が禁じられているか否かにつき積極，消極の両説がある」が，いずれの見解も「それなりに一応の合理性を有するものといわなければならないから…憲法第9条第2項前段は，一義的に明確な規定と解することができない…。…同条が保持を一義的，明確に禁止するのは侵略戦争のための軍備ないし戦力…だけである」。そこで，自衛隊法が予定する自衛隊の目的，組織，編成，装備等を検討してみると，自衛隊設置の目的が「もっぱら自衛のためであることが明らかであ（り）」その「組織，編成，装備が，侵略戦争のためのものであるか否かは…広く，高度の専門技術的見地から相関的に検討評価しなければならないものであり，右評価は現状において客観的，一義的に確定しているものとはいえないから，一見極めて明白に侵略的なものであるとはいい得ない…。…右のとおりであるから，結局自衛隊の存在等が憲法第9条に違反するか否かの問題は，統治行為に関する判断であり，国会及び内閣の政治行為として窮極的には国民全体の政治的批判に委ねらるべきものであり，これを裁判所が判断すべきものではないと解すべきである。」（原判決取消，原告の訴えを却下。）

4. 基本的人権尊重主義

人権思想の生成と日本国憲法　日本国憲法は，基本的人権尊重主義の立場から，第三章「国民の権利および義務」において具体的な保障条項を置いている。ここに規定された人権保障条項は，単に理論的に考え出されたというものではなく，まさに歴史の闘いの中から勝ちとられたものである。日本国憲法97条は，こうした経緯をふまえ「この憲法が日本国民に保障する基本的人権は，人類の多年にわたる自由獲得の努力の成果であって，これらの権利

46   **Chapter 4** 憲法の基本原理

は, 過去幾多の試錬に堪へ, 現在及び将来の国民に対し, 侵すことのできない永久の権利として信託されたものである」と述べている。

振り返ってみると, 基本的人権を尊重するという思想そのものは新しいものでない。1215年のイギリスのマグナ・カルタは最初に成文化された人権宣言として名高い。さらに近代国家における人権宣言としては「すべて人は, 生来ひとしく自由かつ独立しており…」に始まる1776年6月のヴァージニア権利章典が, 天賦人権・自然権の思想を最初に具体化したものである。この権利章典は, 成文憲法の範型となるとともに, その思想は1776年7月のアメリカ合衆国独立宣言の支柱となった。これらの一連のアメリカ革命期の人権宣言は, 諸外国とくにヨーロッパ各国に影響を与えた。とくに1789年のフランス人権宣言は, 前記の天賦人権・自然権思想をヨーロッパにおいて開花させたもので, その第1条は「人は, 自由かつ権利において平等なものとして出生し, かつ存在する」と述べている。

このように18世紀後半から19世紀にかけて, 基本的人権尊重主義が確立されていった。そこに掲げられた人権は, 自由権を中心とするものであった。自由権とは, 「国家からの自由」であり, 国家権力の介入・干渉を排除することを内容とする権利をいう。19世紀の欧米は, 自由放任を基調とする資本主義社会の発展期にあたり, 自由と平等をうたう人権思想は, 社会の発展の基盤となったのである。しかし, 19世紀の半ば以降, 資本主義の高度な発展は, 持てる者と持たざる者との分化を促進し, 貧困と失業といった社会的矛盾を生み出した。このような状況の下に, 国家は国民の生存の安定・確保を保障すべき義務をもつとする社会国家の理念に基づいて, 社会権 (生存権的基本権) という新たな人権が認められてくるのである (➡120頁以下)。社会権とは, いわば「国家への自由」であり, 人間に値する生存を確保するために, 各種の福祉や社会保障などの措置を国家が行うことを国家に対して請求する権利をいう。1919年のワイマール憲法においてはじめて社会権の保障が打ち出され, 人権思想の深化が図られ, 現代に至っているのである。

日本国憲法は, こうした人権の歴史的発展を踏まえ, 自由権のみならず社会権の規定をも盛り込んだ, 現代的な人権保障規定をもっている。そして, 日本国憲法第三章は, 個々の人権規定に先立って, いわば人権総則とも呼べ

るいくつかの規定を置く。まず，憲法
11条は，前段において，国民に基本的
人権の享有を保障すると同時に，後段
において，この基本的人権が「永久の
権利」として国民に与えられることを
宣言している。前述の97条と同様に，
基本的人権は国民が生まれながらにし
てもつ天賦の権利であるとする自然権
思想を明言し，基本的人権の性質を明
らかにしている。そして，12条は，人
類の多年にわたる努力の成果である基

> ─── **Terms ①** ───
> **前段・後段，本文・但書**
> 一つの条項が二つの文に分かれてお
> り，但書の形式をとっていない場合
> に，前の文を「前段」，後ろの文を「後
> 段」という。なお，一つの条項に三つ
> の文がある場合には，それぞれ「前
> 段」，「中段」，「後段」と呼ぶ。
> また，一つの条項の中で，「但し（た
> だし）」で始まっている文を「但書」
> といい，これに対応する主文章を「本
> 文」という。本文は，但書の前に位置
> し，原則を定め，但書はその前にある
> 本文に対して，その除外例や例外を
> 定めている。

本的人権を受け継いだ我々国民が，不断の努力によってそれを保持すべきで
あるとし，同時に，この人権の濫用を戒めている。人権の主体である国民の
責務を規定したものである。

**個人の尊厳と
幸福追求権**　　憲法13条は，その前段において，「すべて国民は，個人とし
て尊重される」と規定し，個人の尊厳の理念を宣言してい
る（24条 2 項参照）。すでに述べたように，個人の尊厳＝個人主義は現代社会の
基本理念である（➡4頁）。この理念は，基本的人権保障についての究極の原
理であるばかりでなく，日本国憲法全体を貫く原理であるといってよい。13
条の規定は，この意味で，極めて重要な規定なのである。

　憲法13条は，さらに，その後段において，「生命，自由及び幸福追求に対す
る国民の権利については…立法その他の国政の上で，最大の尊重を必要とす
る」と規定する。これは，基本的人権の尊重が立法をはじめとする国政の任
務でもあることを明らかにしているが，さらに重要なのは，「包括的人権規定」
としての意味をもっていることである。つまり，憲法は14条以下に多くの人
権を個別に規定しているが，社会状況の変化や発展によって，従来意識され
なかった利益が憲法上の権利にまで高められる必要が生じてくる。そこで，
憲法13条が広く「生命，自由及び幸福追求に対する国民の権利」＝「幸福追求
権」を保障していることから，そのような「新しい人権」を認めるために，
13条の幸福追求権がその根拠とされるのである。要するに，憲法13条は包括

48 **Chapter 4** 憲法の基本原理

的人権規定として，新しい憲法上の人権を認めるための根拠規定となるのであって，その現代的な意義は極めて大きいといわなければならない。今日，「新しい人権」として，一定の成熟を示している代表的な権利として，一定の私的な事項について公権力の干渉を受けずに個人みずからが決定できる権利である自己決定権（➡273頁），プライバシー権（➡判例〔3〕，297頁），環境権（➡123頁），知る権利（➡95頁，291頁以下）などを挙げることができる。

判例〔3〕

プライバシー権は法的な権利であり，その侵害に対しては法的救済が与えられる──宴のあと事件──（東京地判昭和39年9月28日下民集15巻9号2317頁）

〈事実〉Ｘは，三島由紀夫の小説「宴のあと」が，Ｘとその妻をモデルにしたものであることは一読すれば明らかであり，私生活の場面を詳細に描写し，とくに，夫婦の争いや私室・寝室を「のぞき見したかのように」描写した部分は，プライバシーの侵害であると主張して，作者および出版者に対して謝罪広告と損害賠償を請求して訴えを提起した。

〈判旨〉「近代法の根本理念の1つであり，また日本国憲法のよって立つところでもある個人の尊厳という思想は，相互の人格が尊重され，不当な干渉から自我が保護されることによつてはじめて確実なものとなるのであつて…正当な理由がなく他人の私事を公開することが許されてはならないことは言うまでもない。…私事をみだりに公開されないという保障が，今日のマスコミユニケーションの発達した社会では個人の尊厳を保ち幸福の追求を保障するうえにおいて必要不可欠なものであるとみられるに至つていることとを合わせ考えるならば，その尊重は…不法な侵害に対しては法的救済が与えられるまでに高められた人格的な利益であると考えるのが正当であ（る）…いわゆるプライバシー権は私生活をみだりに公開されないという法的保障ないし権利として理解されるから，その侵害に対しては侵害行為の差し止めや精神的苦痛に因る損害賠償請求権が認められるべきものであ（る）。プライバシーの侵害に対し法的な救済が与えられるためには，公開された内容が（イ）私生活上の事実または…事実らしく受け取られるおそれのあることがらであること，（ロ）一般人の感受性を基準にして当該私人の立場に立つた場合公開を欲しないであろうと認められることがらであること，…（ハ）一般の人々に未だ知られていないことがらであることを必要と（する）」として，Ｘの損害賠償請求を認めた（その後，被告が上訴したが，原告の死亡により和解が成立した）。

公共の福祉
　日本国憲法の人権は「侵すことのできない永久の権利」(11条，97条) である。しかし，こうした人権の保障も，絶対的で無制限なものではない。憲法13条後段は基本的人権は「公共の福祉に反しない限り，立法その他の国政の上で，最大の尊重を必要とする」と規定する。12条も，国民に対して，基本的人権の濫用を戒め，「常に公共の福祉のためにこれを利用する責任を負ふ」としている。さらに，22条 (居住・移転・職業選択の自由)，29条 (財産権) にも，「公共の福祉」の言葉が用いられている。それゆえ，現行憲法の解釈としては，人権が公共の福祉により制約され得ることは原則として容認せざるをえない。しかし，公共の福祉という用語自体曖昧で抽象的なものである。したがって，公共の福祉という枠でどの程度人権を制限できるかは，個々の基本的人権の具体的な内容を考え，公共の利益と国民の利益を比較衡量したうえで決まることになろう。例えば，思想・良心の自由 (19条) にはこうした制約原理は働かせるべきではないのに対し，公共政策の観点から財産権が制限されることはある程度容認されよう (➡101頁)。

人権の主体
　基本的人権の享有主体については，外国人や法人などについて議論がある。すなわち，日本国憲法11条は国民は，すべての基本的人権の享有を妨げられない」と規定しているが，憲法の人権保障規定は，日本の国民のみならず外国人，さらに法人に及ぶのか。この点については，基本的には肯定すべきであるが，認める範囲は当該人権の具体的内容に応じて個別的に判断せざるをえない。具体的には，外国人の参政権等が問題となるであろう。

判例〔4〕

わが国に在留する外国人に対する憲法の基本的人権の保障は，外国人在留制度のわく内で与えられているにすぎない──マクリーン事件── (最大判昭和53年10月4日民集32巻7号1223頁)

〈事実〉　アメリカ合衆国国籍をもつ上告人Xは，在留期間を1年とする上陸許可を得て入国し，英語教師として雇用されたが，入国後17日間で同校を退職し，他の語学学校に転職した。他方Xは外国人ベ平連に所属し，ベトナム反戦，出入国管理法案反対，日米安保条約反対等のデモや集会に参加した。Xは，法務大臣に対し1

50　**Chapter 4**　憲法の基本原理

年の在留期間の更新を申請した。法務大臣は，出国準備期間として120日間の更新を許可したが，在留期間内の X の無断転職と政治活動を理由として，以後の更新は不許可とした。そこで X はこの処分を不服としてその取消しを求めて出訴し，処分の効力停止を申し立てた。

〈判旨〉「憲法22条１項は，日本国内における居住・移転の自由を保障する旨を規定するにとどまり，外国人がわが国に入国することについてはなんら規定していない…憲法上，外国人は，わが国に入国する自由を保障されているものでないことはもちろん…在留の権利ないし引き続き在留することを要求しうる権利を保障されているものでもない…。憲法第三章の諸規定による基本的人権の保障は，権利の性質上日本国民のみをその対象としていると解されるものを除き，わが国に在留する外国人に対しても等しく及ぶものと解すべきであり，政治活動の自由についても，わが国の政治的意思決定又はその実施に影響を及ぼす活動等外国人の地位にかんがみこれを認めることが相当でないと解されるものを除き，その保障が及ぶ…。しかしながら，…わが国に在留する外国人は，…法務大臣がその裁量により更新を適当と認めるに足りる相当の理由があると判断する場合に限り在留期間の更新を受けることができる地位を与えられているにすぎないものであり，したがつて，外国人に対する憲法の基本的人権の保障は，右のような外国人在留制度のわく内で与えられているにすぎないものと解するのが相当であつて，在留の許否を決する国の裁量を拘束するまでの保障，すなわち，在留期間中の憲法の基本的人権の保障を受ける行為を在留期間の更新の際に消極的な事情としてしんしやくされないことまでの保障が与えられているものと解することはできない。」

基本的人権の内容　日本国憲法の人権保障規定は，平等権，自由権のほかに，20世紀におけるワイマール憲法の構想した社会権規定をも盛り込んでいる。

平等権は，法の下の平等（14条）および両性の平等（24条）から成る（➡70頁以下）。自由権は次の三つの類型に分かれる。第一は，精神的自由権である。これは，人の精神作用に関する自由権であって，個人の人格形成に係わり，個人の尊厳を支えるものとして自由権の中核を形成するばかりか，民主主義の発展にとってもその重要性を増している（➡86頁以下）。第二は，経済的自由権であり，19世紀以降の資本主義の発達を支えたのは，この財産権の保障に裏付けられた自由放任の経済体制であった。もっとも，現在では，資本主義の高度な発達によって生じた様々な社会的矛盾，およびそれに対処するための社会権思想によって，この自由には一定の制限が必要とされるのである

（➡98頁以下）。第三は，人身の自由と呼ばれる諸権利である。 人身の自由とは，人の身体がいっさいの拘束を受けないことを意味し，個人の尊厳を保障するための基本的な権利である（➡104頁以下）。社会権の保障としては，生存権（25条），教育を受ける権利（26条），勤労の権利（27条）および労働基本権（28条）がある（➡120頁以下）。

　以上の平等権，自由権，社会権の三大権のほかに，憲法は，民主主義に基づく政治を支えるための参政権，さらに，国民が自己の利益を実現するために国家の行為を要求しうる権利である受益権（国務請求権）を規定している。また，国民の義務として，教育の義務（26条2項前段），勤労の義務（27条1項），納税の義務（30条）の三大義務を定めている。

5. 憲法改正問題

憲法調査会　以上のような内容をもつ日本国憲法は，施行されてから60年が経とうとしている。その間に，国内外の情勢は大きく変化した。そうした変化に対応して憲法の内容を現状に合うように改正すべきか，それとも現行憲法は今の形のまま維持すべきかが問題となっている。

　そこで，平成12（2000）年には，日本国憲法について広範かつ総合的に調査を行うため，衆参両院に憲法調査会が設置された。議案提出権はなく，調査会での結論が憲法改正に直結するわけではないが，調査を終えたときは調査の経過および結論につき報告書を作成し，議長に提出することになっている。主な論点は，①日本国憲法は連合国軍総司令部（GHQ）の「押しつけ」だったのか，②国際貢献のための自衛隊海外派遣や集団的自衛権の行使などの問題を背景として，戦争放棄・戦力不保持をうたった9条を改正すべきか，③プライバシー権や環境権，知る権利など，現行憲法制定時には想定されていなかった「新しい人権」を憲法に明記すべきか，④衆参両院の役割の違いを明確化すべきかなどである。これらの点をめぐり護憲派と改憲派との間で活発な議論が展開される中，平成19（2007）年には，憲法改正の手続を定める国民投票法が制定されており，今後の動向を慎重に見守っていく必要がある。

Chapter 4 憲法の基本原理

Reference ⑨
日本国憲法の基本的人権規定の体系

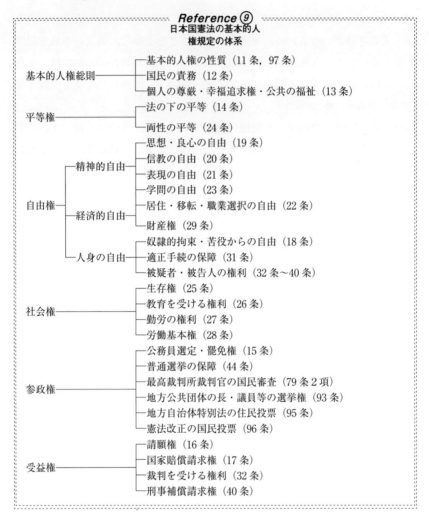

Chapter 5

国の統治機構

Essence

1. 三権分立

近代立憲主義…実質的三権分立──国会─立法権（憲法41条）──┐
　　　　　　　　　　　　　　　　内閣─行政権（憲法65条）──┼…相互間の抑
　　　　　　　　　　　　　　　　裁判所─司法権（憲法76条）─┘　制と均衡

2. 国　会

地位──国民代表機関（憲法前文，43条1項）
　　　─国権の最高機関─国会中心政治の原則（憲法41条）
　　　─唯一の立法機関─国会の独占的立法の原則，国会単独立法の原則
　　　　　　　　　　　（憲法41条）

二院制─衆議院と参議院…跛行的二院制（憲法59条2項，60条，61条，67条，2項）

選挙─普通・平等・直接・秘密・自由の原則（憲法15条，44条）

3. 内閣と行政

議会優位型の議院内閣制（憲法66条〜70条）…民主的責任行政の原則

行政…法律による行政の原則（憲法73条1号）

4. 裁判所

司法権─行政型→司法型（憲法76条，裁判所法3条1項）

司法権の独立と裁判官の職権の独立（憲法76条3項）

違憲審査制（憲法81条）─付随的違憲審査制…事件性の要件，必要性の原則

憲法判断の回避──┬─合憲的解釈
　　　　　　　　├─部分社会論
　　　　　　　　└─統治行為論

違憲判決の効力─個別的効力説

5. 地方自治

地方自治の本旨（憲法92条）─団体自治と住民自治

地方公共団体の権能──┬─自治組織権（憲法92条，93条）
　　　　　　　　　　├─自治行政権（憲法94条）
　　　　　　　　　　├─自治財政権（憲法92条，94条，地方自治法223条）
　　　　　　　　　　└─自治立法権（憲法94条，地方自治法14条）

住民の権利─参政権（憲法93条）と直接請求制度（地方自治法12条以下，74条以下）

54 **Chapter 5** 国の統治機構

1. 三権分立

意　義　近代憲法は，国民の国政への参加と権力分立制の採用によって，国家の権力行使を抑制し，個人の自由ないし権利を保障する(近代立憲主義)。三権分立制は，統治機構の基本原理として，国家の権力を，立法，行政，司法に分離して，異なった機関に分担させ，相互の間に抑制と均衡の関係を保たせ，権力の濫用，基本的人権に対する侵害を防ごうとする制度である。三権分立制は，近代憲法においては，人権保障のために不可欠の基本原理である（1789年フランス人権宣言16条参照）。しかし，その程度と内容については，厳格な三権分立制を採用するアメリカ型大統領制から，議会と内閣の協働関係が強いイギリス型議院内閣制に至るまで，様々な形態がある。また，自由国家，夜警国家から，福祉国家，積極国家への変容は，行政権の優位をもたらし，立法権，司法権の弱体化という問題が生じている。

日本における三権分立　明治憲法の下では，天皇主権の原理により，天皇が統治権の総攬者であり，三権は天皇の統治権行使を助ける機関にすぎない形式的三権分立制であった。これに対して，日本国憲法は，国民主権の原理から，立法権を国会に，行政権を内閣に，司法権を裁判所に分属させ，実質的三権分立制を採用する。その内容はイギリス型の議院内閣制に近く，三権相互が協働・依存しながら抑制・均衡の関係を保つものとなっている。

　日本国憲法における三権相互の抑制と均衡の関係は次のとおりである。第1に，国会と内閣との関係においては，国民主権原理に基づく国会優位の原則(41条)が前提となる。衆議院は内閣不信任決議を行うことができるのに対して，内閣には衆議院の解散権が認められている(69条)という抑制関係とともに，議院内閣制を採っているから，立法と行政の関係は緊密である(66条2項，67条1項，68条1項，7条3号等)。第2に，国会と裁判所との関係においては，裁判所は法律に対する違憲審査権をもつのに対して（81条），国会は弾劾裁判所を設ける（64条，78条）。また，最高裁判所の構成（79条1項），下

　フランス人権宣言16条「権利の保障が確保されず，権力の分立が規定されないすべての社会は，憲法をもつものではない。」

級裁判所の設置は法律事項（必ず法律の形式で定めることを要する事項）とされており（76条1項），国民の代表機関である国会の議決により制定される法律の形式で定めなければならない。第3に，内閣と裁判所との関係においては，内閣は最高裁判所長官を指名し（6条2項），最高裁判所および下級裁判所の裁判官を任命する(79条1項，80条1項)。これに対して，裁判所は，行政機関の命令・規則・処分に対する違憲審査権を有する（81条）。

2. 国　　会

国会の地位　日本国憲法は，国民主権の原則を宣言するとともに，国民は「正当に選挙された国会における代表者を通じて行動」（前文）するとして，代表民主制を採用している。国会は，「全国民を代表する選挙された議員」(43条1項)で構成され，国民代表機関としての性格が与えられている。

　憲法41条は「国会は，国権の最高機関」であるとする。最高機関とした意味は必ずしも明確ではない。三権分立制の下では国会の意思が終局的という意味ではないし，また，国会が，司法機関や行政機関に対して，法的に上位にあることを意味するものでもないからである。しかし，主権者である国民を代表するという意味において，国会はやはり国権の最高機関としての地位を占めるものと考えられる。

　国会は，さらに，「国の唯一の立法機関である」（憲法41条）。これは，国会が国の立法権を独占すること（国会の独占的立法の原則）と，立法は他の機関の関与を必要とせず，国会が単独で行うこと（国会単独立法の原則）を意味する。なお，ここにいう立法とは，実質的意味の立法，すなわち，国民の権利・義務を規律する法規範の制定作用のことである。したがって，行政権による独立命令（➡Terms③ 58頁)等の立法は許されない。ただし，これには憲法自身が認める例外がある。国会の独占的立法の原則の例外としては，両議院および最高裁判所の規則制定権（58条2項，77条1項），内閣の政令制定権(73条6号)があり，国会単独立法の原則の例外としては，地方自治特別法における住民投票（95条）がある。

Chapter 5 国の統治機構

> ### Reference ⑩
> #### 選挙の原則
> ① 普通選挙…経済力，身分，知能，性別等による制限や資格要件を加えることなく，すべての国民が選挙権，被選挙権を有する。
> ② 平等選挙…各選挙人に価値の等しい投票権を与え，複数選挙や等級選挙を禁止する投票の「数的価値の平等」と，投票の「結果価値」の平等を意味する。
> ③ 直接選挙…有権者が直接に議員等を選挙する（アメリカの大統領選挙における間接選挙と対立する）。
> ④ 秘密選挙…選挙人が他から干渉されず自己の意思に従って投票することができ，投票の行方が公開されない。
> ⑤ 自由選挙…投票するかしないかを有権者の自由な判断に委ね，強制投票制を否定する。

二院制 国会は，衆議院と参議院の二院で構成されている（憲法42条）。二院制には，イギリスのような貴族院型，アメリカのような連邦型などがあるが，日本国憲法の二院制は，両院とも全国民を代表する選挙された議員で構成される民選型二院制である（43条1項）。憲法は，参議院に解散を認めず，議員の任期を長くし（46条），衆議院の「数の政治」に対して，より専門的な知識を集めて，「理の政治」を行うことにより，参議院に抑制と均衡の機能を期待しているのである。

両議院は，同時に活動し（同時活動の原則—54条2項），それぞれ独立に活動する（独立活動の原則）。また，組織の点で，両院院の議員の兼職が禁止され（48条），任期は衆議院議員が4年（45条），参議院議員が6年，衆議院には解散が認められるのに対して，参議院には解散がなく，3年ごとに議員の半数が改選される（46条）という相違がある。両議院の権能については，法律の議決（59条2項），予算の議決（60条2項），条約の承認（61条），内閣総理大臣の指名（67条2項）の場合に，衆議院の優越が認められている（跛行的二院制）。

選挙 選挙は，間接民主制の理念に基づいて，国民の主権の行使，政治参加の核心をなす重要な行為である。選挙は公正に行われなければならず，選挙を通じての国民の自由な意思表明が保障されなければならない。そのためには，公職の選挙について，普通，平等，直接，秘密，自由の原則が要求される。憲法は，成年者による普通選挙（憲法15条3項）および投票の秘密（同条4項）を保障し，衆・参両議院の議員および選挙人の資格について，平等選挙を保障している（44条）。

平等選挙に関して問題となるのは，選挙人数と議員定数の不均衡である。

2. 国　会　57

判例は，当初は，選挙の結果に及ぼす影響力すなわち投票価値の平等の実現は立法政策の問題であるとしていた（最大判昭和39年2月5日民集18巻2号270頁）が，判例〔10〕（➡82頁）は，議員一人あたりの有権者数の比率が，最大過密区と最大過疎区で4.99対1であった衆議院議員選挙について，議員定数を定める公職選挙法の規定を違憲とした（最大判平成24年10月17日民集66巻10号3357頁参照）。

国会の権能　　国会の任務の最も重要なものは，法律を制定すること（憲法59条）と国の予算を決めることである（60条）。これらの権限を適正に行使するために国政調査権が認められている。その他に，①憲法改正の発議（96条1項），②条約の承認（73条3号），③内閣総理大臣の指名（67条1項），④弾劾裁判所の設置（64条1項）などの権限が認められている。

両議院の権能　　各議院は，各々独立して議長その他の役員選任権（憲法58条1項），議院規則制定権（同条2項），議員資格に関する争訟の裁判権（55条），議員の懲罰権（58条2項），議員の逮捕許諾権（50条，国会法33条）を有する。これを各議院の自律権という。衆議院のみの権能としては，内閣総理大臣の不信任決議権（69条），参議院のみの権能としては，緊急集会の権限がある（54条2項，3項）。

国会議員の権限　　国会議員は全国民を代表し（憲法43条1項），議案の発議権，動議の提出権，内閣に対する質問権，委員会に付託された審議に参加して，質疑・討論・採決し，本会議での審議・表決に参加する権利を有する。この他に，議員は，その地位と権限を安全にし，自由かつ独立して職務を果たせるように，不逮捕特権（50条，国会法33条），免責特権（憲法51条）および相当額の歳費を受ける権利（49条）を有する。

Terms ②
争訟と訴訟

「争訟」とは，法律関係または権利関係に関する具体的な争いをいう。例えば，商品の売主と買主との間の代金支払や商品引渡に関する争いなどである。またそれについて公権力に基づく判断により紛争の解決をはかる手段をいうこともある。

「訴訟」とは，争訟のうち国の裁判権に基づき，対立する利害関係人を当事者として関与させて審判する手続をいう。

3. 内閣と行政

内閣と行政権　憲法65条は，「行政権は，内閣に属する」と規定する。行政とは，元来，法の内容を具体化すること，すなわち法の執行を意味するが，行政府としての内閣には多様な権限が与えられているために，積極的に定義することは困難であり，国家作用から立法および司法作用を除いた残余の一切の作用が行政作用とさえいわれている（控除説）。

議院内閣制　日本国憲法は，議院内閣制を採用しており，内閣総理大臣は，国会議員の中から，国会の議決で指名され(憲法67条1項)，国務大臣の過半数は国会議員でなければならない（68条1項）。衆議院には，内閣不信任決議権がある（69条）。このように，内閣は国会を基礎に成立し，国会に対し連帯して責任を負うところから（66条3項），国会の信任が要件となる。こうして，内閣に属する行政権は国会の統制下に置かれているのである（民主的責任行政の原則）。この意味で，わが国の政体は議会優位型の議院内閣制ということができる。

したがって，内閣から完全に独立した行政機関を設けることはできない。憲法上の例外は会計審査院である（90条）。この点で問題となるのは，独立行政委員会である。行政委員会は，合議制の行政機関であり，一定の限度で一般の行政権から独立性があり，行政的権限の他，準立法的権限，準司法的権限を併せ持つという特色がある。その例としては，公正取引委員会，公安委員会，労働委員会等がある。人事院については，政治的中立性，技術的専門性の観点から合憲とされている。

Terms ③

命令と政令

行政機関による立法形式が命令であり，このうち内閣が制定する命令を政令という。命令には，①法律の規定を執行するために必要な細則を定める執行命令，②法律により委任された事項を定める委任命令，③法律から独立した独立命令，④法律に代わる規定を設けることができ，法律と同等の効力をもつ代行命令の四種がある。現行憲法は，国会を唯一の立法機関とし，独立命令，代行命令は認めず，執行命令と委任命令のみを認めている。委任命令については白紙委任や本質的な部分の政令への包括委任は認められず，個別具体的な委任が必要とされるが，その限界は微妙である。

組　　織　内閣は，その首長たる内閣総理大臣とその他の国務大臣とで組織する合議体である(憲法66条1項)。内閣の構成員は文民でなければならず（同条2項），また，わが国は議院内閣制を採用しているから，内閣総理大臣およびその他の国務大臣の過半数は国会議員でなければならない(67条1項，68条1項)。内閣がその職権を行うのは閣議による（内閣法4条1項)。内閣総理大臣は国会で指名され(憲法67条1項)，天皇により任命される（6条1項)。内閣総理大臣は，国務大臣の任免(68条2項)，国務大臣の訴追の同意（75条)，内閣を代表して議案の国会への提出，一般国務・外交関係の国会への報告，行政各部の指揮監督（72条）などの権限を有する。国務大臣は内閣総理大臣が任命し（68条1項)，これに基づいて天皇が認証する（7条5号)。国務大臣は，通常主任大臣として行政事務を分担管理し(内閣法3条1項)，法律・政令に署名し（憲法74条)，議院に出席し発言する（63条）などの権限を有する。内閣は衆議院で内閣不信任案が可決され，または信任案が否決されたときは，10日以内に衆議院を解散しないかぎり，総辞職しなければならない(69条)。また，内閣総理大臣が欠けたとき，または衆議院議員総選挙後に新国会が召集された場合にも総辞職しなければならない（70条)。

内閣の権能　内閣の行うべき重要な事務は，①法律の執行，国務の総理(憲法73条1号)，②外交関係の処理(同条2号)，③条約の締結(同条3号)，④官吏に関する事務の掌理（同条4号)，⑤予算の提出（同条5号)，⑥政令の制定（同条6号）―政令には，法律の委任がある場合を除いて罰則を設けることはできない（同条但書)，⑦恩赦の決定（同条7号）である。この他に，内閣は，ⓐ天皇の国事行為への助言と承認(3条，7条)，ⓑ衆議院の解散(69条)，参議院の緊急集会の請求（54条2項)，ⓒ財政に関して，予備費の支出(87条)，国会への決算の提出（90条1項)，財政状況の報告（91条)，ⓓ最高裁判所長官の指名(6条2項)，最高裁判所および下級裁判所裁判官の任命(79条1項，80条1項）などの権限を有する。

行政の基本原理　行政は，法律に基づき，法律に従って行われなければならない。これを法律による行政の原理という（憲法73条1号)。

60 **Chapter 5** 国の統治機構

判例〔5〕

自動車の一斉検問は，強制力を伴わない任意手段によるかぎり，適法である（最決昭和 55 年 9 月 22 日刑集 34 巻 5 号 272 頁）

〈**事実**〉 被告人は，自動車の一斉検問により，酒気帯び運転の罪で検挙されたが，右検問は何等法的根拠なく行われた違法なものであると主張した。原審は，検問の法的根拠を警察法 2 条 1 項に求めて，被告人の主張を斥けた。

〈**決定要旨**〉「警察法 2 条 1 項が『交通の取締』を警察の責務として定めていることに照らすと，交通の安全及び交通秩序の維持などに必要な警察の諸活動は，強制力を伴わない任意手段による限り，一般的に許されるべきものである…自動車の運転者は，公道において自動車を利用することを許されていることに伴う当然の負担として，合理的に必要な限度で行われる交通の取締に協力すべきものであること…などをも考慮すると，（自動車の一斉検問）は，それが相手方の任意の協力を求める形で行われ，自動車の利用者の自由を不当に制約することにならない方法，態様で行われる限り，適法なものと解すべきである。」

行政立法・行政行為・行政指導　行政は，行政立法，行政行為および行政指導を中心として実施される。社会経済構造が複雑・専門化するに伴い，行政対象の変化に素早く対応することが必要になるが，この点で国会には限界があるところから，行政機関による立法が必要となる。行政立法には，市民の権利義務に関する法規命令と，法規たる性質を有しない行政規則とがある。法規命令には執行命令と委任命令があり（➡Terms ③ 58頁），法形式としては，政令・総理府令・省令・委員会規則等がある。行政機関内部の事務処理に関する定めである行政規則は，告示・訓令・通達等の形式で発せられることが多い。行政行為とは，行政庁が，法律に基づく公権力の行使として，具体的事実について規律し，これにより外部に対して直接に法律上の効果が生ずる行為をいう。法律上は（行政）処分の語が用いられている。行政指導とは，指導・警告・注意・勧告・要請・助言等の非権力的な手段により自発的な協力・同意を求めて，行政目的を実現するために相手を誘導する作用をいう。行政指導には法的拘束力はないが，現実には行政機関の強大な権限を背

　警察法 2 条 1 項「警察は，個人の生命，身体及び財産の保護に任じ，犯罪の予防，鎮圧及び捜査，被疑者の逮捕，交通の取締その他公共の安全と秩序の維持に当ることをもってその責務とする。」

景としてなされる行政指導を拒否することは困難な場合が多い。

行政手続法 行政庁の行う処分の事前手続については一般法がなく，不備・不統一が指摘されてきた。また，審査や処理の基準が不明確であり，行政指導の濫用が法律による行政の空洞化をもたらすおそれがあることが指摘されてきた。そこで，行

> ### Reference ⑪
> #### 刑罰・秩序罰・執行罰
> 刑罰は犯罪に対する制裁であり，刑法が適用され，刑事訴訟法の手続により科せられる。秩序罰は行政上の秩序維持のため行政上の義務違反に対する制裁として科せられる過料である。執行罰は行政上の強制執行の一手段であり，行政上の義務を強制するために過料を予告し，義務の履行がない場合に科す。過料は一種の行政処分であり，刑法の適用はない。

政手続の適正化の要請に答えるために，平成5年に，行政手続における一般法として制定された行政手続法は，処分，行政指導，届出に関する手続に関し，共通する事項を定めることによって，行政運営における公正の確保と透明性の向上を図り，もって国民の権利・利益の保護に資することを目的とする（同1条）。具体的には，①申請に対する許認可等の処分および不利益処分の審査基準・処分基準の設定・公表（5条，12条），理由の提示（8条，14条）②申請に対する処分の標準処理期間の設定・公表（6条），申請に対する審査・応答義務（7条），公聴会等の開催（10条），③不利益処分の聴聞・弁明手続（13条），④行政指導の一般原則（当該行政機関の任務・所掌事務の範囲を逸脱してはならず，行政指導の内容が相手方の任意の協力によってのみ実現されるものであり，行政指導に従わなかったことを理由として不利益な取り扱いをしてはならない），行政指導の明確性原則，行政指導に携わる者の遵守事項（32条～35条）などが規定されている。

なお，平成11年に，「広く一般に適用される国の行政機関等の意思表示で，規制の設定又は改廃に係るもの」を対象として，パブリックコメント手続が制度化され，平成17年には，命令等を定める場合の手続として意見公募手続が行政手続法に規定された（38条～45条）。

平成26年には，処分性を有しない行政作用への救済を拡充するために，行政指導の方式（35条），行政指導の中止を求める制度（36条の2），法令違反事実是正のための処分・行政指導を求める制度（36条の3）が新設された。

62 **Chapter 5** 国の統治機構

行政上の強制
措 置 と 救 済
行政目的の実現を確保する手段として，行政強制と行政罰が
ある。行政強制は，さらに行政上の強制執行(代執行，執行罰，
行政上の強制徴収）と，即時強制（警察官職務執行法の定める手段等）に分けら
れる。行政罰には，刑法に刑名の規定がある罰を科す行政刑罰と，行政上の秩
序罰である過料がある。

行政活動によって国民が損害を被ることも稀ではない。そのため行政上の
救済制度が設けられている。①適法な行政活動により損害を受けた場合は，
正当な補償がなされる(損失補償—憲法29条3項➡102頁)。②違法な行政活動や
公共施設の欠陥のために損害を受けた場合は，憲法17条に基づく国家賠償法
により，その損害が補塡される(国家賠償法1条，2条)。③行政の専門技術化，
多様化のために，裁判所による救済よりも行政機関による迅速簡易な手続に
よる救済が必要とされる場合があり，違法・不当な処分により侵害された市
民の利益の救済を図るための一般法が行政不服審査法である。同法は，平成
26年に，審査手続の公正性，使いやすさの向上のため，不服申立類型の一元
化（2条，3条）などの改正がなされた。

ただし，行政機関は終審として裁判を行うことはできず(憲法76条1項，2
項)，裁判所が一切の法律上の争訟を裁判する(裁判所法3条1項)。行政事件
訴訟の裁判も，通常裁判所が行い，その一般法として行政事件訴訟法があ
る。行政訴訟とは，行政活動がもたらす法的効果を除去するための訴訟であ
る（➡145頁)。

4. 裁 判 所

司 法 権
司法とは，法を適用し宣言することにより，具体的な法律上の
争訟（➡Terms② 57頁）を解決する国家作用である。憲法76条1
項は，「すべて司法権は，最高裁判所及び法律の定めるところにより設置する
下級裁判所に属する」と規定し，三権分立制に基づいて，司法権を裁判所に
帰属させている。明治憲法下では，司法権は民事・刑事の裁判権に限定され，
行政事件については別に行政裁判所が取り扱うものとしていた（行政型）。ま
た，軍法会議のような特別裁判所も設置されていた。これに対して，現行憲

法においては，司法権は民事・刑事・行政のすべての争訟に及ぶ（裁判所法3
条1項―司法型）。さらに，特別裁判所の設置および行政機関の終審裁判が禁止
される（憲法76条2項）。こうすることによって，司法権を司法裁判所の下に統
一し，公平・平等な裁判を実現しようとしているのである（➡137頁）。

司法権の独立　司法権の独立は，二つの意味で用いられる。第1に，公正
な裁判により国民の人権を守るべき裁判所が，他の機関か
ら干渉されないという三権分立の一内容を意味する。第2に，裁判を担当す
る個々の裁判官は，外部からの干渉・圧力を受けずに司法権を行使するとい
う裁判官の職権の独立を意味する。憲法は，「すべて裁判官は，その良心に従
ひ独立してその職権を行ひ，この憲法及び法律にのみ拘束される」（憲法76条
3項）と定め，司法権の独立および裁判官の職権の独立を保障する（➡判例〔32〕
141頁）。この実効性を担保するのが裁判官の身分保障である。憲法は，裁判官
が罷免される場合を三つに限定している。①心身の故障のために職務を執る
ことができないと裁判で決定された場合（78条），②公の弾劾により罷免され
る場合（78条，64条），③最高裁判所裁判官については，国民審査により罷免さ
れる場合（79条3項）である。これらの場合を除いて，その意に反して裁判官
の地位を失うことはない。下級裁判所裁判官は，10年の任期で任命されるが，
再任が原則とされている（80条1項）。また，行政機関による懲戒処分が禁止
され（78条），裁判官は，相当額の報酬が保障され，在任中減額されることは
ない（79条6項，80条2項）。

違憲審査制　最高裁判所は，一切の法律・命令・規則・処分の憲法適合性
を決定する権限を有する終審裁判所である（憲法81条）。ただ
し，このことは，下級裁判所が違憲審査権を有することを否定するものでは
ない。違憲審査制は，憲法および国民の基本的人権を他の国家機関の恣意か
ら守るという意味で「憲法の盾」となる重要な機能である。

　違憲審査制には，通常裁判所が，具体的な法律上の争訟事件の解決にあた
って，当該処分の違憲性を付随的に審査する付随的違憲審査制と，特別に設
けられた憲法裁判所が，具体的な法律上の争訟とは無関係に，一般的・抽象
的に法令等の違憲性を審査する抽象的違憲審査制とがある。わが国は，付随
的違憲審査制を採用していると解されている。

64 **Chapter 5** 国の統治機構

判例〔6〕

裁判所は，具体的事件を離れて，抽象的に法令等の合憲性を判断することはできない（最大判昭和27年10月8日民集6巻9号783頁）

〈**事実**〉 原告は，自衛隊の前身である警察予備隊の設置ならびに維持に関し，昭和26年4月1日以降に国が行った一切の行為は，憲法9条に違反して無効であるとして，その確認を求める訴えを直接最高裁判所に提起した。原告は，憲法81条は最高裁判所に憲法裁判所としての性格も与えていると主張した。

〈**判旨**〉「最高裁判所は法律命令等に関し違憲審査権を有するが，この権限は司法権の範囲内において行使されるものであり…法律命令等の抽象的な無効宣言をなす権限を有するものとするならば，…最高裁判所はすべての国権の上に位する機関たる観を呈し三権独立…の根本原理に背馳するにいたる恐れなしとしないのである。要するにわが現行の制度の下においては，特定の者の具体的な法律関係につき紛争の存する場合においてのみ裁判所にその判断を求めることができるのであり，裁判所がかような具体的事件を離れて抽象的に法律命令等の合憲性を判断する権限を有するとの見解には，憲法上及び法令上何等の根拠も存しない。」

憲法判断の回避 違憲審査の対象は一切の法律・命令・規則・処分に及ぶが，その性質上司法審査になじまないものがあり，一定の限界がある。付随的違憲審査制の下では，具体的事件が提起されなければならず（事件性の要件），また具体的事件の解決に必要な限りで違憲審査が行われる（必要性の原則）。したがって，①憲法判断をしなくても事件を解決できる場合は，憲法判断が回避される（憲法判断の回避）。②法令に複数の解釈が可能な場合は，憲法に合致する解釈がとられる（合憲的解釈）。③自律的な法規範を持つ社会・団体については，司法権の対象外とされる場合がある（部分社会論）。

参議院議員選挙比例代表区の繰り上げ当選者の決定について，最判平成7年5月25日（民集49巻5号1279頁）は，「政党等が組織内の自律的運営として党員等に対してした除名その他の処分の当否については，原則として政党等による自律的な解決にゆだねられている……したがって，名簿届出政党等による名簿搭載者の除名が不存在又は無効であることは，除名届が適法にされている限り，当選訴訟における当選無効の原因とはならない」とする。

最も問題となるのは，④統治行為である。統治行為とは，高度に政治的意

味をもち，国家的利害に直接関係する事項を対象とする国家行為であるために，法律的判断が可能であるにもかかわらず，司法審査の対象から除外されるものをいう。しかし，どこまでが統治行為といえるのか，その範囲は必ずしも明確ではなく，重大な人権侵害が問題となっている場合，あるいは違憲性が明らかな場合にも，統治行為という理由で安易に憲法判断を回避することになるという問題がある（➡判例〔2〕44頁）。

判例〔7〕

衆議院解散の効力は，訴訟の前提問題としても，裁判所の審査権限の外にある

（最大判昭和35年6月8日民集14巻7号1206頁）

〈事実〉　昭和27年8月28日に行われた衆議院の解散により議員の資格を失った原告は，当該解散は憲法違反であるとして，衆議院議員としての地位確認と任期満了までの歳費請求の訴えを提起した。第一審は，統治行為を否定し，本件では内閣の助言があったとはいえないとして，原告の請求を容認した。これに対して国が控訴し，第二審は，統治行為論は否定したが，内閣の助言と承認が適法であったとして，原告の請求を棄却した。これに対して原告が上告した。

〈判旨〉　「現実に行われた衆議院の解散が，…無効であるかどうかのごときことは裁判所の審査権に服しないものと解すべきである。…わが憲法の三権分立の下においても，司法権の行使についておのずからある限度の制約は免れないのであって，あらゆる国家行為が無制限に司法審査の対象となるものと即断すべきでない。直接国家統治の基本に関する高度に政治性のある国家行為のごときはたとえそれが法律上の争訟となり，これに対する有効無効の判断が法律上可能である場合であっても，かかる国家行為は裁判所の審査権の外にあり，その判断は主権者たる国民に対して政治的責任を負うところの政府，国会等の政治部門の判断に委ねられ，最終的には国民の政治判断に委ねられているものと解すべきである。この司法権に対する制約は，結局，三権分立の原理に由来し，当該国家行為の高度の政治性，裁判所の司法機関としての性格，裁判に必然的に随伴する手続上の制約等にかんがみ，特定の明文による規定はないけれど

Reference ⑫
司法消極主義と司法積極主義

司法消極主義とは，民主的機関ではない裁判所が，民主政原理に則った政治部門の判断に対して違憲判断を下すのは，違憲性が明白な場合に限られるとする立場をいう。司法積極主義とは，人権保障の責務を負う裁判所は，人権を侵害する政治部門の行為に対しては，積極的に違憲審査権を行使すべきであるとの立場をいう。これは，憲法判断をすべきかという点と，その上で違憲判断をすべきかという二段階で問題となる。

66　**Chapter 5**　国の統治機構

も，司法権の憲法上の本質に内在する制約と理解すべきである。」

違憲判決の効力　違憲判決を下す場合，法令そのものを違憲とする法令違憲（➡ 判例〔9〕78頁，判例〔10〕82頁，判例〔17〕99頁，判例〔18〕101頁，判例〔44〕201頁）と，当該事件に適用される限りで違憲とする適用違憲とがある。法令違憲判決の効力については，違憲とされた法令が一般的に無効とされる（一般的効力説）のではなく，当該事件についてのみ無効とされるにとどまる（個別的効力説）と理解されている。

5. 地方自治

地方自治の意義　地方自治とは，その地域における政治・行政を，国から切り離し，地域住民の意思と責任において行う制度である。地方自治制度は，民主政治の基礎となるべきものであり，国への過度の権力集中を抑制することにもなり，民主主義国家にとって，重要な機能を果たしている。地方自治の本質的内容は，法律によって改変することはできないと理解されている（制度的保障説）。

地方自治の本旨　憲法92条は，「地方公共団体の組織及び運営に関する事項は，地方自治の本旨に基いて，法律でこれを定める」と規定する。地方自治の本旨とは，第1に，国から独立した団体が，自己の意思と責任において，自己の固有の任務としての事務を，自己の機関で処理すること（団体自治），第2に，地域の政治行政が，その地域住民の意思に基づいて行われるべきであること（住民自治）を意味する。地方自治法は，地方公共団体として，普通地方公共団体（都道府県および市町村）と特別地方公共団体（特別区，地方公共団体の組合，地方開発事業団）を規定する（1条の3）。

地方公共団体の組織　憲法93条により，地方公共団体には，議事機関として議会が設置される。そして，その議員および執行機関としての地方公共団体の長（首長—都道府県知事，市町村長）は，住民の直接選挙で選出される。地方議会は，国会と異なり，通常一院制である。地方公共団体の長と議会の関係は，アメリカ型の大統領制に近いが，議会による長の不信任決議があっ

た場合，長は辞職するか，議会を解散しなければならない（地方自治法178条）
点で，議院内閣制の要素が加味されているともいえる。

地方公共団体の権能　憲法94条は，「地方公共団体は，その財産を管理し，事務を処理し，及び行政を執行する権能を有し，法律の範囲内で条例を制定することができる」と規定し，普通地方公共団体に，自治組織権，自治行政権，自治財政権，自治立法権を認めている。

　自治組織権とは，地方公共団体が，法律の定める範囲内で，その自治権に基づいて自己の組織を定める権能をいい，地方公共団体は，条例により，その機関の設置・構成・運営を定め，その機関を構成すべき者を自ら選定・罷免することができる（地方自治法172条等）。

　地方公共団体には，財産の管理，事務の処理，行政の執行という自治行政権が認められている（2条2項）。

　地方公共団体は，その事務処理のために必要な財源を調達し，財産を管理する権能を有し（憲法92条，94条），地方税の賦課徴収権が与えられている（地方自治法223条）。これを，自治財政権という。しかし，地方交付税や国庫補助金等の国の財源に依存する度合いが高く，財政的な援助における国の監督権限の強化や地方自治体の政府依存をもたらす「三割自治」を脱しておらず，財政の自主性の大きな制約となっている。

　地方公共団体は条例を制定することができ（自治立法権——憲法94条），条例制定権は議会に属する（地方自治法96条1項）。条例は，法律の範囲内で（憲法94条），法令に違反しない限りにおいて（地方自治法14条1項），地方公共団体の事務に関し制定でき，国の事務について規定することはできない。

　法令と条例の関係については，①公共の福祉の観点から，条例により財産権等の基本的人権を制限することも許される。②条例は地方議会の議決により制定され，民主主義的手続を経ているという理由から，条例により刑罰を科すこともできる（地方自治法14条3項）。③条例の規制対象事項について法律が存在しない場合は条例を規定することができる（➡判例〔45〕214頁）。④規制対象事項について法律があっても，目的が異なる場合には条例を制定することができる。⑤法律の執行を妨げるような条例を制定することはできない。したがって，例えば，法律による公害規制を条例で緩和することはできない。

68　**Chapter 5**　国の統治機構

> ┌─────────────────────────┐
> **Reference ⑬**
> **地方公共団体の事務**
>
> ①　自治事務—地方公共団体が処理する事務のうち，法定受託事務以外のもの(地方自治法2条8項)…都市計画の決定，飲食店営業の許可，病院・薬局の開設許可等，これまで公共事務，団体委任事務，行政事務とされていたもの，および機関委任事務のうち，なお存続する事務の一部。
>
> ②　法定受託事務—国が本来果たすべき役割に係るものであって，国においてその適正な処理を特に確保する必要があるものとして法律またはこれに基づく政令に特に定めるもの(2条9項)…国政選挙，旅券の交付，国道の管理等，これまでの機関委任事務のうち，国が直接行うこととするものを除く事務の一部。
> └─────────────────────────┘

⑥法令と同じ目的の条例の場合，法令よりも厳しく規制する条例（上乗せ条例）や，規制対象を法律より拡大する条例（横出し条例）について，かつては許されないとされていたが，現在では，法律により特に全国的に統一的に規制する必要がある場合でなければ，地方の実情に合わせて必要かつ合理的な独自の規制をする条例を制定することも許されると考えられている。法律自身がこれを認めている例もある（大気汚染防止法4条1項）。

地方分権一括法　平成11年に，地方分権の推進を図るための関係法律の整備等に関する法律（地方分権一括法）が制定された。同法は，第1に，地方公共団体の役割と国の配慮に関する規定を設けることにより，国と地方公共団体が分担すべき役割を明確にした(地方自治法1条の2)。第2に，地方公共団体の独自の活動の余地を狭め，地方の行財政を圧迫するとの批判があった機関委任事務を廃止し，地方公共団体の事務は，自治事務と法定受託事務とに再構成された（2条8，9項）。第3に，国等の関与のあり方を見直し，機関委任事務制度の下で認められていた主務大臣および知事の包括的指揮監督権，知事の取消停止権，職務執行命令を廃止し，議会による調査権，条例制定権が原則として及ぶこととした。また，関与に係る基本原則，関与の基本類型，手続および関与に係る係争処理手続を定め，個別法における関与は必要最小限にすることとした。第4に，国の権限を地方公共団体に委譲するために，都市計画法等35の個別法が改正され，特例市制度，条

　大気汚染防止法4条1項「都道府県は，…前条…の排出基準によっては，人の健康を保護し，又は生活環境を保全することが十分でないと認められる区域があるときは，…条例で，同条第1項の排出基準にかえて適用すべき同項の排出基準で定める許容限度よりきびしい許容限度を定める排出基準を定めることができる。」

5. 地方自治　　*69*

例による事務処理の特別制度を創設した。第5に，地方公共団体の自主組織権を尊重し，行政の総合化・効率化を進めるために，法令等で組織や職員の設置が義務づけられる必置制度を廃止・緩和した。第6に，地方議会の活性化を図るために，議案提出要件および修正動議の発議要件を緩和し，議員定数の法定定数制度を廃止して，条例定数制度を導入した。また，地方公共団体の行財政能力の一層の向上を図るために，自主的な市町村合併を積極的に推進することとして，市町村の合併の特例に関する法律が改正された。

　平成18年には地方分権改革推進法が成立し，平成19年4月から地方分権改革推進委員会による第2期分権改革が進められ，また，平成21年12月に閣議決定された「地方分権改革推進計画」，平成22年6月に閣議決定された「地域主権戦略大綱」に基づいて，平成23年には，「地域の自主性及び自立性を高めるための改革の推進を図るための関係法律の整備に関する法律」（第1次一括法），国と地方の協議の場に関する法，地方自治法の一部改正，第2次一括法が制定された。以後、10次にわたる地方分権一括法が成立し、地域の自主性および自立性を高めるための改革を総合的に推進するために，国から地方公共団体，または都道府県から市町村への事務・権限の移譲，地方公共団体への義務付け・枠付けの緩和が行われた。

住民の権利　　住民自治の原則に基づいて，憲法は住民の参政権を保障し（93条），地方自治特別法には地域住民の過半数の同意を必要とする（95条）。また，地方自治法は，間接民主制を補完するものとして，直接請求制度を規定する。これには以下のものがある。①条例制定改廃請求権（12条1項，74条），②事務監査請求権（12条2項，75条），③議会の解散請求権（13条1項，76条〜79条），④議員・長・重要公務員の解職請求権（13条2項，3項，80条，81条），⑤財務監査請求権（242条），⑥住民訴訟（242条の2）。

Chapter **6**

平 等 権

Essence

1.「法の下の平等」原則
　不合理な差別の禁止
　自由と平等—近代憲法の核心
　日本国憲法の平等規定
2. 平等の意義
　「法の下の平等」とは何か
　平等と不平等

　平等 〈 絶対的平等
　　　　　相対的平等

　合理的な差別の判断基準
3. 平等権の内容
　平等権の一般原則（憲法14条1項）
　　　　人種
　　　　信条
　　　　性別　　　　　による差別禁止
　　　　社会的身分・門地
　貴族制度の廃止と栄典（憲法14条2項）
　請願権上の差別禁止（憲法16条）
　両性の平等（憲法24条）
　教育を受ける権利（憲法26条）
　参政権上の平等（憲法44条）

1. 「法の下の平等」原則

自由と平等　　国民はすべて自由かつ平等でなければならない。これがフランス革命の理念であり，「人権宣言」のなかでうたわれた。同様に，アメリカの独立宣言においても，人はすべて平等に造られ，生命，自由，幸福追求という不可侵の権利が与えられているとうたわれ，この平等原則は，近代憲法の核心として，各国の憲法に取り入れられることになった。

わが国でも，明治維新の頃，福沢諭吉が『学問のすすめ』の冒頭に，「天は人の上に人を造らず人の下に人を造らずと言えり」と述べ，人間の平等を簡潔に説いた。維新政府は，士農工商という封建的な身分制度を廃止して，「四民平等」の原理を達成しようとした。しかし，明治憲法には，「平等」という文言は明記されず，19条に「日本臣民ハ法律命令ノ定ムル所ノ資格ニ応シ均ク文武官ニ任セラレ及其ノ他ノ公務ニ就クコトヲ得」と規定しただけで，わずかに「均ク」という二文字で平等の原理を示すにすぎなかった。実際には，平等の保障は公務員になる資格ぐらいのもので，これ以外は様々な不平等な法規定が定められていた。例えば，華族制度により，封建時代の公卿や諸大官には華族の身分が与えられ，彼らは，貴族院議員になれるなど種々の特権を有していた。また，両性の平等については，女性には参政権がなく，妻は法律行為能力を欠くとして，夫の同意なしに単独で契約行為ができなかったり，さらには一方的に貞操義務が課せられ，夫以外の男性と性交したときは，夫の告訴によって，相手の男性と

> ***Reference ⑭***
> **人権宣言と独立宣言**
> 人権宣言は，1789年にフランスの憲法議会が議決したもので，アメリカの独立時のヴァージニア州権利章典等から影響を受け，1791年のフランス憲法に採用された。独立宣言は，1776年にイギリスと戦ったアメリカの13の植民地が議決した宣言である。両者ともに，自由と平等，国民主権など，近代自由主義的政治原理を高らかにうたいあげている。

フランス人権宣言1条　「人は，自由かつ権利において平等なものとして出生し，かつ生存する。社会差別は，共同の利益の上にのみ設けることができる。」

同　4条「自由は，他人を害しないすべてをなし得ることに存する。その結果，各人の自然権の行使は，社会の他の構成員にこれら権利の享有を確保すること以外の限界をもたない。」

72　　**Chapter 6**　平 等 権

ともに姦通罪で処罰されたりした。このように，政治的・社会的・経済的に，女性は男性と差別されていた。その他，宗教についても，信教の自由は一応認められていたものの，明治憲法の基本理念とされた天皇崇拝の精神的基盤を固めるため，天皇の神格性の根拠としての神社に特別の保護がなされ，他の宗教と差別的取扱いが行われていた（➡88頁）。明治憲法は，こうした種々の不平等を容認するものであった。これに対して，日本国憲法は，民主主義と基本的人権の尊重を基本理念とし，平等原則を徹底するものになった。

**日本国憲法
の平等規定**　現行憲法14条1項は，「平等」の大原則を示し，「すべて国民は，法の下に平等であって，人種，信条，性別，社会的身分又は門地により，政治的，経済的，社会的関係において差別されない」と規定している。そして，同条2項は，華族制度を否認し，3項は栄典に伴う特権を否認している。

　さらに，憲法は，請願権行使の差別禁止（16条），両性の本質的平等（24条），教育の機会均等（26条），参政の平等（44条）を定めている。一方，憲法以外にも，これらの規定を受けて，教育基本法（3条），労働基準法（3条，4条），国家公務員法（27条），地方公務員法（13条），地方自治法（244条3項）に平等原則がうたわれている。

2.　平等の意義

**法の下の平等
と は 何 か**　「法の下の平等」（equal under the law）とは，例えばフランスの人権宣言が「権利において平等」といい，ワイマール憲法が「法の前に平等」というのと全く同じ意味に解される。すなわち，その意味は，法を不平等に適用するのを禁止することはむろん，さらに国民を不平等に取り扱う内容の法を制定してはならないという趣旨も含む。法が平等に適用されるだけでは，平等が実現されるとは限らない。例えば，女性の参政権は認められないとする法律が制定されたとすると，このような内容の法律の制定こそまさに平等に反しており，その法律を平等に適用しても，平等の保障にはならない。法の平等な適用だけでなく，平等な立法内容を要求する点で，平等原則は立法者をも拘束するのである。

2. 平等の意義　　73

　では，平等というのは，何がなんでもすべての人を等しく扱わなければならない，ということになるのであろうか。

平等と不平等　人間社会には，実際様々な不平等がみられる。ルソーは，『人間不平等起源論』のなかで，人間の不平等には二種類あると述べている。一つは，自然的または肉体的不平等である。これは，自然とか生理とかによって決定され，年齢，健康，体力の差と，精神の質の差から成り立っている。もう一つは，社会的または政治的不平等である。これは，一種の約束に依存し，人々の合意によって定められるか，あるいは少なくとも許容されるものであり，例えば，他の人々よりも富裕であるとか尊敬されているとか，彼らを服従させるというような特権から成り立っている。ところで，健康や能力などの自然的条件，家庭環境，教育の程度などの社会的条件やその下で形成されてきた人格などは，各人においてすべて異なっているから，ルソーのいう自然的不平等の廃止は，法の下の平等の予定するところではない。問題は，ルソーのいう第二の社会的・政治的不平等である。この点について，憲法はどのような意味の平等を要求しているのであろうか。

絶対的平等と相対的平等　人間である以上，すべて平等に扱われ，一切差別されてはならないとする考え方があり，これを絶対的平等とよぶ。しかし，人はそれぞれ自然的条件や社会的条件で異なっており，これらの事実上の差異を無視して絶対的平等を求めるのは，無理である。それは，憲法14条1項の予定する平等とはいえない。一方，同項後段が人種・信条・性別・社会的身分・門地による差別を許さないとしているところから，憲法は範囲を限定した制限的絶対平等を保障するとみる考え方もある。しかし，人種・信条・性別等に制限して差別が禁止されるといっても，例えば医師や弁護士等の守秘義務は，なるほど言論の自由を制限してはいるものの，これを合理的な差別と考えることに異論はないであろう。

　相対的平等とは，人は本質的に相互に平等であり，その限りで法的平等の取扱いが要求されるが，個人的特性による差異があれば各人の事実上の事情に基づく不平等を立法においても考慮しなければならないとする考え方である。このように，憲法は，人によって事実上の差異があるということを前提とする相対的平等を保障するのである。

74 **Chapter 6** 平 等 権

**合理的な差別
の判断基準**　憲法は相対的平等を保障し，合理的な差別的取り扱いを認め
ている。そこで，合理的な差別の判断基準は何かが問題とな
る。もっとも，合理的という基準それ自体，客観的内容のある概念ではなく，
合理的差別の判断基準は抽象的に画定しにくいので，問題となる個々のケー
スにおいて，個人を尊重する憲法の精神に照らして具体的に差別が合理的か
否かを判断していくほかはないであろう。

3. 平等権の内容

**平等権の
一般原則**　憲法14条１項は，その前段で「すべて国民は法の下に平等であっ
て」と述べて平等の一般原則を宣言し，後段ではその内容を具体
化して，「人種，信条，性別，社会的身分又は門地により，政治的，経済的又
は社会的関係において，差別されない」とうたっている。平等の意味はすで
に述べたとおりであるが，法の適用だけではなく，立法内容についても，人
種・信条・性別等の相違により人を差別してはならないのである。

　ところで，憲法14条１項には，差別の基準とすべきでないものとして人種
など五つのものが列挙されている。この点について，学説は，憲法は五つに
制限して差別禁止をうたっているとする見解と，そうではなく，同項後段は
それら五つを主要なものとして例示的に列挙したにとどまるとする見解に分
かれる。後にみるように，親子や兄弟は「社会的身分」に当らないが，そう
であるからといって平等の一般原則に反して差別してよいということになら
ないであろう。14条１項は，例示された五つ以外のものについても，人権尊
重の観点から不合理な差別とみられるものは禁止するという趣旨であると解
すべきである。

人　種　人種とは，皮膚・毛髪・体型など人類学的な種類をいう。ある
人がどの人種に属しているかは，その人の意志とは無関係に先

　アメリカ合衆国憲法修正14条１節「 合衆国において出生し， またはこれに帰化してその管轄権
に服する全ての者は， 合衆国国民であり， かつその居住する州の州民である。 州は合衆国国民の特
権または免除を制限する法律を制定または施行してはならない。また， 州は法定の適正手続によら
なければ， 何人からも生命，自由，または財産を奪ってはならない。また， その管轄内にある何人
に対しても， 法律による平等な保護を拒んではならない。」

天的に決定されており，人種間の優劣もないのであるから，人種による差別
は許されない。世界人権宣言 1 条も，「すべての人間は，生まれながら自由で，
尊厳と権利とについて平等である」とうたっている。南アフリカ共和国では，
従来，国連をはじめとする多くの国々の批判を無視して，アパルトヘイトす
なわち黒人に対する人種隔離と差別の政策を取り続けてきたが，1991年 6 月
17日に人種登録法の廃止案が可決されたことにより，法的なアパルトヘイト
体制は幕を閉じた。新しい憲法に被疑者・被告人の人権規定が盛り込まれる
などしたが，完全な平等権の実現には長い時間がかかるであろう。憲法で均
等保護条項（修正14条）をもつアメリカでも，黒人差別に関する裁判が絶えな
い。

　わが国でも，比較的少ないとはいえ，事実問題として人種的差別がみられ
る。憲法14条 1 項が「国民は」といっているが，この解釈として日本国民に
限らず外国人も含むとする説が有力であり，最高裁も， 1 項の趣旨は「特段
の事情の認められない限り，外国人に対しても類推されるべきもの」（最大判
昭和39年11月18日刑集18巻 9 号579頁）であると判示している。この点は，最近，
永住外国人の地方参政権の問題として浮上しており，永住する限り外国籍の
ままでもよいとする立場と，参政権を主張する限り帰化して日本国籍を取得
すべきであるとする立場とが対立している。それゆえ，人種による不合理な
差別的取り扱いの状態は，早急に是正される必要がある。

信　条　信条とは，宗教的信仰のほか，広く人生や政治などに関する主
　　　　　義・主張・信念・確信をいう。憲法14条は，19条の思想・良心
の自由の保障とともに，特定の思想や世界観をもつ人に対して不平等な法的
取り扱いをしてはならないとする趣旨である。

判例〔8〕

企業者が特定の思想，信条を有する者を雇い入れなくても，違法ではない――
三菱樹脂事件――（最大判昭和48年12月12日民集27巻11号1536頁）

〈事実〉　A は，昭和38年 3 月末に東北大学を卒業し，三菱樹脂株式会社に管理職
員として 3 ヵ月の試用期間を設けて雇用されたが，就職志願の際，A が身上書や面
接において学生時代に生協の理事になったことを書かなかったり，デモに参加した

76 **Chapter 6** 平 等 権

ことにつき回答を避けたため，本採用を取り消された。そこで，Aは採用取り消しは憲法違反の信条による差別だとして，労働契約関係存在確認請求の訴えを提起した。これに対し，会社側は営業の自由（憲法22，29条）や契約締結の自由を根拠に，企業にはそれに相応しい人物を選ぶ権利があると主張した。本件採用取り消しにつき，一審は解雇権の濫用にあたるとし，二審は信条による差別に当るとして，原告の主張をほぼ認めた。会社側から上告がなされたが，最高裁は全員一致で原判決を破棄差し戻した。

〈判旨〉 憲法は，思想・信条の自由，法の下の平等を保障するとともに，「22条，29条等において，財産権の行使，営業その他広く経済活動の自由をも基本的人権として保障している」。企業者は，契約締結の自由を有し，自己の営業のためいかなる者をいかなる条件で雇うかの決定は原則として自由であるから，「企業者が特定の思想，信条を有する者をそのゆえをもって雇い入れることを拒んでも，それを当然に違法とすることはできない」。したがって，「企業者が，労働者の採用決定にあたり，労働者の思想・信条を調査し，そのためその者からこれに関連する事項についての申告を求めることも，これを法律上禁止された違法行為とすべき理由はない」

　最高裁は，私企業が労働者の雇用に際し，思想・信条に関する事項の申告を求め，思想・信条を理由として採用を拒否することも，企業者の経済活動の自由に属し，違憲，違法ではないとした。資本主義的経済体制の下では，営業の自由は最大限尊重されなければならない権利である。しかし，それは絶対的な権利ではなく，労働権や生活権と調和すべきものである。信条による採用拒否は，それらの権利を侵害し，憲法19条の精神に反する疑いが濃い。

Reference ⑮
女子差別撤廃条約

正式には，「女子に対するあらゆる形態の差別の撤廃に関する条約」といい，1979年の第34回国連総会で採択され，81年9月3日に発効した。わが国は，1985年に批准した。同条約は，政治的・経済的・社会的・文化的・市民的その他あらゆる分野における男女平等を規定しており，法制度上だけではなく，事実上・慣行上の差別まで射程に入れる。

性　別　今日職場におけるセクシャル・ハラスメント（➡Ref.㊼ 229頁）が大きな問題となっているが，性差別の禁止は，どのような形で実現されているのであろうか。明治憲法下で女性は差別的取り扱いを受けていたが，現行憲法では性的差別禁止条項（14，24条）が設けられ，また，法制面でも政治的，社会的関係において女性を男性と同等に取り扱うように整

備された。さらに，労働基準法には，時間外労働の制限や生理休暇など，女性労働者を保護し優遇する規定が置かれた。こうして，両性の不平等はかなり解消されたものの，国籍法上の父系優先血統主義，民法上の夫婦の氏や財産関係，労働関係における結婚・出産退職制，若年定年制，男女別定年制，妻の税法上の地位など，種々の性的差別が行われてきた。憲法論議上，一般にこれらの差別は合理的差別にあたると解されてきた。その根拠は，例えば雇用関係について，男女は政治的・経済的・社会的関係において同等に扱う必要があるが，女性は男性よりも肉体的・生理的に脆弱であるから，その差異に応じて取り扱ってもよいと説明されていた。しかし，肉体的・生理的脆弱性だけでは合理的説明がつかない社会的・経済的差別が行われていたのである。

　ところが，1970年代に入ると，女性の地位向上や女性解放運動の高まりが国際的潮流となり，わが国でも，依然として残っている性差別に対する批判が大きくなり，救済を求める訴訟も増えはじめた。80年代に入ると，女子差別撤廃条約が批准されたことを契機に性差別を禁止する一連の法改正が行われるようになり，女性の権利を認める判例も登場するようになった。法改正では，84年の国籍法と戸籍法の改正と，85年の「雇用の分野における男女の均等な機会及び待遇の確保等女子労働者の福祉の増進に関する法律」（男女雇用機会均等法）がある。前者では，国籍取得に関する父系優先血統主義と，日本国民の配偶者である外国人の帰化条件についてみられた男女間の差異が改められた。後者の立法趣旨は，「法の下の平等を保障する日本国憲法の理念にのっとり雇用の分野における男女の均等な機会及び待遇が確保されることを促進するとともに女子労働者について，職業能力の開発及び向上，再就職の援助並びに職業生活と家庭生活との調和を図る等の措置を推進し，もって女子労働者の福祉の増進と地位の向上を図ること」である。これにより，従来の労働基準法上の女性労働者の取扱いが大幅に修正された（➡227頁）。

　一方，99年に男女雇用機会均等法が改正され，セクハラ防止規定が導入されたことが見逃せない。他方，従来の労働基準法の女性保護規定は撤廃され，育児・介護休業法の改正により対応することになった。

社会的身分と門地　社会的身分の意味や，これと門地との相違は，明確ではない。一般に社会的身分とは，社会における身分ないし

78 **Chapter 6** 平 等 権

地位であり，多少とも継続的なものを指し，門地とは，家柄や生まれに基づく地位ないし身分を指すと理解されている。

　社会的身分による差別禁止に関して，とくに学ぶべきことは，平成7年の刑法改正前の尊属殺傷処罰加重規定（200条，205条2項）の合憲性をめぐる議論である。ところで，改正前の刑法は，殺人罪規定（199条）とは別に，尊属殺規定（200条）を置いていた。さらに傷害致死についても，「身体傷害ニ因リ人ヲ死ニ致シタル者ハ二年以上ノ有期懲役ニ処ス」（205条1項）という規定を受けて，「自己又ハ配偶者ノ直系尊属ニ対シテ犯シタルトキハ無期又ハ三年以上ノ懲役ニ処ス」（同条2項）とする尊属傷害致死の規定を置いていた。尊属殺傷処罰加重規定が設けられていた理由は，現行刑法が制定された明治40年当時の道徳観念，すなわち封建的な家族制度に基づく尊属に対する尊重報恩の道徳を強制するためであった。しかし日本国憲法下では，それらの加重処罰規定が平等原則に抵触するおそれが極めて高いのである。最高裁は，昭和25年の尊属傷害致死事件に関する判決において，刑法が尊属に対する犯罪を重く処罰するのは，「法が子の親に対する道徳的義務をとくに重要視したものであり，これ道徳の要請にもとづく法による具体的規定に外ならない」し，さらに尊重報恩の道徳は人類普遍の道徳原理であり，自然法に属するなどと述べ，尊属傷害致死規定は合憲であると判示した（最大判昭和25年10月11日刑集4巻10号2037頁）。ところが，その後，最高裁は態度を変更し，尊属殺規定は違憲であると判示したのである。

判例〔9〕

刑法200条は，尊属殺の法定刑を死刑または無期懲役刑のみに限っている点において憲法14条1項に違反して無効である（最大判昭和48年4月4日刑集27巻3号265頁）

〈事実〉　被告人Aは，中学2年のとき実父に姦淫され，以後十数年間夫婦同様の生活を強いられ，5人の子まで産むにいたった。実父はAを妻同然に扱い，Aがめぐりあった結婚の機会も踏みにじり，脅迫虐待による醜行を続けた。実父に対する憎悪感が高じていたAは，このような忌まわしい境遇から逃れようとし，襲ってきた実父を紐で絞殺した。

　Aは，刑法200条の罪で起訴された。一審は，同条は憲法14条1項に違反しているとしたうえで，過剰防衛の成立を認め，刑の免除を言い渡した。これに対し，原審

は，先例に従い，刑法200条は合憲であるとし（上記の最高裁昭和25年10月11日判決。その直後の最判昭和25年10月25日刑集4巻10号2126頁も，10月11日判決を引用して尊属殺規定の合憲判決を出した。），同条を適用したが，刑を減軽し3年6月の実刑判決を言い渡した。そこで，被告弁護側は同条の違憲性を主張して上告した。最高裁は，原判決を破棄し，次のように判示した（懲役2年6月，執行猶予3年）。

〈判旨〉「尊属に対する尊重報恩は，社会生活上の基本的道義というべく，このような自然的情愛ないし普遍的倫理の維持は，刑法上の保護に値する」から，「被害者が尊属であることを犯情のひとつとして具体的事件の量刑上重視することは許されるものであるのみならず，さらに進んでこのことを類型化し，法律上，刑の加重要件とする規定を設けても，かかる差別的取扱いをもってただちに合理的根拠を欠くものと断ずることはできず，したがってまた，憲法14条1項に違反するということもできないものと解する……しかしながら，「加重の程度が極端であって前示のごとき立法目的達成の手段として甚だしく均衡を失し，これを正当化しうべき根拠を見い出しえないときは，その差別は著しく不合理なものといわなければならず，かかる規定は憲法14条1項に違反して無効であるとしなければならない。」「刑法200条は，尊属殺の法定刑を死刑または無期懲役刑のみに限っている点において，その立法目的達成のため必要な限度を遙かに超え，普通殺に関する刑法199条の法定刑に比し著しく不合理な差別的取扱いをするものと認められ，憲法14条1項に違反して無効である」なお，少数意見として，「尊属殺人に関する特別の規定を設けることは，一種の身分制道徳……旧家族制度的倫理観に立脚するものであって，個人の尊厳と人格価値の平等を基本的な立脚点とする民主主義の理念と抵触するものとの疑いが極めて濃厚である」。親子を結ぶ絆は「個人の尊厳と人格価値の平等の原理の上に立って，個人の自覚に基づき自発的に遵守されるべき道徳であって，決して，法律をもって強制されたり，特に厳しい刑罰を科することによって遵守させようとしたりすべきものではない」。尊属殺規定は「憲法を貫く民主主義の根本理念に抵触し，直接には憲法14条1項に違反する」（田中二郎裁判官）。

本判決のポイントは，立法目的において違憲ではないが，立法目的達成の手段としての刑罰加重の程度の極端なことが違憲であるとする点である。これが多数意見（8名）であるが，尊属に対する尊重報恩の道徳を法で強制してもよいとする立場をとっている点は，法と道徳の問題としても留意すべきである。一方，少数意見（6名）は，刑法200条の違憲性については多数意見と

刑法199条「人を殺した者は，死刑又は無期若しくは三年以上の懲役に処する」
旧刑法200条「自己又ハ配偶者ノ直系尊属ヲ殺シタル者ハ死刑又ハ無期懲役ニ処ス」

80 **Chapter 6** 平 等 権

同じ結論をとったが，そもそも尊重報恩という旧家族制度的倫理観が現行憲法の精神とは相容れず，そのような倫理観を法で強制すること自体誤りであるとしている。この点が，多数意見との理由付けの違いである。なお，本判決では，反対意見（1名）が尊属殺規定の合憲性を主張している。その根拠は，法定刑の不均衡があっても，それは立法政策上の当否の問題であって憲法上の問題を生じないという点に求められた。いずれにせよ，本判決が判例法となり，それ以降の事例において尊属殺人処罰加重規定の適用はなかった。ただし，最高裁判所は尊属傷害致死に関する平成7年の改正前の刑法205条2項は，合理的根拠に基づく差別的取扱いの域を出るものではないとして憲法14条に違反しないとした（最判昭49年9月26日刑集28巻6号329頁）。その他，改正前の刑法には，尊属を理由とする刑の加重規定として，尊属保護責任者遺棄罪（218条2項）と，尊属逮捕監禁（220条2項）があったが，平等という観点からみると，尊属殺規定のみ違憲無効とするのは根拠がないであろう。平成7年の刑法改正では，尊属を理由とする刑罰加重規定はすべて削除されている。

華族制度の　憲法14条2項は，華族制度を廃止し，封建的な身分上の特権を
廃止と栄典　否認した。ただし，天皇と皇族だけは，例外的に法律上の特例が認められている。3項は，栄典が何の特権も伴わず，その授与は世襲されないことを定める。栄典とは，ある人の長年の業績を賞する目的で与えられる公式の特殊な地位をいい，名誉市民などの栄誉，文化勲章などの勲章がその例である。栄典には，民主主義・個人主義の理念に反する特権は伴わない。しかし，文化勲章受賞者は，別に文化功労者として，文化功労者年金法により年金が支給されている。文化功労者も栄典の一種だから，年金支給は経済的特権を与えることになるとする批判がある。

請願権上の　憲法16条は，何人も，国や地方公共団体の機関に対して，それ
差 別 禁 止　ぞれの機関が処理しうる事項について苦情や要請を申し出る権利である請願権を有し，かつこれを行使した際に，当該機関から，また他の私人から差別待遇を受けることはないと規定する。

家族生活に　憲法24条1項は，婚姻は両性の合意のみに基づいて成立すると
おける平等　いう結婚の自由と，夫婦同権を基本とする相互協力義務を規定

する。2項は，婚姻と家族に関する法律が，「個人の尊厳と両性の平等」精神に立脚することを求める。この精神に基づき，民法の親族・相続の2編が昭和22年に全面改正された（➡190頁）。さらに，この精神を徹底する気運が一層高まり，選択的夫婦別姓制度の導入，非嫡出子の相続分の平等化などの改正に向けた議論が進行し（➡201頁），後者のうち，婚姻届のない両親の子供の戸籍上の続柄欄の記載について，嫡出子と同様の記載にするよう，戸籍法施行規則の改正が行われた。

> ### Reference ⑯
> #### 多数意見と少数意見
> 最高裁判所の裁判では，下級裁判所の場合と異なり，裁判書に各裁判官の意見を表示する必要がある（裁判所法11条）。裁判官の多数が同意した意見が「多数意見」で，それ以外のものが「少数意見」である。後者には，結論に賛成だが判決理由には必ずしも賛成でない「補足意見」と，結論にも反対する「反対意見」がある。もっとも，近年，最高裁は多数意見と基本的に同じ理由づけのものだけを「補足意見」とよび，結論には賛成だが理由が異なるものを単に「意見」と呼んでいる。

教育を受ける権利　憲法26条1項は，国民は「その能力に応じて，ひとしく」教育を受ける権利を有すると定める。「能力に応じて」とは，能力以外の理由では差別されないという趣旨である。教育基本法3条1項は，「人種，信条，性別，社会的身分，経済的地位又は門地」によって教育上差別されないと規定する。それには，学校教育だけではなく，社会教育も含む。国民は，自ら保護する子女に9年間の義務教育を受けさせる義務を負うが（憲法26条2項，教育基本法4条1項），義務教育は強制的であるから，国公立の学校である限り，授業料は当然無償である（教育基本法4条2項）（➡126頁）。

参政権上の平等　憲法44条は，議員と選挙人の資格を法律で定めること，その際平等原則を侵してはならないことを規定する。本条は，14条で列挙されていない「教育，財産権又は収入」による差別禁止を明記し，さらに選挙権とともに被選挙権の平等も明示した（➡56頁）。ここで問題となるのは，議員定数配分の不均衡とそれから生じる選挙人の投票価値の地域的不平等である。議員定数不均衡問題は，人口変動や都市集中化によってもたらされたが，たとえばある地域の一票の価値が他の地域の5分の1でしかないとすれば，選挙権の平等が著しく損なわれ，国民の投票意欲もそがれるであろう。昭和30年代後半以降，投票価値の平等を求める裁判が起こされ，様々

82   **Chapter 6** 平 等 権

な議論が展開されているが，いまだに抜本的な解決はなされていない。

判例〔10〕

各選挙人の投票価値の平等は，憲法の要求するところである（最大判昭和51年4月14日民集30巻3号223頁）

〈**事実**〉 昭和47年12月10日に行われた衆議院議員選挙千葉第1区の選挙人である原告が，公職選挙法（公選法）によれば議員1人あたりの有権者数の最大過密区（大阪3区）と最大過疎区（兵庫5区）の比が4.99対1にも及んでいるなど，選挙区によって国民を不平等に扱うものであって平等原則に違反するとして，公選法204条により同選挙の無効を訴えた。原判決が請求を棄却したため，原告側から上告がなされた。

〈**判旨**〉「法の下の平等は，選挙権に関しては，国民はすべて政治的価値において平等であるべきであるとする徹底した平等化を志向するものであり，……各選挙人の投票の価値の平等もまた，憲法の要求するところである。」「選挙人の投票価値の不平等が，国会において通常考慮しうる諸般の要素をしんしゃくしてもなお，一般的に合理性を有するものとはとうてい考えられない程度に達しているときは，もはや国会の合理的裁量の限界を超えているものと推定されるべきものであり，このような不平等を正当化すべき特段の理由が示されない限り，憲法違反と判断するほかはない」。本件の議員定数「配分規定は，単に憲法に違反する不平等を招来している部分のみでなく，全体として違憲の瑕疵を帯びるものと解すべきである。」

本判決は，選挙権を基本的権利と位置づけ，投票価値の平等の侵害を平等原則の侵害にあたるとした。従来，議員定数配分は立法政策上の問題であり，その配分は人口比にのみ従うものではないとする先例（最大判昭和39年2月5日民集18巻2号270頁）が支配的であったが，本判決はこれを覆し，投票価値の平等を憲法上の要請とした点で画期的な意義をもつ。ただし，本判決は，事情判決として，本件選挙が憲法違反の議員定数配分規定に基づき行われた点は違法であるが，選挙の無効に

Reference ⑰
事情判決

取消訴訟の対象となった行政処分とか，行政庁が処分等に関する審査請求や再審査請求に対して訴訟手続により判断を与える裁決が違法な場合，裁判所はそれらを取り消すのが原則であるが，この取り消しが公の利益に著しい障害を生ずる場合には，裁判所は，原告の損害の程度，賠償，防止手段等一切の事情を考慮して，当該処分や裁決を取り消すことが公共の福祉に合わないと認めるときは請求を棄却できる。これを，事情判決という。

3. 平等権の内容　　*83*

よって生じる異常な状態は憲法の予定するところではないとして，選挙無効の請求を棄却した。

　ところで，昭和51年判決によっても，投票価値はどの程度なら合理的な較差かは明らかにされていない。この点をめぐる争いはその後も続いた。

衆議院選挙と 1票の格差　衆議院選挙に関しては，一票の格差が最大で3.18倍であった1990年2月の総選挙につき「違憲状態」（定数格差は違憲な状態であるが，選挙は有効）との判断が最高裁判所によって下される一方で（最判平成5年1月20日民集47巻1号67頁），2.92倍であった1986年7月の総選挙や2.82倍であった1993年7月の総選挙について合憲との判断が下されてきたことから（最判昭和63年10月21日判例地方自治56号10頁，最判平成7年6月8日民集49巻6号1446頁），判例は，3倍を違憲状態かどうかの一つの目安にしていると解されていた。しかし，一票の格差が最大2.30倍であった2005年9月の総選挙について，最高裁は，合憲との判断を下す一方で，区割基準のうち一人別枠方式（人口の少ない地方における定数の急激な減少に配慮して，1994年の小選挙区比例代表並立制の選挙制度導入時に採用された「まず全都道府県に1議席を振り分ける」方式）に関係する部分が，「遅くとも本件選挙時においては，その立法時の合理性が失われたにもかかわらず，投票価値の平等と相容れない作用を及ぼすものとして，それ自体，憲法の投票価値の平等の要求に反する状態に至っていたものといわなければならない。そして，本件選挙区割りについては，本件選挙時において上記の状態にあった一人別枠方式を含む本件区割基準に基づいて定められたものである以上，これもまた，本件選挙時において，憲法の投票価値の平等の要求に反する状態に至っていたものというべきである」と述べた（最大判平成19年6月13日民集61巻4号1617頁）。

　こうした最高裁の判断を受けて，区割り基準の抜本的な見直しを迫られた国会では，その後1年9ヶ月の間，新たな区割り案に合意できなかったが，2011年11月16日に，一人別枠方式を廃止し，人口の少ない5県の選挙区の定数を1ずつ削減する改正を実施した。その結果，2017年10月の総選挙では，一両の格差は，最大で1.98倍にまで減少した。なお，国会では，最新の国勢調査に基づく1票の格差を，2倍以内に抑えるために，2017年6月9日に，小選挙区数を6つ削減する「0増6減」の選挙区見直しを定めた改正公職選

84 **Chapter 6** 平 等 権

挙法が成立している。

参議院選挙と
1 票 の 格 差　これに対して，参議院選挙に関しては，かつては，一票の
格差が最大で5. 85倍であった1986年 7 月の選挙について合
憲との判断が下される一方で（最判昭和63年10月21日判時1321号123頁），6. 59倍
であった1996年 9 月の選挙について違憲との判断が下されたことから（最判
平成 8 年 9 月11日民集50巻 8 号2283頁）， 6 倍が違憲状態かどうかの一つの目安
と解されていたが，一票の格差が最大5. 00倍であった2010年 7 月の選挙につ
いて，最高裁は，合憲としつつも，「違憲の問題が生ずる程度の著しい不平
等状態に至っていたというほかはない」と評価し，その解消に向けて，「単
に一部の選挙区の定数を増減するにとどまらず，都道府県を単位として各選
挙区の定数を設定する現行の方式をしかるべき形で改めるなど，現行の選挙
制度の仕組み自体の見直しを内容とする立法的措置を講じ」るべきとした
（最大判平成24年10月17日民集66巻10号3357頁）。さらに，最高裁は，一票の格
差が最大4.77倍であった2013年 7 月の選挙についても，合憲ではあるが，違
憲の問題が生ずる程度の著しい不平等状態とし，さらに，都道府県単位の選
挙区制度の見直しを強く求めた（最大判平成26年11月26日民集68巻 9 号1363頁）。

　このため，2015年に，公職選挙法が改正され，人口の少ない鳥取県と島根
県，徳島県と高知県の選挙区がそれぞれ合区されることとなった。ただし，
その後，2018年 7 月に，公職選挙法が，さらに改正され，参議院の総定数を
242人から248人に 6 人増やし，そのうち 2 人は，一票の格差是正のため埼玉
の定数を 2 増するほか，比例区の定数を 4 増やし（96人から100人），その 4
人については，個人の得票数に関係なく優先的に当選できる特定枠を政党の
判断で採用できることになった（法改正を支持した与党によって，この特定枠
で，合区になったため，選挙区を失った議員を救済するために用いられるものと考
えられている）。

Chapter 7

自由権（1）——精神的自由・経済的自由

Essence

1. 精神的自由権

┌内面的自由権…思想・良心の自由　信仰選択の自由　学問的思考の自由

│　　　　　　　　　　　　　↓　　　　信教の自由　　　学問の自由

└外面的自由権…表現の自由　　宗教的活動の自由　研究成果の教授・
　　　　　　　　　　　　　　　　　　　　　　　　　　　発表の自由

思想・良心の自由（憲法 19 条）
　　あらゆる精神活動の前提

信教の自由（憲法 20 条）〈信仰選択・宗教的活動の自由
　　　　　　　　　　　　　政教分離の原則

表現の自由（憲法 21 条）

　　　　意義〈自由主義的意義⇒個人の人格形成・発展
　　　　　　　民主主義的意義⇒政治的表現活動

　　┌集会・結社の自由
　　└言論・出版の自由

　　事前抑制の禁止—検閲の禁止

　　取材・報道の自由—知る権利

学問の自由（憲法 23 条）〈学問的思考・研究成果の教授・発表の自由
　　　　　　　　　　　　　大学の自治＝制度的保障

2. 経済的自由権（1）

経済的自由権←公共の福祉による制限（憲法 22 条 1 項，29 条 2 項）

┌居住・移転の自由（憲法 22 条 1 項）

├海外移住・国籍離脱の自由（憲法 22 条 2 項）

└職業選択の自由（憲法 22 条 1 項）〈職業選択の自由
　　　　　　　　　　　　　　　　　職業遂行＝営業の自由

3. 経済的自由権（2）

財産権の保障（憲法 29 条 1 項）
　　　↓
財産権の制限（憲法 29 条 2 項）⇒正当な補償（憲法 29 条 3 項）

86 **Chapter 7** 自由権（1）――精神的自由・経済的自由

1. 精神的自由権

内面的自由と　自由権は，精神的自由権と経済的自由権とに大別されるが，
外面的自由　精神的自由権は，さらに，内面的自由権と外面的自由権に分
けられる。内面的自由権とは，内面的な精神活動の自由，つまり内心の自由
のことであり，思想・良心の自由，学問的思考の自由，信仰選択の自由がこ
れにあたる。内心の自由は，人間存在の本質にかかわるものであるところか
ら，絶対的な保障を受けるものであり，したがって，公共の福祉などを理由
とする制約は認められない。外面的自由権とは，内面的な精神活動を外部に
行動として表す自由のことであり，言論，出版，集会，結社などの表現の自
由が代表的なものであるが，それ以外にも，宗教的活動の自由（信教の自由）
や研究成果の教授・発表の自由（学問の自由）がこれに含まれる。外面的自由
権の場合は，他の利益を侵害することがあるので，一定の制約に服さなけれ
ばならないときがある。しかし，制約の基準に関して，憲法は，「公共の福祉
に反するかどうか」という基準しか示していないので（12条，13条），さらに明
確な基準を求める努力が重ねられてきた。そして，現在では，精神的自由に
優越的な地位を認めて（➡Ref.62 289頁），精神的自由を制約する場合は，経
済的自由よりも厳格な基準が要求されるとする「二重の基準」という考え方
が定着している。 また，厳格な基準としては，①明白かつ現在の危険の原則
や，② LRA（Less Restrictive Alternative）の原則（目的を達成するために他の
制限的でない手段を選択できたかどうかを基準とする），③明確性の原則（法規の
文言の明確性を要求するもので，文言が曖昧なときは無効とされる）などが提唱さ
れている。

思想・良心の自由　憲法19条は，「思想及び良心の自由は，これを侵してはな
らない」と規定する。思想・良心の自由は，人の内面的
な精神活動の自由が国家による干渉・介入を受けないことを内容とする。こ
のような自由は個人の人格形成にとって不可欠であり，この自由なくしては
個人の尊厳もありえない。それゆえに，思想・良心の自由は，あらゆる精神
活動の前提となるものであり，いわば精神的自由の根底をなす規定ともいう

べきものである。なお，良心とは倫理的判断のことであり，思想とは，その他の判断であるとされているが，両者を区別することに実益はない。

思想・良心の自由に関する具体的な事例としては，謝罪広告を強制することが良心の自由に反するかどうかが争われた事件がある。

判例〔11〕

単に事態の真相を告白し陳謝の意を表明するに止まる程度の謝罪広告を強制することは良心の自由を侵害するものではない（最大判昭和31年7月4日民集10巻7号785頁）

〈**事実**〉　衆議院選挙の運動中に，対立候補から醜聞をマスコミを通じて公表されたので，名誉を毀損されたとして，名誉回復のための謝罪文の放送と新聞掲載を求める訴えを提起したところ，第一審は，請求を認めて，「放送及び記事は事実に相違して居り，貴下の名誉を傷つけご迷惑をおかけいたしました。ここに陳謝の意を表します」という謝罪広告を新聞紙上に掲載することを命じた。第二審でも控訴は棄却され，また上告も棄却された。

〈**判旨**〉　「民法723条にいわゆる『他人の名誉を毀損した者に対して被害者の名誉を回復するに適当な処分』として謝罪広告を新聞紙等に掲載すべきことを加害者に命ずることは，従来学説判例の肯認するところであり，また謝罪広告を新聞紙等に掲載することは我国民生活の実際においても行われているのである。尤も…時にこれを強制することが債務者の人格を無視し著しくその名誉を毀損し意思決定の自由乃至良心の自由を不当に制限することとなり，いわゆる強制執行に適さない場合に該当することもありうるであろうけれど，<u>単に事態の真相を告白し陳謝の意を表明するに止まる程度のもの（であれば）…この種の謝罪広告を新聞紙に掲載すべきことを命ずる原判決は，上告人に屈辱的若しくは苦役的労苦を科し，又は上告人の有する倫理的な意思・良心の自由を侵害することを要求するものとは解せられない</u>。

信教の自由と政教分離　憲法20条は信教の自由を保障する（1項前段）。信教の自由とは，信仰，宗教に関する精神活動の自由をいい，①信仰をもつ自由および信仰をもたない自由，②宗教的活動（礼拝，儀式の挙行や参加，宣伝・布教活動等）を行う自由および行わない自由を含む。①の自由は，思想・良心の自由の一側面を形成するものであるから，絶対的に保障されなければならない。②の自由は，外部に表れる宗教活動であるから，憲法上制約を受ける可

88　***Chapter 7***　自由権（1）——精神的自由・経済的自由

能性がある。なお，20条2項は，宗教活動の自由を消極的な側面から規定している。

　さらに，憲法は，「国及びその機関は，宗教教育その他のいかなる宗教的活動もしてはならない」として，「政教分離の原則」を定めている（20条3項）。国家が一定の宗教を国教とし，あるいはこれに特典を与えることによって，宗教上の少数者が厳しい弾圧にさらされたことは歴史の教えるところである。わが国においても，明治憲法は信教の自由を保障していたが（28条），天皇を神格化することに伴い，天皇の祖先を神として崇拝することが国民の義務とされた。こうして国家と神社神道とが結びつき，これによって，神権天皇制が維持・強化されたばかりか，神社神道は軍国主義，国家主義高揚の精神的支柱としての役割を演じたのであった。　日本国憲法の政教分離規定は，こうした歴史の反省のうえに立つものなのである。なお，憲法は，宗教団体が国家から特権を受け，または，政治上の権力を行使することを禁止するほか（20条1項後段），89条において，公の財産を宗教団体に支出することを禁止することによって，政教分離の原則を国家財政の面からも保障している。

　しかし，私立学校に対する国の助成金等に関して，宗教団体の設立したものを除外することは，逆に宗教活動を圧迫することにもなりかねないから，完全な政教分離は不可能である。したがって，問題は，どのような場合に国が宗教と関わりを持つことが禁じられるのかということになる。最高裁は，いわゆる「目的・効果基準」を採用することを次の判決で明らかにした。

判例〔12〕

神道式地鎮祭は宗教的活動にはあたらない——津地鎮祭事件——（最大判昭和52年7月13日民集31巻4号533頁）

〈**事実**〉　三重県津市は，市立体育館の建設にあたり，地鎮祭を神社神道固有の儀式に則って挙行し，その費用7663円を公金より支出した。そこで同市の市議会議員Aは，この公金支出は憲法20条，89条に違反するとして津市長に対して損害補塡を求める住民訴訟を提起した。第一審は，地鎮祭は宗教的な行事ではなく，習俗的な行事であるとして，公金の支出は憲法に違反しないとしたが，第二審は，地鎮祭を宗教的活動にあたり違憲であるとした。

〈**判旨**〉　「政教分離原則とは…国家の非宗教性ないし宗教的中立性を意味する。

…政教分離原則は，国家が宗教的に中立であることを要求するものではあるが，国家が宗教とのかかわり合いをもつことを全く許さないとするものではなく，宗教とのかかわり合いをもたらす行為の目的及び効果にかんがみ，そのかかわり合いが（それぞれの国の社会的・文化的諸条件に照らし）相当とされる限度を超えるものと認められる場合にこれを許さないとするものであると解すべきである。（憲法20条3項によって禁止される宗教的活動とは）およそ国及びその機関の活動で宗教とのかかわり合いをもつすべての行為を指すものではなく，そのかかわり合いが…相当とされる限度を超えるものに限られるというべきであって，当該行為の目的が宗教的意義をもち，その効果が宗教に対する援助，助長，促進又は圧迫，干渉等になるような行為をいうものと解すべきである。

　…本件起工式は，宗教とかかわり合いをもつものであることを否定しえないが，その目的は建設着工に際し土地の平安堅固，工事の無事安全を願い，社会の一般的慣習に従った儀式を行うという専ら世俗的なものと認められ，その効果は神道を援助，助長，促進し又は他の宗教に圧迫，干渉を加えるものとは認められないのであるから，憲法20条3項により禁止される宗教的活動にはあたらないと解するのが，相当である。」

　なお，この判決には，5人の裁判官による以下のような反対意見がある。「憲法に…具現された政教分離原則は国家と宗教との徹底的な分離」をいい，「宗教的活動には，宗教の教義の宣布，信者の教化育成等の活動はもちろんのこと，宗教上の祝典，儀式，行事等を行うこともそれ自体で当然に含まれ」る。また，たとえ多数意見のように目的・効果基準によるとしても，本件起工式は，「極めて宗教的色彩の濃いもの」であって，地方公共団体がこのような儀式を主催することは，「神社神道を優遇しこれを援助する結果となる」から，憲法20条3項に違反する。

　このような「目的・効果基準」にしたがって，次のような判例が示されている。①公務中に死亡した自衛官を護国神社に合祀したところ，その妻からの，自己の意思に反する合祀によって宗教的人格利益を侵害されたという訴えに対して，「（合祀申請に協力した自衛隊職員の行為は，その目的・効果をみると）宗教的活動とまでいうことはできない。宗教上の人格権であるとする静謐な宗教的環境下で信仰生活を送るべき利益なるものは，これを直ちに法的利益として認めることはできない」（最大判昭和63年6月1日民集42巻5号277頁）。②箕面市が忠魂碑の敷地を日本遺族会に無償貸与した行為について，「宗教団体とは，…特定の宗教の信仰，礼拝又は普及等の宗教的活動を行うことを本来の目的とする組織ないしは団体を指すものと解するのが相当」であり，遺族

90　**Chapter 7**　自由権（1）——精神的自由・経済的自由

会は宗教団体に該当しない。また，慰霊祭へ市教育長が参列する行為の目的は「戦没者遺族に対する社会的儀礼を尽くすという，専ら世俗的なものであり，…宗教とのかかわり合いの程度が我が国の社会的，文化的諸条件に照らし，信教の自由の保障の確保という制度の根本目的との関係で相当とされる限度を超えるものとは認め」られない（最判平成5年2月16日民集47巻3号1687頁）。

　岩手県と愛媛県が靖国神社に対して玉串料及び献灯料を支出した行為については，下級審の判断が分かれていたが，最高裁は以下のように述べて，これらの行為を憲法に違反するとした。すなわち，（目的効果基準によれば）本件の場合，「一般人が…玉串料等の奉納を社会的儀礼の一つにすぎないと評価しているとは考え難いところである。（それは，）宗教的意義を有（し），…県が…特定の宗教団体を特別に支援しており，…特定の宗教への関心を呼び起こすものといわざるを得ない。…その目的が宗教的意義を持つことを免れず，その効果が特定の宗教に対する援助，助長，促進になると認めるべきであり」，憲法20条3項および89条に違反する（愛媛玉串料訴訟上告審判決・最判平成9年4月2日民集51巻4号1673頁）。さらに，最高裁は，北海道の砂川市が市有地を地域の神社に無償で使用させていたことについて，違憲の判断を示した。「宗教施設の性格や無償提供の経緯と態様，これに対する一般人の評価などを考慮し，社会通念に照らして総合判断すべき」とし，「一般人の目から見て，市が特定の宗教に対して特別の便益を提供し，これを援助していると評価されてもやむを得ない」としたのである（最判平成22年1月20日民集64巻1号1頁。なお，最判平成24年2月16日民集66巻2号673頁参照）。

Reference ⑱
宗教法人の犯罪

平成7年に，宗教団体（オウム真理教）が地下鉄サリン事件などの犯罪を実行したことが発覚したことを契機として，複数の都道府県にまたがって活動する宗教法人の所轄庁を文部大臣とし，情報開示や所轄庁への一定の書類提出などを定めた宗教法人法の改正が行われた。また，1999年には，「無差別大量殺人行為を行った団体の規制に関する法律」が成立し，過去10年以内に上記の行為を行った団体に対し，立ち入り検査等を行う「観察処分」などが定められた。

表現の自由　憲法21条1項は，「集会，結社及び言論，出版その他一切の表現の自由は，これを保障する」として，表現の自由を保障している。表現の自由とは，思想・良心・感情など個人の一切の精神作用を，その

方法のいかんを問わず，外部に公表する精神活動の自由をいう。思想・良心の自由が保障されていても，表現の自由が保障されていなければ，個人の自由な自己実現をのぞむことはできない。その意味で，表現の自由は個人の人格形成と発展にとって不可欠のものである。表現の自由は，その内容が権力者にとって都合の悪いものであるときは，弾圧される可能性が高いものであるから，表現の自由の保障は，民主主義の維持にとっても大きな意義を有することになる。このように，表現の自由は，自由主義と民主主義の発展にとって欠くことのできないものであり，それゆえに表現の自由には優越的地位が認められるのである（➡Ref.⑫ 289頁）。

集会・結社の自由　現代社会では，自己の主張を伝える手段としては，マスコミが最も有力であり，また，情報の受け手の側から見ると，情報収集の大半をマスコミに依存しているのが実情である。しかしながら，わが国のマスコミは，少数の大新聞社とその系列下にある放送局にほぼ独占されている。そこで，一般国民が少数意見を伝える手段として，集会・結社には大きな意義が認められる。憲法も21条において，言論・出版の自由と同様に，集会・結社の自由を保障しているところである。しかし，ここでも，自由に対する制約が問題になる。次の判例は，集団を潜在的暴徒とみなして，公安条例による事前規制を承認したものである。

判例〔13〕

集団行動による表現の自由に関して，必要かつ最小限度の措置を事前に講ずることはやむをえない——東京都公安条例事件——（最大判昭和35年7月20日刑集14巻9号1243頁）

〈事実〉　学生運動の指導者が，東京都公安委員会の許可を受けずに集会及び集団行進を行い，また，公安委員会の付した許可条件に違反する集団行進を指導したために，東京都公安条例違反で起訴された。第一審は，都条例は，規制対象の場所的限定性に欠け，許否の基準も不明確であることなどを理由に，違憲であるとして無罪を言い渡した。検察官が控訴し，刑事訴訟規則247条により，最高裁に移送された。

〈判旨〉「…集団行動による思想等の表現は単なる言論出版等によるものとはことなって，現在する多数人の集合体自体の力，つまり潜在する一種の物理的力によ

92　*Chapter 7*　自由権（1）──精神的自由・経済的自由

って支持されていることを特徴とする。かような潜在的な力は，あるいは予定された計画に従い，あるいは突発的に内外からの刺激，せん動等によってきわめて容易に動員され得る性質のものである。この場合に平穏静粛な集団であっても，時に昂奮，激昂の渦中に巻きこまれ，甚だしい場合には一瞬にして暴徒と化し，勢いの赴くところ実力によって法と秩序を蹂躙し，集団行動の指揮者はもちろん警察力を以てしても如何ともし得ないような事態に発展する危険が存在すること，群衆心理の法則と現実の経験に徴して明らかである。従って地方公共団体が，純粋な意味における表現といえる出版等についての事前規制である検閲が憲法21条によって禁止されているにかかわらず，集団行動による表現の自由に関するかぎり，いわゆる『公安条例』を以て，地方的情況その他諸般の事情を十分考慮に入れ，不測の事態に備え，法と秩序を維持するに必要かつ最小限度の措置を事前に講ずることは，けだし止むを得ない次第である。

　…もっとも本条例といえども，その運用如何によって憲法21条の保障する表現の自由の保障を侵す危険を絶対に包蔵しないとはいえない。条例の運用にあたる公安委員会が権限を濫用し，公共の安寧の保持を口実にして，平穏で秩序ある集団行動まで抑圧することのないよう極力戒心すべきこともちろんである。しかし濫用の虞れがあり得るからといって，本条例を違憲とすることは失当である。」

言論・出版の自由　この自由権は，表現の自由の中でも中核的位置を占めるものであるが，ここでも，その制約いかんが問題となる。以下では，名誉毀損と性表現の問題を取り上げよう。

　まず，名誉毀損であるが，表現の内容が他人の名誉を毀損するものであるときは，表現の自由といえども制約を受けざるをえない。そのような行為は，民法上は不法行為とされ，刑法上は名誉毀損罪に問われることになる。しかしながら，それを一律に禁止するときは，表現の自由は著しく損なわれ，また，情報の受け手となる国民の情報収集も不十分なものとなり，ひいては，国民の判断を誤らせる原因となる可能性もある。そこで，刑法典でも，一定の場合には，名誉毀損にあたるときでも犯罪を構成しないこととしている。

　集団行進及び集団示威運動に関する条例（東京都公安条例）1条「道路その他公共の場所で集会若しくは集団行進を行おうとするとき，又は場所のいかんを問わず集団示威運動を行おうとするときは，東京都公安委員会の許可を受けなければならない。」

　同　3条「公安委員会は，前条の規定による申請があったときは，集会，集団行進又は集団示威運動の実施が公共の安寧を保持する上に直接危険を及ぼすと明らかに認められる場合の外は，これを許可しなければならない。」

すなわち，刑法230条の2は，公共の利害に関する事実や公務員または公選の候補者に関する事実については，真実であれば犯罪とはならないと規定しているのである。

次に，性表現について述べると，政治的言論の自由を保障するのが重要であるのはいうまでもないが，それ以外の言論の自由も看過されてはならない。表現の欲求を抑圧することは，人間の尊厳を侵すことにつながるからである。性表現の自由については，特に，芸術的表現の場合の性表現が問題とされてきた。刑法はわいせつ文書の頒布等を犯罪としているが（175条），わいせつであることを理由に，表現の自由を制限できるのかが問題となる。最高裁はいわゆるチャタレー事件判決において，「性行為非公然性は，人間性に由来するところの羞恥感情の当然の発露」であるが，「猥褻文書は性欲を興奮，刺戟し，人間をしてその動物的存在の面を明瞭に意識させるから，羞恥の感情をいだかしめ…人間の性に関する良心を麻痺させ（るなど）性道徳，性秩序を無視することを誘発する危険を包蔵して」いるのであって，法は「性道徳に関しても…その最小限度を維持することを任務」とし，刑法175条も同様の趣旨にでたものであり，他方，表現の自由も「公共の福祉によって制限されるものと認めなければ」ならず，「性的秩序を守り，最小限度の性道徳を維持することが公共の福祉の内容をなすことについて疑問の余地がない」として刑法175条の合憲性を認めた（最大判昭和32年3月13日刑集11巻3号997頁）。

それ以降，「わいせつとは何か」が争われてきたのである。最高裁は，わいせつとは，「徒らに性欲を興奮又は刺激せしめ，かつ，普通人の正常な性的羞恥心を害し善良な性的道義観念に反するもの」をいうとし，作品全体からわいせつ性を判断するとしている。

判例 〔14〕

文書のわいせつ性の判断にあたっては，全体的・総合的に検討することが必要である——「四畳半襖の下張」事件——（最判昭和55年11月28日刑集34巻6号433頁）

〈事実〉　被告人らは，永井荷風の作と伝えられる短編小説「四畳半襖の下張」を雑誌に掲載・販売したが，この小説は，男女の情交場面を露骨かつ詳細に描写したものであったので，刑法175条の猥褻文書販売罪に問われた（現在の条文では，販売

94 **Chapter 7** 自由権（1）──精神的自由・経済的自由

は頒布に統一されている）。

〈判旨〉「文書のわいせつ性の判断にあたっては，当該文書の性に関する露骨で詳細な描写叙述の程度とその手法，右描写叙述の文書全体に占める比重，文書に表現された思想等と右描写叙述との関連性，文書の構成や展開，さらには芸術性・思想性等による性的刺激の緩和の程度，これらの観点から該文書を全体としてみたときに，主として，読者の好色的興味にうったえるものと認められるか否かなどの諸点を検討することが必要であり，これらの事情を総合し，その時代の健全な社会通念に照らして，それが『徒らに性欲を興奮又は刺激せしめ，かつ，普通人の正常な性的羞恥心を害し善良な性的道義観念に反するもの』（最昭和32年3月13日大法廷判決参照）といえるか否かを決すべきである。」

Terms ④

以上・以下，超える・未満

「以上・以下」は基準となる数字を含むのに対して，「超える・未満」は含まない。例えば，「18歳未満」とあれば，18歳は含まない。

事前抑制の禁止　憲法21条2項は検閲を禁止している。検閲とは，「行政権が主体となって，思想内容等の表現物を対象とし，その全部又は一部の発表の禁止を目的として，対象とされる一定の表現物につき網羅的一般的に，発表前にその内容を審査した上，不適当と認めるものの発表を禁止することを，その特質として備えるものを指す」（➡判例〔59〕290頁）。このように，事前に公権力が表現行為を抑制することは禁じられているのであるが，最高裁は，検閲の定義をした上述の判例において，税関検査は検閲にあたらないとして，税関が猥褻な写真集の輸入を禁止した処分を合憲としている。また，次の判例は，名誉毀損になるような記事を事前に差止めることを容認したものである（プライバシー等の侵害を理由として，小説の出版差止めを認めたものに最判平成14年9月24日判時1802号60頁［『石に泳ぐ魚』事件］がある）。

判例〔15〕

出版物の頒布等の事前差止めは一定の条件の下で認められる──北方ジャーナル事件──（最大判昭和61年6月11日民集40巻4号872頁）

刑法175条　「わいせつな文書，図画，電磁的記録に係る記録媒体その他の物を頒布し，又は公然と陳列した者は，2年以下の懲役又は250万円以下の罰金若しくは科料に処し，又は懲役及び罰金を併科する。…」

1. 精神的自由権　*95*

〈**事実**〉　Xは，北海道知事選挙の直前に，立候補予定者Yの名誉を侵害する内容の記事を雑誌「北方ジャーナル」に掲載する予定であったところ，Yがそのことを知るにいたり，名誉侵害を予防するという理由で，雑誌の販売等の禁止を求める仮処分を申請した。裁判所が申請を認めて仮処分執行が行われたので，Xは，これを不満として控訴したが高等裁判所はこれを棄却した。そこでXは，本件仮処分が憲法21条に違反するとして上告に及んだ。

〈**判旨**〉　「…仮処分による事前差止めは…『検閲』には当たらない…。…名誉を違法に侵害された者は…侵害行為の差止めを求めることができる…。表現行為に対する事前抑制は，新聞，雑誌その他の出版物や放送等の表現物がその自由市場に出る前に抑止してその内容を読者ないし聴視者の側に到達させる途を閉ざし又はその到達を遅らせてその意義を失わせ，公の批判の機会を減少させるものであり，また，事前抑制たることの性質上，予測に基づくものとならざるをえないこと等から事後制裁の場合よりも広汎にわたり易く，濫用の虞があるうえ，実際上の抑止効果が事後制裁の場合より大きいと考えられるのであって，表現行為に対する事前抑制は，表現の自由を保障し検閲を禁止する憲法21条の趣旨に照らし，厳格かつ明確な要件のもとにおいてのみ許容されうるものといわなければならない。

出版物の頒布等の事前差止めは，このような事前抑制に該当するものであって，とりわけ，その対象が公務員又は公職選挙の候補者に対する評価，批判等の表現行為に関するものである場合には，そのこと自体から，一般にそれが公共の利害に関する事項であるということができ，…その表現が私人の名誉権に優先する社会的価値を含み憲法上特に保護されるべきであることにかんがみると，当該表現行為に対する差止めは，原則として許されないものといわなければならない。ただ，右のような場合においても，その表現内容が真実でなく，又はそれが専ら公益を図る目的のものでないことが明白であって，かつ，被害者が重大にして著しく回復困難な損害を被る虞があるときは，当該表現行為はその価値が被害者の名誉に劣後することが明らかであるうえ，有効適切な救済方法としての差止めの必要性も肯定されるから，かかる実体的要件を具備するときに限って，例外的に事前差止めが許されるものというべき（である）。」

報道・取材の　先にも述べたように，情報を伝達する上で，わが国のマス
自由と知る権利　コミは大きな力を有している。そして，当然のことながら，報道機関の表現の自由にとっては，報道の自由および情報収集活動＝取材の自由を保障することが重要な課題となる（➡287頁以下）。また，情報の受け手の「知る権利」も等閑視されてはならない。適切な情報を与えられてはじめ

96 **Chapter 7** 自由権（1）——精神的自由・経済的自由

て，国民は妥当な判断を下すことができるからである。さらに，国家機密と情報公開の問題も重要である。

最高裁は，取材の自由に関して，新聞記者が裁判で証言を求められたときに，取材源を秘匿することが許されるかという問題について，憲法21条は，新聞記者に特種の保障を与えたものではないとし，「公共の福祉のため最も重大な司法権の公正な発動につき必要欠くべからざる証言の義務をも犠牲にして，証言拒絶の権利までも保障したものとは到底解することはできない」（最大判昭和27年8月6日刑集6巻8号974頁）と判示している。また，国家機密と取材の自由に関して，取材の手段・方法が相当なときは，正当な行為として処罰されないが，取材対象者の人権を蹂躙して国家機密を持ち出させた場合は，正当な行為ではないとしている（➡判例〔61〕293頁）。また，NHK記者の証言拒絶に関して，最高裁は，その得失を比較衡量して決すべきであると述べ，「本件証言拒絶には正当な理由がある」とした（最決平成18年10月3日刑集60巻8号2647頁）。

通信の秘密 憲法21条2項後段は，「通信の秘密は，これを侵してはならない」と規定している。刑法上，信書開封行為は犯罪とされているが（刑法133条），「通信」というときは，信書に加えて，電信・電話をも含む趣旨である。通信の秘密は，プライバシーの保護という観点からも，重要なものであるけれども，犯罪捜査等の場合には，一定の制約に服すことになる。1999年に，組織的犯罪対策立法のひとつとして，通信傍受法（犯罪捜査のための通信傍受に関する法律）が成立し，公布された。「傍受」とは，現に行われている他人間の通信について，その内容を知るため，当該通信の当事者のいずれの同意も得ないで，これを受けることをいう（2条2項）。ただし，対象犯罪については，組織的な犯罪（薬物・銃器関連犯罪と集団密航に関する罪，組織的殺人罪）に限定されている（➡109頁）。

学問の自由 憲法は，23条で「学問の自由」を保障している。学問の自由は，学問研究活動，研究成果発表，講義等の自由から成り立つが，既に述べたように，学問的思考の自由は「思想の自由」に属し，研究成果の教授・発表の自由は「表現の自由」に属するものである。憲法が，思想，表現の自由に加えて学問の自由を保障する規定を設けたのは，学問が既

存の価値に対する批判を含むものであるために弾圧を受けやすいことを考慮したためと考えられる。学問の自由は，すべての教育機関において認められるものであるが，特に高度な学問研究を行う大学に対する保障が重要である（➡判例〔28〕127頁）。そこで，大学での学問研究の自由を確保するためには，大学の自治も保障されなければならない。学問の自由は，教員人事，施設管理，学生管理等を内容とする大学の自治をも含むものである。大学の自治のように，個人の権利を規定したものでないが，一定の制度を保障することによって内容的に個人の権利を保障することになる規定を「制度的保障」という。次の判例は，大学の自治の限界を扱ったものである。

判例〔16〕

大学内で行われた集会に警察官が立ち入った行為は大学の自治を侵すものではない——ポポロ劇団事件——（最大判昭和 38 年 5 月 22 日刑集 17 巻 4 号 370 頁）

〈**事実**〉　大学内において，大学公認の団体である「ポポロ劇団」が演劇発表会を開催していたところ，私服の警察官が潜入していたのが発見され，学生たちが警官を糾弾する際に暴行をふるったとして起訴された。第一審は，学生の行為は，大学の自治保全のための正当行為であるとして，無罪を言い渡し，第二審も第一審判決を支持した。

〈**判旨**〉　「大学の学問の自由と自治は，大学が学術の中心として深く真理を探求し，専門の学芸を教授研究することを本質とすることに基づくから，直接には教授その他の研究者の研究，その結果の発表，研究結果の教授の自由とこれらを保障するための自治とを意味すると解される。大学の施設と学生は，これらの自由と自治の効果として，施設が大学当局によって自治的に管理され，学生も学問の自由と施設の利用を認められるのである。…大学における学生の集会も，右の範囲において自由と自治を認められるもので…学生の集会が真に学問的な研究またはその結果の発表のためのものでなく，実社会の政治的社会的活動に当る行為をする場合には，大学の有する特別の学問の自由と自治は享有しないといわなければならない。

本件の…演劇発表会は…政治的社会的活動に当る行為にほかならない…。また，…発表会の会場には…一般の公衆が自由に入場券を買って入場することを許されたものと判断されるのであって，…公開の集会と見なさるべきであ（る）。…したがって，本件の集会に警察官が立ち入ったことは，大学の学問の自由と自治を侵すものではない。」

2. 経済的自由権（1）

**経済的自由権
の意義と背景**　近代以前の社会では，個人は封建制秩序の拘束を受け，職業の選択や移住，財産の所有，商取引，雇用などの自由が著しく制約されていた。しかし，商工業の発達と封建制の衰退に伴って，居住・移転が自由になり，それが資本主義の勃興を促すことになった。そこで，近代の憲法では，その重要性にかんがみ，これらの自由を保障することとしたわけである。このような歴史的経緯をふまえて，日本国憲法も，22条において職業選択の自由と居住・移転の自由，海外移住・国籍離脱の自由を規定し，また，29条で財産権の保障をうたっている。

　ところで，経済的自由権の意義に関して変遷がみられることには注意を要する。第一に，自由な経済活動を保障するだけでは，社会の公正が保たれないことが自覚されたことによって，社会権が登場し，経済的自由権には一定の制約が存在することが一般に承認されるようになった（➡50頁，120頁）。日本国憲法も，経済的自由権に関しては，「公共の福祉に反しない限り」（22条1項）とか「公共の福祉に適合するやうに」（29条2項）という文言を加えて，このことを明らかにしている。第二に，経済的自由権として位置づけられているこれらの権利が，他の権利と関連していることが明らかにされている。たとえば，居住・移転の自由は，人身の自由や精神的自由，幸福追求権の側面を有し，また職業選択の自由には，職業活動による人格の発展の自由という側面のあることが指摘されている。したがって，居住・移転等の自由を制約するにあたっては，それが「経済的自由権」であるということを根拠として容易に自由の制限を認めるようなことがあってはならないのである。

居住・移転の自由　居住・移転の自由とは，自己の住居を自由に決定・変更する自由のことであり，海外移住の自由とは，外国への永続的な居住・移転の自由のことをいう。これらの権利は，職業を遂行する場所の選定の自由を保障するものであるところから，経済的自由権として，職業選択の自由とともに規定されることになったものである。人身の自由や精神的自由の側面を有するが，経済的規制などの一定の政策目的を達成する

ために制限を受けることがある。憲法22条1項は，「何人も，公共の福祉に反しない限り，居住・移転…の自由を有する」として，このことを明らかにしているが，自由が制限される例としては，感染症法による隔離（19条，20条），刑事訴訟法による刑事被告人の住居制限（95条），民法における未成年者に対する親権者の居所指定権(821条)，破産法による破産者に対する居住制限（37条）などがある。

職業選択の自由　　「何人も，公共の福祉に反しない限り…職業選択の自由を有する」(憲法22条1項)。職業選択の自由には，自己の就く職業を選択する自由と職業遂行の自由が含まれる。職業遂行の自由には営業の自由が含まれるが，営業の自由には財産権行使の自由（憲法29条）という側面も認められる。

　職業選択の自由が認められるといっても，それが絶対的な自由を意味するものでないことは当然である。たとえば，医師という職業は「自由に」選択できるわけではなく，国家試験に合格して医師免許を取得する必要がある。また，営業に関しても，病院の開設には国家の許可が必要とされている。このような「公共の福祉」による制約の例は，電気・ガスなどの公益事業の場合にみられるし，また，病院や飲食店などの開設を公衆衛生の立場から限定しているものなどがある。では，制約はどのような基準で行われるのであろうか。次の判例は，その基準を示したものである。

判例〔17〕

薬局の適正配置を定める薬事法6条は憲法22条1項に違反し無効である（最大判昭和50年4月30日民集29巻4号572頁）

　〈事実〉　薬事法6条は，配置の適正を欠くと認める場合には薬局開設の許可を与えないことができるとし（2項），その配置基準は都道府県条例で定めるとしていた（4項）。そこで，広島県は条例によって，既存の薬局から「おおむね100メートル」という距離制限を設けたところ，それに従って薬局開設を許可されなかったXが，憲法22条1項に違反するとして，広島県知事に対して処分の取消を求めた。原審がXの請求を棄却したため，Xが上告。

　〈判旨〉　「一般に許可制は，単なる職業活動の内容及び態様に対する規制を超えて，狭義における職業の選択の自由そのものに制約を課するもので，職業の自由に

100 **Chapter 7** 自由権（1）──精神的自由・経済的自由

対する強力な制限であるから，その合憲性を肯定しうるためには，原則として，重要な公共の利益のために必要かつ合理的な措置であることを要し，また，それが社会政策ないしは経済政策上の積極的な目的のための措置ではなく，自由な職業活動が社会公共に対してもたらす弊害を防止するための消極的，警察的措置である場合には，許可制に比べて職業の自由に対するよりゆるやかな制限である職業活動の内容及び態様に対する規制によっては右の目的を十分に達成することができないと認められることを要する。

適正配置規制は，主として国民の生命及び健康に対する危険の防止という消極的，警察的目的のための規制措置であり，そこで考えられている薬局等の過当競争及びその経営の不安定化の防止も，それ自体が目的ではなく，あくまでも不良医薬品の供給の防止のための手段であるにすぎないものと認められる。

薬局等の設置場所の地域的制限の必要性と合理性を裏づける理由として被上告人の指摘する薬局等の遍在──競争激化──一部薬局等の経営の不安定──不良医薬品の供給の危険又は医薬品乱用の助長の弊害という事由は，いずれもいまだそれによって右の必要性と合理性を肯定するに足りず……無薬局地域等の解消を促進する目的のために設置場所の地域的制限のような強力な職業の自由の制限措置をとることは，目的と手段の均衡を著しく失するものであって，とうていその合理性を認めることができない。…本件適正配置は…全体としてのその必要性と合理性を肯定しうるにはなお遠いものであり，この点に関する立法府の判断は，その合理的裁量の範囲を超えるものである。」

3. 経済的自由権（2）

財 産 権　財産権の保障は，私有財産制度を採用する資本主義の根幹をなすものである。日本国憲法も，29条1項で「財産権は，これを侵してはならない」と規定しており，これは私有財産制度を保障したものと解される（制度的保障➡97頁）。本項はさらに，我々が日常生活において現に有する，物権や債権をはじめとするあらゆる財産権（➡153頁）を国家の不当な侵害から保障する規定でもある。

しかし，財産権が絶対不可侵であるとすることは，社会の現実に照らすと，容認できるものではない。現代では，財産権の社会性が求められているのである。そこから，憲法29条2項は，「財産権の内容は，公共の福祉に適合するやうに，法律でこれを定める」とし，また，3項で，「私有財産は，正当な

3. 経済的自由権（2）　　*101*

補償の下に，これを公共のために用ひることができる」としている。

財産権の制限　29条2項に基づいて，財産権の内容は法律によって規制されうる。この例としては，食品衛生法6条が，国民の健康のために一定の食品の販売等を禁止しており，独占禁止法は，一般消費者保護のために，私的独占を禁じている（➡185頁）。また，文化財保護法は，文化財の保存のために私的財産に一定の制限を加え，国土利用計画法は，大企業によって土地が投機的に買占められ，地価が高騰することを抑制するために，土地の売買について，一定の場合に届出制または許可制を定めている。

ここで問題となるのは，第一に，憲法29条2項によって制約を受ける財産権の範囲である。「公共の福祉に適合す」れば，無制限に規制できるというものでないのは当然であり，次の判例もこのことを承認している。

判例〔18〕

共有林の分割請求に制限を加えている森林法186条は憲法29条2項に違反し無効である ―― 森林法違憲判決 ――（最大判昭和62年4月22日民集41巻3号408頁）

〈**事実**〉　民法256条は，共有物について，各共有者に持ち分のいかんにかかわらず分割請求権を認めているが，森林法186条は，民法の特則として，持ち分2分の1以下の共有者による分割請求を認めていなかった。本件は，生前贈与によって森林を持ち分の2分の1ずつで共有することになった兄弟の間で森林経営上の意見の対立が生じ，弟が兄に山林の分割請求を行ったというものであり，森林法186条の合憲性が争われることになった。

〈**判旨**〉　（この規定の）立法目的は，「森林の細分化を防止することによって森林経営の安定を図り，ひいては森林の保続培養と森林の生産力の増進を図り，もって国民経済の発展に資することにあ」り，この立法目的は，「公共の福祉に合致しないことが明らかであるとはいえない」。しかしながら，共有者間の紛争があれば森林荒廃の事態を永続化し，また，同条には森林の範囲や期間の限定がないのに加えて，現物分割においても，共有物の性質や共有状態に応じた合理的な分割が可能である。したがって，このような制限は，「立法目的との関係において，合理性と必要性のいずれをも肯定することのできないことが明らかであって…同条は，憲法29条2項に違反し，無効というべきである」。

（➡なお，判例〔9〕78頁の尊属殺人の場合とは異なり，経済的自由に関する判例

102 **Chapter 7** 自由権（1）——精神的自由・経済的自由

〔18〕，〔19〕の違憲判決の場合は，当該条項は速やかに削除された。）

第二に，憲法29条2項が「財産権の内容は…法律でこれを定める」としているところから，条例で財産権を制限できるかという問題が生じた。憲法94条は，地方公共団体に条例制定権を認めており，また，条例は，地方議会の議決によって制定され，民主的な手続を経ているものであるから，条例によって財産権を制限することは可能であると解されている（➡67頁）。

正当な補償　憲法29条3項は，「私有財産は，正当な補償の下に，これを公共のために用ひることができる」と規定しているが，「正当な補償」に関しては，それが「完全な補償」をいうのか，それとも「相当な補償」をいうのかについて争いがある。次の判例は，農地改革に関連したもので，「相当補償説」に立つことを明言しているが，土地収用法は「…補償金の額は，近傍類地の取引価格を考慮して…相当な価格」を算出するとし（71条），さらに，「…土地を収用し，又は使用することに因って…通常受ける損失は，補償しなければならない」（88条）として，「完全補償説」の立場を立法化している。そこで，現在では，特定の財産の個別的収用の場合は，完全な補償が必要であるとする見解が有力になっている。

判例〔19〕

正当な補償とは合理的に算出された相当な額をいう――農地改革訴訟――（最大判昭和28年12月23日民集7巻13号1523頁）

〈事実〉昭和22年に制定された自作農創設特別措置法は，自作収益価格に基づいて，最高買収価格を地租法による賃貸価格の40倍と定めたが，それが「正当な価格」であるかどうかが争われた。上告の趣旨は，正当な補償価格とは，経済界において取引上認められる本質的経済価格をいうのであり，また，自創法の買収価格は，その後の経済事情の変化を考えていなかったために，田1反の価格が鯣3尾の価格にも満たないことになったのであるから，買収額の増額を求めるというものであった。

〈判旨〉「憲法29条3項にいうところの財産権を公共の用に供する場合の正当な補償とは，その当時の経済状態において成立することを考えられる価格に基づき，合理的に算出された相当な額をいうのであって，必ずしも常にかかる価格と完全に一致することを要するものではない。…けだし財産権の内容は，公共の福祉に

適合するように法律で定められるのを本質とするから…，公共の福祉を増進し又は維持するため必要ある場合は，財産権の使用収益又は処分の権利にある制限を受けることがあり，また財産権の価格についても特定の制限を受けることがあって，その自由な取引による価格の成立を認められないこともあるからである。」

Chapter **8**

自由権（2）——人身の自由

Essence

1. 適正手続の保障

刑事手続 = 人権侵害の危険性を含む⇨憲法31条から40条および18条による
人権規定 = 人身の自由

無罪の推定，「疑わしきは被告人の利益に」の原則

憲法31条 =「人身の自由」の基本原則を定める規定

「適正手続条項」の意味〈
　手続的適正〈① 手続の法定
　　　　　　　② 手続内容の適正
　実体的適正〈① 刑罰規定の法定
　　　　　　　② 刑罰規定の内容の適正
　　　　　　⇨遡及処罰の禁止（憲法39条前段）

2. 被疑者の権利

令状主義〈令状なしに逮捕されない権利（憲法33条）
　　　　　令状なしに捜索・押収されない権利（憲法35条）

抑留・拘禁のときの理由の告知・弁護人依頼権（憲法34条）

拷問の禁止——公務員による拷問の禁止（憲法36条）⇨黙秘権（憲法38条1項）

3. 被告人の権利

裁判を受ける権利（憲法32条）

迅速な裁判の保障（憲法37条1項）

公開裁判の保障（憲法37条1項）

弁護人依頼権（憲法37条3項）

反対尋問権の保障（憲法37条2項）

黙秘権——自白強要の禁止および自白だけで有罪にされない権利（憲法38条）

刑事補償——抑留・拘禁後無罪とされた場合に刑事補償を受ける権利（憲法40条）

4. 刑罰の限界

奴隷的拘束・苦役からの自由（憲法18条）

残虐な刑罰の禁止（憲法36条）⇨ 死刑は「残虐な刑罰」か？

1. 適正手続の保障

人身の自由　「人身の自由」とは，人の身体が物理的にも，精神的にも拘束を受けない自由をいう。身体の自由は，精神の自由と並んで，人間の自由のなかで最も根源的な自由であり，その自由の拘束は個人の尊厳・自由に対する最も重大な侵害であるから，日本国憲法は18条のほかに，31条から40条にわたって人身の自由に関する規定を置き，この自由の徹底を図っている。

　身体の自由の拘束は，刑事手続においてとくに問題となる。国家による刑罰の賦課は国民の自由に対する大きな脅威となるばかりでなく，刑罰を科すか否かを決定するための刑事手続も，それ自体，人権侵害的な性質をもつ。戦前のわが国では，警察や検察によって恣意的な逮捕や捜索が行われ，また自白を強要するために残忍な拷問が加えられるなど，国民の権利に対する重大な侵害が行われることも少なくなかった。

　犯罪者に刑罰を科すことは必要であるが，犯罪者かどうかは，裁判によってはじめて確定される。したがって，犯罪の嫌疑をかけられている被疑者・被告人であっても，有罪判決によって犯罪者であることが確定されるまでは，無罪として扱われなければならない。この原則を「無罪の推定」といい，近代的刑事司法の大原則である。もちろん，被疑者・被告人は，犯罪の嫌疑をかけられている以上，一定の自由の制約を受けるが，自由の制限は，必要最小限度にとどめることが要請されるのである。「疑わしきは被告人の利益に（in dubio pro reo）」という原則も，被告人について同様の思想を表現したもので，刑事訴訟においては，検察官が「合理的な疑いを超えて」被告人の犯罪

> ----*Terms ⑤*----
> **被疑者・被告人**
>
> まだ公訴を提起されていないが，捜査機関から犯罪の嫌疑を受け，捜査の対象とされている者を「被疑者」という。これに対して，犯罪を犯したものとして公訴の提起を受けた者は「被告人」と呼ばれる。両者は犯罪を犯したとの疑いをもたれている点では同じであるが，刑事手続の段階との関係で，捜査段階では被疑者，検察官による起訴を経た後，訴訟係属中は被告人と呼ばれ，両者は区別される。なお，報道において用いられる「容疑者」という言葉は被疑者と同じ意味で用いられている。

106　**Chapter 8**　自由権（2）——人身の自由

事実を証明しないかぎり，無罪判決が言い渡されるという原則をいう。

　日本国憲法が起訴後の手続のみならず，起訴前の捜査手続についても，詳細な人権保障規定を置いているのは，以上のような理由による。刑事手続を定める刑事訴訟法は，以上のような憲法の規定を受けて戦後改正された。

　基本原則と　憲法31条は「何人も法律の定める手続によらなければ，その
　しての31条　生命若しくは自由を奪われ，又はその他の刑罰を科せられない」と規定する。これは，アメリカ合衆国憲法修正5条および14条の規定の影響を受けたものである。憲法31条を字義通りに読めば，刑罰を科す手続を法律で定めることのみを要求しているようにみえる。しかし，憲法の基本的人権尊重の精神にかんがみれば，アメリカにおける理解と同様に，刑罰を科すためには，手続が法律で定められるとともに，その内容が適切であり（手続的適正），さらに，刑罰規定そのものが法定され，かつ，その内容が適正でなければならない（実体的適正）と解されるべきである。このような内容をもつ31条は，刑事手続に限定されるのではなく，少なくとも国民の自由を奪う行政処分（例えば，精神保健及び精神障害者福祉に関する法律による強制入院（➡284頁））にも適用される。本条は，人身の自由についての基本原則を定めた規定なのである。

　手続的適正　手続面においては，①生命もしくは自由を奪い，またはその他の刑罰を科すためには，形式的意味での法律（➡30頁）によって，その手続を定めることが必要である。また，②法律によって定められた手続の内容が適正なものでなければならない。

　判例〔20〕

第三者の物を没収する場合にも，告知・聴聞の機会を与えなければならない（最大判昭和37年11月28日刑集16巻11号1593頁）

　〈事実〉　被告人らは韓国向け貨物の密輸入を企て，税関の輸出免許を受けずに機帆船に貨物を積み込んで輸出しようとしたが，しけのため未遂に終わった。被告人

　アメリカ合衆国憲法修正5条「…何人も…法の適正な手続（due process of law）によらなければ，生命・自由または財産を奪われない。」
　同　14条「…いかなる州といえども，適正な法の手続によらないで，何人からも生命・自由又は財産を奪ってはならない。」

らは関税法118条 1 項（無許可輸入罪）で起訴され，第一審はこれを有罪とするとともに，同項により右機帆船および貨物の没収を言い渡し，控訴審もこの判決を是認した。ところが，この貨物には被告人ら以外の者の所有物が含まれていたため，被告人らは，所有者に財産権擁護の機会をまったく与えないまま所有者不明の貨物を没収することは憲法31条，29条 1 項に違反すると主張して上告した。

〈判旨〉 関税法118条 1 項の規定による没収は「同項所定の犯罪に関係ある船舶，貨物等で同項但書に該当しないものにつき，被告人の所有に属すると否とを問わず，その所有権を剥奪して国庫に帰属せしめる処分であって，被告人以外の第三者が所有者である場合においても，被告人に対する附加刑としての没収の言渡により，当該第三者の所有権剥奪の効果を生ずる趣旨であると解するのが相当である。

しかし，第三者の所有物を没収する場合において，その没収に関して当該所有者に対し，何ら告知，弁解，防禦の機会を与えることなく，その所有権を奪うことは，著しく不合理であって，憲法の容認しないところであるといわなければならない。けだし…前記第三者の所有物の没収は，被告人に対する附加刑として言い渡され，その刑事処分の効果が第三者に及ぶものであるから，所有物を没収せられる第三者についても，告知，弁解，防禦の機会を与えることが必要であって，これなくして第三者の所有物を没収することは，適正な法律手続によらないで，財産権を侵害する制裁を科するに外ならないからである。…然るに，関税法118条 1 項は，（没収される船舶，貨物の）所有者たる第三者に対し，告知，弁解，防禦の機会を与えるべきことを定めておらず，また刑訴法その他の法令においても，何らかかる手続に関する規定を設けていない…。従って，前記関税法118条 1 項によって第三者の所有物を没収することは，憲法31条，29条に違反するものと断ぜざるをえない。」

この判決は，公権力が国民に刑罰その他の不利益な処分を科す場合には，あらかじめ当事者に対してその内容を告知し，さらに当事者にそれについて防御する機会を与えなければならないとするアメリカ法における「告知および聴聞（notice and hearing）の法理」を採用したものである。その後，第三者所有物没収手続を憲法31条に適合させるために,「刑事事件における第三者所有物の没収手続に関する応急措置法」が制定された。

実体的適正 実体面においても，①刑罰を科すためには，いかなる行為が犯罪とされ，その犯罪に対しどのような刑罰が科せられるかが，あらかじめ法律で定められていなければならない。この原則を「罪刑法定主義」という（➡213頁）。なお，憲法39条は「何人も，実行の時に適法であった行為…については，刑事上の責任を問われない」と規定し，遡及処罰の

108 **Chapter 8** 自由権（2）——人身の自由

禁止を定めている。これは，ある行為がなされた時点で適法であったならば，後に新法あるいは法律の改正によって，その行為に刑罰が科されることになっても，その刑罰法規が適用されてはならないという原則であり，罪刑法定主義から当然に生じる原則である。さらに，②犯罪と刑罰を定める法律の内容そのものが適正でなければならない。具体的には，犯罪と刑罰とが均衡を保っていること（罪刑均衡の原則）や，犯罪構成要件が不明確であったり，漠然としたものであってはならないこと（明確性の原則）が要請される（➡214頁）。

判例〔21〕

「淫行」の意味を合理的・限定的に解釈すれば，憲法31条に違反しない——福岡県青少年保護育成条例事件——（最大判昭和60年10月23日刑集39巻6号413頁）

〈**事実**〉 福岡県青少年保護育成条例は，青少年の健全な育成を図るため青少年を保護することを目的とし，小学校就学の始期から満18歳に達するまでの者を青少年と定義したうえで，「何人も，青少年に対し，淫行又はわいせつの行為をしてはならない」と規定し（10条1項），違反者に対して2年以下の懲役または10万円以下の罰金を科している（16条1項）。被告人は16歳の女子高校生と性交をしたとして本条例違反に問われ，下級審で罰金5万円に処せられたため上告に及んだ。

〈**判旨**〉 本条例10条1項，16条1項の規定の趣旨は「一般に青少年が，その心身の未成熟や発育程度の不均衡から，精神的に未だ十分に安定していないため，性行為等によって精神的な痛手を受け易く，また，その痛手からの回復が困難となりがちである等の事情にかんがみ，青少年の健全な育成を図るため，青少年を対象としてなされる性行為等のうち，その育成を阻害するおそれのあるものとして社会通念上非難を受けるべき性質のものを禁止することとしたものであることが明らかであって，右のような本件各規定の趣旨及びその文理等に徴すると，本条例10条1項の規定にいう『淫行』とは，広く青少年に対する性行為一般をいうものと解すべきではなく，青少年を誘惑し，威迫し，欺罔し又は困惑させる等その心身の未発達に乗じた不当な手段により行う性交又は性交類似行為のほか，青少年を単に自己の性的欲望を満足させるための対象として扱っているとしか認められないような性交又は性交類似行為をいうものと解するが相当である。けだし…『淫行』を広く青少年に対する性行為一般を指すものと解するときは…（婚約中など）真摯な交際関係にある青少年との間で行われる性行為等…を含むこととなって，その解釈は広きに失することが明らかであり，また…反倫理的あるいは不純な性行為と解するのでは，犯罪の構成要件として不明確であるとの批判を免れないのであって，前記の規

定の文理から合理的に導き出され得る解釈の範囲内で，前叙のように限定して解するのを相当とする。このような解釈は通常の判断能力を有する一般人の理解に適うものであり，『淫行』の意義を右のように解釈するときは，同規定につき処罰の範囲が不当に広過ぎるとも不明確であるともいえないから，本件各規定が憲法31条の規定に違反するものとはいえ（ない）。」（なお，本判決には，「淫行」概念は不明確であって憲法31条に違反し，多数意見のような限定解釈は「淫行」という言葉の解釈を超え，立法作業の範疇の問題であるとする趣旨の三人の裁判官の反対意見が付されている。）

2. 被疑者の権利（捜査段階における人権保障）

逮 捕　　捜査とは，犯罪があった場合に，①警察・検察などの捜査機関が犯人を特定し，その身柄を確保し，②裁判で有罪にするための証拠を収集・保全する活動をいう。

　憲法33条は不当な逮捕を抑止するために，逮捕を行う場合には，原則として，権限を有する司法官憲（＝裁判官）が発し，かつ理由となっている犯罪を明示する令状（逮捕令状）によらなければならないとする。このように，捜査機関が逮捕などの強制処分を行う場合に，裁判官がその必要性を判断し，必要性が認められる場合に発する令状によらなければ，強制処分を行うことができないとする原則を令状主義という。もっとも，憲法は現行犯逮捕を令状主義の例外として許している。現行犯とは，「現に罪を行い，又は現に罪を行い終った者」をいう（刑事訴訟法212条1項）。逮捕される者が犯人であることが明らかであって，人権侵害のおそれがないという理由からである。

　刑事訴訟法210条は，さらに，「緊急逮捕」の概念を認める。最高裁は，緊急逮捕も一種の令状逮捕として，憲法33条に違反しないとするが，事前の司

　刑事訴訟法210条1項「検察官，検察事務官又は司法警察職員は，死刑又は無期若しくは長期3年以上の懲役若しくは禁錮にあたる罪を犯したことを疑うに足りる充分な理由がある場合で，急速を要し，裁判官の逮捕状を求めることができないときは，その理由を告げて被疑者を逮捕することができる。この場合には，直ちに裁判官の逮捕状を求める手続をしなければならない。逮捕状が発せられないときは，直ちに被疑者を釈放しなければならない。」

110　**Chapter 8**　自由権（2）——人身の自由

Reference ⑲
強制捜査・令状主義

捜査活動において強制力が必要なことは明らかであるが，強制力の行使は被疑者等の人権を侵害する危険も大きい。しかも，被疑者は未だ犯人と確定されていない一市民であり，実際に犯人でない場合もある。したがって，犯罪捜査の必要性と被疑者等の人権保障とを調和するためには，捜査はできるだけ強制にわたらない任意処分によるべきことになる（任意捜査の原則）。また，たとえ強制力を伴い，あるいは相手方に義務を負わせるような処分（強制処分）を採る場合にも，可能な限り人権侵害が生じないように配慮しなければならない。そのためには，捜査機関が強制処分を採りうる場合とその要件を法律で定めておき（強制処分法定主義，刑事訴訟法 197 条 1 項），具体的にその要件が充たされているかどうかを裁判官がチェックする制度が望ましい。このような制度を令状主義という。現行刑事訴訟法は，強制処分として，逮捕（199 条以下），勾留（204 条以下），捜索，差押，検証，身体検査（218 条以下），被疑者の取調べ（198 条）などを認めている。

法的抑制が働かないことなどを理由に，これを違憲とする見解もある。

なお，警察官が挙動不審者を発見したときに，これを停止させて質問を行う「職務質問」は，犯罪の発見または犯罪の未然の防止のために行われるものであるが，それは，捜査活動ではないから，強制にわたることは許されず，対象者の任意の協力を前提とする。また，いわゆる「自動車検問」も職務質問の一変形であって，強制手段を用いることは許されない（➡判例〔5〕60頁）。

抑留および拘禁　憲法34条前段は，不当な身柄の拘束を防止するための規定である。抑留とは，比較的短い一時的な身体の拘束をいい（逮捕など），拘禁とは，より長期の継続的な身体の拘束をいう（刑事訴訟法上の勾留—刑事訴訟法60条，208条参照—など）。いずれの場合にも，「理由を直ちに告げられ」，「直ちに弁護人に依頼する権利」（弁護人依頼権）が保障され，身体の自由を拘束された者が，拘束された理由を知り，必要があれば弁護人を依頼することによって，自己の自由を防御できるのである。

34条後段は，拘禁について，「正当な理由」がなければならないとしているが，このことは抑留にも妥当する。後段は，比較的長期の身体の拘束について，要求があれば公開の法廷でその理由を開示しなければならないとする点に意味がある。

捜索・押収　捜査における犯罪の証拠収集に関して，憲法35条は令状主義の原則を明示し，住居，書類，所持品に対する侵入，捜索，

押収を行うためには，正当な理由に基づいて裁判官が発する令状（捜索令状，差押令状）が必要であり，その令状には，捜索する場所と押収する物が明示されていなければならないとする（1項）。「捜索」とは，人の身体，物，住居などの一定の場所について，一定の物や人を発見するために行われる強制処分をいう。「押収」とは，証拠物などを保全するためにその占有を取得する強制処分で，刑事訴訟法上の「差押」を意味する（刑事訴訟法99条，106条，218条参照）。

　実務では通常，捜索・差押の両者を併せた捜索差押令状が発付される。また，令状の内容は個別具体的であることを要し，数個の捜索・押収を1つの令状にまとめることはできない（憲法35条2項）。ただし，35条1項は適法な逮捕（33条）の場合には，現行犯逮捕，令状逮捕を問わず，令状は必要でないとする。犯人の逮捕と合理的に関連する範囲での捜索・押収は，その範囲や対象物が限定され，人権の侵害が必要最小限度に抑制されるからである。

3. 被告人の権利（裁判手続における人権保障）

公平・迅速かつ公開の裁判を受ける権利　憲法37条1項は，すべての刑事被告人に対して「公平な裁判所の迅速な公開裁判を受ける権利」を保障している。公平な裁判とは，偏頗や不公平のおそれのない組織と構成をもった裁判所による裁判をいい，迅速な裁判とは，適正な裁判を行うのに必要な時間を超えて不当に遅延した裁判でない裁判をいう。迅速な裁判の保障は，被告人が長時間，被告人としての地位に拘束されることによって，社会的に不安定な状態に置かれるのみならず，証拠の散逸などによって，被告人の防御権の行使に障害が生じ，さらには真実の発見にも支障をきたすことを防止する趣旨である。もっとも，迅速さを求めるあまり，裁判の公正が害されるような拙速な裁判が行われてはならない。

判例〔22〕

著しく遅延した裁判は迅速な裁判を受ける権利の侵害となる──高田事件──

（最大判昭和47年12月20日刑集26巻10号631頁）

112 **Chapter 8** 自由権（2）──人身の自由

--------**Terms ⑥**--------
免訴（実体裁判・形式裁判）

検察官が，特定の刑事事件について裁判所の審判を求めて公訴の提起（起訴）行った場合（刑事訴訟法247条），多くの事件は有罪判決または無罪判決で終結する（実体裁判）。他方，有罪・無罪の判断に至らずに手続を打ち切る裁判（形式裁判）もある。「免訴」もその１つであって，刑事訴訟法337条によれば，①当該事件が確定判決を経ているとき，②犯罪後の法令により刑が廃止されたとき，③大赦があったとき，④時効が完成したときに免訴判決が言渡される。高田事件の場合には，刑式的には免訴の言渡しはできないことになるが，犯罪の成立は否定できないとしても，明らかに処罰することが相当でないときには免訴判決によって手続きを打ち切ることができると解されている。なお，刑式裁判としては，他に，管轄違いの判決（刑事訴訟法329条以下）および公訴棄却の判決・決定（338，339条）がある。

〈**事実**〉　被告人らは昭和27年に一連の公安事件（住居侵入，放火，傷害等）で起訴されたが，名古屋地裁は昭和29年の公判期日を最後に，昭和44年に公判審理を再開するまでの15年余り公判期日を開かなかった。公判再開後，名古屋地裁は，このような異常な公判審理の中断は憲法37条１項の迅速な裁判の保障に違反するとする被告人らの申立を認めて，公訴時効が完成した場合に準じて「免訴」の言渡をした。しかし，控訴審は，本件裁判の遅延が迅速な裁判を受ける権利を侵害するとしても，現行刑事訴訟法には裁判の遅延から被告人を救済する規定が存在しないから，第一審が免訴判決を言渡したのは違法であるとして破棄差戻した。

〈**判旨**〉　「憲法37条１項の保障する迅速な裁判をうける権利は，憲法の保障する基本的人権の１つであり，右条項は，単に迅速な裁判を一般的に保障するために必要な立法上および司法行政上の措置をとるべきことを要請するにとどまらず，さらに個々の刑事事件について，現実に右保障に明らかに反し，審理の著しい遅延の結果，迅速な裁判をうける被告人の権利が害せられたと認められる異常な事態が生じた場合には，これに対処すべき手続規定がなくても，もはや当該被告人に対する手続の続行を許さず，その審理を打ち切るという非常救済手段がとられるべきことをも認めている趣旨の規定であると解する。…本件は昭和44年第一審裁判所が公判手続を更新した段階においてすでに，憲法37条１項の迅速な裁判の保障条項に違反した異常な事態に立ち至っていたものと断ぜざるを得ない。…（このような場合に）その審理を打ち切る方法については現行法上よるべき具体的な明文の規定はないのであるが…判決で免訴の言渡をするのが相当である。」

　公開裁判とは，公開の法廷で対審および判決を受けることをいう。憲法は82条で，裁判の公正を保障し，国民の裁判に対する信頼を確保するために，

3. 被告人の権利　　*113*

対審および判決の公開の原則を定めているが，37条1項は刑事被告人の権利としての側面からこれを規定したものである（➡146頁）。

反対尋問権・弁護人依頼権　刑事裁判では，検察官が証拠によって被告人の有罪を立証するが，被告人が十分な防御の機会をもたなければ，適正な手続によって真実が発見されたとはいえない。そこで，憲法37条2項は，被告人に「すべての証人に対して審問する権利」（反対尋問権）および「公費で自己のために強制的手続により証人を求める権利」（証人喚問権）を保障する。前者は，被告人に不利な証言を行う者に対して十分に反論する機会を保障することによって，手続の適正を確保するものである。したがって，被告人に審問の機会が十分に与えられないときには，原則として，その証人の証言は証拠とできない（伝聞証拠禁止の原則—刑事訴訟法320条）。ただし，証拠としての必要性や信用性がある場合には，例外的に証拠能力が認められる（伝聞例外—刑事訴訟法321条以下）。

さらに，憲法37条3項は被告人の弁護人依頼権を保障する。法律について素人である被告人が十分な防御活動を行うためには，法律専門家である弁護人による援助は欠くことのできない要請である。貧困などの理由で自ら弁護人を選任できないときは，国選弁護人が付されることが保障されている。

拷問・不利益供述強要の禁止　憲法36条は「公務員による拷問…は，絶対にこれを禁ずる」として，人権尊重の見地から，拷問の絶対的禁止を規定している。この規定は，とくに，古くから「自白は証拠の女王」といわれ，捜査官が，裁判において有罪を獲得するために，拷問を加えてでも自白（＝自己の犯罪事実を認める被疑者・被告人の供述）を得ようとする傾向にあり，しかも，そのような拷問は，ときに虚偽の自白をも導きかねないことにかんがみて設けられたものである。

自白獲得のための拷問禁止の趣旨を徹底するために，憲法38条1項は，「何人も，自己に不利益な供述を強要されない」と規定している。これは，とりわけ，被疑者や被告人に不利益な供述の強制を禁止することによって，自白の強要を防止することにその主眼がある。「自己に不利益な供述」とは，一般に，自己の刑事責任に関する不利益な事実の供述をいうと解されているが，刑事訴訟法は，憲法の趣旨を拡張し，被疑者・被告人に対して，黙秘権，

114 **Chapter 8** 自由権（2）――人身の自由

つまり，終始沈黙し，自己の意思に反して供述する必要のない権利を認めている（198条2項，311条1項）。

不利益供述の強要の禁止は，刑事手続においてのみ適用されるのではない。一定の行政目的のために報告義務等を課し，その違反に対して刑罰を科す行政法規があるが，その報告等の内容が犯罪捜査や刑事責任と結びつく場合には，38条1項との関係が問題となる。例えば，道路交通法72条1項は，交通事故があった場合に，運転者に対して事故の発生した日時や事故内容等について警察に報告する義務を課し，この報告義務に違反した者に罰則を科している（道路交通法119条1項10号）。

判例〔23〕

交通事故を起こした運転者に警察への報告義務を課しても不利益供述の強要にはならない（最大判昭和37年5月2日刑集16巻5号495頁）

〈**事実**〉　被告人は，無免許のうえ酒気を帯びて制限速度を超過して乗用車を運転中，自転車に乗った被害者に衝突したが，被害者の救護や警察への報告もせず，そのまま事故現場から逃走し，被害者は約3時間後に死亡した。被告人は重過失致死，救護・報告義務（道路交通法72条1項）違反等で起訴されたが，報告義務違反の処罰は憲法38条に違反するとして争った。

〈**判旨**〉　報告義務違反の規定は，同法の目的からみると「警察署をして，速に，交通事故の発生を知り，被害者の救護，交通秩序の回復につき適切な措置を執らしめ，以て道路における危険とこれによる被害の増大とを防止し，交通の安全を図る等のため必要かつ合理的な規定として是認されねばならない。しかも，（報告すべき）『事故の内容』とは，その発生した日時，場所，死傷者の数及び負傷の程度並びに物の損壊およびその程度等，交通事故の態様に関する事項を指すものと解すべきである。 したがって，右操縦者（運転者）…は，警察官が交通事故に対する前叙の処理をなすにつき必要な限度においてのみ，右報告義務を負担するのであって，そ

道路交通法72条1項　「車両等の交通による人の死傷又は物の損壊（以下「交通事故」という。）があつたときは，当該車両等の運転者その他の乗務員（以下この節において「運転者等」という。）は，直ちに車両等の運転を停止して，負傷者を救護し，道路における危険を防止する等必要な措置を講じなければならない。この場合において，当該車両等の運転者（運転者が死亡し，又は負傷したためやむを得ないときは，その他の乗務員。以下次項において同じ。）は，警察官が現場にいるときは当該警察官に，警察官が現場にいないときは直ちに最寄りの警察署（派出所又は駐在所を含む。以下次項において同じ。）の警察官に当該交通事故が発生した日時及び場所，当該交通事故における死傷者の数及び負傷者の負傷の程度並びに損壊した物及びその損壊の程度，当該交通事故に係る車両等の積載物並びに当該交通事故について講じた措置を報告しなければならない。」

3. 被告人の権利　*115*

れ以上，所論の如くに，刑事責任を問われる虞のある事故の原因その他の事項までも右報告義務ある事項の中に含まれるものとは，解せられない。…いわゆる黙秘権を規定した憲法38条1項の法意は，何人も事故が刑事上の責任を問われる虞ある事項について供述を強要されないことを保障したものであるから…前叙の報告を命ずることは，憲法38条1項にいう自己に不利益な供述の強要に当たらない。」

自白排除法則と補強証拠　憲法は，拷問および不利益供述の強要を厳しく禁じ，その実効性を確保するために，①「強制，拷問若しくは脅迫による自白」，および，②「不当に長く抑留若しくは拘禁された後の自白」の証拠能力を否定し，公判廷での使用を禁じている（自白排除法則，38条2項）。捜査機関による違法，不当な自白の強要を根絶するためには，上のような状況下で得られた自白の証拠能力を一切否定しなければならず，また，このような自白は任意性を欠き，真実性において疑わしい場合が少なくないからである。刑事訴訟法319条1項は，さらに，③「その他任意にされたものでない疑いのある自白」についても証拠能力を否定している。

Reference ⑳
冤罪・再審

「十人の有罪者を逃しても，一人の無辜を罰するな」という法諺に示されているように，峻厳な刑罰を科す刑事裁判においては，冤罪（無実の罪）事件などあってはならない。そのために，三審制が採られるほか，被告人の人権を保障した厳格な手続が規定されている。しかし，誤った裁判（誤判）がなされることも皆無ではない。そこで，判決が確定した後，有罪の言渡を受けた者に有利な「明らかな証拠」が「あらたに発見」されたような場合には，「再審」手続による救済の道が開かれている（刑事訴訟法435条，436条参照。435条6号が実際上もっとも問題となる）。いわゆる「白鳥決定」（最決昭和50年5月20日）が，再審開始を認めるかどうかについても「『疑わしいときは被告人の利益に』という刑事裁判の鉄則が適用される」と判示して以来，それまで「開かずの門」といわれていた再審が広く利用されるようになった。著名な再審無罪事件としては，四件の死刑再審無罪事件（➡ Ref. ㉑ 116頁）のほかに，真犯人と名乗る者がいた弘前事件（昭和28年に殺人で懲役15年が確定し，52年に再審無罪確定）や，本人が死亡した後に再審請求が認められた徳島ラジオ商殺し事件（昭和33年に殺人で懲役13年が確定し，60年に再審無罪確定）などがある。誤判の原因はさまざまであるが，見込み捜査や別件逮捕に続く自白の強制などが問題となっている。

憲法38条3項は，自白が存在する場合であっても，それを補強する他の証拠がない限り有罪の証拠とすることはできないとする。自白偏重を避け，自

116 **Chapter 8** 自由権（2）──人身の自由

白の証拠価値を過大評価することによる誤判の危険を防止するためである（刑事訴訟法319条2項参照）。

憲法はその他に，確定判決によって有罪または無罪が確定した行為が再び訴追され処罰されることを禁止する「一事不再理の原則」を定め（39条後段），また，刑事手続によって無罪となった者に対する金銭による不利益の補償を規定している（40条，刑事補償法）。

Reference ㉑
死刑再審無罪事件

事件名	請求人	事件発生	罪　名	死刑確定	再審開始決定	無罪確定
免田事件	免田　栄	昭23. 12. 29	強盗殺人	26. 3. 25	54. 9. 27	58. 7. 15
財田川事件	谷口繁義	昭25. 2. 28	強盗殺人	32. 1. 22	54. 6. 7	59. 3. 12
松山事件	斉藤幸夫	昭30. 10. 18	強盗殺人放火	35. 11. 1	54. 12. 6	59. 7. 11
島田事件	赤堀政夫	昭29. 3. 10	強姦致傷殺人	35. 12. 15	61. 5. 29	平 1. 1. 31

---

4. 刑罰の限界

奴隷的拘束からの自由　憲法18条前段は「何人も，いかなる奴隷的拘束も受けない」と規定する。「奴隷的拘束」とは，およそ個人の尊厳を否定するような人の身体の拘束をいう。非人道的な身体の拘束を廃絶するための規定であり，この権利は公権力との関係ばかりでなく，私人間の関係においても認められる（私人間の契約による場合には民法90条の公序良俗違反として無効であり，労働基準法5条は強制労働を禁止している）。さらに，不当に奪われた人身の自由を迅速・容易に回復するために人身保護法が制定されている。

18条後段は，刑罰を科す場合を除いては，本人の意思に反する強制的な労役（苦役）を課すことを禁止している。この規定は，国家が犯罪者に対して刑罰を科すことを前提として，刑罰が一定の苦役を伴うことを示唆している（➡211頁）。しかし，刑罰権の行使であっても，奴隷的拘束にわたるものであってはならないのは当然である。

4. 刑罰の限界　*117*

残虐な刑罰の禁止　憲法36条は，残虐な刑罰を絶対的に禁止する。「残虐な刑罰」とは，不必要な精神的，肉体的苦痛を内容とする人道上残酷と認められる刑罰をいう。死刑が残虐な刑罰にあたるかどうかが激しく争われているが，最高裁は一貫して死刑そのものは合憲であるとしている（➡212頁）。

判例〔24〕

死刑は「残虐な刑罰」にあたらない（最大判昭和23年3月12日刑集2巻3号191頁）

〈事実〉　被告人は，母および妹を殺害したことによって起訴され，第一審および原審は被告人に死刑を言渡した。これに対して，被告人は死刑は残虐な刑罰にあたるとして上告した。

〈判旨〉　「生命は尊貴である。1人の生命は，全地球よりも重い。死刑は，まさにあらゆる刑罰のうちで最も冷厳な刑罰であり，またまことにやむを得ざるに出ずる窮極の刑罰である。それは言うまでもなく，尊厳な人間存在の根元である生命そのものを永遠に奪い去るものだからである。…そこで新憲法は一般的概括的に死刑そのものの存否についていかなる態度をとっているのであるか。…まず，憲法第13条においては，すべて国民は個人として尊重せられ，生命に対する国民の権利については，立法その他の国政の上で最大の尊重を必要とする旨を規定している。しかし，同時に同条においては，公共の福祉という基本的原則に反する場合には，生命に対する国民の権利といえども立法上制限乃至剥奪されることを当然予想しているといわねばならぬ。そしてさらに，憲法31条によれば，国民個人の生命の尊貴といえども，法律の定める適理の手続によって，これを奪う刑罰を科せられることが，明らかに定められている。すなわち憲法は現代多数の文化国家におけると同様に，刑罰として死刑の存置を想定し，これを是認したものと解すべきである。言葉をかえれば，死刑の威嚇力によって一般予防をなし，死刑の執行によって特殊な社会悪の根元を絶ち，これをもって社会を防衛せんとしたものであり，また個体に対する人道観の上に全体に対する人道観を優位せしめ，結局社会公共の福祉のために死刑制度の存続の必要性を承認したものと解せられるのである。…死刑は…まさに窮極の刑罰であり，また冷厳な刑罰ではあるが，刑罰としての死刑そのものが，一般に直ちに同条にいわゆる残虐な刑罰に該当するとは考えられない。ただ死刑といえども，他の刑罰の場合におけると同様に，その執行の方法等がその時代と環境とにおいて人道上の見地から一般に残虐性を有するものと認められる場合には，勿論これを残虐な刑罰といわねばならぬから，将来若し死刑について火あぶり，はりつけ，さらし首，釜ゆでの刑のごとき残虐な執行方法を定める法律が制定されたとするな

118 **Chapter 8** 自由権（2）——人身の自由

らば，その法律こそは，まさに憲法36条に違反するものというべきである。」(なお，本判決には5人の裁判官の補足意見があり，国家の文化が高度に発達して正義と秩序を基調とする平和的社会が実現し，公共の福祉のために死刑の威嚇による犯罪の防止を必要と感じない時代に達したならば，死刑もまた残虐な刑罰として国民感情により否定されるにちがいないが，今日はまだこのような時期に達していないと指摘されている。)

判例〔25〕

極刑がやむをえないと認められる場合には死刑を選択することも許される——永山事件——（最判昭和58年7月8日刑集37巻6号609頁）

〈事実〉　被告人は犯行当時19歳3ヵ月ないし9か月の少年であったが，窃取した拳銃によって昭和43年10月から11月にかけて東京，京都で警備員を射殺し，函館，名古屋でタクシー強盗を働き運転手を射殺して，何ら落度のない4名の社会人の生命を次々に奪い，「連続射殺魔」として世間を騒がせたうえ，翌年4月に東京の学校に侵入して金品を物色中警備員に発見され，逮捕を免れるために拳銃を発砲したが命中せず，逃走中付近で逮捕された。東京地裁は被告人に死刑を言渡したが，東京高裁は，①被告人の犯行時の年齢（少年法51条参照），②被告人の恵まれない成育環境・成育歴，③第一審判決後に獄中結婚をして環境の変化に伴い心境の変化がみられること，④獄中で手記を出版しその印税で遺族に慰謝料を支払ったことなどを理由に，無期懲役の判決を言い渡した。検察官上告。

〈判旨〉　「死刑制度を存置する現行法制の下では，犯行の罪質，動機，態様ことに殺害の手段方法の執拗性・残虐性，結果の重大性ことに殺害された被害者の数，遺族の被害感情，社会的影響，犯人の年齢，前科，犯行後の情状等各般の情状を併せ考察したとき，その罪責が誠に重大であって，罪刑の均衡の見地からも一般予防の見地からも極刑がやむをえないと認められる場合には，死刑の選択も許されるものといわなければならない。…（本件の事情を総合すると）被告人の罪責は誠に重大であって，原判決が被告人に有利な事情として指摘する点を考慮に入れても，いまだ被告人を死刑に処するのが重きに失するとした原判断には十分の理由があるとは認められない」として，これを破棄差戻した。

なお，差戻後の東京高裁昭和62年3月18日判時1226号142頁は被告人の控訴を棄却し，被告人の上告を受けた最高裁は平成2年4月17日判決（判時1348号15頁）で上告を棄却し，死刑が確定した。

Reference ㉒
死刑廃止の国際的動向（死刑廃止国・存置国〈2017年12月31日現在〉）

〈すべての犯罪に対して廃止（刑罰として死刑がない国）：106カ国〉
アルバニア、アンドラ、アンゴラ、アルゼンチン、アルメニア、オーストラリア、オーストリア、アゼルバイジャン、ベルギー、ベナン、ブータン、ボリビア、ボスニア・ヘルツェゴビナ、ブルガリア、ブルンジ、カンボジア、カナダ、カーボベルデ、コロンビア、コンゴ共和国、クック諸島、コスタリカ、コートジボワール、クロアチア、キプロス、チェコ共和国、デンマーク、ジブチ、ドミニカ共和国、エクアドル、エストニア、フィンランド、フィジー、フランス、ガボン、ジョージア、ドイツ、ギリシャ、ギニア、ギニアビサウ、ハイチ、バチカン、ホンジュラス、ハンガリー、アイスランド、アイルランド、イタリア、キリバス、キルギス、ラトビア、リヒテンシュタイン、リトアニア、ルクセンブルク、マケドニア、マダガスカル、マルタ、マーシャル諸島、モーリシャス、メキシコ、ミクロネシア、モルドバ、モナコ、モンゴル、モンテネグロ、モザンビーク、ナミビア、ナウル、ネパール、オランダ、ニュージーランド、ニカラグア、ニウエ、ノルウェー、パラオ、パナマ、パラグアイ、フィリピン、ポーランド、ポルトガル、ルーマニア、ルワンダ、サモア、サンマリノ、サントメ・プリンシペ、セネガル、セルビア（コソボを含む）、セイシェル、スロバキア、スロベニア、ソロモン諸島、南アフリカ、スペイン、スリナム、スウェーデン、スイス、東ティモール、トーゴ、トルコ、トルクメニスタン、ツバル、ウクライナ、イギリス、ウルグアイ、ウズベキスタン、バヌアツ、ベネズエラ

〈通常犯罪のみ廃止（軍法下の犯罪など例外的な犯罪にのみ死刑を規定）：7カ国〉
ブラジル、チリ、エルサルバドル、グアテマラ、イスラエル、カザフスタン、ペルー

〈事実上廃止（10年以上死刑を執行していない国）：29カ国〉
アルジェリア、ブルネイ、ブルキナファソ、カメルーン、中央アフリカ共和国、エリトリア、ガーナ、グレナダ、ケニア、ラオス、リベリア、マラウイ、モルディブ、マリ、モーリタニア、モロッコ／西サハラ、ミャンマー、ニジェール、パプアニューギニア、ロシア、シエラレオネ、韓国、スリランカ、スワジランド、タジキスタン、タンザニア、トンガ、チュニジア、ザンビア

〈存置：56カ国〉
アフガニスタン、アンティグア・バーブーダ、バハマ、バーレーン、バングラデシュ、バルバドス、ベラルーシ、ベリーズ、ボツワナ、チャド、中国、コモロ、コンゴ民主共和国、キューバ、ドミニカ国、エジプト、赤道ギニア、エチオピア、ガンビア、ガイアナ、インド、インドネシア、イラン、イラク、ジャマイカ、日本、ヨルダン、クウェート、レバノン、レソト、リビア、マレーシア、ナイジェリア、北朝鮮、オマーン、パキスタン、パレスチナ、カタール、セントクリストファー・ネイビス、セントルシア、セントビンセント・グレナディーン、サウジアラビア、シンガポール、ソマリア、南スーダン、スーダン、シリア、台湾、タイ、トリニダード・トバゴ、ウガンダ、アラブ首長国連邦、米国、ベトナム、イエメン、ジンバブエ

Reference ㉓
わが国における死刑の運用状況

年次	第一審死刑言渡人員数	死刑執行人員数	年次	第一審死刑言渡人員数	死刑執行人員数	年次	第一審死刑言渡人員数	死刑執行人員数
昭和21	40	11	45	9	26	6	8	2
22	105	12	46	4	17	7	11	6
23	116	33	47	4	7	8	1	6
24	55	33	48	4	3	9	3	9
25	62	31	49	6	4	10	7	6
26	44	24	50	5	17	11	8	5
27	37	18	51	4	12	12	14	3
28	22	24	52	9	4	13	10	2
29	20	30	53	6	3	14	18	2
30	34	32	54	7	1	15	13	1
31	24	11	55	9	1	16	14	2
32	35	39	56	2	1	17	13	1
33	25	7	57	11	1	18	13	4
34	28	30	58	5	1	19	14	9
35	12	39	59	6	1	20	5	15
36	29	6	60	3	3	21	9	7
37	12	26	61	5	2	22	4	2
38	12	12	62	6	2	23	10	0
39	12	0	63	10	2	24	3	7
40	16	4	平成元	2	1	25	5	8
41	14	4	2	2	0	26	2	3
42	7	23	3	3	0	27	4	3
43	15	0	4	1	0	28	3	3
44	9	18	5	4	7	29	3	4

_120_ **_Chapter 9_** 社 会 権

Chapter 9

社 会 権

Essence

1. 生存権（憲法 25 条）

社会権としての生存権

自由権から社会権へ

「国家からの自由」 ⇒「国家への自由」

憲法25条の性格 ⟨ プログラム規定説

法的権利説

環境権 ← ⌈ 幸福追求権（憲法 13 条）

⌊ 生存権（憲法 25 条）

2. 教育権（憲法 26 条）

教育を受ける権利 ⟨ 自由権的側面

社会権的側面

教育の機会均等

義務教育

教育の内容を決定する権限 ⟨ 国家教育権説

国民教育権説

3. 勤労の権利（憲法 27 条）

労働権

労働者保護

4. 労働基本権（憲法 28 条）

労働三権 ⌈ 団結権

├ 団体交渉権

⌊ 団体行動権

公務員の労働基本権 ⇒ 争議行為の禁止

1. 生存権

社会権としての生存権 憲法25条は，「すべて国民は，健康で文化的な最低限度の生活を営む権利を有する」と規定し，その2項で，「国は，すべての生活部面について，社会福祉，社会保障及び公衆衛生の向上及び増進に努めなければならない」としている。

この規定は，「自由権から社会権へ」という潮流に即して生まれたものである（➡46頁）。すなわち，国家権力の不当な介入を排除する自由権が認められるだけでは，国民間の貧富の差が拡大し，社会の公正が保たれないという事態が生じたことにともなって，国家が，弱者の権利保護を図るために積極的に介入することが要請されるようになった（「国家からの自由」→「国家への自由」）。1919年に制定されたドイツのワイマール憲法は，「経済生活の秩序は，すべての人に対して人間たるに値する生活を保障することを目的とするとともに，正義の原則に適合することを要する。個人の経済上の自由は，この限界内において保障される」（151条）と定め，また，「所有権は義務を伴う。その行使は，同時に公共の福祉に役立つべきである」（153条）として，このことを明らかにした。国家が積極的に保障する権利は，国民の生存を維持するものであるから，生存権的基本権とよばれることがあるが，この権利は，社会的な性質をもつものであるところから社会権とも称される。

日本国憲法は，このような社会権として，生存権のほかに，教育を受ける権利（26条），勤労権（27条）および労働基本権（28条）を定めている。そして，25条1項が社会権の総則として規定され，2項が国の推進すべき政策を定め，26～28条が各則の地位を占めるという体系をとっている。

なお，最近では，「自由権から社会権へ」という単純な図式化は誤解を招くものであり，権利には複合的な性格が認められるときがあるとの指摘がなされるようになっている。たとえば，表現の自由の一部とされる「知る権利」（➡291頁）は，国家に対する情報公開を要求する点で，社会権的な性格を有するし，国民にひとしく教育を受ける機会を保障する「教育を受ける権利」にも，国民や教師の教育の自由という側面が認められるのである（➡125頁）。

122　*Chapter 9*　社 会 権

**生存権の保障
の性格と内容**　憲法25条1項は，社会権思想に基づいて，国民の生活面において生存権を保障するとともに，2項で，国に対して，その責務を果たすよう命じている。この規定に関しては，①国に対する政治的・道徳的義務を定めたもので，国民に対して具体的な法的請求権を保障したものではないとする「プログラム規定説」，②国に対する法的義務を定めたものであり，国民は請求権を有するとする「法的権利説」が主張されており，②には，個々の国民が，25条を直接の根拠にして，国家に対して具体的，現実的な法的請求権を有するとする「具体的権利説」と抽象的な権利にとどまると考える「抽象的権利説」がある。判例は，国民の具体的権利を否定し，プログラム規定説に近い立場をとっている。

判例〔26〕

憲法25条1項の規定は，個々の国民に対して具体的権利を与えたものではない
──朝日訴訟──（最大判昭和42年5月24日民集21巻5号1043頁）

〈**事実**〉　重度の肺結核のため国立岡山療養所に入所し，身寄りもなく無収入であるため生活保護法により医療扶助と生活扶助（600円の日用品費）を受け療養を続けていた朝日茂氏が，実兄から月額1,500円の仕送りを受けることになった。これに伴い，福祉事務所長は生活扶助を打切り，仕送り分から日用品費600円を差し引いた月額900円を原告の医療費の一部自己負担額とし，その残額について医療扶助を行う旨の保護変更決定を行った。そのため，結局，原告の手元には従来の日用品費と同じ600円しか残らなくなった。そこで，原告は，日用品費600円のほかに補食費としてせめて400円を認め，全部で1,000円を手元に残して欲しいと訴え，岡山県知事と厚生大臣に不服申立を行ったが却下されたため，厚生大臣の定める保護基準による日用品費600円の基準金額は憲法および生活保護法に定める健康で文化的な最低限度の生活水準を維持するに足りない違法なものであると主張して，却下決定の取消しを求める訴訟を起こした。第一審は，要保護患者が健康で文化的な最低生活水準を維持することができるものとはいい難いとして，原告の請求を認容した。これに対し，第二審は，日用品費600円は「頗る低額に過ぎる」としつつも，さらにそれを違法と裁判所が断定するには被控訴人側の資料が不十分であるとした。そこで上告がなされたが，原告が死亡したため，最高裁は，保護受給権は一身専属的なものなので訴訟は継承しえないという理由で，上告を棄却した。しかし，なお書きで，生活保護基準の適否に関して，次のような傍論を付け加えた。

〈**判旨**〉　憲法25条1項は，「すべての国民が健康で文化的な最低限度の生活を営

み得るように国政を運営すべきことを国の責務として宣言したにとどまり，直接個々の国民に対して具体的権利を賦与したものではない…。具体的権利としては，憲法の規定の趣旨を実現するために制定された生活保護法によって，はじめて与えられているというべきである…。健康で文化的な最低限度の生活なるものは，抽象的な相対概念であり，その具体的な内容は，文化の発達，国民生活の進展に伴って向上するのはもとより，多数の不確定要素を総合考慮してはじめて決定できるものである。したがって，何が健康で文化的な最低限度の生活であるかの認定判断は，いちおう，厚生大臣の合目的的な裁量に委されており，その判断は，当不当の問題として政府の政治責任が問われることはあっても，直ちに違法の問題を生ずることはない。ただ，現実の生活条件を無視して著しく低い基準を設定する等憲法および生活保護法の趣旨・目的に反し，法律によって与えられた裁量権の限界をこえた場合または裁量権を濫用した場合には，違法な行為として司法審査の対象となることはまぬがれない。」

　その後も，最高裁は，いわゆる掘木訴訟において同様の趣旨を述べた上で，「憲法25条の規定の趣旨にこたえて具体的にどのような立法措置を講ずるかの選択決定は，立法府の広い裁量にゆだねられており，それが著しく合理性を欠き明らかに裁量の逸脱・濫用と見ざるをえないような場合を除き，裁判所が審査するのに適さない事柄である」としている。もっとも，今日では，生活保護法をはじめとする多くの生存権保障を目ざす立法が制定されており，具体的な立法と社会福祉行政を通じて，生存権の保障が実現されているのである（➡255頁以下）。

生存権と環境権　環境権とは，良好な環境を享受し，かつその環境の改善・向上を求める権利のことであり，科学技術の進歩に伴って発生してきた公害問題を契機として主張されるようになったものである。国は，公害問題に対処するために，昭和40年代以降に，公害対策基本法をはじめとして，大気汚染防止法，水質汚濁防止法，騒音規制法などを制定して，環境の保護に努めるようになったが，これによって，環境に対する個人の権利が保障されたわけではない。そこで，憲法13条の幸福追求権や25条の生存権を根拠として，環境権が主張されるようになった。しかし，この権利は，形成途上の「新しい人権」（➡47頁）であり，自然環境以外の文化的・社会的環境が「環境」に含まれるかどうかなどの問題をかかえている。判例も，公

124 **Chapter 9** 社 会 権

害などの救済を図る場合に，環境権という広い人権概念として把握すること
を避けて，例えば，住民の生命・健康に対する権利としての人格権の侵害を
根拠として解決を図っているのが現状である。しかしながら，公害に対する
国の施策はいまだに不十分なものにとどまっており，また，地球温暖化を防
止するためのCO_2排出削減のような地球的規模の問題も存在するのである
から，環境権を今後どのように具体化していくかは重要な課題であろう（➡
250頁）。

判例〔27〕

空港の騒音公害の被害者に対する損害賠償請求は認められるが，離着陸の差止
めや将来の損害賠償請求は認められない━━大阪空港公害訴訟━━（最大判昭
和56年12月16日民集35巻10号1369頁）

〈事実〉 大阪空港に離着陸する航空機のもたらす騒音，排気ガス，煤煙，震動等
によって身体的・精神的被害，生活妨害等の被害を被っているとして，空港周辺の
住民が空港設置管理者である国に対し，夜間飛行等の差止めと過去および将来の損
害賠償を求めて民事訴訟を提起した。第一審は，夜間の離着陸禁止を認め，過去の
損害賠償を認容し，第二審も，原告の主張をほぼ認める判決を下したので，国が上
告した。

〈判旨〉 「本件空港の離着陸のためにする供用は運輸大臣の有する空港管理権
と航空行政権という二種の権限の，総合的判断に基づいた不可分一体的な行使の
結果であるとみるべきであるから，右被上告人らの前記のような請求は，事理の
当然として，不可避的に航空行政権の行使の取消変更ないしその発動を求める請
求を包含することとなるものといわなければならない。したがって，右被上告人
らが行政訴訟の方法により何らかの請求をすることができるかどうかはともかく
として，上告人に対し，いわゆる通常の民事上の請求として前記のような私法上
の給付請求権を有するとの主張の成立すべきいわれはな（く）…民事訴訟の手続
により一定の時間帯につき本件空港を航空機の離着陸に使用させることの差止め
を求める請求にかかる部分は，不適法というべきである。」

「（航空機による迅速な公共輸送という）公共的利益の実現は，被上告人らを含む
周辺住民という限られた一部少数者の特別の犠牲の上でのみ可能であって，そこに
看過することのできない不公平が存することを否定できない。…上告人が本件空港
の供用につき公共性ないし公益上の必要性という理由により被上告人ら住民に対
してその被る被害を受忍すべきことを要求することはできず，上告人の右供用行為

は法によって承認さるべき適法な行為とはいえないとしたことには，十分な合理的根拠がないとはいえず，原審の右判断に所論の違法があるとすることはできない。」

「将来の侵害行為が違法性を帯びるか否か及びこれによって被上告人らの受けるべき損害の有無，程度は，被上告人ら空港周辺住民につき発生する被害を防止，軽減するため今後上告人により実施される諸方策の内容，実施状況，被上告人らのそれぞれにつき生ずべき種々の生活事情の変動等の複雑多様な因子によって左右されるべき性質のものであり，しかも，これらの損害は，利益衡量上被害者において受忍すべきものとされる限度を越える場合にのみ賠償の対象となるものと解されるのであるから，明確な具体的基準によって賠償されるべき損害の変動状況を把握することは困難」であり，将来の給付請求は許されない。

2. 教 育 権

教育権の意義　　教育は，各人の人格形成および社会生活に必要な知識を身につけるという点で重要であるだけでなく，民主主義社会における主権者としての素養を培ううえでも不可欠である。憲法26条1項は，「すべて国民は，法律の定めるところにより，その能力に応じて，ひとしく教育を受ける権利を有する」と規定し，その2項において，「すべて国民は，法律の定めるところにより，その保護する子女に普通教育を受けさせる義務を負ふ。義務教育は，これを無償とする」と定めている。この「教育を受ける権利」とは，自由権的側面を有すると同時に生存権的基本権の性質をも兼ね備えるものである。すなわち，教育を受ける権利は，親がその子女にどのように教育するかの自由を含むと同時に，そのような自由を実現するために，国家に対して合理的な教育制度と適切な教育の場とを提供することを要求する権利であるという点で，社会権として位置づけられているのである。

　わが国の教育制度は，戦後に地方分権化され，市町村の自治に委ねられることになったが，1956年に，国，都道府県及び市町村が一体となって運営にあたる体制に変更された。国や都道府県の市町村に対する監督・指導が強化されることになったのである。また，最近では，大学教育改革のように，従来の制度の見直しを図る動きも出てきており，改めて，教育権に対する憲法的視点を確認することが求められている。

126　**Chapter 9**　社 会 権

**教育の機会均等
と 義 務 教 育**　26条1項は，国民に対し「その能力に応じて，ひとしく教育を受ける権利」を保障し，教育における実質的平等を明らかにすると同時に，2項では，国に義務教育制の設立を命じている。この趣旨に従って，教育基本法は，教育の機会均等(4条1項)，義務教育制(5条1項)を定めている。なお，憲法26条2項は「義務教育は，これを無償とする」と規定するが，この教育の無償に授業料以外の教育費用が含まれるかどうかに関しては争いがある。判例は，「授業料不徴収の意味である」と解しており，授業料以外の費用については，「国の財政等の事情を考慮して立法政策の問題として解決すべき事柄である」としている（最大判昭和39年2月26日民集18巻2号343頁⇨教育基本法5条4項，学校教育法19条）。

教育の自由　教育を受ける権利が，親のその子女に対する教育の自由を含むとしても，公教育において，国家による公教育制度の設立・展開を当然の前提としなければならないとすれば，公教育の内容や方法を具体的に決定し，遂行する権能の所在が問題となる。この問題に関しては，①国家が教育の内容および方法を決定する権利を有するとする「国家教育権説」と，②親を中心とする国民全体が教育に対する責務を負っており，国家が教育内容に介入することを否定する「国民教育権説」とが対立している。いわゆる家永教科書検定訴訟の第二次訴訟一審判決（いわゆる杉本判決—東京地判昭和45年7月17日行裁例集21巻7号別冊1頁）は，①憲法26条は，子供が「自ら学習し，物事を知り，これによって自らを成長させる…子どもの生来的権利」である「学習権」を保障しており，これに対応して「国民の教育の自由」が認められるのであるから，国は親の子供に対する教育の責務の遂行を助成する責任を負うのであって，教育内容に介入することは許されず，②公教育における教師は，「親の信託を受け」また「親ないし国民全体の教育意思を受けて」児童・生徒の教育にあたる責務を負うのであるから，教師の教育の自由は親および国民の教育の自由と不可分一体のものであって，学問の自由を定めた憲法23条によって保障されるとして，国民教育権説を展開した。これに対して，第一次家永教科書検定訴訟の第一審判決（いわゆる高津判決—東京地判昭和49年7月16日判時751号47頁）は，国家教育権説に立って，①憲法26条は子供の学習権を保障するものであるが，今日では，親が子供の学習権を満足

させることができなくなったために，親の私事的な教育に代わって，国による組織的・機能的な公教育が行われているのであるから，「国は国民の付託に基づき自らの立場と責任において公教育を実施する権限を有する」とし，また，②教師の教育の自由についても，憲法23条は大学における研究結果の教授の自由を含むとしても，「下級教育機関における教育の自由を含まない」として，これを否定した。

しかし，最高裁は，次の判決において，両説とも「極端かつ一方的であり，そのいずれをも全面的に採用することはできない」とした。

判例〔28〕

一斉学力テストは憲法および教育基本法に違反しない──旭川学テ事件──
（最大判昭和51年5月21日刑集30巻5号615頁）

〈**事実**〉　被告人は，文部省の一斉学力調査（学力テスト）実施に対する反対運動の一環として，旭川市立N中学校で行われた全国中学校一斉学力調査の実力阻止行動に出た際に，公務執行妨害，建造物侵入罪，暴行罪を犯したとして起訴された。第一審判決および第二審判決は，本件学力調査の実施に甚だ重大な違法があることを理由として，公務執行妨害罪の成立を否定した。最高裁は，以下のように述べて，学力テストは適法であるとした。

〈**判旨**〉　「（憲法26条の）規定の背後には，国民各自が，一個の人間として，また，一市民として，成長，発達し，自己の人格を完成，実現するために必要な学習をする固有の権利を有すること，特に，みずから学習することのできない子どもは，その学習要求を充足するための教育を自己に施すことを大人一般に対して要求する権利を有するとの観念が存在していると考えられる。…普通教育における教師にも「教育が教師と子どもとの間の直接の人格的接触を通じ，その個性に応じて行われなければならない…という意味においては，一定の範囲における教授の自由（憲法23条）が保障される…。」しかし，児童生徒の批判能力や教育の機会均等を図る上からも全国的に一定の水準を確保すべき強い要請があるから，「普通教育における教師に完全な教授の自由を認めることは，とうてい許されない…。」「親の教育の自由は，主として家庭教育等学校外における教育や学校選択の自由にあらわれるものと考えられるし，また，私学教育の自由や…教師の教授の自由も，それぞれ限られた一定の範囲においてこれを肯定するのが相当である。…それ以外の領域においては，…国は…必要かつ相当と認められる範囲において，教育内容についてもこれを決定する権能を有する」。

128 **Chapter 9** 社 会 権

　そして，この判旨は，家永教科書裁判第一次訴訟の最高裁判決においても
踏襲されている（最判平成5年3月16日民集47巻5号3483頁）。なお，この判
決では，検定は，「…不適切と認められる内容を含む図書のみを，教科書とい
う特殊な形態において発行を禁ずるものにすぎないことなどを考慮すると，
本件検定による表現の自由の制限は，合理的で必要やむを得ない限度のもの」
であり，また，「本件検定は，…旧検定基準の各条件に違反する場合に，教科
書の形態における研究結果の発表を制限するにすぎない」のであるから，表
現の自由と学問の自由の規定に違反するものではないとの判断が示されてい
る。

　1999年に，日章旗を国旗，君が代を国歌とする国旗・国歌法が公布・施行
された。学習指導要領では，1989年から，入学式や卒業式において国旗掲揚
と国歌斉唱が義務づけられたが，それを補完するものとして本法が制定され
たのである。最高裁は，小学校の入学式における「君が代」ピアノ伴奏を命
じた職務命令について，対象となった音楽教諭の思想及び良心の自由を侵す
ものではない，とした（最判平成19年2月27日民集61巻1号291頁）。さらに，2011
年には，4件の最高裁判決が出された（最判平成23年5月30日民集65巻4号1780
頁など）。そこでは，職務命令が「思想及び良心の自由についての間接的な制
約となる」ことは認められたが，その制約が許容されるかどうかは，総合的
な較量によって，その必要性と合理性が認められるか否かという観点から判
断されるとして，違法ではないという結論が導かれている。

　また，2018年には，最高裁が，職務命令に従わなかったことを理由とし
て，定年後に再任用されなかったことが違法ではないとする判断を示してい
る（最判平成30年7月19日）。さらに，2000年に提出された教育改革国民会議
の報告では，学校教育における道徳教育の重視や奉仕活動の導入などが提言
され，2015年に，小中学校の「道徳」は教科外活動から特別教科へと変更さ
れた。このように，教育権や思想・良心の自由にも関連する動きが見られる
のであるから，今後の教育改革の動向には注目する必要があろう。

3. 勤労の権利

労働権　　憲法27条1項は,「すべて国民は,勤労の権利を有し,義務を負う」と定めている。勤労の権利には,自由権の側面もあるが,社会権的性格を中核とするものであり,一般には,生存権的基本権として捉えられている。すなわち,本項は,生存を維持するための具体的手段として国民に労働権を保障する規定であり,労働の意思と能力を有する国民が国に対して労働機会の提供を要求する権利を認めると同時に,労働の機会が得られない場合に,国に一定の配慮をすべきことを命じているものと解されている。したがって,勤労の権利とは,労働の機会を要求する具体的権利を労働者に保障するものではなく,労働の機会が得られない場合に,国が機会提供の努力をするように要求する権利である。現在,国の立法・行政上の施策としては,職業安定法や雇用対策法,雇用保険法などが制定され,また,失業対策事業が行われている。

労働者保護　　憲法27条2項は,「賃金,就業時間,休息その他の勤労条件に関する基準は,法律でこれを定める」と規定し,労働条件の保護をうたっている。労働条件を雇用者と労働者との自由な契約に委ねるときは,労働者の生存が脅かされるおそれのあるところから,国家の介入を命じたものである。なお,3項は児童の酷使を禁止しているが,この規定は,かって年少者を酷使していた歴史的経緯をふまえて,とくに規定されたものである (➡223頁以下)。

4. 労働基本権

労働三権　　憲法28条は,労働三権——労働者の団結権,団体交渉権,団体行動権 (争議権)——を保障している。これらの権利についても,結社の自由や表現の自由などの側面を有

> *Reference* ㉔
> ### 現　業
> 国や地方公共団体が行う事業のうちで,生産・販売などにかかわる部門。主として権力執行的行政を行わず公共事業等の事業役務を行う。国の例としては,郵便・印刷・林野・造幣,地方公共団体の例としては,水道・交通・電気・ガスなどがある。

130 **Chapter 9** 社 会 権

することが認められるが，基本的には社会権である。つまり，労働基本権とは，憲法25条に定めるいわゆる生存権の保障を基本理念とし，勤労者に対して人間に値する生存を保障すべきものとする見地に立ち，経済上劣位に立つ勤労者に対して実質的な自由と平等を確保するための手段として保障されるものである。労働組合法は，憲法の規定を受けて詳細な規定を置いている（➡230頁以下）。

公務員の
労働基本権
労働基本権の場合も，公共の福祉などの制約を受けることがあり，また，その制約の基準を権利の性質に応じて決定する必要のあることは，他の権利の場合と同様であるが，労働基本権の場合は，とくに争議行為の正当性と公務員に対する労働基本権の制限という問題がある。前者については後述することとし（➡233頁），ここでは，公務員の労働基本権を取り上げる。

公務員に対しては，①団結権，団体交渉権，争議権が否定される場合（警察職員，消防職員等），②団体交渉権と争議権が否定される場合（非現業の公務員），③争議権が否定される場合（現業公務員と国営企業職員）があり，労働基本権が大幅に制限されている。

このような労働基本権の制限は，公務員の職務は公共性の強いものであり，したがって，公務員の争議行為は，国民生活および国政の運営に著しい支障をもたらす可能性があるということを根拠とするものである。しかし，公務員も労働者なのであるから，このような労働基本権の制限の合憲性には大きな疑問が提起されてきた。判例は，当初，「全体の奉仕者」（憲法15条）や「公共の福祉」を理由として，このような制限を合憲としてきたが，いわゆる全逓東京中郵判決（最大判昭和41年10月26日刑集20巻8号901頁）において，このような考え方を否定した。すなわち，「労働基本権は，すべての労働者に通じ，その生存権保障の理念に基づいて憲法28条の保障するところであるが，これらの権利であっても…絶対的なものではないのであって，国民生活全体の利益の保障という見地からの制約を当然の内在的制約として内包しているもの」であるとした後で，「労働基本権が勤労者の生存権に直結し，それを保障するための重要な手段である点を考慮すれば，その制限は，合理性の認められる必要最小限度のものにとどめなければならない」と判示したのである。

また，この判決は，争議行為禁止違反に対する刑事制裁について，「正当性の限界をこえないかぎり，これを科さない趣旨である」として，正当な争議行為は処罰の対象とならないとしたが，さらに，いわゆる都教組事件判決において，地方公務員法61条4号のあおり行為等は，「争議行為が違法性の強いもの」であり，「争議行為に通常随伴して行われる」限度をこえた違法性の強いものに限って処罰の対象となるという「二重の絞り論」を展開し，この立場を徹底した。

　しかしながら，最高裁は，次の判例において，このような見解を変更するに至った。すなわち，国民全体の利益の保障や公務員の地位の特殊性と職務の公共性を根拠として，公務員に対する争議行為の禁止を合憲としたのである。そしてその後，この見解は，現業国家公務員，非現業地方公務員，現業地方公務員の場合にも妥当することが示されている。

> **判例〔29〕**
>
> 国家公務員に対する労働基本権の制限は憲法に違反しない——全農林警職法事件——（最大判昭和48年4月25日刑集27巻4号547頁）

〈**事実**〉　昭和33年10月に内閣が警察官職務執行法の改正案を衆議院に提出した際に，全農林労働組合の役員である被告人らは，これに反対する統一行動の一環として，同年11月5日の職場大会の実施について，正午出勤の行動に入ることという指令を発し，また，2500名の農林省職員に対して職場大会に参加するように呼び掛けたところ，国家公務員法98条5号（改正前），110条1項17号の罪にあたるとして起訴された。第一審は，あおり行為を限定的に解釈し被告人らを無罪としたが，第二審は有罪判決を下した。そこで，被告人らは，原判決が憲法28条，18条，21条，31条に違反するとして上告した。最高裁は，以下のように述べて上告を棄却した。
　〈**判旨**〉　「実質的には，（公務員）の使用者は国民全体であり，公務員の労務提供

　国家公務員法98条2項「職員は，政府が代表する使用者としての公衆に対して同盟罷業，怠業その他の争議行為をなし，又は政府の活動能率を低下させる怠業的行為をしてはならない。又，何人も，このような違法な行為を企て，又はその遂行を共謀し，そそのかし，若しくはあおってはならない。」
　同　**110条1項**「次の各号のいずれかに該当する者は，3年以下の懲役又は100万円以下の罰金に処する…。
　17　何人たるを問わず第98条第2項前段に規定する違法な行為の遂行を共謀し，そそのかし，若しくはあおり，又はこれらの行為を企てた者…」

132 **Chapter 9** 社 会 権

義務は国民全体に対して負うものである。…このことだけの理由から公務員に対して団結権をはじめその他一切の労働基本権を否定することは許されないのであるが，公務員の地位の特殊性と職務の公共性とにかんがみるときは，これを根拠として公務員の労働基本権に対し必要やむをえない限度の制限を加えることは，十分合理的な理由があるというべきである。けだし，…公務員が争議行為に及ぶことは，その地位の特殊性および職務の公共性と相容れないばかりでなく，多かれ少なかれ公務の停廃をもたらし，その停廃は勤労者を含めた国民全体の共同利益に重大な影響を及ぼすか，またはその虞れがあるからである。

　…公務員の従事する職務には公共性がある一方，法律によりその主要な勤務条件が定められ，身分が保障されているほか，適切な代償措置が講じられているのであるから，…公務員の争議行為およびそのあおり行為等を禁止するのは，勤労者をも含めた国民全体の共同利益の見地からするやむをえない制約というべきであって，憲法28条に違反するものではない…。

　いま，もし，国公法110条１項17号が，違法性の強い争議行為を違法性の強いまたは社会的許容性のない行為によりあおる等した場合に限ってこれに刑事制裁を科すべき趣旨であると解するときは，いうところの違法性の強弱の区別が元来はなはだ曖昧であるから刑事制裁を科しうる場合と科しえない場合との限界がすこぶる明確性を欠くこととなり，また同条項が争議行為に『通常随伴』し，これと同一視できる一体不可分のあおり等の行為を処罰の対象としていない趣旨と解することは，…何ら労働基本権の保障を受けない第三者（との関係について見た場合）…ただ法文に『何人たるを問わず』と規定するところに反するばかりでなく，衡平を失するものといわざるをえない…。いずれにしても，このように不明確な限定解釈は，かえって犯罪構成要件の保障的機能を失わせることとなり，その明確性を要請する憲法31条に違反する疑いすら存するものといわなければならない。」

Chapter 10
裁判の仕組

Essence

1. 裁判の意義と機能
   裁判＝法的な紛争を解決するための公平な第三者である裁判所による判定

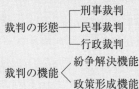

2. 裁判所の組織

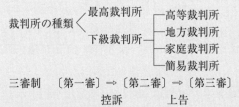

   三審制　〔第一審〕⇒〔第二審〕⇒〔第三審〕
   　　　　　　　　　　控訴　　　上告

3. 裁判の担い手
   裁判官――職業裁判官のみが裁判を行う（一部の刑事事件：＋裁判員）
   　　　　裁判官の独立の確保
   検察官――訴追者（国家訴追主義）
   弁護士――訴訟事件その他の法律事務を行う

4. 裁判手続
   刑事裁判――訴訟構造としての職権主義と当事者主義
   民事裁判――弁論主義
   行政裁判――抗告訴訟，当事者訴訟，民衆訴訟，機関訴訟

5. 国民と司法
   裁判を受ける権利（憲法32条）と裁判の公開（憲法82条）
   国民の司法参加
   裁判員制度

134　**Chapter 10**　裁判の仕組

1. 裁判の意義と機能

裁判の意義　　裁判とは，広義では社会生活上のトラブルを解決するために，公的な第三者が判定を下すことをいう。しかし，狭い意義で裁判という場合には，①法的な紛争を対象とし，②訴える側（原告）と訴えられる側（被告）が存在し，③適正な手続に基づいて行われ，④司法機関である裁判所が判断を下す作用をいう。

　裁判の形態としては，ⓐ刑事裁判，ⓑ民事裁判およびⓒ行政裁判の三種がある。刑事裁判は，個人の行為が犯罪であるか，また犯罪であればどれ位の刑罰を科すのが合理的かを決定する手続であり，その基本法は刑事訴訟法である。民事裁判は，私人間相互の争いについて，調整・解決する手続であり，その基本法は民事訴訟法である。行政裁判は，市民が行政官庁を相手どって，行政処分の不当性を主張し救済を求める手続で，その基本法は行政事件訴訟法である。行政裁判は，広い意味では民事裁判に含まれるが，前者が国・公共団体対私人の争訟であるのに対し，後者は私人対私人の争訟である点において異なるので，別個の裁判手続が定められている。

> ────── **Terms ⑦** ──────
> #### 和解・調停
> 「和解」とは，民事上争っている当事者が，訴訟を提起する前に，相互に譲歩しあって一定の解決に至る契約をいう。いわゆる示談の多くはこれにあたる。他方，裁判所においてなされる和解を「裁判上の和解」といい，これには，民事上の争いについて訴えを提起する前に簡易裁判所で行われる「起訴前の和解」と，民事訴訟が開始された後に裁判所でなされる「訴訟上の和解」があり，いずれも判決と同じ効果をもつ。
> 「調停」とは，国家機関などの第三者が当事者間を仲介して，当事者相互の譲歩によって紛争を解決する手続をいう。①民事上の調停（民事調停法1条参照）は，訴訟による強行的な解決よりも円満な解決が望ましい場合に利用されるが，今日では，宅地・建物の賃貸関係，交通事故の際の損害賠償に関する紛争などにその対象は拡大され，民事訴訟と並んで重要な役割を担っている。なお，家庭事件における家事調停については，家事事件手続法に規定がある（➡190頁）。②労働委員会が行う労働争議（➡230頁）解決のための一方法として，労働法上の調停がある（労働関係調整法18条以下）。

裁判の機能　　裁判が果たす役割としては，伝統的には何よりも社会生活上のトラブルを解決するという紛争解決機能に求められてき

た。裁判は，公権力による判定であり，関係当事者に対して強制力を有する。無論，紛争解決の手段は，裁判の判決にとどまるものではなく，他にも民事上の和解，調停(民事調停，家事調停，行政機関による調停)，仲裁，苦情処理などが存在する。これらは，今日では，かなりの費用と時間を要する裁判を避けるべく多用される傾向にある。また裁判によって全ての社会生活上のトラブルが解決されるというわけではなく，逆に裁判による決着が人間関係を複雑化あるいは悪化させることもある。次の判例は，この点を考えさせるものである。

判例〔30〕

好意で預かった近隣者の幼児の溺死事故についても，不法行為にもとづく損害賠償責任が認められる——隣人訴訟事件——（津地判昭和58年2月25日判時1083号125頁）

〈**事実**〉　原告 X₁X₂夫婦及び被告 Y₁Y₂夫婦は同じ町内に居住し，親しく交際する間柄であった。原告らの長男 A（3歳4ヵ月）は被告らの三男Bと一緒に遊んでいたが，買い物に出かける X₂が A を連れて行こうとしたところ，A がこれを拒んだことから，Y₁の口添えもあって，X₂は A をそのままBと遊ばせておくことにし，Y₂に対し，よろしく頼む旨を告げ，Y₂も，子ども達が2人で遊んでいるから大丈夫でしょうと答え，AとBは引き続き自転車を乗りまわすなどして遊んでいるうち，A はすぐ近くの農業用溜池に入って溺死した。X₁X₂は，Y₁Y₂，国，県，市，本件溜池の土砂採取堀削工事業者に対して損害賠償を請求した。

〈**判旨**〉　「被告 Y₂は，原告 X₂が去った後，子供らが乙地で自転車に乗って遊んでいるのを認識していたのに加え…乙地と本件池との間には柵などの設備がなく…子供らが自由に往来できる状況にあったこと，掘削により水深の深い部分が生じていること，A が比較的行動の活溌な子であること，本件池への立入りをきびしく禁じていたBの場合と異なり，A は渇水期には原告 X₁と共に水の引いた池中に入り，中央部の水辺までいっていたことなどを被告らは知っていたものと認められ，かつまた…当日は汗ばむような気候であったのであるから，乙地で遊んでいる子供ら，ことに A が勢のおもむくまま乙地から水際に至り，水遊びに興ずることがあるかもしれないこと，したがってまた深みの部分に入りこむおそれがあることは，被告らにとって予見可能なことであったというべく，そうだとすれば，幼児を監護する親一般の立場からしても，かかる事態の発生せぬよう両児が乙地で遊んでいることを認めた時点で水際付近へ子供らだけで立至らぬように適宜の措置をとるべき

136 **Chapter 10** 裁判の仕組

注意義務があったものといわなければならないから，かかる措置をとることなく，両児が乙地で遊んでいるのをそのまま認容していた以上，これによって生じた結果につき，被告らは民法709条，719条に基づく責任を負うべきものといわなければならない。」

　裁判のもう一つの機能として注目されるべきは，政策形成機能である。裁判の政策形成機能とは，裁判が，直接の関係当事者の範囲をこえて，立法，行政および企業などに事実上の影響力を持つことをいう。その典型的な例としては，昭和40年代の四大公害訴訟（新潟水俣病，富山イタイイタイ病，四日市ぜんそく病，熊本水俣病）が行政レヴェルでの対応を促すとともに一連の公害立法に結実したことがあげられる（➡248頁）。また，最近では，訴えを提起して，手続プロセスの中で展開される立証活動自体によって，公共政策に影響を与えようとする訴訟も増加しつつある。その例としては，嫌煙権訴訟がある。この訴訟は，原告の請求棄却という結果に終ったが，その後の喫煙規則という公共政策の形成・実施に与えたインパクトは計り知れないものがある。もっとも，こうした政策形成を目的とした訴訟に対しては，裁判と政治を混同するものであるとの批判もある。

判例〔31〕

他の乗客のたばこの煙による被害は，差止請求を是認するに足りる人格権侵害
ではない（東京地判昭和 62 年 3 月 27 日判時 1226 号 33 頁）

　〈事実〉　国鉄を利用した際に他の乗客の吸うたばこの煙（受動喫煙）によって被害を受けた14人の市民が原告となって，国鉄に対して，その列車の客車のうち半数以上を禁煙車とすることを請求した。

　〈判旨〉　「およそ生命又は身体に対する侵害があり，又はそのおそれがあるときは，その態様，程度，その侵害に関連する加害者側の利益の性質又はこれに対する差止めによる影響等について考慮をすることなく，当然に損害賠償又は差止めの請求が肯認されるべきであると解することはできない。そして…短時間の（列車内での）受動喫煙によっても，眼及び鼻の刺激，頭痛，咳，喉の痛み，しゃがれ声，悪心，めまい等の一過性の刺激又は不快感を生ずる可能性があることは否定し難いところであるけれども…（それを超えて）特定の疾病に患る可能性が増大する等能動喫煙の影響に類する作用が非喫煙者に及ぶ危険がある…（かどうかは）煙の濃度や

これに曝露される頻度等との関連において…的確な判断を可能にするだけの証拠資料は存在しない…。のみならず，我国においては，従来喫煙に対しては社会的に寛容であり，喫煙者は，かなり自由に喫煙を享受してきた実態があ（るから）…被告国鉄が右のように喫煙が受容されている社会的実態をも考慮に入れた輸送の体制をとることは何等不都合なことではな（く）…，ひとり被告国鉄のみが…社会的実態に先がけて（受動喫煙のわずかな危険を）…防止するための万全の手段を講ずる義務を法律上負うものと解することは困難である。…要するに，受動喫煙の人体への影響の程度，喫煙に関する社会的受容の実情及び被告国鉄の輸送業者としての立場を総合して考えると，非喫煙者である乗客が被告国鉄の管理する列車に乗車し，たばこの煙に曝露されて刺激又は不快感を受けることがあっても，その害は，受忍限度の範囲を超えるものではないというべきである。…以上の検討の結果によれば…僅かの受動喫煙によっても健康上容易に回復することのできない重大な被害を被ることが明らかであるということは到底できないから…被告国鉄に対して禁煙車輌の設置を請求することはできない。」

2. 裁判所の組織

裁判所の種類　日本国憲法76条1項は，「すべて司法権は，最高裁判所及び法律の定めるところにより設置する下級裁判所に属する」と規定している。最高裁判所は，最上級の終審裁判所である（憲法81条）。下級裁判所としては，現在，裁判所法により，高等裁判所，地方裁判所，家庭裁判所および簡易裁判所の四種類が設置されている（2条）。

現行憲法は，一切の特別裁判所の設置を禁止している（76条2項）。特別裁判所は，通常（普通）裁判所に対する概念で，特別の身分を持つ者または特殊な性質の事件のみについて裁判を行う裁判所を指す。その例としては，かつての皇室裁判所や軍法会議などがある。こうした特別裁判所の設置は旧憲法下では認められていたが，新憲法下では法の下の平等（14条）に反することから禁止された（➡62頁）。なお，家庭裁判所は，一般的に司法権を有する通常裁判所の系列に属する下級裁判所であるから，この種の特別裁判所ではない。

最高裁判所　最高裁判所は東京都に一か所のみ存在し（裁判所法6条），最高裁判所長官と14人の最高裁判所判事によって構成され

138 **Chapter 10** 裁判の仕組

る（憲法79条1項，裁判所法5条1項，3項）。最高裁判所における裁判は，大法廷または小法廷で行うが(裁判所法9条)，法令等が憲法に適合するかしないかを判断する場合，最高裁判所のした以前の裁判に反するおそれのある場合などは，大法廷で審判しなければならない（10条）。大法廷は15人全員の裁判官の合議体であるのに対し，小法廷は5人の裁判官の合議体で三つに分かれる。最高裁判所は，上告及び特別抗告について裁判権を行使し（7条），「訴訟に関する手続，弁護士，裁判所の内部規律及び司法事務処理に関する事項」について規則を定め(憲法77条1項)，下級裁判所裁判官の指名権（憲法80条），最高裁判所の職員並びに下級裁判所及びその職員を監査する権能(裁判所法80条) などの司法行政権を行使する。そして，一切の法律，命令，規則又は処分が憲法に適合するかしないかを決定する権限（違憲審査権）を有する終審裁判所としての機能を持つのである（憲法81条）（➡63頁）。

下級裁判所　高等裁判所は，下級裁判所のなかの最上位の裁判所で，全国に8か所（支部が6か所）存在し，高等裁判所長官（8人）と高等裁判所判事によって構成される。主に控訴事件および抗告事件について裁判権を行使し(裁判所法16条)，原則として3名，特別の場合には5名の合議体で裁判を行う（15条以下）。地方裁判所は，全国に50か所存在し，203の支部を有し，判事と判事補によって構成されている。原則的な第一審裁判所で，特別な場合を除き，全ての一審事件を取り扱う（24条）。原則として単独審であり，特定の事件については3人の合議体による（26条）。家庭裁判所は，地方裁判所，支部の所在地と同じ所にあり，判事と判事補によって構成されている。原則として単独審であり，家事事件と少年事件を取り扱う（31条の3）。簡易裁判所は，下級裁判所中の最下位の裁判所で，全国に438か所存在する。簡易裁判所は原則として単独審であり，訴訟の目的が少額な，あるいは軽微な事件を裁判する第一審裁判所である（32条以下）。

三審制　個々の裁判所は，それぞれ独立して裁判を行い，司法権の行使については下級裁判所が上級裁判所の指揮監督を受けるものではない。ただし，下級裁判所の判決に対して，当事者から不服申立として上訴があったときは，上級裁判所は下級裁判所の判決を審査することができ，上級裁判所の判断が下級裁判所の判断を拘束する。

2. 裁判所の組織　　139

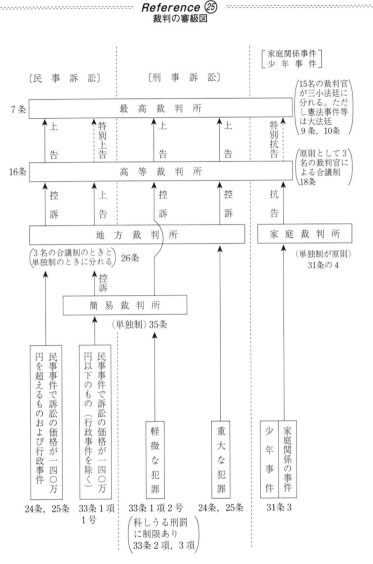

Reference ㉕
裁判の審級図

(注) 1. 条文は裁判所法の条文である
　　 2. 福永有利＝井上治典・民事の訴訟（昭和62年）244頁による

140 **Chapter 10** 裁判の仕組

　わが国の現行裁判制度は，三審制を採用している。三審制とは，同一事件につき，第一審，第二審，第三審の審理および裁判を受けることを認める制度をいう。これは，第一審の裁判所の判決に対して，不服申立として二度の上訴（控訴・上告）を認めるものである。すなわち，第一審裁判所の判決について第二審裁判所に不服申立（控訴）をすることができ，さらに第二審裁判所の判決について，第三審裁判所に不服申立できる（上告）。

3. 裁判の担い手

裁 判 官　わが国では，一部の刑事裁判（裁判員裁判）を除いて，職業裁判官のみが裁判を行う。憲法では裁判官は最高裁判所の裁判官と下級裁判所の裁判官とに区別されている（79条，80条）。さらに，裁判所法は，前者について最高裁判所長官および最高裁判所判事，後者について高等裁判所長官，判事，判事補，簡易裁判所判事をあげている（裁判所法5条1項，2項）。裁判官はすべて任命制により，公選制をとっていない。最高裁判所長官は内閣の指名に基づいて天皇が任命し（憲法6条），最高裁判所判事は内閣が任命する（79条1項）。下級裁判所の裁判官は，最高裁判所の指名した名簿の中から内閣が任命する（80条1項）。

　憲法76条3項は，「すべて裁判官は，その良心に従ひ独立してその職権を行ひ，この憲法及び法律にのみ拘束される」と規定し，裁判官の職権の独立を宣言している。こうした裁判官の独立を確保するためには，裁判官の身分保障が必要である。この点につき，憲法は「裁判官は，裁判により，心身の故障のために職務を執ることができないと決定された場合を除いては，公の弾劾によらなければ罷免されない」（78条前段）と定めるとともに，在任中の報酬の減額を禁じている（79条6項）。ここでいう「公の弾劾」とは，国民（またはその代表者）が裁判官を罷免することを指し，両議院の議員で組織する弾劾裁判所がこれを行う（64条）。なお，最高裁判所の裁判官に限り，任命後初めて行われる衆議院議員総選挙の際の国民審査，および，その後10年を経過した後に行われる総選挙の際の国民審査による罷免が認められている（79条2項・3項）。

3. 裁判の担い手 *141*

判例〔32〕

裁判官が良心に従うというのは，裁判官が有形無形の外部の圧迫や誘惑に屈しないで自己の内心の良識と道徳感に従うことを意味する（最大判昭和23年11月17日刑集2巻12号1565頁）

〈事実〉　被告人はメタノールを含有するアルコールを飲料用として所持していたところ，これが有毒飲食物等取締令1条・4条に該当するとして，第二審は，被告人を懲役4年に処した。これに対して被告人は，所持していたアルコール中にメタノールが含有されていたことを全く認識していなかったという証拠があるにもかかわらず，第二審がこの証拠を採用しなかったのは，恣意的であり，また条理にも適わず，経験則にも適合しないとして，大審院に上告した。その後，裁判所法施行令1条により上告審として審理判決することになった東京高等裁判所は，証

Reference ㉖
自由心証主義

裁判における証拠調べの際，証拠としての価値は，裁判官の自由な判断に任されている。これを自由心証主義という。わが刑事訴訟法は，「証拠の証明力は裁判官の自由な判断に委ねる」（318条）とするとともに，民事訴訟法も「裁判所は，裁判をするに当たり……自由な心証により，事実についての主張を事実と認めるべきか否かを判断する」と規定している（247条）。なお，証拠の証明力をあらかじめ法律で定めるあり方を法定証拠主義という。

拠の採用は裁判所の自由な判断に任せられたことであるとして，上告を棄却した。これに対して被告人は，上告審は第二審の肩を持ち過ぎ，良心に従って裁判したとはいえないから憲法76条3項に違反するとして再上告した。

〈判旨〉　「論者は，被告人がその犯意を否定するに足る事実を公判廷で供述したのを第二審が採用しなかつたことを原上告審に対して強調したのにもかかわらず，原上告審が右主張を無視したのは第二審の肩を持ちすぎたものであつて，…憲法第76条第3項にいう良心に従つて裁判をしたということができぬと云うのである。しかし…憲法第76条第3項の裁判官が良心に従うというのは，裁判官が有形無形の外部の厭迫乃至誘惑に屈しないで自己内心の良識と道徳感に従うの意味である。されば原上告審が，証拠の取捨選択は事実審の専権に属するものとして第二審の事実認定を是認したのは当然であつて…良心に従はないで裁判をしたと論難することはできない。」

検 察 官　わが国では，刑事事件については，検察官のみが訴追を行う（刑事訴訟法247条）。これを国家訴追主義といい，検察官以外の機関

142　Chapter 10　裁判の仕組

や私人は告訴・告発により，訴追を促すにとどまる（➡Terms ⑲ 295頁）。検察官は検察庁に所属する国家公務員である。検察庁としては，各裁判所に対応して，最高検察庁，高等検察庁，地方検察庁および区検察庁が置かれている（検察庁法1条，2条）。検察官の主な権限は，①犯罪の捜査，②公訴の提起（起訴），③裁判の執行の監督（検察庁法4条，6条1項）である。検察官は独任制の官庁として各自が検察事務を行うが，裁判官のような職権の独立は認められていない。すなわち，検察官は全国的に統一したピラミッド型組織体の中で活動し，検察権行使の内容・態様につき，上級官の指揮監督に従う。これを検察官同一体の原則という。法務大臣は，この指揮監督系列の頂点にあり，検察事務に関して一般的な指揮監督権を有する。ただし，法務大臣は，個々の事件の取調べまたは処分については検事総長に対してのみ具体的指揮権を有するにとどまる（検察庁法14条）。法務大臣の検事総長に対する具体的指揮権が発動された例としては昭和29年の造船疑獄事件がある。

弁護士

弁護士は，裁判官や検察官と異なり，公務員ではなく，在野法曹と呼ばれる。弁護士となれる資格は，原則として，判事補や検事と同様に，司法試験に合格し，司法修習生の修習を終えた者である（弁護士法4条。特例として同法5条）。弁護士の職務は，当事者その他関係人の依頼または官公署の委嘱によって，訴訟事件その他の法律事務を行うことである（弁護士法3条1項）。民事裁判では，いわゆる弁護士強制主義ではなく，当事者本人が訴訟行為を行う本人訴訟主義が原則であるが，多くの場合訴訟代理人として弁護士が選任されている。他方，刑事裁判では，死刑または無期もしくは長期3年を超える懲役・禁錮にあたる事件を審理するには，弁護人がいなければ開廷することができない

> **Reference ㉗**
> **弁護士自治**
>
> 戦前において，弁護士は資格のみならず，監督・懲戒の点においても国家機関のコントロール下にあった。しかし，弁護士が基本的人権の擁護と社会正義の実現という使命を果すためには，しばしば国，公共団体，さらには裁判所とも対立する関係に立たざるをえない。そのためには，弁護士に対する国のコントロールを弱め，弁護士の自治を認める必要がある。こうして，現行の弁護士法（昭和24年施行）では，はじめて弁護士の自治（資格登録の自主的承認，国の監督権の排除，懲戒権の確立など）が認められた。このような弁護士自治をすすめる責任機関としては，各都道府県の弁護士会，さらにその連合組織としての日本弁護士連合会がある。

4. 裁判手続　143

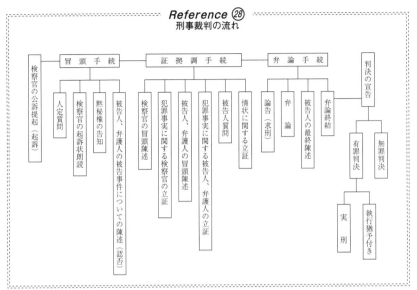

(注)　最高裁判所事務総局（編）・日本の裁判（平成2年）による

（刑事訴訟法289条1項）。これらの事件を必要的弁護事件といい，弁護人の不出頭・不存在の場合には，裁判長は，職権で弁護人を附さなければならない（刑事訴訟法289条2項）。弁護士は，職務の性質上，いくつかの義務を有する。主なものをあげると，第一に，職務上知った他人の秘密を保持しなければならない（弁護士法23条）。第二に，受任事件に関し，相手方から利益を受け，またはこれを要求，約束してはならない（弁護士法26条）。第三に，係争中の権利を譲り受けることはできない（弁護士法28条）。

4. 裁判手続

刑事裁判　刑事事件では，検察官が裁判所に起訴状を提出すること（公訴の提起）によって第一審の手続が始まる。ただし，情状によって訴訟を必要としないときは，不起訴にすることができる（起訴便宜主義―刑事訴訟法248条）。第一審の手続は，①冒頭手続，②証拠調べ手続，③弁論手続，④宣告手続の四つに分かれる。①では，裁判所に出頭した被告人が公訴を提起

Chapter 10 裁判の仕組

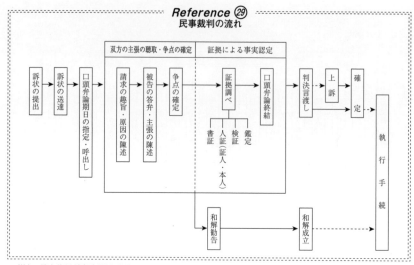

Reference㉙
民事裁判の流れ

（注）最高裁判所事務総局（編）・日本の裁判（平成2年）を参考に作成

された本人であることを確認する人定質問に始まり，黙秘権（➡113頁）の告知とともに，事件の内容・争点を明らかにすべく，起訴状朗読と罪状認否が行われる。②では，検察官，被告人双方の証拠による立証が行われる。③で，被告人・弁護人および検察官の意見陳述が行われ，これが終了すると結審し，④の判決の宣告手続に入る。判決には，事件の内容を確定する実体裁判としての有罪・無罪の判決のほか，訴訟法上の理由によってなされる形式裁判としての管轄違の判決，公訴棄却の決定・判決，免訴の判決がある（➡Terms⑥112頁）。判決に不服のある者は上訴（控訴・上告）できる。今日の刑事裁判では，戦前のように裁判所が中心になって事実を究明する職権主義はとられずに，検察官・被告人双方の攻撃・防御が中心となる当事者主義が採用されている。ただし，当事者主義とはいえ，後述する民事裁判における弁論主義は採用されず，裁判の目的はあくまで真実の発見と考えられている。これを実体的真実主義という。他方，刑事裁判には被告人の人権を侵害する可能性が常に存在することを忘れてはならない。この点につき，日本国憲法は31条以下に，刑事手続における人権保障規定を置いている（➡104頁以下）。なお，以上の通常の刑事手続のほかに，証拠調べ手続を簡略化した簡易公判手続（刑事

訴訟法291条の2）や即決裁判手続（350条の2）がある。また，簡易裁判所が50万円以下の罰金・科料を書面審理のみで言い渡す略式手続がある（461条以下）。

民事裁判　通常の民事訴訟事件では，原告が訴状を裁判所に提出すること（訴えの提起）によって第一審の手続が始まる。裁判所は訴えが不適法と考える場合には，直ちに訴え却下の判決をするが，それ以外の場合には，対立する当事者が裁判官の面前で攻撃・防御のための主張を行う手続である口頭弁論を行って審理する。裁判所は，証拠調べを行った後，弁論を終結し判決を言い渡す。これには，請求認容（原告勝訴）の判決と請求棄却（被告勝訴）の判決とがある。判決に不服のある者は，上訴（控訴・上告）することができる。なお民事裁判は，すべて判決で終了するわけではない。実際には，多くの場合，①原告の請求の放棄，②被告の請求の認諾，③和解（➡ Terms ⑦ 134頁）などによって，判決を待たずに手続が終了している。民事裁判では，請求の内容，事実の主張，証拠の提出などは当事者自身の責任において行われるのが原則である。このように，当事者の弁論に基づかない事実関係は取り上げないとする原則を弁論主義という。裁判所も当事者の申立てない事項について判決を下すことはできない（民事訴訟法246条）。判決の効力は原則として当事者にのみ及ぶ（民事訴訟法115条）。なお，民事訴訟事件で訴えの目的の価額が140万円以下の場合，原則として簡易裁判所が第一審裁判所となるが，それ以外の場合には地方裁判所が第一審裁判所である。

行政裁判　行政裁判は，国または地方公共団体の公権力に関する紛争を解決するためのものであるが，国・地方公共団体が当事者として私人と対等な立場で交渉する点で民事裁判と共通性を有する。それゆえ，行政裁判において，行政事件訴訟法に定めのない事項については，「民事訴訟の例による」とされている（行政事件訴訟法7条）。行政訴訟には，四つの類型がある。第一は抗告訴訟であり，行政庁の公権力の行使に不服のある者が，違法状態の排除を求める訴訟である（行政事件訴訟法3条1項）。その具体例としては，①処分の取消しの訴え，②裁決の取消しの訴え，③無効等確認の訴え，④不作為の違法確認の訴え（同条2項—5項）などがある。第二は当事者訴訟であり，当事者間の法律関係を確認・形成する処分または裁決に関する訴訟

で，法令の規定によりその法律関係の当事者の一方を被告とするもの，および公法上の法律関係に関する訴訟の二つを含む（行政事件訴訟法4条）。第三は民衆訴訟であり，国・地方公共団体の機関の法規に適合しない行為の是正を求める訴訟で，選挙人たる資格その他自己の法律上の利益にかかわらない資格で提起するものをいう（5条）。その具体例としては，選挙訴訟，住民訴訟がある。第四は機関訴訟であり，国・地方公共団体の機関相互間における権限の存在またはその行使に関する紛争についての訴訟である（6条）。

5. 国民と司法

裁判を受ける権利と裁判の公開　裁判は，国民の権利や利益が不当に侵害された場合に，国民がその救済を求めるための有効な手段である。そこで，憲法32条は「裁判所において裁判を受ける権利」をすべての人に保障している。つまり，すべての人は，民事・行政上の事件について裁判所に訴えを起こす権利，および，刑事事件について，刑罰を科せられるかどうかを裁判において決定される権利（➡111頁以下）を持つのである。

　裁判が国民の信頼を得るためには，公正なものでなければならないのは当然である。そのための手段として，裁判を公開し，国民の監視のもとに置くことによって，裁判の公正を確保することは有益である。憲法は，民事裁判における口頭弁論や刑事裁判における公判手続である「対審」，および，対審に基づいた裁判官の判断である「判決」を公開の法廷で行うべきことを命じている（82条1項）。ただし，わいせつ罪の裁判や当事者の名誉を侵害するような場合には，「公の秩序又は善良の風俗を害する虞がある」として，対審を公開しないことができる。しかし，これはあくまでも裁判の公開の例外であり，裁判官の全員一致によるものでなければならず，また，政治犯罪，出版に関する犯罪，および憲法第3章で保障する国民の権利が問題となっている事件の対審は必ず公開しなければならない（同条2項）。裁判の公開原則が以上のような意味をもつならば，国民が裁判を傍聴し，その場で必要なメモを取ることは，裁判の監視のために必要・有効な手段である。従来，裁判所は，訴訟関係者への影響などを理由に，法廷でのメモ採取を禁止していたが，次

の判例は，これを原則的に肯定した画期的な判決である。

判例〔33〕

法廷でメモを取ることは，理由なく妨げられてはならない——レペタ法廷メモ
訴訟——（最大判平成元年3月8日民集43巻2号89頁）

〈事実〉 アメリカの弁護士資格を有するXは，日本の証券市場とそれに関する法
的規制の研究の一環として，東京地方裁判所で，ある所得税法違反事件の公判を傍
聴し，その都度7回にわたって，事前に，傍聴席でメモを取る許可を申請したが，
裁判長はこれを許可しなかった。そこで，Xは，法廷でのメモ採取の不許可が憲法
82条，21条などに違反するとの理由で，国家賠償法1条に基づいて，損害賠償を求
めて訴えを提起した。第一審，第二審とも，Xの請求を棄却したため，上告。

〈判旨〉 「裁判の公開が制度として保障されていることに伴い，傍聴人は法廷に
おける裁判を見聞することができるのであるから，傍聴人が法廷においてメモを
取ることは，その見聞する裁判を認識，記憶するためになされるものである限り，
尊重に値し，故なく妨げられてはならないものというべきである。」（本判決は，
本件における裁判長のメモ採取不許可は合理的根拠を欠くとしたが，国家賠償法1
条1項の違法な公権力の行使に当たらないとした。）

国民の司法参加　裁判は，法律の専門家や関係当事者のみの関心事ではあ
ってはならない。一般国民も裁判に関心を持つのみなら
ず，歴史的な経験にてらしても何らかの形で関与することが望ましい。なぜ
なら，一般国民の知識や経験を裁判に反映させ，適正な処理を促すとともに，
国民の裁判に対する信頼を高める必要があるからである。現在，わが国にお
ける国民の司法参加の形態としては，直接型と間接型がある。直接的な参加
形態としては，次の六つがある。①調停委員（裁判官とともに調停委員会を組織
して民事，家事に関するあらゆる調停について，紛争解決に当たる），②司法委員
（簡易裁判所における民事事件について，審理や和解を補助的に進める），③参与員
（家庭裁判所における家事審判事件について，審判を補助する），④鑑定委員（鑑定
委員会を組織して，借地に関する非訟事件について意見を述べる），⑤検察審査員
（検察審査会を組織し，検察官の不起訴処分の当否を審査する），⑥裁判員（後述）。
また，間接的な参加形態としては，最高裁判所裁判官の国民審査がある。

148 **Chapter 10** 裁判の仕組

裁判員制度　従来のわが国における国民の司法参加のあり方は，きわめて限定的であった。諸外国では，国民が裁判に参加する陪審制度や参審制度が導入されているが，わが国では昭和3年から18年まで実施された陪審制度が定着をみず，その後は職業裁判官のみによる裁判が行われてきた。こうした裁判のあり方に対しては，国民と司法との隔たりや制度疲労などが指摘され，国民を司法参加させるべきとの意見が出されるようになった。

　こうした声に後押しされるかたちで司法制度改革審議会が設置され，平成13年6月12日に「司法制度改革審議会意見書―21世紀の日本を支える司法制度―」が公表され，国民の司法参加が提言された。これを受けて，平成16年5月21日には「裁判員の参加する刑事裁判に関する法律（以下「裁判員法」）」が成立し，平成21年5月21日から一般国民が刑事裁判に参加する裁判員制度がスタートした。

　裁判員は，選挙人名簿から無作為に抽出された者（裁判員候補者名簿）の中から具体的事件ごとに選任される。欠格事由（裁判員法14条），就職禁止事由（15条），不適格事由（17条，18条）に該当する場合は選任されない。また，年齢が70歳以上であるなど，一定の辞退事由がある場合は，辞退の申立てをすることができる（16条）。選任された裁判員は，公判期日等への出頭義務を負う（52条）。裁判員6人は，原則として裁判官3人と合議体を構成し，死刑または無期の懲役・禁錮にあたる罪などの重大犯罪の審理を担当する。国民の司法参加のあり方には，大別すると裁判官との役割が明確に分かれる英米の陪審型と役割分担がない独仏の参審型がある。裁判員制度は，後者に近いかたちをとっており，裁判官と裁判員は基本的に対等な権限を有し，ともに評議して有罪・無罪等に関する事実認定，法令の適用，刑の量定を行う（裁判員法6条1項）。

　裁判員制度の導入は，「司法に対する国民の理解の増進とその信頼の向上」を目的としている（裁判員法1条）。こうした目的を実現し，よりよい刑事裁判にするためには，①わかりやすい裁判，②迅速かつ充実した審理，③裁判員の保護を実現させることが必要となる。そのため，①法曹三者は，一般にはなじみのない専門用語や証人・証拠の意味をわかりやすく伝えるため

の工夫を重ねており，②充実した連日開廷による審理を可能とするために公判前整理手続が導入された（刑事訴訟法316条の2以下）。また，③自由な意見を述べる機会を保障するため，裁判員の名前や住所といった個人情報の保護規定が盛り込まれたほか，裁判員には評議の秘密に関する守秘義務を課すなどの取り組みがなされている（裁判員法9条2項，70条）。

裁判員裁判の課題　最高裁判所が公表したデータによれば，制度開始から，平成30年8月までの間に，計1万3,324人の被告人が裁判員裁判を受けている。新受人員の内訳を罪名別にみてみると，強盗致傷が3,100人（23.2％），殺人が2910人（21.8％），現住建造物等放火が1,313人（9.9％），傷害致死が1,161人（8.7％），覚醒剤取締法違反が1,044人（7.8％）の順になっている。

　これまでに選定された裁判員候補者は，のべで112万人を超え，うち実際に選任手続期日に出席したものは，31万8,841人（28.3％）となっている。また，平均実審理期間は，7.9日で，平均開廷回数は4.4回である。

　導入当初の懸念をよそに，順調に運用されている感のある裁判員制度であるが，導入から9年余りを経て，次第に，問題点も浮かび上がってきた。第一に，最近では，辞退者が増加し，7割を超えている。制度開始の平成21年に83.9％だった選任期日の「出席率」は，その後一貫して減少傾向にある。平成27年には7割を切り，28年3月末では63.6％にまで落ち込んだ。とくに，平成21年は16.1％であった無断欠席が36.4％にまで増加している。裁判員法112条には，無断欠席について，10万円以下の過料が設けられているが，実際に適用された例はない。

　第二に，ストレスなど裁判員の精神的負担について配慮の必要性が認識されるようになった。平成25年には，裁判員裁判で，遺体の写真を見た裁判員が，裁判終了後も，PTSDに悩まされるようになったとして，国に損害賠償を求める訴えを起こした。この訴え自体は，最高裁判所でも斥けられたが（最決平成28年10月25日公刊物未登載），この事件をきっかけに，①遺体写真のイラストでの代用を検察に求める，②裁判員候補者に衝撃的な証拠が出ることを伝えて辞退も認める，③衝撃的な証拠を示す際は裁判員に予告するなどの配慮が行われるようになった。

150 **Chapter 10** 裁判の仕組

　第三に，裁判員裁判で下された量刑が，第二審で引き下げられるケースが相次ぎ，裁判員裁判の意義が問い直されている。とくに，裁判員裁判で下された死刑判決が，第二審で無期懲役に改められる判決が相次ぎ，国民目線での裁判を求めて始まった裁判員裁判で，評議の末に下された判決を，第二審でプロの裁判官が「量刑が重すぎる」という理由で改めることが妥当なのか疑問の声も上がっている。裁判では，過去の判決とのバランスも求められるため，一概に答えを導くことはできないが，今後も，注視していくことが必要な問題である。

Chapter 11

財産と法

Essence

1. 財産法の構造

私法 ⟨ 財産法 ⟨ 民法第1編～第3編…一般市民の経済生活を規律
　　　　　　　　　商　法…………………商人・企業の経済活動を規律
　　　　　家族法…民法第4編，第5編

財産権 ⟨ 物権＝物を直接に支配する権利
　　　　債権＝人に対して一定の行為を請求する権利

私的自治の原則⇒私法上の権利関係は個人の自由な意思に委ねられる

債権法改正

2. 債　権

債権の発生原因…契約，不法行為など

債権の消滅原因…弁済，代物弁済，相殺など

　　（債務不履行⇒履行の強制，解除，損害賠償）

契約自由の原則の制限…公序良俗や強行規定に反する契約

3. 物　権

物権の客体…不動産と動産

物権の排他性⇒債権との違い

登記と引渡し（占有）⟨ 公示の原則（対抗要件）
　　　　　　　　　　公信の原則

所有権行使の制限…権利の濫用，土地・建物の賃貸借

4. 権利義務及び法律行為の主体

権利能力＝権利義務の主体となる資格（自然人，法人）

意思能力＝自己の行為から生ずる法律効果を判断する能力

行為能力制度⇒単独で法律行為を行えない者を類型化

　　　　　　（未成年者，成年後見制度）

1. 財産法の構造

財産法　スーパーマーケットで店員から食料品や日用雑貨を買う。友達に食事代を貸す。マンションの一室を家主から借りる。恋人と結婚する。親の財産を相続する——我々は，様々な形で他人とかかわりあいを持ちながら社会生活を営んでいる。そうした個人と個人との生活関係を規律する法が私法である。私法は，所有・売買・賃貸借などの経済的・財産的活動に関する「財産法」と，親子・夫婦・相続などの家族生活・身分関係に関する「家族法（身分法）」に分けられる。私法に関して最も基本となる法律は民法である。民法の第1編「総則」，第2編「物権」，第3編「債権」が財産法を規定した部分であり，第4編「親族」，第5編「相続」が家族法に当たる。ここでは，民法を中心に財産法の基本原則を見ていく。

民法は，一般市民の経済的・財産的活動に適用される基本的なルールを定めた法である。ところで，商人・企業による商業活動も，経済的・財産的活動であることにかわりはないから民法の適用を受ける。ただ，そうした商業活動は，継続的・計画的に営利を追求し，大量に反復して商取引を行うという特質があることから，一般市民の場合とは異なる特別なルールが必要となる場面がしばしば現れる。そこで，そのための特別なルールを規定したのが商法である（➡169頁）。つまり，商人・企業の商業行為をめぐって紛争が生じた場合には，まず優先的に商法が適用されるが，仮にその事柄について適用すべき商法の規定あるいは商慣習法が存在しないときには民法の規定に従って解決が図られることになる（商法1条）。民法と商法は一般法と特別法の関係に立つといわれるのは，このような意味である（➡Ref.⑥31頁）。

財産法上の権利義務　それでは，一般市民の経済的活動に適用される財産法の基本原則とはどのようなものであろうか。これを典型的な事例で考えてみよう。Aが自分の土地をBに1000万円で売る約束をしたとする。これを法的な観点から見ると，AとBの間に売買契約が締結され，これにより一定の権利及び義務が発生することになる。すなわち，もともとAにあった土地の所有権はBに移転し，契約成立以降はBが土地の所有権を持つことになる。

また，BはAに対して土地の引渡しを要求する権利を持ち，Aはこれに応ずる義務を負う。逆に，AにはBに対して1000万円の支払いを請求する権利があり，Bは支払いの義務を有する。

このように財産に対して認められる私法上の権利を財産権というが，財産権は，人と物との関係を問題とする物権と，人と人との関係を問題とする債権に大別される。物権とは，個人が物を直接に支配する権利をいい，所有権がその典型である。上の事例で土地の所有権を得たBは，その土地を自由に使用することができる。一方，債権とは，「土地を引き渡せ」とか「代金を支払え」というように，個人が個人に対して一定の行為を請求する権利である。そして，請求された相手方はその請求に応ずる義務を負う。この義務を債務と呼ぶ。債権を持つ者が債権者，債務を持つ者が債務者である。上の事例でいうと，土地引渡債権についてはBが債権者，Aが債務者であり，逆に，代金支払債権についてはAが債権者，Bが債務者であるということになる。

このような私法上の権利関係は，各個人が自己の自由な意思に基づいて決定することができ，国家の干渉を受けることはない。これは私的自治の原則と呼ばれ，私法の基礎をなす大原則である。資本主義経済制度は，この私的自治の原則を前提として成り立っている。

債権法改正　2017年（平成29年）に，民法（債権関係）の改正案が国会で可決，成立した。この民法改正は，第1編「総則」の一部と第3編「債権」の大部分を主な対象とするものであり，財産法の分野では，1896年（明治29年）の民法制定以来，初めての大がかりな改正となる。民法制定以来の社会・経済の変化への対応を図り，国民一般に分かりやすいものとすることを目的として，国民の日常生活や経済活動にかかわりの深い契約に関する規定を中心に，民法の規定の見直しを行うこととしたものである。

この改正には，現行民法の取扱いを変更する点も少なくないが，現行民法の趣旨をより明確にするものや，従来の判例・学説によって確立されてきた解釈を明文化するものも多く含まれている。

改正法の施行期日は，2020年4月1日であるが，以下では，改正法に準拠して説明する（条文番号についても，改正法のそれを引用する）。

154 **Chapter 11** 財産と法

> **Reference ㉚**
> **諾成契約・要物契約**
> 売買契約など，契約は原則として，当事者の意思表示の合致（合意）があれば成立し，その効力を生じる。このような契約を「諾成契約」といい，契約自由の原則のもとでは，諾成契約が原則である。これに対して，当事者の意思表示の合致のほかに，目的物の引渡等がなければ効力を生じない契約を「要物契約」という。民法の定める典型契約においては，消費貸借（書面でする場合を除く）が要物契約とされている。

2. 債 権

債権の発生原因 債権が発生する原因には，①契約（民法第3編第2章），②事務管理（民法第3編第3章），③不当利得（民法第3編第4章），④不法行為（民法第3編第5章）がある。このうち，最も典型的なのは契約である。例えば，売買契約（民法555条）が成立すれば，買主には目的物の引渡債権，売主には代金支払債権が発生するし，賃貸借契約（民法601条）を結べば，賃借人は目的物の使用収益を請求する権利，賃貸人は賃料の支払いを請求する権利を持つ。契約は，当事者の意思表示の合致，すなわち申込みと承諾によって成立する（民法522条1項）。先ほどの事例でいえば，Bが「この土地を買いたい」という申込みをし，Aが「売ります」と承諾すれば，それだけで売買契約が成立する。契約書を取り交わす必要はない。したがって，書店で本を買う，電車やバスに乗る，レンタサイクル店で自転車を借りるなどの行為は，法的に見ればどれも契約に基づく行為である。

なお，外形的に当事者の意思表示が合致しているように見えても，実は契約の重要部分について意思表示の内容と当事者の真意との間にずれがある場合（錯誤）には，その錯誤が法律行為の目的や取引上の社会通念に照らして重要なものであるなど一定の要件を満たすときに，意思表示を取り消すことができる（民法95条）。また，相手方の詐欺や強迫を受けて契約の意思表示をしてしまったときには，その意思表示を取り消すことができる（民法96条）。

債権が発生する原因は契約だけではない。例えば，自動車の運転中に前方不注視のため歩行者をはねて傷害を負わせた場合，被害者は加害者に対して損害賠償を請求することができる。このように，他人の権利を侵害することを不法行為といい，不法行為は損害賠償請求権という債権が生ずる原因となるのである（➡237頁）。ただし，いくら他人に損害を与えたとしても，行為者

に故意か，少なくとも過失がなければ
損害賠償責任を負わせることはできな
い（民法709条）。この原則を過失責任
の原則という。私的自治の原則は，個
人が自己の意思により自由に取引をす
ることを認めているが，このことは同
時に，自己の意思により取引をした以
上そこから生じた結果については責任
を負わなければならないということを
意味している。逆にいうと，損害を与
えたことに故意も過失もなければ，そ
れは自己の意思に基づいて生じた結果
とはいえないから，責任を負う必要は
ないのである。このような意味におい
て，過失責任の原則は私的自治の原則
と表裏をなすものといえる。

> ········· **Terms ⑧**
> **無効・取消・撤回**
> 「取消」とは，行為のときに一旦発
> 生した行為の効力を，後から，行為
> のときにさかのぼって消滅させるこ
> とをいう。取消すことのできる行為
> は，取消されるまでは有効であり，
> また，取消権が放棄された（追認；
> 民法122条）ような場合には，完全に
> 有効な行為として確定する。これに
> 対して，「無効」とは，原則として，
> 行為の成立のときから，法律上効果
> を生じないことが確定していること
> をいう。無効であることが主張され
> る必要はなく，また，追認などによっ
> て有効となることもない。なお，前
> に行われた行為の効力を将来に向け
> て消滅させることを「撤回」という
> （例；国会法59条）。ただし，法規定
> 上，「取消」の意味で「撤回」が使
> われることがある（例；民法530条）。

　このほか，債権の発生原因として
は，義務がないのに他人のために事務の管理を始めた者にその事務の管理を
行う義務を負わせる事務管理と，法律上の原因がないのに他人の財産や労務
によって利益を受けたり損失を与えたりした者に返還の義務を負わせる不当
利得がある。

債権の消滅原因　　このようにして発生した債権は，債務者が債務を履行する
　　　　　　　　　　ことによって目的を達成し，消滅する。債務の履行のこと
を弁済ともいう。土地の売買契約の場合でいうと，買主が契約の内容どおり
の代金を支払えば代金支払債権は消滅し，売主が土地を引き渡せば引渡債権
は消滅する。また，借金の契約では，借主が借りた額の金銭（利息が加算され
る場合はそれも併せて）を貸主に返済することによって，貸主の返還請求権は
消滅する。

　債権者と合意すれば，本来の契約内容どおりの弁済方法に代えて他の方法
で債権を消滅させることもできる。例えば，他人から借金をしている場合，

現金で支払いをする代わりに，貸主との合意に基づき土地を貸主に譲渡すれば弁済と同じ効果を生ずる。これが代物弁済である（民法482条）。また，当事者がお互いに債権を持ち合っている場合には，相殺により債権が消滅することもある（民法505条1項本文）。例えば，甲が乙に対して100万円の債権を持ち，乙が甲に対して150万円の債権を有する場合，両者が合意すれば，100万円の範囲で双方の債権が消滅する。

　また，債権者が一定期間，権利を行使しない状態が続くと，債権が消滅することがある。これを消滅時効という（民法166条以下）。

債務不履行　もっとも，現実には債務者が債務を履行するとは限らない。約束の期日が過ぎているのに借金を返済しないとか，期日までに返済はしたものの金額が足りないというように，債務者が約束どおりの債務を履行しないことを債務不履行という。それでは，この場合，債権者はどのような措置をとりうるのであろうか。第1は，履行の強制（民法414条1項本文）である。例えば，履行が可能であるのに期日になっても債務者が目的物を引き渡さないとき，債権者は裁判所に対して目的物の引渡しを請求し，これを認める判決が出れば，執行官が強制的に債務者から債権者の下へと目的物を引き渡すことになる。また，売買代金や借金など債務者が金銭を支払わない場合には，裁判所が債務者の財産を差し押えて競売にかけ，金銭に換えることも可能である。なお，契約などの債務の発生原因や取引上の社会通念に照らして債務の履行が不能であるときは，債権者は，その債務の履行を請求することができない（民法412条の2第1項）。

　第2の方法は，解除（民法540条）である。解除とは，いったん有効に成立した契約を解消することをいう。例えば，AがBに1000万円で土地を売却する契約を結んだが，期日になってもBが代金を支払わない。そこで，Aは土地を別のCに売りたいと考えたとする。しかし，たとえBが代金支払債務を履行しなくても，BのAに対する土地の引渡債権が消えるわけではないから，AがCに土地を売却する行為は債務不履行となり，Aは逆にBから履行の強制や後述する損害賠償を求められる可能性がある。このようなとき，Aは売買契約を解除し，Bとの契約関係を白紙に戻すことができる。これにより，Aの代金支払債権とともにBの目的物引渡債権も消滅し，Aは第三者に

土地を売却することが可能となるのである。

ところで、建物の引渡しが期日より遅れたために別の家屋を借りて賃料を支払わなければならなかったというように、債務不履行により債権者が損害を被ることがある。このようなときには、たとえ履行の強制や解除をしても、損害は残ったままである。そこ

> **Reference ㉛**
> **典型契約**
>
> 契約自由の原則によれば、当事者はどのような契約をも結ぶことが可能であるが、民法は契約の典型として、贈与（549条）、売買（555条）、交換（586条）、消費貸借（587条）、使用貸借（593条）、賃貸借（601条）、雇用（623条）、請負（632条）、委任（643条）、寄託（657条）、組合（667条）、終身定期金（689条）、和解（695条）の13種を規定している。

で、第3に、債権者は債務の本旨に従った履行をしない債務者に対して損害賠償を請求することができる。また、債務の履行が不能であるときも、損害賠償の請求は可能である（民法415条1項本文）。ただし、契約などの債務の発生原因や取引上の社会通念に照らして、債務の履行が不能になった原因が債務者にはない（債務者に帰責事由がない）ときは、債務者は、損害賠償の責任を負わない（民法415条1項ただし書）。

契約自由の原則　先に述べた私的自治の原則を前提とすれば、個人は、国家に干渉されず自己の意思に基づいて自由に契約を締結することができるはずである。これを契約自由の原則という。これによると、契約を結ぶかどうか（民法521条1項）、どのような内容の契約を結ぶか（民法521条2項）、どのような方式で契約を結ぶか（民法522条2項）は、法令に反しない限り、当事者の自由な判断に任されることになる。

当事者の合意さえあれば、両立しえない二つの契約を異なる相手方と締結することも可能である。例えば、ピアニストの甲が興行主の乙と、ある日時にコンサートをする旨の契約を結び、その後、同じ日時に別の場所でコンサートをする旨の契約を興行主の丙と交わした場合、当事者の意思表示の合致がある以上、二つの契約はいずれも有効に成立している（ただし、甲は、どちらか一方の契約については必然的に債務を履行できないから、前述した損害賠償などの問題が発生する）。

このように、契約の内容は原則として当事者が自由に決定することができる。しかし、例外もある。第1は、契約の内容が公序良俗に反する場合であ

る。この場合，契約は無効とされる（民法90条）。公序良俗とは，国家社会の一般的な利益（公の秩序）及び社会の一般的な道義観念（善良な風俗）のことである。例えば，殺人の対価として報酬を支払うという契約や，金品を与えて愛人関係を維持する妾契約は，公序良俗に反するため無効となる。

判例〔34〕

学生納付金の不返還特約は，その目的，意義に照らして著しく合理性を欠くものでないときは，公序良俗に反しない（最判平成18年11月27日民集60巻9号3732頁）

〈事実〉　Ｘは，Ｙ大学医学部医学科の平成13年度入学試験を受験し，合格した。その入学試験要項には，入学手続完了者が平成13年3月21日正午までにＹ大学所定の書面により入学辞退を申し出た場合には入学金以外の納付金を返還するが，それより後に入学辞退を申し出た場合には委託徴収金のみを返還する（本件不返還特約）との記載があった。Ｘは，期限までに，入学金100万円，授業料等614万円，委託徴収金6万5000円等，合計720万5000円（本件学生納付金）を納付するなどして，入学手続を完了した。しかし，その後，Ｘは，併願受験していたＡ大学医学部の入学試験に合格し，Ｙ大学に対し，同月27日付け入学辞退申請書を提出した。

Ｘは，Ｙ大学への入学を辞退してＹ大学との間の在学契約を解除したなどとして，Ｙ大学に対し，本件学生納付金相当額から返還済みの本件委託徴収金相当額を控除した残額等の支払を求めたが，Ｙ大学は，Ｘとの間に本件不返還特約が有効に存在することなどを主張して争った。

〈判旨〉「入学金は，その額が不相当に高額であるなど他の性質を有するものと認められる特段の事情のない限り，学生が当該大学に入学し得る地位を取得するための対価としての性質を有するものであり，当該大学が合格した者を学生として受け入れるための事務手続等に要する費用にも充てられることが予定されているものというべきである。そして，在学契約等を締結するに当たってそのような入学金の納付を義務付けていることが公序良俗に反するということはできない。」「入学金については，その納付をもって学生は上記地位を取得するものであるから，その後に在学契約等が解除され，あるいは失効しても，大学はその返還義務を負う理由はないというべきである。」

「本件不返還特約のうち，本件授業料等に関する部分は，在学契約の解除に伴う損害賠償額の予定又は違約金の定めの性質を有するものと解される。……Ｙ大学は医科大学であることからすれば，入学辞退によって欠員が生じる可能性が潜在的に高く，欠員が生じた場合に生ずる損失が多額になることは否定し難いのであって，本件不返還特約が，当時の私立大学の医学関係の学部における不返還特約との比較

において，格別学生にとって不利益な内容のものであることもうかがわれない。……本件不返還特約が，その目的，意義に照らして，学生の大学選択に関する自由な意思決定を過度に制約し，その他学生の著しい不利益において大学が過大な利益を得ることになるような著しく合理性を欠くものとまでは認め難く，公序良俗に反するものとはいえない。」「そうすると，被告大学は，原告に対し，本件授業料等について不当利得返還義務を負わないというべきである。」

第2は，契約の内容が強行規定に反する場合である。強行規定とは，公の秩序に関する規定をいう。強行規定は，当事者の意思いかんにかかわらず適用されるから，強行規定に反する契約は無効となる。例えば，利息制限法は，借金の際に一定の利率を超えるような利息契約をした場合には，その超過部分は無効となるとしている。また，特定商取引法や割賦販売法におけるクーリング・オフも強行規定であるから，当事者がクーリング・オフをしない旨の契約をしても無効である。

3. 物　権

物権の客体　物権の客体は物である。物とは，有体物すなわち固体，気体，液体を指す（民法85条）。物は，動産と不動産に分かれる。不動産とは，土地及びその定着物をいう（民法86条1項）。具体的には，土地そのもの，土地に建てられた建物，土地に生えた樹木などが不動産に当たる。これに対し動産とは，不動産以外のすべての物をいう（民法86条2項）。書物，コンピュータ，机などは，どれも動産である。木になっている林檎の実は，土地の定着物である木の果実であるから不動産の一部であるが，それを枝から切り取れば動産になる。後述するように，動産と不動産は，対抗要件などの点で異なる取扱いを受ける。

物権変動　物権が発生したり，移転したり，消滅したりすることを物権変動という。物権変動の典型は，契約による物権の移転である。売買契約や贈与契約が締結されれば，物の所有権は売主から買主へ，あるいは贈与者から受贈者へ移転する。物権変動は，当事者の意思表示によって生ずる（民法176条）。この原則を意思主義という。Aが土地をBに売るという意思表

160　**Chapter 11**　財産と法

⋯⋯⋯ Reference ㉜ ⋯⋯⋯
物権の種類

　物権は排他的な性質をもっており，したがって，物の所有者や第三者の利害に大きな影響を及ぼすため，法律によって物権の種類を限定し，その内容を定型化することを物権法定主義と呼ぶ（民法175条）。民法は10種類の物権を定めている。第1は，自ら自由に物を使用・収益・処分できる権利である所有権（206条），第2に，他人の土地を自由に使用・収益できる用益物権として，地上権（265条），永小作権（270条），地役権（280条），入会権（263，294条）があり，第3に，他人の所有物を債権担保のために利用しうる担保物権として，留置権（295条），先取特権（303条），質権（342条），抵当権（369条）がある。第4に，事実的な物の支配に基づいて認められる占有権（180条）がある。

示を行い，Bがこれに応ずる意思表示をすれば，土地の所有権はBに移転する。つまり，売買契約が締結された時点で，所有権は売主から買主に移転するのである。なお，契約以外にも，相続や時効によって所有権が移転することもある。

物権の排他性　物権は，物を直接に支配することを内容とする権利であるから，相反する複数の物権が同一の物に同時に成立するということはない。例えば，甲がある物に対する所有権を取得すれば，全く別の乙が同時にその物に対する所有権を持つということは認められないのである（一物一権主義）。このような物権の性質を排他性と呼んでいる。先述のとおり，債権の場合は，同じ内容の契約を異なる相手方と締結することは可能であるから，債権には排他性がない。このように，排他的性質があるかないかは物権と債権の大きな違いとなっている。

　また，物権が現に侵害され，あるいは侵害されるおそれのあるときは，物権の内容を実現するために，物権を持つ者は相手方に対して侵害の排除などを請求することができる。これを物権的請求権という。物権的請求権には3種類ある。第1に，自己の所有物が他人に不当に奪われた場合には物の返還を請求することができる。これが返還請求権である。第2は，妨害排除請求権であり，例えば自己の土地を他人が不当に占拠している場合にはその排除を請求する権利がある。第3に，例えば隣家の樹木が自己の土地に倒れてくるおそれのあるときには，隣家に対して樹木が倒れないための適切な措置を講ずるよう請求することができる。これを妨害予防請求権という。物権的請求権は，すべての人に対して主張でき，相手方に故意や過失があるかどうか

3. 物　権　*161*

を問わない。

公示の原則　このように物権は絶対的・排他的性質を有していて，すべての人に対して主張できる権利であることから，誰がその物に対する物権を持っているのかということを外部から認識できるようにしておかなければ，経済的取引は混乱することになる。そこで取引の安全を確保するため，民法は，物権の存在を公に示す何らかの外形を備えていなければ，たとえ所有権者でも第三者に自らの所有権を主張できないこととした。これを公示の原則という。

　公示の方法は，不動産と動産とで異なる。不動産の場合，公示方法は登記である(民法177条)。登記とは，土地や建物に対する所有権や抵当権といった権利関係を登記所にある登記簿という帳簿に記録することをいう。誰でも登記情報を確認することができるので，登記をしておけば，不動産の所有権者が誰なのかということが外部から認識できる状態となるのである。

　登記をしなければ，第三者に対抗することはできない。AがBに1000万円で自分の土地を売却する契約をしたが，Bが所有権移転登記をせずに放置していたため，登記簿上，土地の所有権の名義はAのままであったという場合を考えてみよう。仮に，Aが全く別のCに対しても1000万円で同じ土地を売却する契約を締結したとする（先述のように，両立しえない二つの契約を異なる相手方と締結することは可能である）。これを二重譲渡というが，このとき，Bより先にCが所有権移転登記をすれば，Cが土地の所有権者となる。Bが「先に契約したのは自分だから，その土地は自分のものだ」と主張しても，その主張は認められない。AとBの間に売買契約が締結されていたことをCが知らなかった場合（善意）はもちろん，知っていた場合（悪意）も同じである。このように，登記がなければ，たとえ先に契約した者であっても第三者に対抗することはできない。このような意味で，不動産の場合，登記が対抗要件であるとされる。もっとも，BがAに対して債務不履行に基づく損害賠償請求をすることは可能であるし，Aは刑法上，横領罪に問われうる。なお，上の事例で，Cが未登記に乗じて莫大な利益を得ようとしたというように背信的悪意者であった場合には，Bは登記がなくてもCに対抗できる。

162 **Chapter 11** 財産と法

判例〔35〕

背信的悪意者に対しては，登記がなくても対抗できる（最判昭和43年8月2日民
集22巻8号1571頁）

〈**事実**〉　YはAから山林を買い受けたが，所有権移転登記はなされておらず，そ
の山林の権利証もAが持っていた。これを知ったXは，登記名義がまだAにあるこ
とに乗じて権利証をYに高値で売りつけようと計画し，120万円の価値があると評
価しながら3万5千円でAから権利証を購入した後，これを買い取るようYに求め
た。しかし，Yとの交渉が不調に終わったため，Xは権利証を約110万円でBに売却
し，登記名義もAからBに移転した。そして，BがYに対して所有権確認訴訟を提
起すると，Xは権利証をBから30万円で買い戻し，登記名義も自己に移して訴訟に
参加した。

〈**判旨**〉　「実体上物権変動があった事実を知る者において右物権変動についての
登記の欠缺を主張することが信義に反するものと認められる事情がある場合には，
かかる背信的悪意者は，登記の欠缺を主張するについて正当な利益を有しないもの
であって，民法177条にいう第三者には当たらないものと解すべきところ…，Xが
Yの所有権取得についてその登記の欠缺を主張することは信義に反するものとい
うべきであって，Xは右登記の欠缺を主張する正当の利益を有する第三者にあたら
ないものと解するのが相当である。」

　　動産の場合，一般的には登記という制度はなく，引渡しが公示方法となる
（民法178条）。引渡しとは，占有を移転することである（民法182条，183条，184
条）。動産については引渡しが対抗要件となる。したがって，動産の二重譲
渡の場合，例えば甲が自分の宝石を乙に売却する契約を結んだ後，丙とも同
様の契約をしたときには，乙と丙のうちいずれか先に宝石の引渡しを受けた
者が所有権者となる。

公信の原則　　先に，不動産の公示方法は登記であると述べたが，実は登記を
信用した者が民法上必ず保護されるというわけではない。例え
ば，本当はAが土地の所有権者であるのに，Bが虚偽の書類を登記所に提出
し，登記簿上の土地の名義をBにしていたとする。このとき，Cが登記を信
用してBから土地を購入する約束をしたとしても，Cはその土地の所有権を
取得することはできない。民法は，真の所有者であるAを保護するのである。

ただし，CはBに対し代金の返還や損害賠償を請求できる。

　これに対し動産の場合，占有を信用した者は原則として保護される。例えば，甲が乙から宝石を借りて持っていたところ，それを見た丙が甲の宝石だと思い，甲から宝石を購入する契約をした場合，宝石の所有者が甲であると信じたことに不注意がなければ（善意無過失），丙は宝石の所有権を取得できる。これを即時取得という（民法192条）。このように，実際には権利が存在しないのに存在するかのような公示がなされている場合に，それを信用して取引をした者を保護しようという原則を公信の原則といい，そのような効果があることを公信力という。不動産における登記には公信力がないが，動産における占有は公信力を持つのである。

所有権行使の制限　最も典型的な物権は所有権である。所有権とは，物を自由に使用・収益・処分することのできる権利をいう（民法206条）。例えば土地の所有権者は，自分の土地の上に家を建ててもよいし，野菜を植えて収穫してもよいし，土地を他人に売ってもよい。物の所有者は，他人はもちろん国家からも干渉を受けることなく，物に対する権利を自由に行使することができるのである。これを所有権絶対の原則と呼ぶ。もっとも，所有権の行使が制限される場合もある。すなわち，形式的には所有権の行使のように見えても，その内容が実質的に公共の福祉に反する場合，それは権利の濫用であり，所有権の行使が制限されるとされている（民法1条，憲法29条2項）。

判例〔36〕

所有権の目的や機能の範囲を逸脱する場合は権利の濫用であり，所有権の行使は許されない——宇奈月温泉事件——（大判昭和10年10月5日民集14巻1965頁）

〈事実〉　富山県の宇奈月温泉は，約7.5キロに及ぶ引湯管を別の温泉から引いて営業していたが，その引湯管の一部（6メートル程度）は，適法な利用権を設定されないままAの土地を通過していた。その土地は急傾斜地で，利用価値のほとんどないものであった。これを知ったXは，Aからその土地を買い受け，宇奈月温泉を経営するY鉄道会社に対し引湯管を撤去するか，さもなければ，周辺の土地と併せて時価の数十倍で買い取るよう要求した。しかし，Y鉄道会社がこれに応じなかったため，Xは所有権に基づく妨害排除として引湯管の撤去などを求めて訴えを起こした。

164 **Chapter 11** 財産と法

〈判旨〉「所有権に対する侵害又は其の危険の存する以上，所有者は斯る状態を除去又は禁止せしむる為め裁判上の保護を請求し得べきや勿論なれども，該侵害に因る損失云ふに足らず而も侵害の除去著しく困難にして縦令之を為し得とするも莫大なる費用を要すべき場合に於て，第三者にして斯る事実あるを奇貨として不當なる利得を図り殊更侵害に関係ある物件を買収せる上，一面に於て侵害者に対し侵害状態の除去を迫り，他面に於ては該物件其の他の自己所有物件を不相當に巨額なる代金を以て買取られたき旨の要求を提示し他の一切の協調に応ぜずと主張するが如きに於ては，該除去の請求は単に所有権の行使たる外形を構ふるに止まり，真に権利を救済せむとするにあらず。即ち，如上の行為は全体に於いて専ら不當なる利益の攫得を目的とし所有権を以て其の具に供するに帰するものなれば，社会観念上所有権の目的に違背し其の機能として許さるべき範囲を超脱するものにして，権利の濫用に外ならず。」

土地・建物の賃貸借　さらに，所有権の行使が制限される場面として，土地や建物の賃貸借がある。他人の所有する土地や建物を借りて使用するときには賃貸借契約を結ぶのが通常であるが，契約法上の本来の原則からすれば，賃貸借契約の期間が満了した場合，賃貸人（土地・建物の所有者）に賃貸借契約を継続する意思がなければ，当事者間の合意が存在しない以上，賃貸借契約は成立せず，賃借人は立ち退かなければならなくなる。また，賃貸人が土地や建物を第三者に売却した場合，賃借人はその第三者に賃借権を主張できない。賃借権は，土地に対する物権ではなく，土地や建物の利用を賃貸人に対してのみ請求できる債権だからである。「売買は賃貸借を破る」といわれるゆえんである。

　しかし，土地や建物が利用できなくなれば，賃借人は生活の基盤を失うことになる。そこで，土地・建物の賃借人を保護するため，借地法4条及び借家法1条の2は，賃貸人自身が土地・建物を使用する必要があるといった正当な事情がない限り賃貸人は契約の更新を拒絶できないこととした。また，建物保護ニ関スル法律1条及び借家法1条は，賃貸人が土地や建物を第三者に売却しても，借地の場合は土地上の建物の登記があれば，また，借家の場合は建物の引渡しがあれば，賃借人は新しい所有者に対して賃借権を行使できると規定した。もっとも，借地・借家関係があまりに硬直化すると良好な借地・借家の供給が阻害されるおそれがあることから，1991年（平成3年）に

制定された借地借家法は，賃貸人及び賃借人が土地・建物を必要とする事情のほか，それまでの経緯，土地・建物の利用状況，立退料支払の有無などを考慮して，契約の更新を拒絶できるかどうかを決めることとしている。

4. 権利義務及び法律行為の主体

権利能力　これまで様々な財産上の権利義務を見てきたが，人はすべて権利義務の主体となりうる。権利義務の主体となる資格を権利能力と呼ぶ。つまり，老若男女を問わず，すべての人は平等に権利能力を有しているのである（権利能力平等の原則）。なお，民法３条１項は「私権の享有は，出生に始まる」と規定しており，本来，出生前の胎児には権利能力がない。しかし，これによると，子の出生直後に親が死亡すれば，その子は相続権を持つのに，出生直前に親が死亡した場合は相続権がないことになり，不合理な結果となる。そこで，相続（民法886条），遺贈（民法965条），損害賠償請求権（民法721条）に関しては，胎児は生まれたものとみなすとされ，胎児にも例外的に権利能力が認められている。

また，会社や学校などの法人も権利義務の主体となりうる。およそ人は権利能力を有するといわれるが，この場合の「人」には，われわれのような人間（これを自然人という）だけでなく，法人も含まれるのである。

意思能力　このように，およそ人であれば権利能力が認められるが，他方，すべての人がひとりで取引をする能力を持っているというわけではない。例えば，生まれたばかりの乳児も人である以上は権利能力を有するから，親の相続を受ける権利は持っているし，もし相続を受ければ財産に対する所有権も取得する。しかし，乳児は，ひとりで取引をすることはできない。そもそも私的自治の原則は，個人が自己の意思に基づいて取引をする自

Terms ⑨
みなす・推定する

いずれの用語も，性質の異なるAという事物とBという事物がある場合に，一定の法律関係に関じては，AとBとを同一視して，Aについて生じる法律効果をBについても生じさせるときに用いられる。ただ，「みなす」は，AとBとが異なるものであることの反証を許さず，一定の法律関係に関するかぎり，AとBとを常に同一視する場合に用いられる。他方，「推定する」とは，一応AとBとを同一視するが，両者が異なることが証明された場合には，同一の法律効果を生じさせないことをいう（例；民法772条）。

由を認めているが，乳幼児のほか重度の精神障害者や泥酔者のように，自分の行為からどのような結果が発生するのかを認識できない者が自分の意思で取引を行っても，それは真の意味で自由な意思に基づいて行為したとはいいがたい。したがって，自分の行為の性質を判断する能力のない者が契約などをしても無効になるとされている（民法3条の2）。この判断能力を意思能力という。

　権利が発生し，変更され，消滅することを法律効果といい，法律効果を自らの意思によって生じさせようとする行為を法律行為と呼ぶ。つまり，意思能力のない者は，権利義務の主体にはなりうるが，法律行為の主体にはなりえないということになる。意思能力があるかないかは，個々の事例ごとに具体的に判断されるが，おおむね6，7歳程度の知能が基準になるといわれている。例えば，泥酔している者から高価な時計をもらう約束をしても無効である。

行為能力　ただ，個々の事例ごとに意思能力の有無を証明するのは，現実には困難である。また，意思能力が完全に欠如しているわけではないが，判断能力が十分ではなく，他人の助けを借りながら取引をした方がよいという場合もある。そこで民法は，単独で有効に法律行為をすることができない者を予め類型化し，これらの者が単独で法律行為をした場合にはそれを取り消すことができることとした。これを行為能力制度という。

　その一つが未成年者である。従来，成年年齢は満20歳とされてきた（民法4条）が，2018年（平成30年）の民法改正により成年年齢が満18歳に引き下げられることになった。2022年4月1日から施行される。これによると，未成年者とは，満18歳に達していない者を指すことになる。未成年者が親権者等の同意を得ずにした取引は，原則として取り消すことができる（民法5条）。

成年後見制度　他方，精神障害者，知的障害者，認知症の高齢者のように，未成年者でなくても判断能力が十分でない者もいる。特に高齢化が進むなか，判断能力が低下した高齢者の財産をどのように管理するかは切実な問題である。そこで，判断能力が不十分な者を保護し，支援するために，成年後見制度が置かれている。これは，本人や配偶者など一定の者の申立てにより，家庭裁判所が援助者を選び，その援助者が本人のために活動する制度である。

成年後見制度には三つの類型がある。第1は，後見の制度である。これは，精神上の障害により行為の性質を判断する能力のない状態が通常である者（成年被後見人）を対象とするものである（民法7条）。成年被後見人には援助者として成年後見人が付けられる（民法8条）。成年後見人は，成年被後見人の財産を管理し，代理としてその財産に関する法律行為を行う（民法859条1項）。日用品の購入など日常生活に関する行為を除き，成年被後見人の法律行為は取り消すことができる（民法9条）。

第2は，保佐の制度である。これは，精神上の障害により判断能力を書くわけではないが，著しく不十分である者（被保佐人）を対象とするものである（民法11条）。被保佐人には保佐人が付けられる（民法12条）。被保佐人が不動産の処分など民法13条1項所定の重要な法律行為を保佐人の同意なしに行ったときには，それを取り消すことができる（民法13条）。保佐人は，当然に代理権を有するわけではないが，被保佐人やその同意を得た一定の者の請求によって，特定の法律行為について代理権を付与されることもある（民法876条の4）。

第3は，補助の制度である。これは，成年被後見人や被保佐人の要件に該当する程度ではないが，判断能力が不十分である者（被補助人）を対象とするものである（民法15条）。被補助人には補助人が付けられる（民法16条）。申立ての範囲内で家庭裁判所が審判で定める特定の法律行為（民法13条1項所定の行為の一部）を補助人の同意なしに行ったときには，それを取り消すことができる（民法17条）。保佐人の場合と同様に，被補助人やその同意を得た一定の者の請求により，補助人には特定の法律行為について代理権が付与されることもある（民法876条の9）。

このほか，将来判断能力が低下したときのために予め代理権を付与する委任契約をしておく任意後見制度もある。また，戸籍への記載に代えて成年後見登記制度が設けられ，一定の者のみが登記情報の開示を求めることができるとされている。

Chapter 12

経済取引と法

Essence

1. 経済取引と法

財産法〈一般法—民法…一般市民間の財産関係に関する法
特別法—商法…企業の組織・商取引に関する法

経済法—資本主義経済の矛盾・危機を回避するための経済政策立法

2. 消費者保護

普通契約約款の規制…①立法的規制，②行政的規制，③司法的規制

消費者基本法…消費者政策の「憲法」⇒商品，役務に関する関係法令の整備

割賦販売…①自社割賦，②ローン提携販売，③信用購入あっせん，④前払式
特定取引（割賦販売法2条）

消費者保護 ― ①クーリングオフ（割賦販売法35条の3の10，特定
商取引法9条等，宅建業法37条の2）
②抗弁権の接続（割賦販売法30条の4，5）
③製造物責任（製造物責任法3条）

詐欺的商法と法…マルチ商法，無限連鎖講，サラ金問題，豊田商事事件⇒規
制立法⇒消費者契約法

金銭貸借と法…利息制限法と超過利息支払い部分の元本への充当,返還請求
利息制限法1条1項と出資法5条1項—グレーゾーン廃止へ
カード破産…最終的救済としての自己破産

3. 企業と法

企業法としての商法の特色…①営利性・有償性，②集団性・反復性・簡易迅
速性，③定型性，④公示主義，⑤外観主義，⑥
責任の加重

4. 経済と法

独占禁止法…(1)私的独占の禁止（独禁法2条5項，3条）
(2)不当な取引制限の禁止（独禁法2条6項，3条）
(3)不公正な取引方法の禁止（独禁法2条9項,19条）
(4)企業結合の制限（独禁法8条の4，9条〜16条）

カルテルに対する制裁…①刑事罰，②課徴金，③損害賠償
⇒独占禁止法の制裁強化

1. 経済取引と法

民法・商法・経済法 われわれの日常生活は，個人が商品を購入，所有あるいは借用し，それを利用したり，他人が提供する労働を利用するという形態で，つねに何らかの経済的な取引を通じて営まれる。この経済取引を規律する法律のうち，重要なものは民法の物権法，債権法および商法である（➡152頁）。一般市民間の財産関係については民法が適用される。これに対して，企業は，営利を目的として自らの計画に従い，反復・継続して経済活動を行う主体であり，多数の者との法律関係を有する。この特質から，企業組織および企業間相互の経済的利害関係に適用される法が商法である。

近代市民社会は，自由主義，個人主義を背景として，資本主義経済体制を発展させてきた。そこでは，すべての物が商品化され，等価交換という経済原則を前提とした商品交換によって生産関係が展開される商品交換社会である。しかし，資本主義経済社会における自由な競争は，大規模企業への生産・資本の集中をもたらし，独占資本を形成するに至り，実質的に不平等・不自由を生み出した。このような資本主義経済の矛盾・危機を回避するために，国家が経済に対して積極的に介入することが要請されるようになったのである。この目的のための法律が経済法である（➡31頁）。

2. 消費者保護

契約と消費者保護 消費生活は，取引の手段としての契約を通じて営まれる。契約は本来自由であるが（契約自由の原則➡157頁），現代の大量生産・大量販売・大量消費という経済構造は，消費者と供給者である事業者企業の非対等性をもたらし，消費者は弱い立場に置かれることになる。

一方の当事者が決めた契約内容に，他方の当事者が全面的に支配される契約を附合（附従）契約というが，その典型的な形が普通契約約款である。約款とは，企業があらかじめ用意した契約内容を記載した文書であり，消費者は個々の条項について承認するのではなく，全体を一括して応じるか否かを決

170 **Chapter 12** 経済取引と法

める。この方式は取引の合理化のために生じたのであるが，実質的には経済的強者である企業が，経済的弱者である消費者に，この方式による取引を強制するという内容を持っているため，これがどこまで通用するかが問題となる。ここに，契約自由の原則を修正して，国家が介入して消費者保護を図る必要性が生じる。

約款の規制としては，①一定事項について契約条件を法令で規制する立法的規制（消費者契約法2条），②約款の作成・変更を主務大臣の許可に係らせたり，行政指導により事業者団体を結成させ，約款の自主的基準を作成させるなどの行政的規制（保険業法4条等），③約款作成者のみに一方的に有利で，契約者にとって不当に不利な免責条項を裁判により無効とする司法的規制がある。次の最高裁判決は，自動車保険約款の免責条項を制限的に解釈すべきことを判示したものである。

判例〔37〕

交通事故通知義務懈怠を理由として損害塡補責任を免れるのは，信義誠実の原則に反する目的で事故通知がなされなかった場合に限られる（最判昭和62年2月20日民集41巻1号159頁）

〈事実〉　交通事故で死亡した被害者の妻Aらは，加害者B，Cおよび運行供用者（➡ Terms ⑰ 244頁）であるD会社に対し損害賠償請求訴訟を提起し，B，C，Dの責任が確定した。そこで，Aらは，無資力のDに代位して，Dが自家用自動車保険契約を締結していたE保険会社に対し保険金請求の本件訴訟を提起した。本件契約に適用される自家用自動車保険普通保険約款14条は，対人事故の場合の特則として，保険者が保険契約者または被保険者から事故内容の通知を受けることなく事故発生の日から60日を経過した場合には，保険者は事故に係る損害をてん補しない旨規定している。Dが本件対人事故をEに通知したのは，事故発生から約1年8ヶ月経過した後であったため，Eは，保険金支払義務を負わないと主張した。一，二審ともEが敗訴し，Eは上告した。

〈判旨〉　「本件上告を棄却する。…保険者又は被保険者が保険金を詐取し又は保険者の事故発生の事情の調査，損害てん補責任の有無の調査若しくはてん補額の確定を妨げる等保険契約における信義誠実の原則上許されない目的のもとに事故通知をしなかった場合においては保険者は損害のてん補責任を免れうるものというべきであるが，そうでない場合においては，保険者が前記の期間内に事故通知を受けなかったことにより損害のてん補責任を免れるのは，事故通知を受けなかったこ

とにより損害を被ったときにおいて，これにより取得する損害賠償請求権の限度に
おいてであるというべきであり，前記14条もかかる趣旨を定めた規定にとどまる
と解するのが相当である。…上告人は，右事故通知義務が懈怠されたことを理由と
して，本件事故による損害についてのてん補責任を免れないものというべきであ」
る。

　平成29年には民法が改正され，定型取引における定型約款のみなし合意規
定（548条の2），定型約款の内容の表示（548条の3），定型約款の変更（548
条の4）が規定された。

消費者基本法　消費者保護を目的として掲げた法律は，独占禁止法（昭和
22年⇨184頁），割賦販売法（昭和36年），家庭用品品質表示法，
景品表示法（昭和37年）など少数に限られていたが，昭和43年に消費者保護基
本法が制定された。同法は，「消費者政策の憲法」として機能してきたが，規
制緩和の進展，消費者トラブルの急増とその内容の多様化・複雑化，企業の
不祥事の続発に見られるように，消費者を取り巻く経済社会情勢が大きく変
化したことから，平成16年に改正され，名称も消費者基本法となった。同法
は，消費者の権利の尊重と自立の支援，事業者の適正な事業活動の確保と消
費者の特性への配慮，国際的な連携の確保，環境の保全への配慮という基本
理念（2条），消費者に対する必要な明確かつ平易な情報提供，取引における
公正確保，供給する商品・役務に関する環境保全への配慮，自ら遵守すべき
自主行動基準の策定による消費者の信頼確保といった事業者の責務（5条），
消費者政策を計画的・一体的に推進するための基本計画の策定（9条，27条），
安全の確保，消費者契約の適正化，消費者教育の充実等の基本的施策の充実・
強化（11条〜21条）などを新たに規定している。

割賦販売　割賦販売とは，代金の分割支払という点に特殊性をもつ売買の
一種である。割賦販売法は，割賦販売（2条1項），ローン提携
販売（2条2項），信用購入あっせん（2条3項，4項），前払式特定取引（2条
6項）の4種を規定する。割賦販売とは，購入者から代金を2か月以上の期間
にわたり3回以上に分割して受領することを条件として商品を販売すること
である。ローン提携販売とは，商品を販売するにあたり，販売業者が購入者
の返済を保証して保証委託契約を結び，金融機関から融資を受ける方式で，

172 **Chapter 12** 経済取引と法

販売業者は購入者と売買契約を，購入者は金融機関と金銭貸借契約を結ぶ。信用購入あっせんとは，狭義のクレジット販売であり，信販会社が購入者に代わって立替払をして商品の信用購入のあっせんをする方式で，購入者は販売業者と売買契約を，購入者と信販会社は立替払契約を，信販会社と販売業者は加盟店契約を結ぶ。この場合は，2か月を超える1回または2回払いも対象に含まれる。前払式特定取引とは，商品売買・指定役務の提供等の取引で，商品の引渡・役務の提供に先だって購入者・役務提供を受ける者から対価の全部または一部を2か月以上の期間にわたり，かつ3回以上に分割して受領するものである。

　割賦販売法は，特に個別信用購入あっせん取引に被害が集中していることから，平成20年に，個別信用あっせん業者の登録制(35条の3の23～35)，販売契約の調査義務(35条の3の5～7)，個別信用購入あっせん契約のクーリングオフ（35条の3の10～12)，与信契約の重要事項について不実の告知・故意の不告知の場合に契約の取り消しを可能にする(35条の3の13～16)，業者に対する消費者の支払い能力調査の義務付け，過剰与信の禁止（30条の2，35条の3の4)，クレジットカードの情報保護の強化(35条の16)，2か月以上にわたる長期信用であれば分割の回数によらず規制対象とする（2条)，指定商品・役務制を廃止し，原則としてすべての商品等を規制対象とする（2条5項，35条の3の60）などの改正が行われた。平成26年の改正により，加盟店におけるセキュリティ対策の義務化(35条の16等)，加盟店の情報交換制度(35条の20, 21)，クレジット契約についても特定商取引法と同様の措置を講じること(35条の3の12, 13）等が規定された。

消費者被害の救済　通常，契約が成立すると，両当事者の合意や債務不履行等の法定解除原因がなければ，一方的にこれを解除することはできない(民法540条)。これに対して，割賦販売，訪問販売，詐欺的商法等の被害から消費者を保護するために設けられたのがクーリングオフ制度である。これは，契約の締結に冷却期間を置き，一定期間が経過するまでは確定的効力が生じないとする制度である。この一定期間内にかぎり，消費者は書面により契約申込の撤回または契約の解除をすることができる（割賦販売法35条の3の10以下，特定商取引法9条等，宅地建物取引業法37条の2)。

2. 消費者保護　*173*

クーリングオフできるのは，契約書面への明記が義務づけられているクーリングオフの告知の日から起算して8日間である（海外先物取引は14日間，連鎖販売取引，業務提供誘引販売取引は20日間—特定商取引法40条，58条）。方式は，必ず文書で行う。クーリングオフできる商品・役務・権利は政令で指定するものに限定される場合もあるが（割賦販売法2条5項等），被害の拡大

Terms ⑩
解除・解約

どちらも契約当事者一方の意思表示によって契約の効力を解消することであるが，解除は，既存の契約の効力を遡及的に消滅させ，契約が初めからなかったと同様の法律効果を生じさせることである（民法540～548条）。これに対して，解約は，賃貸借等の継続的債権関係を終了させ，その効力を将来に向かって消滅させることである（民法617条等）。

に伴い指定商品は拡大されている。ただし，通信販売はクーリングオフの対象とはならない。なお，行政窓口として，県，市，区に消費生活センターが設けられている。平成20年の国民センター法改正により，国民生活センターは紛争解決委員会を設置し，平成21年4月からADR（裁判外紛争解決手続き）の制度が始まった。平成21年には，消費者行政を一元化するものとして，消費者庁が設置された。平成24年には消費者安全法が改正され，消費者の命に関わる重大な事故の原因究明や再発防止を図る「消費者安全調査委員会」が新設された。

　また，割賦販売法に定める一定額以上の指定商品を信用購入あっせんおよびローン提携販売の方法で購入した者は，購入した商品に欠陥などがあった場合，販売業者に対してだけでなく，立替払い契約をしたクレジット会社やローン提供業者に対しても，商品に欠陥等のあることを主張して，代金の支払いを拒むことができる（抗弁権の接続—割賦販売法29条の4第2項，30条の4）。さらに，平成7年には，製品事故による被害者の救済という観点から，従来の過失責任主義による不法行為責任に加えて，製品の欠陥を原因とする責任を認める製造物責任法が施行された（➡241頁）。

詐欺的商法と法　詐欺的・悪徳商法の場合は，詐欺による契約の取り消しや（民法96条），公序良俗違反による契約の無効（民法90条）が認められる場合も多いが，その被害が社会問題となり，多くの被害者が出ると，国は，これに対処するために新たに規制法を制定してきた。例えば，昭

174　**Chapter 12**　経済取引と法

> ### Reference ㉝
> **マルチ商法（連鎖販売取引）**
> 入会金・加盟料の名目で一定額を投資して販売組織に加入して商品販売の権利を取得し，商品販売で利益を得ると同時に，新規加盟者を入会させたり，自分が入会させた加盟者がさらに加盟者を獲得すると，紹介料その他各種利益を受ける仕組，つまり新規加盟者をネズミ講式に増やしつつ商品販売を行う方法である。しかし，組織拡大には限度があり，必ず行き詰まって，最後には多数の被害者を出す。

和28年にヤミ金融機関が一般大衆に投資を勧めて45億円を集めて倒産した保全経済会事件を契機として，翌29年に「出資の受入・預り及び金利等の取締に関する法律」（出資法）が制定された。昭和40年代に入って，マルチ商法（連鎖販売取引）が社会問題となり，昭和51年に，「訪問販売等に関する法律」（訪問販売法）が制定され，実質的に禁止の規制がなされている。同じ時期に，いわゆるネズミ講事件が問題となり，昭和53年に，「無限連鎖講の防止に関する法律」が制定された。昭和50年代には，サラ金問題を契機として，昭和58年に「貸金業の規制等に関する法律」（貸金業規制法）が制定され，同時に出資法の改正が行われた。昭和60年ごろから金の現物まがい商法として問題となった豊田商事事件との関連では，昭和61年に，「特定商品等の預託等取引契約に関する法律」が制定された。平成5年には，ゴルフ会員権をめぐるトラブルを防止するために「ゴルフ場等に係る会員契約の適正化に関する法律」が制定された。平成11年には，深刻な社会問題となっていた欠陥住宅の発生防止のために「住宅の品質確保の促進に関する法律」が制定された。平成12年には，金融サービスの利用者の保護を図るために「金融商品の販売に関する法律」が制定された。平成19年には，新築住宅の請負契約の請負人である建設業者，売買契約の売主である宅地建物取引業者に対して，瑕疵担保責任の履行の確保を図るための資力確保の措置として，瑕疵担保保証金の供託または瑕疵担保責任保険契約の締結を義務付ける「特定住宅瑕疵担保責任の履行確保に関する法律」が制定された。判例〔38〕（➡175頁）は，紹介型マルチ商法に関するものであり，その後昭和63年の訪問販売法の改正により規制がなされるようになったものである。

2. 消費者保護 *175*

判例〔38〕

無限連鎖講防止法が禁止する射倖性の強い反社会的な金銭配当契約は無効である（名古屋高裁金沢支判昭和62年8月31日高民集40巻3号53頁）

〈事実〉　A会社は仕入価格18000円程度の印鑑セットを18万円で販売し，購入者は1000円の入会金を支払ってAの主宰する会に入会すると，後続会員3名を勧誘して入会させれば，広告宣伝費の名目で5万円の還元金が受領でき，さらに3名の孫会員を勧誘入会させれば15万円の還元金が受領でき，以下同様に5代目の子孫に相当する最高合計会員数363名に達したときは合計605万円の還元金を受領できるという商法を行っていた。信販会社Bはこれを知ったうえでAと加盟店契約を結び，Aからの購入者と立替払契約を結んで購入代金を立替払していた。購入者Xは，Bに対して立替払債務不存在確認の訴えを提起したのに対して，Bは，反訴として立替金の支払を請求した。

〈判旨〉　本件各売買契約は，通常の商品売買契約と連鎖型（ネズミ講式）金銭配当契約が合体したものである。「本件金銭配当契約は，連鎖型金銭配当組織の一環としてなされたものであり，…商品の販売に名を借りた金銭配当組織であり，無限連鎖講の防止に関する法律により禁止された無限連鎖講の実体を備えるものと解するのが相当である。…右金銭配当契約の部分については，無限連鎖講を禁止した法の趣旨に反する極めて射倖性の強い反社会的な契約というべきであるから，この部分は公序良俗に反する無効なものと認めるのが相当である。…その事実を知りながら，右無効な契約の履行（立替払）を目的として立替払契約を締結した場合は，右立替払契約は公序良俗に反する金銭配当契約の履行を支持・助長することになって，それ自体公序良俗違反性を帯び，これも同様の理由で無効とすべきものである。」

同法は，平成12年に改正され，内職・モニター商法規制の新設により，6種類の多様な取引類型を対象にすることになったため，特定商取引に関する法律」（特定商取引法）と改称された。現在，特定商取引とは，訪問販売，通信販売，電話勧誘販売（2条），連鎖販売（33条），エステティックサロン，外国語教室，学習塾，家庭教師派遣，パソコン教室，結婚相手紹介サービス，美容医療の7種類を対象とする特定継続的役務提供（41条），業務提供誘引販売＝内職・モニター商法（51条），訪問購入＝「押し買い」（58条の4以下）をいう。訪問販売には，路上で声をかけるキャッチセールス，電話で呼び出して喫茶店や営業所などで商品を販売するアポイントメント商法，催眠商法など

176　**Chapter 12**　経済取引と法

が含まれる。また，これとは別に，注文しないのに商品を送りつけて，消費者の誤解に乗じて代金を支払わせるネガティブ・オプションが規制されている（59条）。

　特定商取引法は，高齢者に対するクレジットを利用した訪問販売，返品をめぐるトラブル，クレジットカード情報の漏えいなど，新たに生じた問題に対処するために，平成20年に，拒絶の意思を表示した者に対する再勧誘の禁止（3条の2），通常必要とされる分量を著しく超える契約の1年間の解除可能性（9条の2），承諾していない者に対する電子メール広告提供の禁止（12条の3），返品に関する特約表示のない場合における，商品を受け取った日から8日間の消費者による契約解除の可能性（15条の3），指定商品・役務制を廃止して原則適用方式を導入する（2条，26条）などの改正が行われた。

　平成28年には，過量販売撤回権・解除権が電話勧誘販売にも拡張され（24条の2），また，悪質事業者への対策の実効性の強化のために，業務禁止制度が新設され（8条の2），業務停止制度が強化され（8条），行政調査に対する権限が強化され（66条），送達・指示制度が整備され（66条の5，7条），取消権の期間が延長された（24条の3）。

　なお，インターネット・ショッピングなどの電子商取引の普及に伴い，平成13年には，電子消費者契約および電子承諾通知に関する民法の特例に関する法律」（電子消費者契約法）が制定された。同法は，消費者に重大な過失があっても，操作ミスに起因する錯誤の場合に契約の無効を主張できるものとする（3条—民法95条の特例）。また，利用者が他人に成りすます問題を解消するために，平成12年に「電子署名及び認証業務に関する法律」が制定された。

消費者契約法　　平成12年には，新たな取引形態の出現や商品の複雑化に伴い増加する消費者契約に関するトラブルから消費者を保護するために，消費者契約法が制定された。同法は，特定の事業分野に適用範囲を限定したこれまでの特別立法とは異なり，消費者と事業者との間で締結される契約（消費者契約）のすべてを適用対象とし（2条3項）。民法とは別に契約の取消・無効原因を規定する。具体的には，契約締結の勧誘に際し，重要な事項について事業者が事実と異なることを告げ，不確実な事項について断定的判断を提供し，消費者に不利益な事実を故意に告げなかった場合や，事業

者が退去せず，消費者を退去させないことにより誤認・困惑して契約の申込・承諾の意思表示をしたときは，これを取り消すことができる（4条）。また，事業者の賠償責任を一方的に軽くするような消費者に不当に不利な契約条項は無効となる（8条，10条）。10条を根拠として建物賃貸借契約における敷引特約および更新料特約を無効とした裁判例も現れている（京都地判平成21・7・23判時2051号119頁。ただちに無効とはいえないとするものとして，最判平成23・3・24民集65巻2号903頁）。

　平成28年には，過量な内容に関する意思表示の取消権（4条4項），不実告知取消権の対象となる「重要事項」の拡大（4条5項），短期消滅時効の延長（7条1項），新たな差止請求の対象（12条）等の改正がなされた。

　なお，近年における不当景品類および不当表示防止法や特定商取引法に違反する消費者被害が多発しているところから，これに対処するために，平成20年に消費者契約法が改正され，一層の消費者の利益擁護を図るために，内閣総理大臣が認定する適格消費者団体による差止請求を可能にする消費者団体訴訟制度が導入された（12条以下）。平成25年には，消費者契約に関して多数の消費者に生じた財産的被害の効果的な集団的回復のために，特定適格消費者団体が被害回復裁判手続を追行することができることにすることにより，消費者の利益の擁護を図ることを目的として，消費者の財産的被害の集団的な回復のための民事の裁判手続の特例に関する法律（消費者裁判手続特例法）が成立した。

　平成30年には，取り消しうる不当な勧誘行為に，就職や容姿などについて不安をあおる行為やデート商法等が追加された（消費者契約法4条3項3号）。

金銭貸借と利息　民法では，利息は「契約自由の原則」の枠内の問題であり，公序良俗（90条）に違反しない限り自由であるが，利息制限法は，一定利率をこえる利息契約を，その超過部分につき無効とする（1条1項➡159頁）。しかし，超過部分が任意に支払われた場合は，その返還を請求することはできないとされていた（同条2項―平成18年廃止）。では，超過部分を元金に充当することはできるであろうか。判例は，初めは元金への充当を否定したが（最大判昭和37年6月13日民集16巻7号1340頁），その後これを肯定するに至った（最大判昭和39年11月18日民集18巻9号1868頁）。さらに，元金

178 **Chapter 12** 経済取引と法

に充当していって債務がゼロになった以後に支払われた利息の返還も認めている（➡判例〔39〕）。

判例〔39〕

利息制限法の制限超過利息支払部分の元本への充当による計算上の元本完済以後に支払われた金額は，その返還を請求することができる（最大判昭和43年11月13日民集22巻12号2526頁）

〈事実〉　Xは，Yに対する金銭消費貸借上の債務につき，利息制限法所定の利率をこえて支払をしたが，その超過部分を元本の支払に充当計算すると，既に貸金債権は完済されているのに，それ以後も支払った。Xはその支払当時債務の不存在を知らなかった。そこで，Xは，債務の不存在の確認と完済以後の支払額の返還を求めて訴えを提起した。原審が返還を命じたのに対して，Yが上告した。

〈判旨〉　「利息制限法1条，4条の各2項は，債務者が同法所定の利率をこえて利息・損害金を任意に支払ったときは，その超過部分の返還を請求することができない旨規定するが，…債務者が利息制限法所定の制限をこえて任意に利息・損害金の支払を継続し，その制限超過部分を元本に充当すると，計算上元本が完済となったとき，その後に支払われた金額は，債務が存在しないのにその弁済として支払われたものに外ならないから，この場合には，右利息制限法の法条の適用はなく，民法の規定するところにより，不当利得の返還を請求することができるものと解するのが相当である。」

利息制限法は，年15％～20％を超える利息契約を無効とするが，出資法5条1項は，年109.5％を越える利息契約をした場合に，貸主を処罰していた。

Reference ㉞
自己破産

債務者自ら申し立てた破産であり，裁判所が「支払不能」と判断すると，債務者を破産者と宣告する。破産者に財産がない場合は破産廃止決定が出され，破産者は，免責復権するまでの間は弁護士，後見人等になれない。免責が許可確定すると，弁済できない残債務の全部を免除され，免責は同時に復権効果をもつ。

この両制限の間は，裁判によって利息の支払いを請求することはできないが処罰されることはない，いわゆるグレーゾーンといわれていた。また，貸金業規制法43条は，一定の要件の下で，債務者が利息として任意に支払った制限超過利息の支払いを有効な利息の債務の弁済とみなすと規定していた（平成18年廃止）。この場合，超過部分の返

還請求も，元本への充当も否定されることになる。そのために多重債務問題が深刻化した。これに対して，判例は，特段の事情がない限り，制限超過利息部分の支払いは任意性が否定されるとし（最判平成18・1・13民集60巻1号1項），これによりみなし弁済規定の適用の余地は実質的に否定されることになった。

また，平成18年に，貸金業規制法は貸金業法として改正され（平成22年完全施行），貸金業者の業務の適正化のために，貸金業への参入条件につき，純資産額を5000万円以上に引き上げ（6条），自主規制機関として全国組織の貸金業協会を設立して自主規制ルールを制定させ(25条〜41条の12)，日中の執拗な取り立て行為を禁止し（21条），契約内容を説明する書面の交付を義務付ける（16条の2）など，債務者保護のための規制を強化し，指定信用情報機関制度を創設して，貸金業者が借り手の総借入残高を把握できる仕組みを整備し(41条の13〜38)，年収等を基準にその3分の1を超える貸し付けを原則禁止する総量規制を導入し(13条〜13条の4)，みなし弁済制度を廃止するとともに，出資法の業として行う高金利の罪の刑罰金利を年利20％に引き下げ（出資取締法5条の2），年利54.75％の日賦貸金業者の特例，電話担保金融の特例は廃止された（出資取締一部改正法附則8項，11項，14項〜16項）。

破産　昭和50年代には，サラ金などによる借金苦を理由とする「ローン破産」の破産件数が増加して大きな社会問題となったが，昭和58年に貸金業規制法が制定されてからは，破産件数は激減した。最近になって，これに代わって増加の兆しが顕著になってきたのが，クレジットを過剰に利用し，その返済のためにサラ金などのローン利用による「カード破産」である。このような場合の最終的な救済方法として，自己破産による借金整理の方法がある。

3. 企業と法

企業　企業は，営利を求めて活動する。この営利目的の企業の活動が企業取引または商取引である。企業活動は，常に営利目的であるために，集団的・反復的・継続的に，また計算的・専門的・合理的・技術的

180 **Chapter 12** 経済取引と法

> --------- **Terms ⑪** ---------
> **商行為**
> 商行為とは，実質的には企業取引を
> 意味するが，商法上は，行為の客観
> 的性質から，それ自体商行為とされ
> る絶対的商行為（商法501条），行為
> 者が営業とすることにより商行為と
> される営業的商行為（502条）とが
> あり，この二つが基本的商行為とい
> われる。さらに，商行為をなすこと
> を業とする者＝商人が営業のために
> する附属的商行為（503条）がある。

に行われる必要性から，企業活動については特別の取り扱いが必要となる。この企業活動に関して適用されるのが商法である。商法は，企業活動の特質に応じて常に進歩的であるために，他の基本法と比較して頻繁に改正が行われている。この企業活動に関する法の特色は以下のとおりである。

営利性・有償性 企業の目的は営利＝利潤の追求にあるため，商法は営利性を強調し，行為はすべて有償であることを原則とし（512条），商人＝企業間で行われる金銭消費貸借の場合には，当然に法定利息を請求できる（513条）。また，民法では禁止されている流質契約（349条）も，商法では許されている（515条）。

集団性・反復性・簡易迅速性 民法では，代理人がその資格において意思表示する場合には，相手方に対し，本人のためにすることを示さなければならない（99条）。これに対して，商取引は個性に乏しく，繁雑を避けるために，この方式を踏まなくても効力が生ずる（商法504条）。

定型性 企業活動は，営利目的のために多数の者を相手方として，集団的・反復的・簡易迅速に行われるために，取引においては，契約締結の方式が画一化・機械化され，取引の内容・効果が定型化され，契約自由の原則が制約されていることが多い。この点で最も問題となるのが普通契約約款である（➡169頁）。

公示主義 簡易迅速な取引を可能にし，取引の安全を期するために，商法は，企業に対し一定の重要な事項について登記すること（商業登記―8条以下，株式会社設立登記―会社法49条）や，公告義務（貸借対照表の公告―会社法440条1項等）を定めている。

外観主義 大量の取引を迅速・安全に行う必要性があるため外観主義が採られる。外観主義とは，外に現れない真実より外に向かって表示された外観に優位を認め，それに対する信頼を保護することをいう。これ

3. 企業と法　*181*

は，例えば，不実の登記の効力（商法
9条2項），名板貸の責任（14条），表
見代表取締役の行為（会社法354条）な
どに関する規定に現れている。

責任の加重　取引の迅速・安全の保
護を図るために，商法
は，企業に対して，一般私人間の取引
の場合よりも重い責任を課している。
契約の申込を受けた者の受領物品保管
義務(510条)，多数債務者間または債

> **Reference ㉟**
> **名板貸**
> 名板貸とは，自己の氏名・商号等を用
> いて営業することを他人に許諾する
> ことをいい，許諾した者（名板貸人）
> は，自己が営業していなくても，名板
> 貸人を営業主と誤認して取引した善
> 意の第三者に対して，その取引によ
> って生じた債務について，商号等の
> 使用者と連帯して弁済の責任を負わ
> なければならない（商法14条，会社
> 法9条）。

務者と保証人の連帯債務(511条)，買主の目的物の検査と瑕疵通知義務(526
条)，寄託を受けた商人の善管注意義務（595条）に関する規定がその例であ
る。

会　社　近年，会社法制は，企業統治(コーポレート・ガバナンス)の実効性
の確保，高度情報化社会への対応，企業の資金調達の改善，企業
活動の国際化への対応の観点から大幅な改正が相次ぎ，頻繁な改正により生
じた諸制度間の規律の不均衡の是正，最近の社会経済情勢の変化に対応する
ための各種制度の見直しを図るために，平成17年に「会社法」が制定された。
　企業形態として商法が認めるのは，個人企業と持分会社（合名会社，合資会
社,合同会社),株式会社である。会社とは，営利を目的とする社団法人(共同目
的のために結合した人の集団)である。合名会社とは，会社に対して一定の出資
義務を負う他，会社の債権者に対して直接無制限責任を負う社員（無限責任
社員—会社法580条1項）のみで構成される会社(会社法576条2項)をいう。な
お，会社法は，それまで禁止されていた，法人が無限責任社員となることを
認め（会社法576条1項4号），1人会社の設立・存続を認めている（会社法641
条4号）。合資会社とは，無限責任社員と，会社の債権者に対して，会社に出
資することを約束したがまだ履行していない金額を限度として会社の債務に
ついて直接責任を負う社員（有限責任社員—会社法580条2項）とで構成される
会社であり（会社法576条3項），無限責任社員の経営する会社に有限責任社員
が出資し，利益の配当を受ける会社をいう。合同会社とは，有限責任社員の

182 **Chapter 12** 経済取引と法

みで構成される会社であり（会社法576条4項），社員は出資義務を負い（会社法578条），出資の払い戻し請求はできない（会社法632条）。

会社法は，合名会社，合資会社，合同会社を持分会社とする（会社法575条1項），持分会社の特徴は，①社員全員が業務執行権と代表権を有する（会社法590条1項，599条1項），②定款の作成・変更，持分の譲渡，新たな社員の加入は全社員一致を要する（会社法575条1項，637条，585条1項，604条），③議決権は出資割合と切り離して1人1議決権である（会社法590条2項），④会社の内部関係の規律については原則として定款自治が認められ，会社の機関についての規制がないなど，その制度設計が自由である点にある。

また，会社法は，それまでの有限会社を廃止し，新たな株式会社の類型として統合した（既存の有限会社は特例有限会社として維持される）。株式会社とは，会社に対して株式の引受価額を限度とする出資義務を負う以外，会社債権者に対して責任を負わない社員(株主)のみで構成される会社をいう。株式会社の特徴は，株式と株主の有限責任とにある。株式とは，株式会社の社員の地位をいい，細分化された均等な割合的単位の形をとっている。この株式の所有者が株主である。株主は，会社に対して株式の引受価額を限度とする出資義務以外の義務はない(株主の有限責任—会社法104条)。株式会社は，その発行する株式の全部が譲渡制限株式である株式譲渡制限会社と，その発行する株式の全部または一部が譲渡制限株式ではない公開会社（会社法2条5項）とに分けられる。

株式会社の設立については，設立時における払込価額規制としての最低資本金制度が撤廃され，余剰金配当規制として300万円の純資産額規制が設けられた（会社法458条）。

株式については，定款の定めにより株式の種類ごとに譲渡制限が付けられることとされ（会社法108条1項4号），株式の譲渡制限制度における定款自治の範囲が拡大された。また，議決権制限株式の発行限度について，公開会社は発行済み株式総数の2分の1であるが，株式譲渡制限会社には発行限度はない（会社法115条）。

株主には，株主総会における議決権，責任追及権(代表訴訟権)，差止請求権，帳簿閲覧権等の監督是正権，利益配当請求権，残余財産の分配請求権などが

ある。また，株主は株式を自由に譲渡できる（株式譲渡自由の原則）。

株式会社の機関としては，意思決定機関としての株主総会，執行機関としての取締役，取締役と共同して計算書類などを作成する会計参与，監督機関としての監査役，会計監査人，取締役会を中心として構成される３委員会（取締役候補者の人選をする指名委員会，会社の業務執行を監査する監査委員会，取締役等の職務執行の対価を決定する報酬員会）がある。取締役会の中に，社外取締役が過半数を占める３委員会を必置し，業務執行を担当する役員としての執行役を置き，取締役会決議事項についての決定権を取締役会が執行役に大幅に委任することを許容するとともに監査役を置かない会社を指名委員会等設置会社という（会社法２条12号，400条以下）。平成26年の改正により，３人以上の取締役からなり，かつ，その過半数を社外取締役とする監査等委員会設置会社が創設された（２条の11号の２）。

会社法は，既存の有限会社の簡素な機関設計（株主総会と取締役のみ）の選択を可能にするなど，大幅な柔軟化を

Reference ㊱
責任追及等の訴え（株主代表訴訟）

株主代表訴訟とは，個々の株主が自らの会社のために取締役の会社に対する責任を追及する会社の権利を行使して訴えを提起する訴訟をいう。株主は会社の機関として訴訟を提起するものであり，勝訴しても株主自身は何ら直接的な利益を受けるものではなく，負担したものがすべて返還されるものではなかった。また，株主は自らその訴訟費用を用意しなければならず，請求が認容された場合に会社に給付される利益が訴訟の目的額であるとすると，手数料は巨額なものとなりうることなどから，これまであまり活発に利用されてこなかった。そこで，株主による会社の業務執行に対する監督是正機能をより強固にするために，平成５年に改正され，現在では，訴訟の目的の価額を160万円に法定化し（会社法847条の４第１項，民事訴訟費用法４条２項），手数料を13000円とし，相当額の弁護士報酬に加えて，訴訟提起に伴う調査費用等の必要費用についても，株主が会社に請求することができるものとされている（会社法852条１項）。会社法では「責任追及等の訴え」と呼ばれ（847条），対象となる役員が拡大され（同条１項），会社の被告取締役への補助参加（849条２項），株主の原告適格（851条）が規定された。持分会社における責任追及の訴えについては，602条が存在する。

図るとともに，取締役とともに計算書類などを作成する会計参与の制度を設けた。具体的には，公開会社であるか否か，大会社であるか否かにより選択しうる機関設計は区分されるが，その原則は，次のとおりである。①すべて

184 **Chapter 12** 経済取引と法

の株式会社には取締役を設置しなければならない（会社法326条1項）。②取締役会を設置する場合には，監査役を設置しなければならない。ただし，大会社以外で公開会社でないもので，会計参与を設置する場合はこの限りでない（会社法327条2項）。③公開会社には，取締役会を設置しなければならない（会社法327条1項1号）。④監査等設置会社および指名委員会等設置会社は，監査役を設置することはできない（会社法327条4項）。⑤会計監査人設置会社は，監査役を設置しなければならない（会社法327条3号）。⑥監査等委員会設置会社および指名委員会等設置会社は，会計監査人を設置しなければならない（会社法327条5項）。⑦指名委員会等設置会社は，監査等委員会を設置することができない（会社法327条6項）。⑧大会社は，監査役会および会計監査人を設置しなければならない（会社法328条1項）。

　株主総会は，取締役等の役員，会計監査人を選任するほか，会社の組織・運営等に関する重要事項について決定する。取締役会設置会社においては，3人以上の取締役が必要であり（会社法331条5項），業務執行と代表は，取締役会の選任する代表取締役に委ねられるが，取締役会は必置の機関ではなく1人でもよい（326条1項）。取締役には，競業取引および利益相反取引の制限（会社法356条），会社・第三者に対する損害賠償責任（会社法423条，429条）などの重い責任が課せられている。会計参与は，中小規模の株式会社における計算の正確さの確保に資するための制度であり，すべての株式会社において任意に設置することができる（会社法326条2項，329条）。監査役は，取締役・会計参与の職務執行を監査する（会社法381条）。会計監査人は，株式会社の計算書類の作成が適正になされているか否かを監査する（会社法396条）。大会社，指名委員会等設置会社についてはその設置が義務付けられ（327条5項，328条），大会社，指名委員会等設置会社以外の会社においては，定款によりその設置を行うことができる（326条2項）。

　このように，会社の共同所有者ともいうべき株主が自ら経営にあたらず，これを他に委ねる現象を所有と経営の分離という。この株式会社の制度は，公開的企業形態として大衆の投資を吸収し，大企業経営を行うのに便利である。したがって，株式会社は，株主の個性は問題ではなく資本に重きを置かれる物的会社の典型である。

4. 経済と法

独占禁止法　「私的独占の禁止及び公正取引の確保に関する法律」(独占禁止法)は，自由な市場における自由な競争原理の確立と，その制度的保障を担保するための経済法である。同法は，公正かつ自由な競争秩序の確保により，経済的弱者である一般消費者の利益・権利の擁護を図り，その実質的平等と対等な取引上の地位の保障の要請に応え，よって国民経済の民主的で健全な発達を促進することを目的とする (1条)。公正な競争秩序維持のために，事業者による私的独占，不当な取引制限 (3条)，不公正な取引方法 (19条)，企業結合等が禁止ないしは制限されている (9条以下)。これにより，法は市場原理が有効に機能することを期待しているのである。

独占の禁止　私的独占とは，単数または複数の事業者が他の事業者の事業活動を排除・支配することをいう(独占禁止法2条5項)。排除とは，他の事業者の事業経営を継続困難にさせたり，新たな競争者の市場への参入を困難にする行為であり，支配とは，他の事業者に制約を加え，その事業活動における自由な決定を奪うことである。違反行為に対しては，①公正取引委員会の排除措置命令(7条1項)，②違反者に対する刑事罰(89条1項1号)，③被害者に対する無過失損害賠償責任 (25条)，④課徴金納付命令 (7条の2) が認められている。

不当な取引制限とは，事業者が他の事業者と共同して，相互にその事業活動を拘束しまたは遂行することにより，公共の利益に反して，一定の取引分野における競争を実質的に制限することである (2条6項)。これは，競争制限，市場支配力がもたらされる複数の事業者による共同行為＝カルテルを規制対象としている。カルテルは，事業者が共同して市場価格を引き上げたり，生産数量や販売数量を制限しようとする行為である。

Terms ⑫
審決

審決とは，行政機関が裁判手続に準ずる審判手続を経て行う公権的判断で，準司法的性格をもつ一種の行政処分である。しかし，平成25年の独占禁止法の改正により，公正取引委員会が行う審判制度は廃止され，排除命令等の行政処分にかかる不服審査は，行政事件訴訟法上の抗告訴訟として，東京地方裁判所の専属管轄とされる (85条)。

186 **Chapter 12** 経済取引と法

　違反行為に対しては，①公正取引委員会の排除措置命令，②違反者に対する刑事罰，③被害者に対する無過失損害賠償責任，④価格カルテル等に対する課徴金の納付命令（7条の2，8条の3）が認められている。公正取引委員会による刑事告発がなされたのは少数にとどまる。その一つの例が，次の石油ヤミカルテル事件である。

判例〔40〕

通産省の行政指導が行われていたとしても，通産省に了承された限度一杯まで各社一致して石油製品の価格を引き上げることの合意は，不当な取引制限にあたる──石油ヤミカルテル事件──（最判昭和59年2月24日刑集38巻4号1287頁）

　〈事実〉　石油製品元売り各社は，昭和46年ごろから始まったOPECの原油値上げに伴い，値上がり分を石油製品価格に転嫁しようとして，昭和47年末ごろから翌48年末にかけて，数回会合を開き，昭和48年中に5度にわたって石油製品の各油種の値上げ幅および値上げの実施時期について協定した。これが独占禁止法3条の不当な取引制限の罪で起訴された。第一審がこの罪の成立を認めたのに対して，被告人側が上告した。

　〈判旨〉　「各事業者の従業者等が，…業界の希望案を合意するに止まらず，その属する事業者の業務に関し，通産省の了承の得られることを前提として，了承された限度一杯まで各社一致して石油製品の価格を引き上げることまで合意したとすれば，これが…不当な取引制限行為（共同行為）にあたることは明らかである。…被告人らは，それぞれの所属する被告会社の業務に関し，その内容の実施に向けて努力する意思をもち，かつ，他の被告会社もこれに従うものと考えて，石油製品価格を各社いっせいに一定の幅で引き上げる旨の協定を締結したというのであり，…かかる協定を締結したときは，各被告会社の事業活動がこれにより事実上相互に拘束される結果となることは明らかであるから，…『相互にその事業活動を拘束し』の要件を充足し，…『不当な取引制限』行為にあたる…。『公共の利益に反して』とは，原則としては同法の直接の保護法益である自由競争経済秩序に反することを指すが，現に行われた行為が形式的に右に該当する場合であっても，右法益と当該行為によって守られる利益とを比較衡量して，…同法の究極の目的（同法1条参照）に実質的に反しないと認められる例外的な場合を右規定にいう『不当な取引制限』行為から除外する趣旨と解すべきであ」る。「価格に関する事業者間の合意が形式的に独禁法に違反するようにみえる場合であっても，それが適法な行政指導に従い，これに協力して行われたものであるときは，その違法性が阻却されると解

4. 経済と法　187

するのが相当である。…本件において，…行政指導に従いこれに協力して行われたものと評価することのできないことは明らかである。したがって，本件における被告人らの行為は，行政指導の存在の故にその違法性を阻却されるものではない。」

不公正な取引方法とは，①不当な差別的取扱い，②不当対価取引，③不当な顧客誘引または取引強制，④相手方事業活動の不当な拘束，⑤自己の取引上の地位の不当な利用，⑥競争関係に

> **Terms ⑬**
> **課徴金**
> 課徴金とは，国が行政権・司法権に基づき国民に賦課し，国民から徴収する金銭的負担で，税金以外のものをいう。課徴金はすべて法律または国会の議決に基づいて定めなければならない（財政法3条）。行政権に基づくものには，手数料・使用料・納付金等があり，司法権に基づくものには，罰金・科料・裁判費用等がある。独占禁止法7条の2の場合は，行政庁が違反事業者から一定額を一方的に徴収するものである。

ある事業者の取引の妨害等の一つに該当する行為であって，公正な競争を阻害する虞れがあるもののうち，公正取引委員会が指定するものをいう（2条9項）。指定には，あらゆる業種に適用される一般指定（昭和57年公取委告示15号）と，新聞，百貨店等の特定の業種のみに適用される特殊指定とがある。違反行為に対しては，排除措置命令，課徴金納付命令，無過失損害賠償責任が認められている（20条，20条の2以下，25条）。

独占禁止法には，企業結合による会社間の支配・結合関係の結果，市場支配力が形成されることを防止するために，①企業結合の規制として，会社および会社以外の者の株式保有の制限（10条，14条），役員兼任の制限（13条），会社合併，事業譲受等の制限(15条，16条)，②経済力集中の規制として，持株会社の規制（9条），大規模会社の株式保有総額の規制（9条5項），金融会社の株式保有制限（11条），③独占状態の規制として，独占状態にあるときは，公正取引委員会が当該事業者に対し，事業の一部の譲受等の競争の回復に必要な措置を命ずる競争回復措置命令規定がある（2条7項，8条の4）。

カルテルに対する制裁強化　カルテルに対する制裁としては，前述のように（➡185頁），①刑事罰，②課徴金，③損害賠償などがあるが，課徴金は，独占禁止法違反のカルテルが価格に影響するものであるとき，カルテルによる経済的利益を国庫に納入させるものである。近年，その機能が再検討され，

188 **Chapter 12** 経済取引と法

独占禁止法の強化とともに，平成3年には課徴金の一定率が引き上げられ（7条の2），平成5年には法人に対する罰金額も大幅に引き上げられた（95条）。

しかし，産業界には，談合・横並び体質が依然として残存しており，新規参入による競争が妨げられている状況にあるところから，平成17年には，課徴金算定率の引き上げ（独占禁止法7条の2），課徴金対象範囲の拡大・明確化（同条1項），課徴金減免制度の導入（同条7項〜9項），犯則調査権限の導入（101条以下），審判手続の改正（49条，52条，70条の9，10）などを内容とする独占禁止法の改正が行われた。さらに，平成21年には，執行力・抑止力の強化を図るために，排除型私的独占に対する課徴金の導入（独占禁止法7条の2第4項），不公正な取引方法のうちの5類型（共同の取引拒絶，差別対価，不当廉売，再販売価格の拘束，優越的地位の濫用）に対する課徴金の導入（2条9項1〜5号，20条の2〜6），不当な取引制限における主導的役割に対する課徴金の加重（7条の2第8項）と課徴金減免制度の拡充（同条11項〜13項），企業結合届出制度の整備（10条2項，15条の3第2項），不当な取引制限等の罪の法定刑の引き上げ（89条）などの改正が行われた。平成25年には，公正取引委員会が行う審判制度の廃止，新たな不服申立制度の整備（取消訴訟方式），排除措置命令等の行政処分を行う際の意見聴取手続等の整備に関する改正が行なわれた。

なお，平成28年の改正により，違反行為者と公正取引員会が合意することにより事件を解決する確約手続—違反行為の疑いがある者が排除計画を申請し，公正取引委員会によりこれが十分であると認定された場合には，排除措置命令および課徴金納付命令は行われない（48条の2以下）—が導入された。

Chapter 13

家族と法

> ## Essence
>
> **1. 家族と法**
>   家族に関する紛争…家庭裁判所―調停前置主義（家事事件手続法257条1項）
>   家事事件手続法―調停（同244条）と審判（同73条）
>
> **2. 夫 婦**
>   婚姻の成立…形式的要件（民法739条）と実質的要件（民法731条～737条）
>   効果…身分的効果（民法750～754条）と財産的効果（民法755条～762条）
>   婚約…婚姻予約―不当破棄⇒損害賠償責任
>   内縁…婚姻予約⇒準婚として保護
>   離婚…協議離婚（民法763条），調停離婚，審判離婚，裁判離婚（民法770条）
>   離婚原因…有責主義⇒破綻主義
>   効果―復氏（民法767条），財産分与（民法768条），慰謝料（民法710条）
>
> **3. 親 子**
>
>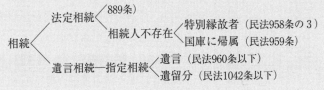
>
> **4. 相 続**
>   家督相続，長男子単独相続⇒財産相続，共同相続，均分相続
>   相続人存在⇒配偶者（民法890条），血族（民法887条，889条）
>   法定相続
>   相続   相続人不存在―特別縁故者（民法958条の3）
>   国庫に帰属（民法959条）
>   遺言相続―指定相続―遺言（民法960条以下）
>   遺留分（民法1042条以下）

190　**Chapter 13**　家族と法

1. 家族と法

家　　族　家族とは，夫婦・親子から成り，社会における共同生活の単位となる血縁の集団である。この家族および親族の生活関係を規律する法を家族法という（➡152頁）。明治憲法下の家族法は，「家」の制度を定め，その家長たる戸主が家を統率・支配する戸主権をもち，財産を所有・管理し，家督相続により，戸主権と全財産を長男が新戸主として一括相続した。また，妻は法律上無能力者として扱われ，一方的に貞操義務を負わされていた。これに対して日本国憲法は，家族に関する法律は個人の尊厳と両性の本質的平等に立脚して制定されなければならないとする（憲法24条）。

家族に関する紛争　家族に関する紛争の解決のために，家庭裁判所が設けられている。また，親族，相続に関する事件を適切に処理するための手続法として，家事事件手続法がある。家事手続には，調停手続と審判手続とがある。家事に関する事件について訴えを提起しようとする者は，まず家庭裁判所に調停の申立をしなければならない(調停前置主義—257条1項)。これは，家庭事件は訴訟によって白黒をはっきりとつけるよりは，家庭裁判所によって円満な解決を図る方が望ましいとの理由からである（➡Terms ⑦ 134頁）。なお，平成15年の人事訴訟法の改正により，離婚，認知等の人事訴訟の第1審の管轄が地方裁判所から家庭裁判所に移管された。これにより，離婚等の紛争は，調停から訴訟まで家庭裁判所で取り扱うことになった（4条）。家事調停とは，家庭裁判所の関与により当事者を合意に導き，問題の自主的解決を助ける手続であり，原則として家事裁判官と調停委員で組織する調停委員会が行う(家事事件手続法260条)。調停で合意が成立し調停書

Terms ⑭
親族・血族・姻族

親族とは，6親等内の血族，配偶者および3親等内の姻族をいう（民法725条）。血族とは，親子のように生理的血縁関係にある者（自然血族）と養親子のように血縁関係にあると擬制される者(法定血族)をいう。姻族とは，ある者からみて配偶者の血族および自己の血族の配偶者をいう。親等とは，親族関係の遠近度を測る単位であり，親族間の世代の数によって定める(民法726条1項)。同一の始祖をもつ別の親系である傍系親族については，共同始祖までの世数を合算する（同条2項）。例えば兄弟は2親等である（➡ Ref. ⑭ 206頁）。

に記載されると，確定判決と同一の効力がある（268条）。

　家事審判とは，調停に適さない事件や調停が不成立の場合に，通常の訴訟手続によらず非公開・非訟手続で行われる裁判である（73条）。家事事件手続法には別表第1事件と別表第2事件とがある（39条）。前者は，後見開始の審判，未成年者を養子とする許可，相続放棄の申述等，国家が家庭生活に後見的な作用を行うものである。後者は，婚姻費用の分担，離婚の際の財産分与，遺産分割等，相互に意見の対立がある事項で，調停の対象となる（244条）。

2. 夫　　婦

婚姻の成立　夫婦は合法的かつ排他的な性的結合であって，子の養育・監護の原則的責任単位である。夫婦は婚姻によって成立する。婚姻は，形式的要件として，戸籍法による届出がなければ成立しない（法律婚主義―民法739条）。実質的要件としては，⑴男女18才の婚姻年齢に達し（731条―2022年4月1日施行），⑵重婚でなく（732条），⑶近親婚でなく（734～736条），⑷再婚禁止期間を経過することである（女性のみ前婚解消から100日―733条。なお，最大判平成27年12月16日民集69巻8号2427頁は，女性の再婚禁止期間を6ヶ月としていた同条旧規定は憲法14条，24条2項に違反するとする）。以上の婚姻障害のない男女の婚姻意思の合致により婚姻は成立する。婚姻意思とは，社会観念上夫婦であると認められるような関係を作る意思のことであり，婚姻届作成および届出の受理の時に存在していなければならない。

婚姻の効果　婚姻により夫婦は同一の氏を称する義務があり（夫婦同氏の原則―民法750条―なお，最大判平成27年12月16日民集69巻8号2586頁は，同条は憲法24条に違反しないとする），相互に貞操を守り，同居し，お互いに協力・扶助する義務を負う（752条）。夫婦間の契約は，婚姻中いつでも一方から取り消すことができる（754条）。これは，「法は家庭に入らず」という趣旨からである。

　夫婦は，婚姻届出前に，夫婦の財産の帰属やその管理方法など夫婦の財産関係を定める夫婦財産契約を結ぶことができる（755条）。契約がなかった場合は，一方が婚姻前から有していた財産および婚姻中自己の名で得た財産は，

192　**Chapter 13**　家族と法

その者の固有財産となり（762条1項），夫婦のいずれに属するか明らかでない財産は，その共有に属するものと推定される（同条2項）。婚姻生活から生ずる費用は，双方の資産・収入・その他一切の事情を考慮して分担する（760条）。第三者との金銭関係について，日常家事により負った債務は，原則として連帯責任を負う（761条）。

婚約・内縁　　婚約とは，将来婚姻することについての男女間の契約（婚姻予約）をいい，これについて民法は規定していないが，判例によると，結納の取り交わしなどの儀式を挙げて将来の婚姻を約束する場合だけでなく，男女が誠心誠意をもって将来夫婦となる予期のもとにこの契約をなした場合をいうものとされている（大判昭和6年2月20日法律新聞3240号4頁）。婚約が正当な事由なく一方的に破棄された場合，他方は，これによって生じた損害賠償を請求できる。

　内縁とは，婚姻の届出をしてはいないが，実質的・社会的には婚姻していると見られる事実上の夫婦のことをいい，単なる同棲ではない。内縁についての民法上の規定はないが，判例は，事実上の婚姻関係は婚姻の予約に当たるとして，その不当破棄の場合に損害賠償責任を認めた（大判大正4年1月26日民録21輯49頁）。さらに，最近では，内縁は婚姻に準ずる関係（準婚）として保護されている。

判例〔41〕

内縁は，法律上の婚姻に準ずる関係として保護されるべき生活関係に外ならない（最判昭和33年4月11日民集12巻5号789頁）

〈事実〉　原告X女は，被告Y男と結婚式を挙げ事実上の夫婦として同棲したが，約半年後，Xは結核の診断を受けたので，Xの実家で療養し，その後，Yの了解を得て入院治療を受けた。ところが，しばらくしてY方から一方的にXを離縁した旨の通知があり，内縁関係は解消した。そこでXはYに対し，治療費支払いと不法行為を理由とする賠償を請求する訴えを提起した。

〈判旨〉　「いわゆる内縁は，婚姻の届出を欠くがゆえに，法律上婚姻ということはできないが，男女が相協力して夫婦としての生活を営む結合であるという点においては，婚姻関係と異るものではなく，これを婚姻に準ずる関係というを妨げない。そして…内縁も保護せられるべき生活関係に外ならないのであるから，内縁が正当の理由なく破棄された場合には，…不法行為の責任を肯定することができ

るのである。…内縁が法律上の婚姻に準ずる関係と認むべきである…以上，民法760条の規定は，内縁に準用されるものと解すべきであ」る。

現在では，夫婦同氏，子の嫡出性，配偶者相続権を除いて，内縁には婚姻の規定が類推適用されるようになっている。また，法律においても，労働者災害補償保険法では，内縁の妻が遺族補償年金の受給権者に加えられている(16条の2第1項)。配偶者からの暴力の防止及び被害者の保護等に関する法律では，『配偶者』には，婚姻の届出をしていないが事実上婚姻関係と同様の事情にある者を含」むとされている（1条3項)。近時の問題としては，改姓を避けたいために婚姻の届出をしない場合が増加しており，夫婦が別々の姓を名乗る夫婦別姓の道を開くことが検討されている。なお，配偶者がいる場合の内縁，すなわち重婚的内縁については，かつては保護されないとされていたが，最近では，法律上の婚姻が破綻している限り保護されるという傾向にある。

Reference ㊲
離婚の種類

協議離婚―離婚原因を問わず，夫婦に離婚意思の合致があり，戸籍法上の届出により成立する（民法763条)。

調停離婚―夫婦の協議で離婚ができないとき，当事者の申立に基づき，家庭裁判所の調停によって調停調書を作成する（➡190頁)。

審判離婚―調停が成立しないとき家庭裁判所は，職権により離婚の審判をすることができる（➡191頁)。

裁判離婚―法定の離婚原因に基づいて，夫婦の一方から他方に対して，通常裁判所に離婚の訴えを提起して行う，判決による強制離婚である(770条)。

離　婚

婚姻関係が解消される原因は，①相手方の死亡，②失踪宣告(民法30条)，③離婚である。離婚には，協議離婚，調停離婚，審判離婚，裁判離婚がある。民法の定める離婚原因は，ⓐ不貞行為，ⓑ悪意の遺棄，ⓒ3年以上の生死不明，ⓓ回復の見込のない強度の精神病，ⓔその他婚姻を継続し難い重大な事由があるときである(770条1項)。ⓐⓑは相手方配偶者に責任のある場合にのみ離婚を認める有責主義の規定であるのに対して，ⓒⓓⓔは相手方に責任がなくとも，婚姻関係が破綻したときには離婚を認める破綻主義の規定である。

自ら破綻原因を作り出した有責配偶者からの離婚請求について，判例は，これを認めれば相手方配偶者にとって「踏んだり蹴ったり」であるとして離婚を認めなかった（最判昭和27年2月19日民集6巻2号110頁―消極的破綻主義)。

194 **Chapter 13** 家族と法

しかし，婚姻関係が破綻してしまって夫婦の実態がないのに，法律上夫婦として おくことは不合理であることが指摘されるようになり（積極的破綻主義），判例も一定の要件の下で有責配偶者からの離婚請求を認めるに至った。

判例〔42〕

有責配偶者からの離婚請求であっても，社会正義に反しない限り，認容すべきである（最大判昭和62年9月2日民集41巻6号1423頁）

〈事実〉　X男とY女の婚姻生活は，Xが他の女性と不貞な関係を継続したために破綻し，それ以後35年間別居状態にあり，Xは離婚請求の訴えを提起した。原審は，有責配偶者からの離婚請求に該当するとして，請求を棄却した。

〈判旨〉「有責配偶者からされた離婚請求であっても，夫婦の別居が両当事者の年齢及び同居期間との対比において相当の長期間に及び，その間に未成熟の子が存在しない場合には，相手方配偶者が離婚により精神的・社会的・経済的に極めて苛酷な状態におかれる等離婚請求を認容することが著しく社会正義に反するといえるような特段の事情の認められない限り，当該請求は，有責配偶者からの請求であるとの一事をもって許されないとすることはできないものと解するのが相当である。…本訴請求は，前示のような特段の事情がない限り，これを認容すべきものである。」

その後の判決においても上記の条件が維持されているが，そのうちの別居期間は短期化の傾向にある（請求認容例として，最判昭和63年12月8日家月41巻3号145頁—10年3か月，最判平成2年11月8日判タ745号112頁—7年半。請求棄却例として，最判平成元年3月28日判時1315号61頁—8年余）。

離婚の効果　離婚によって改姓した者は，婚姻前の氏に復する（民法767条1項，771条）。ただし，離婚の日から3か月以内に届け出ることにより，離婚の際に称していた氏を継続して称することができる（767条2項）。離婚の際に，夫婦の一方は他方に対して財産分与を請求することができる（768条）。これは夫婦財産関係の清算と離婚後の扶養のためである。なお，

民法770条1項「夫婦の一方は，次に掲げる場合に限り，離婚の訴えを提起することができる。

1　配偶者に不貞な行為があったとき。
2　配偶者から悪意で遺棄されたとき。
3　配偶者の生死が3年以上明らかでないとき。
4　配偶者が強度の精神病にかかり，回復の見込がないとき。
5　その他婚姻を継続し難い重大な事由があるとき。」

財産分与の他に，有責配偶者に対しては損害賠償（慰謝料）を請求することもできる。未成年の子がある場合は，離婚に際して親権者を決定しなければならない（765条，819条）。平成23年の民法改正により，離婚後の子の監護に関する事項の定め等について，面会交流および監護費用の分担，その他の子の監護について必要な事項の具体例を明示することにより，協議上の離婚に際し，当事者間でのその取り決めを促すこととされた（766条）。

3. 親　　子

実親子関係　　　実子とは，自然の親子関係による子をいい，法律上は嫡出子と非嫡出子とに分かれる。嫡出子とは，婚姻関係にある男女の間に生まれた子をいう。母子関係は妊娠・出産という事実により確定できるが，父子関係の確定は困難であるために，民法は，婚姻成立の日から200日後または婚姻解消の日から300日以内に生まれた子は，婚姻中に懐胎したものと推定し（民法772条2項），このような子を夫の子と推定する（同条1項）。婚姻成立後200日以内に生まれた子や，夫の外国滞在，長期の別居の事情がある場合は，嫡出推定は及ばない。また，平成19年5月21日以後，婚姻の解消・取消後300日以内に生まれた子のうち，離婚後の妊娠であるという医師の証明書を添えて出生届を提出すれば，嫡出推定が及ばないものとして取り扱われる（平成19年5月7日法務省通達）。嫡出推定を受ける子が自分の子でないと考えるときは，嫡出否認の訴えを起こすことができる（774条〜778条—大阪高判平成30年8月30日 LEXDB25449692は，父親にのみ嫡出否認の権利を認める同条は憲法14条1項，24条2項に違反しないとする）。嫡出推定を受けない子の父子関係を争うには，親子関係不存在確認の訴えによる（人事訴訟法2条—なお，最判平成26年7月17日民集68巻6号547頁参照）。嫡出子は父母と同一の氏を称する（親子同氏の原則）。

　非嫡出子とは，婚姻関係にない男女の間に生まれた子をいう。その父子関係は，父親の認知により初めて発生する。認知とは，婚姻外でもうけた子を自分の子であると認める意思表示をいう（民法779条）。母子関係は，出産という事実で明らかであるから，認知は不要とされている。認知には，父親が自

196　**Chapter 13**　家族と法

ら自分の子であることを承認する任意認知（781条）と，父親が任意に認知しないときに，父親の死亡の日から3年以内に子の側からの認知の訴えによってなされる強制（裁判）認知（787条）とがある。強制認知では，母親の懐胎期間中に父親と関係があり，他の男性と関係がなく，血液型に食い違いがないなどの事情で，父子関係を認めることができるとされている。任意認知は戸籍法上の届出によってするが，父親の虚偽の嫡出子出生届には認知の効力が認められる。認知請求権は放棄できないとされている。認知されると，出生の時に遡って親子関係が生じ（784条），養育費の請求ができる。非嫡出子は，準正（認知と父母の婚姻）によって嫡出子となる。準正は，父が子を認知した後に婚姻する場合（789条1項—婚姻準正）と，事実上の父母が婚姻した後に認知がなされる場合（同条2項—認知準正）とがある。非嫡出子の保護と一夫一婦制の婚姻制度の尊重をどう調和させるかは今後の課題である（人工生殖と親子関係の問題については➡278頁）。

養親子関係　養子とは，養子縁組によって法定の嫡出子としての身分を取得した者をいい，養親子関係は縁組により成立する。養子には普通養子と特別養子がある。養子制度は，家のための養子から親のための養子へ，そして子のための養子へと発展してきたといわれている。わが国においては，実の親との親族関係を遮断しないほか，成年養子や夫婦養子を認めるなど，子のための養子として徹底しているとはいえない。

　養子縁組には，戸籍法上の届出が必要である（民法799条，739条）。縁組は，①当事者間に縁組意思の合致，②養親となる者が成年に達していること（792条），③養子となる者が養親より年長または尊属でないこと（793条）を必要とする。なお，夫婦は配偶者とともに養子縁組をしなければ未成年を養子とすることはできない（795条）。15才未満の者が養子となる場合は，その法定代理人の代諾によらなければならない（797条）。後見人が被後見人を養子とする場合や，未成年を養子とする場合には，家庭裁判所の許可を得なければならない（794条，798条）。

　平成28年には，児童の保護を図るとともに，民間あっせん機関による適正な養子縁組のあっせんの促進を図り，児童の福祉の増進にすることを目的として，民間あっせん機関による養子縁組のあっせんに係る児童の保護等に関

する法律が制定された。

　生後間もない他人の子を養子とする合意のもとに，縁組届ではなく自己の嫡出子として虚偽の出生届を出した場合（藁の上からの養子），養子縁組の成立が認められるであろうか。

判例〔43〕

嫡出子出生届をもって養子縁組届とみなすことは許されない（最判昭和50年4月8日民集29巻4号401頁）

〈事実〉　原告Xとその夫Aは，訴外B，C間に生まれたYを嫡出子として出生届をした。Aの死亡によりA所有の不動産をX，Yが共同相続したが，XはYとAの間に親子関係は存在しないから，本件不動産はXが単独相続したものであるとして，相続回復請求と不動産の明け渡し請求の訴えを提起した。第一審，第二審はXの請求を認めた。そこでYは，養子縁組の意思でした嫡出子出生届は養子縁組届として有効と解すべきであるとして上告した。

〈判旨〉　「養子縁組届は法定の届出によって効力を生ずるものであり，嫡出子出生届をもって養子縁組とみなすことは許されないと解すべきである。…他人の子を嫡出子としてした出生届に基づく戸籍の記載に親子関係の存在を確認した判決と同様の効力があると解すべき根拠はな」い。

養子縁組の効果・離縁　養子縁組が成立すると，養子は養親の氏を称し（民法810条），養親およびその血族との間に法定血族関係が発生する（727条）。縁組の解消は離縁といい，離婚の場合と同じように、養親と養子の双方または一方が死亡した場合，および協議・調停・審判・裁判に基づく場合がある（811条，814条）。

特別養子　特別養子縁組は，家庭裁判所の審判によって成立する。特別養子縁組が成立すると，養

Reference ㊳
実子幹旋事件と特別養子制度

わが国では，戸籍上養親子関係を明らかにしたくない人の間で「藁の上の養子」の慣行があるが，判例は，虚偽の嫡出子出生届は無効としている。そこで養親の「実子」として取り扱う特別養子が検討されたが保留事項となっていたところ，昭和48年に，産婦人科医師が，堕胎手術を希望する母親を説得して出産させ，別の夫婦に実子として世話するという事件が契機となって，昭和62年に，実方の血族との親族関係を遮断する特別養子制度が設けられた。

198 **Chapter 13** 家族と法

子と実の親の血族との親族関係は終了する(民法817条の9)。特別養子は，養親が養子を虐待したり，悪意で遺棄したり，その子の利益を著しく害する事由があり，かつ実親が相当な監護をできる場合の他は，離縁することができない（同条の10）。

特別養子縁組は，①夫婦共同縁組であること（同条の3），②養親の一方が25才以上であること（同条の4），③養子となる者が，請求時に15才，縁組成立時に18才未満であること（同条の5），④養子となる者の実父母の同意があること（同条の6），⑤実父母によるその子の監護が著しく困難または不適当であること，⑥その他の特別な事情がある場合で，その子の利益のために必要があること（同条の7）を必要とする。縁組の成立には6か月以上の試験的監護（同条の8）が必要である。なお，令和元年に，特別養子の利用を促進するために，対象年齢の引き上げ，実父母の同意撤回権の制限等の改正が行われた。

親　　　権　親権とは，未成年の子を哺育・監護・教育するための親の権能をいう。親権者は親であり，養子の場合は養親である。父母の婚姻中は，父母が共同して親権を行い(父母共同親権制—民法818条)，父母が離婚した場合は父母いずれかの単独親権となる(現在，離婚後も共同親権を選択できる制度の導入が検討されている)。非嫡出子は母親の単独親権に服し，父親が認知した場合は父母の協議で父親に変更することができる(819条4項)。

親権者は，居所指定権（821条），懲戒権（822条），職業許可権（823条）を行使して子の監護にあたるほか，子の財産を管理し，財産に関する法律行為について子を代表し，子の法律行為に同意する権利を有する(824条)。財産管理について，親権者と子の利益が相反する場合には親権は制限され，家庭裁判所により特別代理人が選任される（826条）。

近年，社会問題として児童虐待がクローズアップされ，その防止を図り，児童の権利・利益を擁護するとの観点から，平成23年に親権に関する民法が改正された。第1に，親権が「子の利益のため」のものであることが明示され(820条,835条)，第2に，懲戒について懲戒場に関する部分が削除され，「820条の規定による監護及び教育に必要な範囲でその子を懲戒することができる」と改正された（822条）。第3に，親権喪失の要件が「父または母による虐待ま

3. 親　　子　　*199*

たは悪意の遺棄があるとき，その他父または母による親権の行使が著しく困難または不適当であることにより子の利益を著しく害するとき」とされた(834条)。第4に，父または母による親権の行使が困難または不適当であることにより子の利益を害するときは，2年を超えない範囲で親権停止の制度が新設された（834条の2）。親権喪失・停止，管理権喪失の請求権者は「子，その親族，未成年後見人，未成年後見監督人又は検察官」とされ，子が請求権者に含まれることが明示された（834条，834条の2，835条）。

後　　見　　後見には未成年後見と成年後見とがある。未成年後見とは，未成年の子に親権者がいないとき，これを監護教育し，その財産を管理する制度である(838条以下)。親権者は，遺言で後見人を指定でき(839条)，遺言のないときは，家庭裁判所が選任する（840条）。平成23年の民法改正により，法人を未成年後見人に選任することが可能となり(840条3項)，また，未成年後見人を1人に限定していた842条が削除され，複数の未成年後見人を選任することが可能となった。また，その場合の権限の行使について新たに規定が設けられた（857条の2）。後見人を監督するために，後見監督人をつけることもできる（848条，849条）。

　成年後見とは，精神上の障害により判断能力を欠く状況にある人を対象とし，その生活，療養看護および財産管理に関する事務を行う制度である(7条，858条)。成年後見には法定後見と任意後見がある。平成11年に民法が一部改正され，従来の禁治産・準禁治産制度は，後見・保佐・補助の3類型に改められた。法定後見は，精神上の障害により判断能力を欠く者を対象とする。成年被後見人が単独で法律行為をした場合，成年後見人は，その法律行為を取り消すことができるが，自己決定権の尊重の観点から，日用品の購入その他日常生活に関する行為は，本人の判断に委ねて取消権の対象から除外される（9条）。保佐は，精神上の障害により判断能力が著しく不十分な者を対象とする。被保佐人が不動産の譲渡などの重要な財産に関する法律行為を行うには保佐人の同意が必要となる（12条）。補助は，精神上の障害により判断能力が不十分な者のうち，後見・保佐類型に至らない軽度の状態にある者を対象とする。当事者の請求により選択した特定の法律行為について，代理権・同意権・取消権を補助人に付与する（16条）。なお，成年後見人・保佐人・補助人

を複数選任することができ，法人も成年後見人・保佐人・補助人となりうる（843条，876条の2，同条の7）。家庭裁判所が必要と認めるときは，成年後見監督人・保佐監督人・補助監督人を選任することができる（849条，876条の3，同条の8）。平成28年には，成年後見の事務の円滑化を図るために，成年後見制度の利用促進に関する法律が制定された。

また，平成11年に任意後見契約に関する法律が制定され，これにより，本人が自ら選んだ任意後見人に対し，精神上の障害により判断能力が不十分な状況における自己の生活・療養看護および財産管理に関する事務の全部・一部について代理権を付与する委任契約を締結し，家庭裁判所が任意後見監督人を選任した時から契約の効力が発生する旨の特約を付すことにより，任意後見契約を締結することができることになった。

さらに，平成11年に後見登記等に関する法律が制定され，これまで氏名が明らかになるなどの問題点が指摘されていた官報公告と戸籍への記載に代えて，新たな後見等の登記制度が創設された。代理権等の公示の要請とプライバシー保護の要請との調和の観点から，本人や親族等一定の者に請求権者を限定して登記事項証明書を交付するものとされた。

扶　　養　　扶養とは，親族間の要保護者に対する経済的給付をいう。直系血族・兄弟姉妹の間では相互に扶養義務がある。また，特別の事情があるときは，3親等以内の親族間においても，家庭裁判所の審判により扶養義務を負わせることができる（民法877条）。夫婦間および未成熟の子に対する親の扶養義務は，最後の一食まで分け合う高度の生活保持義務であるのに対して，親族に対する扶養義務は，自己の生活に余裕がある場合に果たせばよい程度の生活扶助義務とされる。扶養の順位・程度・方法については，当事者の協議によるのが原則であるが，協議が調わないときは家庭裁判所がこれを定める（878条，879条）。

4. 相　　続

意　　義　　相続とは，人が死亡したとき，その死者の財産に属した一切の権利義務を死者の近親者が受け継ぐことをいう（民法896条）。旧

民法下での家督相続，長男子単独相続は第二次大戦後の改正により廃止され，現行民法は，財産相続，共同相続，均分相続を採用する。相続には，法定相続と遺言相続とがある。

相続人と相続順位　法定相続において，被相続人の財産を受け継ぐ者を法定相続人という。相続人には血族相続人と配偶者相続人とがある。血族相続人の相続順位は，①子，②直系尊属，③兄弟姉妹の順であり，配偶者は，つねに相続人となる（民法887条1項，889条1項，890条）。相続開始前に相続人たる子または兄弟姉妹が死亡し，あるいは欠格・廃除により相続権を失っている場合は，その相続人の子が代わって相続人となる（代襲相続—887条2項，3項，889条2項）。相続人は，相続開始時に権利能力を有する者として存在しなければならないが，胎児は既に生まれたものとみなされ（886条），その保護が図られている。相続人は相続欠格（891条）または相続人の廃除（892〜895条）によって相続権を失う。

相続分　共同相続において，各相続人が相続財産の上に持つ承継の割合を相続分という。法定相続分は，①子と配偶者が相続人のときは，子が2分の1，配偶者が2分の1（民法900条1号），②直系尊属と配偶者が相続人のときは，配偶者が3分の2，直系尊属が3分の1（同条2号，4号），③配偶者と兄弟姉妹が相続人のときは，配偶者が4分の3，兄弟姉妹が4分の1である（同条3号）。同順位の相続人が複数いる場合は，各自の相続分は均等であるが，半血の兄弟姉妹は全血の2分の1となる（同条4号）。非嫡出子の相続分について，最高裁判所は，嫡出子と非嫡出子の法定相続分の区別は合憲であるとしていたが（最大決平成7年7月5日民集49巻7号1789頁），次の判例において違憲とした。

判例〔44〕

非嫡出子の法定相続分を嫡出子の2分の1としたことは憲法14条1項に反する（最大決平成25年9月4日民集67巻6号1320頁）

〈事実〉　A男とB女の夫婦の間には嫡出子Xら3名がおり，また，AとC女との間に非嫡出子Y1，Y2がいた。平成13年にAが死亡し，平成16年にBが死亡した。平成22年，Xらは家庭裁判所に遺産分割審判を申し立てた。Y1らは，民法

900条 4 項但書前段は憲法14条 1 項に違反し無効であると主張した。原審は，民法900条 4 号但書の規定のうち嫡出でない子の相続分を嫡出子の相続分の 2 分の 1 とする部分は憲法14条 1 項に違反しないとした。これに対してＹ 1 らは，本件規定は憲法14条 1 項に違反し無効であるとして，最高裁に特別抗告した。

〈決定要旨〉「相続制度をどのように定めるかは，立法府の合理的な裁量判断に委ねられているものというべきである。…立法府に与えられた上記のような裁量権を考慮しても，そのような区別をすることに合理的な根拠が認められない場合には，当該区別は，憲法14条 1 項に違反するものと解するのが相当である。…その定めの合理性については，個人の尊厳と法の下の平等を定める憲法に照らして不断に検討され，吟味されなければならない。…婚姻，家族の形態が著しく多様化しており，これに伴い，婚姻，家族の在り方に対する国民の意識の多様化が大きく進んでいることが指摘されている。…本件規定の立法に影響を与えた諸外国の状況も，大きく変化してきている。…現在，我が国以外で嫡出子と嫡出でない子の相続分に差異を設けている国は，欧米諸国にはなく，世界的にも限られた状況にある。…平成 5 年に自由権規約委員会が，包括的に嫡出でない子に関する差別的規定の削除を勧告し，…平成22年に，児童の権利委員会が，本件規定の存在を懸念する旨の見解を改めて示している。…

昭和22年民法改正時から現在に至るまでの間の社会の動向，我が国における家族形態の多様化やこれに伴う国民の意識の変化，諸外国の立法のすう勢及び我が国が批准した条約の内容とこれに基づき設置された委員会からの指摘，嫡出子と嫡出でない子の区別に関わる法制度等の変化，更にはこれまでの当審判例における度重なる問題の指摘等を総合的に考察すれば，家族という共同体の中における個人の尊重がより明確に認識されてきたことは明らかであるといえる。…子にとっては自ら選択ないし修正する余地のない事柄を理由としてその子に不利益を及ぼすことは許されず，子を個人として尊重し，その権利を保障すべきであるという考え方が確立されてきているものということができる。

以上を総合すれば，遅くともＡの相続が開始した平成13年 7 月当時においては，立法府の裁量権を考慮しても，嫡出子と嫡出でない子の法定相続分を区別する合理的な根拠は失われていたというべきである。

したがって，本件規定は，遅くとも平成13年 7 月当時において，憲法14条 1 項に違反していたものというべきである。」

平成25年には民法が改正され，900条 4 号但書のうち，非嫡出子の法定相続分を嫡出子の 2 分の 1 とする部分が削除された。

相続人間の公平を実現するために，特別受益者と特別寄与相続人の二つの

制度がある。特別受益者とは，相続人の中で被相続人から遺贈を受けたり，婚姻や養子縁組のためや生計の資本として贈与を受けた者をいい，その相続分は，生前贈与分を相続財産に加えて法定相続分を算出し，それから特別受益分を差し引いたものとなる。特別受益分が相続分を上回る場合は，すでに

> **Reference ㊴**
> **相続の単純承認・限定承認・放棄**
> 　単純承認—無限に被相続人の権利義務を承継する（民法920条）。
> 　限定承認—相続によって得た財産の限度においてのみ被相続人の債務および遺贈を弁済すべきことを留保して承認する（922条）。
> 　放棄—はじめから相続人にならなかったものとする（939条）。

得た財産を返還する必要はなく，相続分がなくなるにとどまる（903条）。

　特別寄与相続人とは，相続人の中に，被相続人の家業である農業や自営業に従事し，その事業に協力して，その財産の維持・増加に特別に寄与した者をいい，その相続分は，相続財産から寄与分を控除して法定相続財産を算出して，それに寄与分を加えたものとなる。寄与分については，相続人の協議によるが，協議が調わないときは，家庭裁判所の審判によって定める（904条の2）。相続人が相続権を侵害された場合は，これを知ったときから5年以内に相続回復請求権を行使して回復することができる（884条）。

相続財産　相続人は，被相続人の財産に属した一切の権利義務を承継するが，被相続人の一身に専属したものには及ばない（民法896条）。慰謝料請求権については，かつては，請求の意思表示が必要であるとされていたが，現在は，請求の放棄を表示したとき以外は，当然に相続の対象となるとされている。

遺産分割　遺産分割とは，共同相続人の相続分に応じて相続財産を配分することをいう。分割は，遺産に属する物・権利の種類・性質，各相続人の年齢・職業・心身の状態・生活状況その他の一切の事情を考慮して行われる（民法906条）。なお，預貯金も遺産分割の対象となる（最大決平成28年12月19日民集70巻8号2121頁）。分割の方法は，被相続人の遺言による指定があればそれに従い（908条），指定がないときは，共同相続人全員の協議で行い，協議が調わないときは，家庭裁判所に審判を求めることができる（907条）。

相続の承認・放棄　相続財産には，積極財産だけでなく債務などの消極財産も含まれるから，債務が超過するために相続人の不利益

204 **Chapter 13** 家族と法

になる場合もありうる。そこで，民法は相続人の意思を尊重して，単純承認，限定承認，放棄のいずれかを選択できるようにしている。承認・放棄は，相続人が被相続人の死亡により相続が開始し，かつ自分が相続人となったことを知ったときから3か月（熟慮期間）以内に家庭裁判所に申述して行う（民法915条1項，924条，938条）。相続人が，相続財産の全部または一部を処分したり，熟慮期間中に限定承認か放棄をしなかったときは，単純承認したものとみなされる（921条）。

相続人の不存在　相続人の存在が明らかでない場合は，相続財産を法人として，家庭裁判所が相続財産の管理人を選任し，遺産を管理・清算し，相続人を探すよう公告義務が課され，それでもなお相続人が現れなければ，相続財産は国庫に帰属する（民法951条以下）。また，被相続人と生計を同じくしていた者，被相続人の療養・看護に努めた者その他被相続人と特別の縁故があった者（特別縁故者）の請求により，これらの者に清算後残余すべき相続財産の全部または一部を分与することができる（958条の3）。

遺　　言　遺言は，人の最終意思を尊重し，死後その意思の実現を保障するための制度である。遺言は自由であるが，関係者への影響も大きいだけに，法は遺言できる事項を法定し，厳格な方式を要求し，遺留分により最少限の相続権を保障している。遺言できる事項は，認知（民法781条2項），後見人・後見監督人の指定（839条，848条），相続人の廃除（893条，894条），相続分の指定（902条），特別受益者の相続分の指定（903条），遺産分割の指定・禁止（908条），遺贈（964条）などである。遺言の撤回は自由であり，前後矛盾する場合は，後の遺言が有効となる（1023条）。

15才以上の者（遺言能力者）は遺言することができるが（961条），遺言は要式行為であり，民法上一定の方式が定められており，これに従わない遺言は無効となる（960条）。これは，遺言の真意を確保し，遺言の偽造・変造を防止するためである。遺言の方式には，普通方式と特別方式とがある。普通方式は，さらに自筆証書遺言(968条)，公正証書遺言(969条)，秘密証書遺言(970条)に分かれる。遺言の保管者は，相続の開始を知った後遅滞なく遺言書を家庭裁判所に提出し，検認を受けなければならない（1004条）。そして遺言執行者が遺言の内容を実現する。

遺 留 分　遺留分とは，一定の近親者に一定の割合で相続財産を保留し，被相続人の他人に対する贈与・遺贈によっても侵害できない相続財産の割合額をいう。これは，私有財産制における処分の自由と相続人の生活保障とを調和させ，相続人間の公平を図るための制度である。遺留分権者は，子，直系尊属，配偶者であり，①直系尊属のみが相続人のときは，遺産の3分の1，②その他の場合は，遺産の2分の1が遺留分となる（民法1042条）。遺留分権者は，遺贈や贈与により遺留分を侵害されたときは，遺贈・贈与を受けた者に対して，遺留分を侵害する限度で，遺贈・贈与の減殺を請求することができる（1046条）。請求された受遺者は，遺言の目的物に代えて価額の弁償で返還の義務を免れることができるが（1047条），その価額は，現実に弁償がなされる時を基準として算定される。

相続法改正　高齢化社会が進展し，相続開始時における配偶者も高齢化しているため，その保護の必要性，また，遺言の利用を促進し，相続をめぐる紛争を防止する観点から，平成30年に民法が改正された。第1に，配偶者の居住権を保護するために，配偶者短期居住権（1037条以下），配偶者居住権（1028条以下）が新設された。第2に，遺産分割における配偶者を保護するために，持ち戻し免除の意思表示（903条4項），仮払制度等の創設・要件の明確化（909条の2），遺産分割前に遺産に属する財産が処分された場合の遺産の範囲（906条の2）が規定された。第3に，遺言制度について，自筆証書遺言の方式が緩和され（968条），遺言執行者の権限が明確化された（1007条，1012条以下）。第4に，遺留分制度について，遺留分に関する権利の行使によって遺留分侵害額に相当する金銭債権が生じることにされた（1042条以下）。第5に，相続の効力に関して，法定相続分を超える部分の承継については，登記などの対抗要件を備えなければ第三者に対抗することができない（899条の2），相続人以外の親族が，無償で被相続人の療養看護等を行った場合には，一定の要件の下で，相続人に対して金銭請求をすることができるとされた（1050条）。

Reference ㊵
親族と親等

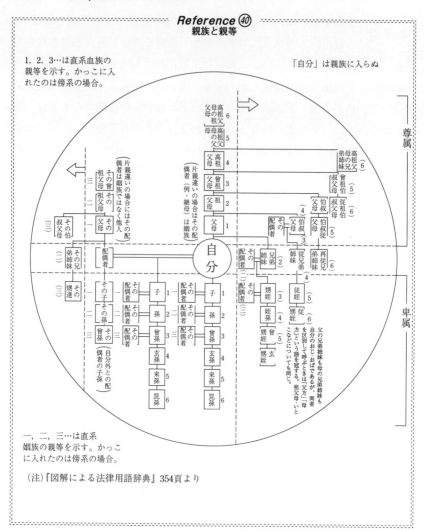

(注)『図解による法律用語辞典』354頁より

Chapter **14**

犯罪と法

Essence

1. 犯罪と刑罰の種類

犯罪——刑法典，特別刑法，行政刑法に規定

犯罪の分類┬個人法益の罪（殺人罪，脅迫罪，名誉毀損罪，窃盗罪など）
├社会法益の罪（放火罪，水道汚染罪，通貨偽造罪，公然わいせつ
│罪など）
└国家法益の罪（内乱罪，公務執行妨害罪など）

犯罪の現状——凶悪犯の安定化・財産犯の増加にも歯止め

刑罰の種類┬生命刑——死刑
├自由刑┬懲役┐
│├禁錮┼主刑
│└拘留┘
└財産刑┬罰金┐
├科料┘
└没収——付加刑

2. 刑法の機能と基本原則

刑法の機能〈規制機能
社会秩序維持機能〈法益保護機能
人権保障機能

罪刑法定主義＝「法律なければ犯罪なし。法律なければ刑罰なし。」

3. 犯罪の成立要件

犯罪＝構成要件に該当する，違法，有責な行為

行為＝意思に基づく身体の動静

構成要件＝法律上の犯罪類型

修正された構成要件——未遂，共犯

4. 違法と責任

違法＝社会的相当性を逸脱した法益侵害・危険

違法性阻却事由＝構成要件該当行為の違法性を否定する例外事由
⇨法令行為，正当業務行為，正当防衛，緊急避難

責任＝行為者を道義的に非難すること

責任の要件⇨責任能力，故意・過失，期待可能性

208 **Chapter 14** 犯罪と法

1. 犯罪と刑罰の種類

犯罪の種類　　犯罪は日常的に起こっており，犯罪報道のない日はない。それゆえ，法学学習のための生きた素材が諸君の身の回りにある。典型的な犯罪は，刑法典第二編の「罪」(刑法各則)において定められているが，このほかにも特別刑法および行政刑法が定める犯罪がある。前者(特別刑法)は刑法各則の補充を目的としたもので，具体的には軽犯罪法や公害罪法(「人の健康に係る公害犯罪の処罰に関する法律」)などである。後者(行政刑法)は行政上の取締を目的としたもので，具体的には道路交通法や公職選挙法などである。以下では，主に刑法各則の規定する犯罪を対象として述べる。

犯罪は，刑法が保護すべき利益(法益)を標準として分類される。すなわち，犯罪は，個人法益に対する罪，社会法益に対する罪，国家法益に対する罪に大別される。わが国の刑法典では，逆に国家法益に対する罪からはじまり，社会法益に対する罪，個人法益に対する罪の順序で配列されているが，これは国家法益を最重視する旧憲法の思想を表わしたものである。個人主義に立脚した日本国憲法の下では，個人法益に対する罪から出発すべきである。

個人法益に対する罪としては，①生命・身体に対する罪(殺人罪，傷害罪など)，②自由・私生活の平穏に対する罪(脅迫罪，強姦罪，住居侵入罪など)，③名誉・信用に対する罪(名誉毀損罪，信用毀損罪など)，④財産に対する罪(窃盗罪，強盗罪，詐欺罪など)がある。社会法益に対する罪としては，①公衆の平穏・安全に対する罪(騒乱罪，放火罪など)，②公衆の健康に対する罪(水道汚染罪など)，③公共の信用に対する罪(通貨偽造罪など)，④風俗に対する罪(公然わいせつ罪，賭博罪など)がある。国家法益に対する罪としては，①国家の存立に対する罪(内乱罪など)，②国家の作用に対する罪(公務執行妨害罪，賄賂罪など)がある。なお，21世紀を

> **Reference ㊶**
> **凶悪犯と粗暴犯**
> マスコミなどで，「犯罪の凶悪化」とか「非行の粗暴化」などと報じられることがあるが，その具体的な犯罪内容については漠然と理解されている場合が多い。犯罪白書の分類によれば，凶悪犯とは，殺人罪，強盗罪，強盗致死傷罪，強盗強姦罪を指す一方，粗暴犯とは，傷害罪，暴行罪，脅迫罪，恐喝罪，凶器準備集合罪を指す。

1. 犯罪と刑罰の種類　　*209*

```
::::::::::::::::::::::::::::::::::::::::::: Reference ㊷ :::::::::::::::::::::::::::::::::::::::::::
                           21世紀の主な刑法改正
```

2001（H13）	支払用カード電磁的記録に関する罪の新設
	危険運転致死傷の新設
2003（H15）	消極的属人主義規定の新設
	収賄罪の仲裁人の削除
2004（H16）	有期懲役・禁固刑の上限の引上げ
	凶悪・重大犯罪の法定刑の引上げ
	集団強姦罪の新設
	強盗致傷罪の法定刑の下限の引下げ
	公訴時効期間（刑訴法250条）の改正
2005（H17）	人身売買罪の新設
	被略取者等所在国移送罪の新設
2006（H18）	窃盗罪・公務執行妨害罪の法定刑への罰金刑の追加
2007（H19）	自動車運転過失致死傷罪の新設
	危険運転致死傷罪への四輪未満の自動車の追加
2010（H22）	刑の時効の延長
2011（H23）	強制執行妨害罪の全面改正
	わいせつ物頒布等罪の客体の拡張・実行行為の定義の整理
2013（H25）	刑の一部執行猶予制度の新設
2017（H29）	性犯罪の全面改正

迎えてから，それまでほとんど実施されていなかった刑法の改正が，相次いで実施され，新しい種類の犯罪も設けられている。

犯罪の状況　　犯罪学では，一般に「社会が発展するに従い，犯罪も増加する」と考えられている。わが国でも，社会の産業化・都市化を背景として，刑法犯の数は明治から大正期，さらに昭和初期にかけて上昇した。第二次世界大戦中には，犯罪発生率は大幅に低下した。これは戦時下の治安強化と国民意識の高揚などによる。

戦後におけるわが国の犯罪状況を量的な観点からみると，従来は全体として上昇傾向にあり，平成14年には認知件数が約370万件を記録したが，その後は減少を続け，平成23年の認知件数は約214万件である。わが国の犯罪状況を質的な観点からみると（➡Ref.㊸210頁），殺人罪は1200〜1300件前後で増減を繰り返していたが，平成16年からやや減少傾向にある。強盗罪，強姦罪，強制わいせつ罪はいずれも，一時，増加傾向にあったものの，平成16年以降は減少している。財産犯も，近年は全体として減少しており，とくに，例年，刑法犯の約6〜7割を占めている窃盗罪は，かつて認知件数の上昇傾向が顕

210　Chapter 14　犯罪と法

Reference ㊸
刑法犯の主要罪名別認知件数・検挙件数・検挙人員・検挙率

(平成 28 年)

罪　　　名	認　知　件　数		発　生　率		検　挙　件　数		検　挙　人　員		検　挙　率	
総　　　　数	996,120	(−102,849)	784.8	(−79.9)	337,066	(−20,418)	226,376	(−12,979)	33.8	(+1.3)
殺　　　人	895	(−38)	0.7	(−0.0)	901	(−37)	816	(−97)	100.7	(+0.1)
強　　　盗	2,332	(−94)	1.8	(−0.1)	1,878	(−37)	1,984	(+12)	80.5	(+1.6)
放　　　火	914	(−178)	0.7	(−0.1)	686	(−124)	577	(−14)	75.1	(+0.9)
強　　　姦	989	(−178)	0.8	(−0.1)	970	(−144)	875	(−58)	98.1	(+2.6)
凶器準備集合	3	(−6)	0.0	(−0.0)	3	(−3)	17	(−37)	100.0	(+33.3)
暴　　　行	31,813	(−730)	25.1	(−0.5)	25,428	(+218)	25,736	(+251)	79.9	(+2.5)
傷　　　害	24,365	(−818)	19.2	(−0.6)	19,599	(−118)	21,966	(−129)	80.4	(+2.1)
脅　　　迫	3,700	(−)	2.9	(+0.0)	3,145	(+18)	2,778	(+58)	85.0	(+0.5)
恐　　　喝	2,162	(−452)	1.7	(−0.4)	1,680	(−228)	1,794	(−393)	77.7	(+4.7)
窃　　　盗	723,148	(−84,412)	569.7	(−65.7)	208,646	(−17,355)	115,462	(−8,385)	28.9	(+0.9)
詐　　　欺	40,990	(+1,558)	32.3	(+1.3)	18,582	(+969)	10,360	(−142)	45.3	(+0.7)
横　　　領	24,492	(−3,544)	19.3	(−2.8)	21,043	(−3,604)	20,096	(−3,638)	85.9	(−2.0)
遺失物横領	22,979	(−3,521)	18.1	(−2.7)	19,894	(−3,588)	19,075	(−3,614)	86.6	(−2.0)
偽　　　造	3,176	(+626)	2.5	(+0.5)	2,467	(+601)	1,379	(+29)	77.7	(+4.5)
贈　収　賄	28	(−15)	0.0	(−0.0)	23	(−19)	44	(−15)	82.1	(−15.5)
背　　　任	50	(+16)	0.0	(+0.0)	32	(−1)	42	(−3)	64.0	(−33.1)
賭博・富くじ	366	(+96)	0.3	(+0.1)	362	(+137)	733	(−190)	98.9	(+15.6)
強制わいせつ	6,188	(−567)	4.9	(−0.4)	4,207	(+78)	2,799	(+155)	68.0	(+6.9)
公然わいせつ	2,824	(−88)	2.2	(−0.1)	1,825	(+52)	1,589	(+98)	64.6	(+3.7)
わいせつ物頒布等	1,008	(−87)	0.8	(−0.1)	918	(−80)	704	(−53)	91.1	(−0.1)
公務執行妨害	2,472	(−219)	1.9	(−0.2)	2,408	(−51)	1,991	(−161)	97.4	(+2.3)
失　　　火	201	(−31)	0.2	(−0.0)	95	(−7)	81	(+2)	47.3	(+3.3)
住居侵入	15,982	(−1,130)	12.6	(−0.9)	7,446	(+167)	4,443	(+38)	46.6	(+4.1)
略取誘拐・人身売買	228	(+36)	0.2	(+0.0)	201	(+25)	185	(+25)	88.2	(−3.5)
盗品譲受け等	1,495	(−95)	1.2	(−0.1)	1,389	(−90)	1,228	(−136)	92.9	(−0.1)
器物損壊	100,440	(−12,491)	79.1	(−9.7)	9,543	(−844)	5,381	(−207)	9.5	(+0.3)
暴力行為等処罰法	56	(−31)	0.0	(−0.0)	55	(−23)	67	(−34)	98.2	(+8.6)
そ　の　他	5,803	(+23)	4.6	(+0.0)	3,534	(+182)	3,249	(+45)	60.9	(+2.9)
(参考値)										
危険運転致死傷	595	(−36)	0.5	(−0.0)	595	(−36)	593	(−29)	…	
過失運転致死傷等	481,855	(−34,987)	379.6	(−27.0)	481,855	(−34,987)	494,306	(−36,391)	…	

注　1　警察庁の統計及び総務省統計局の人口資料による。
　　2　「遺失物等横領」の件数・人員は，横領の内数である。
　　3　（　）内は，前年比であり，認知件数，検挙件数及び検挙人員では実数，発生率及び検挙率では pt による。
　　4　検挙件数には，前年以前に認知された事件に係る検挙事件が含まれることがあるため，検挙率が 100％を超えることがある。

著であったが，平成15年以降は減少に転じている。もっとも，粗暴犯，なかでも暴行罪や脅迫罪は，平成12年以降，やや増加の傾向が見られる。交通事故の発生件数は，平成12年以降，高水準で推移していたが，平成17年以降は減少している。

刑罰の目的と種類

なぜ人を処罰するのか。この問題は，長い間議論されてきた刑事法の永遠のテーマであるが，実は，それほどたくさんの答えがあるわけではない。なぜなら，社会がいかに近代化しても，有害な結果について責任を追及

> **Reference ㊹**
> **被害者学**
>
> 従来，刑法学や刑事政策においては，もっぱら犯罪者に焦点をあてて研究がすすめられてきた。しかし，犯罪は，多くの場合，犯罪者と被害者の両者の存在があって成立するものである。それゆえ，犯罪の実態を知るためには被害者の研究が不可欠なものである。こうした被害者の研究を推進しようとするのが被害者学である。被害者学は戦後生まれた比較的新しい学問であるが，国際的にも近年，その発展はめざましいものがある。とくに，単に犯罪被害者に限定されず，一般的な権利侵害の被害者を含めて，現実を調査し，予防と救済のための体系化が図られつつある。

し，罪を償わせるという応報の観念が，刑事法の根底にあることは否定できないからである。しかし，だからといって，「目には目を，歯には歯を」という同害報復の法を内容とする絶対的応報刑論は，今日では採用できない。したがって，刑罰は犯罪が行われたから，そして，犯罪が行われないために科されるものであるといえよう。 言い換えれば，刑罰は，応報刑の範囲内で，一般予防および特別予防を目的とする（相対的応報刑論）。ここにいう一般予防とは，刑罰を加えることによって，一般社会に対して威嚇・警告し，人々が犯罪を犯さないようにすることを指す。また，特別予防は，犯罪者を隔離ないし矯正することによって，その犯罪者が再び犯罪を犯さないようにすることを指す。なお，応報は行為に対する直接的な非難を根拠とするから，刑罰の量は犯罪の重さと均衡のとれたものでなければならない。これを均衡の原則という。

　わが国の刑法は，①死刑，②懲役，③禁錮，④拘留，⑤罰金，⑥科料，⑦

　刑法７条の２「この法律において「電磁的記録」とは，電子的方式，磁気的方式その他人の知覚によっては認識することができない方式で作られる記録であって，電子計算機による情報処理の用に供されるものをいう」。

212 **Chapter 14** 犯罪と法

没収の七種の刑罰を規定している。①は生命刑, ②③④は自由刑, ⑤⑥⑦は財産刑と呼ばれる。①〜⑥を主刑といい, ⑦を付加刑という。わが国の刑法には, 身体刑および名誉刑は存在しない。

わが国の刑法典は12種の犯罪について, また特別法では5つの犯罪について死刑を規定している。なお, 犯行時18歳未満であった者に対しては, 死刑を適用できない (少年法51条)。死刑は, 監獄内の刑場で絞首して執行する (刑法11条1項, 刑事収容施設及び被収容者等の処遇に関する法律178条1項)。新憲法下では, 絞首刑が憲法36条の公務員による残虐な刑罰の禁止規定に違反するかが問題とされた (➡117頁以下)。最高裁判所は, 電気殺, ガス殺などと比較して, 「絞首方法が他の方法に比して特に人道上残虐であるとする理由は認められない」と判示し, 絞首刑の合憲性を認めた (最判昭和30年4月6日刑集9巻4号663頁)。死刑の存廃については, 古くから議論されてきているが, 決着をみていない。わが国では, 死刑執行は減少を続け, 平成2年から4年までの3年間は, 執行がなされなかった。しかし, 平成5年に7名の死刑が執行され, 死刑存廃に関する議論が再燃した (➡Ref. ㉓ 119頁)。

自由刑は拘禁することによって身体の自由を奪う刑罰であるが, 伝統的に懲役と禁錮に二分され, 定役 (強制作業) の有無によって区別される。禁錮受刑者に定役が科せられないのは, 非破廉恥的な動機に基づく犯罪者 (過失犯, 政治犯など) を一般の犯罪者と区別して処遇しようとする趣旨による。さらに, 短期 (30日未満) の拘留が設けられている。自由刑に関する議論としては, 懲役・禁錮の単一刑論, 短期自由刑論および不定期刑論などがある。なお, 凶悪・重大犯罪に対処するため, 有期刑に係る法定刑の上限を15年から20年に引き上げる刑法の一部改正が平成16年に可決され, 平成17年に施行された。

財産刑とは財産の剥奪を内容とする刑罰である。罰金と科料は, 金額の多少により区別される。すなわち, 1万円以上を罰金, 1万円未満 (ただし, 1,000円以上) を科料として区別する (刑法15条, 17条)。罰金または科料を完納することができない者は, 労役場に留置される (18条)。付加刑としての没収とは, 犯罪行為に関連する特定の物件 (例—殺人のための凶器) を犯罪者その他の者から取り上げて国庫に帰属させる処分をいう (19条)。なお, 没収すべき物件

が没収できない場合には，追徴という処分が行われる（19条の２）。

2. 刑法の機能と基本原則

刑法の機能　犯罪の内容を確定し，それに対する制裁としての刑罰を規定する法律は一般に刑法と呼ばれる。刑法の機能としては，規制機能と社会秩序維持機能の二つがある。

規制機能とは，犯罪に対する規範的評価を明らかにし，人の行為を規制する機能をいう。例えば，人を殺した者は，死刑，無期または５年以上の懲役に処するという殺人罪（刑法199条）の規定は，殺人が法的に無価値なものであることを国民に示すとともに，殺人行為を行わないように命令しているのである。

社会秩序維持機能とは，社会の秩序を維持することによって社会の発展に奉仕する機能をいい，①法益保護機能と②人権保障機能に分かれる。①法益保護機能とは，刑法が生命，身体，自由，財産，風俗，国家の作用などの法益を守る機能を指す。刑法は，刑罰という強力な手段を用いて法益保護を図る点で，他の法領域とは異なるが，それゆえに必要やむをえない場合に「最後の手段」として適用されるべきものである（刑法の補充性）。②人権保障機能とは，一定の行為を犯罪とし，これに一定の刑罰を科すことを明示することによって，国家の刑罰権の行使を制限し，もって刑罰権の不当な行使から一般国民または犯人の人権を守る機能を指す。ここから，刑法は「善良な市民のマグナ・カルタ」であると同時に，「犯罪者のマグナ・カルタ」とも呼ばれる。

罪刑法定主義　近代刑法の中にはいくつかの基本原則がある

Reference ㊺
被害者補償

ここでいう被害者は主に犯罪被害者を指し，その救済を目的とする公的基金による金銭の給付を被害者補償という。第二次大戦後，イギリスのM・フライがこの制度の創設を唱え，これをうけて，ニュージーランド（1963年），イギリス（1964年）が立法化に踏切った。わが国では，昭和49年三菱重工ビル爆破事件，通り魔事件などを通して社会的関心を集め，昭和55年に犯罪被害者等給付金支給法が制定され，翌年１月から施行された。同法は，平成13年及び平成20年に一部改正され，給付金支給制度の充実が図られた。

214 **Chapter 14** 犯罪と法

が，最も重要なのは罪刑法定主義である。罪刑法定主義とは，犯罪と刑罰は，あらかじめ成文の法律によって明確に規定されていることを要するという原則をいい，「法律なければ犯罪なし。法律なければ刑罰なし。」という標語で表現される。近代以前のアンシャン・レジーム体制の下では，何を犯罪として，どのように処罰するかは国家権力の恣意的な判断に委ねられていた（罪刑専断主義）。罪刑法定主義は，こうした国家機関の専断から個人の権利を守るために主張されたもので，フランス革命前後に確立した。わが国においては，日本国憲法が，31条で「何人も，法律の定める手続によらなければ，その生命若しくは自由を奪はれ，又はその他の刑罰を科せられない」と規定し，また，39条前段で「何人も，実行の時に適法であった行為……については，刑事上の責任は問はれない」と規定し，罪刑法定主義を宣言している（➡107頁）。現行刑法は，罪刑法定主義をストレートに表明した規定をもっていないが，それは罪刑法定主義は憲法上の原則（旧憲法も罪刑法定主義を採用）であり，解釈上争いがないという理由による。

罪刑法定主義の五つの内容　罪刑法定主義は五つの内容を含んでいる。第一に，慣習刑法の排除であり，刑法の法源として，成文に根拠をもたない不明瞭な慣習法を認めない。第二に，刑罰法規の不遡及であり，刑罰法規は，その施行の時以後の犯罪に対してのみ適用され，施行前の行為に遡って適用されない（憲法39条前段）。第三に，類推解釈の禁止であり，刑罰法規を逸脱して恣意的に刑法を適用すれば個人の自由を侵害することになることから，厳格解釈が要請される。第四に，絶対的不定刑の禁止であり，刑の内容・期間を全く定めない刑罰は認められない。第五に，刑罰法規の適正であり，刑罰法規が明確に規定され，その内容の適正さが求められる。近年，裁判においてもとくに刑罰法規の明確性をめぐってはしばしば争われているが，最高裁判所が不明確性を根拠に違憲としたケースはない（➡判例〔21〕108頁）。

判例〔45〕

刑罰法規が不明確のゆえに憲法31条に違反するかどうかの基準は，通常の判断能力を有する一般人において読みとれる程度に明確であるか否かである——徳島市公安条例事件——（最大判昭和50年9月10日刑集29巻8号489頁）

---

3. 犯罪の成立要件　　*215*

〈事実〉　被告人は，昭和43年12月10日徳島県反戦青年委員会主催のデモ行進に約300名と参加し，自らも蛇行進し，また集団行進者に蛇行進させるよう刺激を与え，煽動し，徳島市公安条例3条3号に違反するとして起訴された。同条例は，集団行進の届出制を定め（1条），これを行うにつき秩序を保ち公共の安寧を保持するため「交通秩序を維持すること」等の遵守事項を守らねばならないとし（3条3号），これに違反した集団行進等の煽動者に対し罰則を定めている（5条）。第一審は同条例3条3号の規定は一般的，抽象的，多義的であって，これに合理的な限定解釈を加えることは困難であるから憲法31条に違反するとして無罪判決を下し，控訴審もこれを維持した。検察官上告。

〈判旨〉　「刑罰法規の定める犯罪構成要件があいまい不明確のゆえに憲法31条に違反し無効であるとされるのは，その規定が通常の判断能力を有する一般人に対して，禁止される行為とそうでない行為とを識別するための基準を示すところがなく，そのため，その適用を受ける国民に対して刑罰の対象となる行為をあらかじめ告知する機能を果たさず，また，その運用がこれを適用する国又は地方公共団体の機関の主観的判断にゆだねられて恣意に流れる等，重大な弊害を生ずるからであると考えられる。……それゆえ，ある刑罰法規があいまい不明確のゆえに憲法31条に違反するものと認めるべきかどうかは，通常の判断能力を有する一般人の理解において，具体的場合に当該行為がその適用を受けるものかどうかの判断を可能ならしめるような基準が読みとれるかどうかによってこれを決定すべきである。……（本条例3条）3号に『交通秩序を維持すること』を掲げているのは，道路における集団行進等が一般的に秩序正しく平穏に行われる場合にこれに随伴する交通秩序阻害の程度を超えた，殊更な交通秩序の阻害をもたらすような行為を避止すべきことを命じているものと解される……。……本条例3条3号の規定は，確かにその文言が抽象的であるとのそしりを免れないとはいえ，集団行進等における道路交通の秩序遵守についての基準を読みとることが可能であり，犯罪構成要件の内容をなすものとして明確性を欠き憲法31条に違反するものとはいえない。」

3. 犯罪の成立要件

刑法上の犯罪　われわれの身の回りには数多くの反社会的行為がある。しかしそれらすべてが犯罪とされるわけではない。刑法上の犯罪と認められるためには，刑法総則（刑法1条～72条）の規定からみて，行為，構成要件，違法および責任の四つの要素が充たされなければならない。言い換えれば，犯罪とは「構成要件に該当し，違法，有責な行為」なのである。

216　**Chapter 14**　犯罪と法

　刑法上の犯罪と認められるためには，行為がなければならない。すなわち，刑法では思想や人格は処罰されない。「何人も思想のゆえに処罰されない」とされるゆえんである。行為は「意思に基づく身体の動静」と定義される。それゆえ，意思に基づかない反射運動や強制下での挙動などは刑法の対象とならない。なお，行為がなければ犯罪はないという原則を行為主義という。

構成要件　刑法においては，数多くの反社会的行為のなかから，刑罰によって処罰すべき行為が類型化されている。例えば「人を殺した」（199条）というように，個別的に法律上の犯罪類型が規定されている。この法律上の犯罪類型を構成要件という。罪刑法定主義の原則からみて，構成要件に該当しない行為は，いかに処罰されるべきものであっても刑法上の犯罪とはなりえない。

不作為犯　刑法上の構成要件は，ほとんどの場合「人を殺した」というように，積極的な動作（作為）を想定して規定されているが（作為犯），例外的に，「解散しなかった」（107条）というように，消極的な動作（不作為）の形で規定されている（真正不作為犯）。他方，原則として作為犯を想定して規定されている構成要件が不作為によって実現されることがある（不真正不作為犯）。例えば，殺意をもって母親が乳児に授乳しないで餓死させる行為は，不作為による殺人罪にあたる。無論，すべての不作為が犯罪として成立するわけではない。一定の不作為が構成要件に該当する行為といえるためには，まず結果発生を防止すべき法律上の作為義務が必要である。作為義務の根拠としては，①法令，②契約・事務管理，③条理の三種がある。さらに，不真正不作為犯が認められるためには，結果発生を防止するための作為が可能であることを要する。例えば，実子である幼児が池で溺れかかっている場合，その父母が泳げないため救助が不可能なときは，不作為犯は成立しない。

因果関係　ほとんどの構成要件は，行為のほかに結果（例えば，殺人罪では死という結果）の発生を予定している。このような場合には，構成要件に該当する行為がなされても，結果が発生しないかぎり，構成要件が実現されたことにはならない。他方，結果が発生しても，その結果が行為と無関係に発生したときには，構成要件が実現されたことにはならない。すな

わち，構成要件が実現されたといいうるためには，実行行為と結果との間に因果関係が存在しなければならない。因果関係が存在するというためには，学説上，社会常識からみて，通常，その行為から当該結果が発生することが相当と認められることが必要であると考えられている。そうした判断の基礎となるのは，①行為当時に行為者が認識していた事情，②一般人が認識しまたは予見することができた事情である。なお，わが国の判例は，実行行為と結果との間に，「その行為がなければその結果なし」という条件関係さえあれば因果関係があるとの立場（条件説）に原則として立っており，学説と対立している。

未　遂　構成要件は，一人の犯罪者によって，犯罪が完全に実現されることを予定している。しかし，実際の犯罪では，構成要件に該当する行為がなされても，結果が発生しないこともあれば，他方複数の犯罪者が関与することもある。刑法は，前者の場合には未遂の規定（43条，44条），後者の場合には共犯の規定（60〜65条）を置いている。

　刑法では，未遂は軽微な犯罪を除いて原則として処罰されるが，その刑を減軽することができるとされている（43条本文）。さらに，自分の意思で犯罪実現をやめた場合には，中止犯として，必ずその刑は減軽されるか免除されることになっている（43条但書）。このように，中止犯を寛大に取り扱う理由としては，①中止によって，行為の違法性または行為者の責任が減少すること，②できるだけ犯罪の実現を未然に防止する必要があること（「あと戻りのための黄金の橋」）があげられる。なお，犯罪者は犯罪を実現する意思で行為したが，その行為の性質上，結果発生がおよそ不可能な場合（例えば，「丑の刻参り」）がある。これは不能犯と呼ばれ，未遂犯としては処罰されない。

> **判例〔46〕**
>
> 致死量以下の空気を注射した場合であっても殺人未遂罪が成立する（最判昭和37年3月23日刑集16巻3号305頁）

〈事実〉　被告人は，精神能力の劣る自分の姪を殺害し，同女にかけた保険金を取得することを企て，同女の静脈内に空気を注射して空気栓塞を起こさせてこれを殺す計画を立て，同女をだまして注射を承諾させ，注射器で同女の両腕の静脈内に蒸

218 **Chapter 14** 犯罪と法

留水とともに空気合計30ccないし40ccを注射したが，致死量にいたらなかったため殺害の目的を遂げなかった。

検察官の殺人未遂罪による起訴に対して，弁護側は，人体に空気を注射し，空気栓塞により人を死亡させるのに必要な空気の量（致死量）は70ccないし300ccであって，本件のように40cc以下の空気を人体に注射した場合においては，死の結果を発生させることは絶対に不可能であり，また空気注射はそれだけでは絶対に致死量を注射しえないもので，素人の一般人の用いる殺人手段として現実には不可能なものであり，したがって被告人らの行為は不能犯として無罪である，と主張した。

〈判旨〉「所論は，人体に空気を注射し，いわゆる空気栓塞による殺人は絶対に不可能であるというが，原判決並びにその是認する第一審判決は，本件のように静脈内に注射された空気の量が致死量以下であっても被注射者の身体的条件その他の事情の如何によっては死の結果発生の危険が絶対にないとはいえないと判示しており，右判断は，原判示挙示の各鑑定書に照らし肯認するに十分であるから，結局，この点に関する所論原判示は，相当であるというべきである。」

共　　犯　　一人の犯罪者によって実現される犯罪の構成要件を複数の者が実現することを任意的共犯といい，刑法60条以下の共犯規定がこれを定める。他方，刑法典には，もともと複数の犯罪者によって実現されることを予定している構成要件もある。これを必要的共犯といい，内乱罪（77条），騒乱罪（106条），重婚罪（184条），賄賂罪（197条，198条）などがある。任意的共犯としては，刑法上，①共同正犯，②教唆犯，③従犯（幇助犯）の三つの類型がある。①は，XとYが互いに協力してAを殺害する場合のように，二人以上の者が共同して犯罪を実行することをいう。②は，XがYにAを殺害することをそそのかす場合のように，自分は犯罪を実行せず，他人に犯罪をすることをそそのかすことをいう。③は，XがAを殺害しようとしているYにピストルを与える場合のように，自分は犯罪を実行しないで，他人の犯罪を補助することをいう。

判例〔47〕

共同者間に直接的な指示はなく，黙示の意思連絡しかない場合にも，共同正犯は成立しうる（最決平成15年5月1日刑集57巻5号507頁）

〈事実〉　被告人は，暴力団A組組長兼B組若頭補佐の地位にあり，配下に約3100名余りの組員を抱えていた。A組には，被告人を専属で警護するボディガードが複数名おり，スワットと呼ばれていた。スワットは，襲撃してきた相手に対抗できる

ように，けん銃等の装備を持ち，被告人が外出して帰宅するまで終始被告人と行動を共にし，警護する役割を担っていた。被告人とスワットらとの間には，スワットたる者は個々の任務の実行に際しては親分である被告人に指示されて動くのではなく，その気持ちを酌んで自分の器量で自分で責任をとれるやり方で警護の役を果たすものであるという共通の認識があった。

被告人は，遊興等の目的で上京した際，スワットらと共に数台の車で隊列を組み，一体となって都内を移動した。また，遊興先の店付近において被告人が車と店の間を行き来する際には，被告人の直近を組長秘書らがガードして，その外側を本件けん銃等を携帯するスワットらが警戒しながら一団となって移動した。店内では組長秘書らが警戒，店外ではその出入り口付近で本件けん銃等を携帯するスワットらが警戒して待機していた。

第一審および原審は，被告人がスワットらと共謀の上けん銃等を所持したとして，けん銃等所持罪の共同正犯の成立を認めた。これに対し，弁護人は上告した。

〈決定要旨〉「被告人は，スワットらに対してけん銃等を携行して警護するように直接指示を下さなくても，スワットらが自発的に被告人を警護するために本件けん銃等を所持していることを確定的に認識しながら，それを当然のこととして受け入れて認容していたものであり，そのことをスワットらも承知していた……。前記の事実関係によれば，被告人とスワットらとの間にけん銃等の所持につき黙示的に意思の連絡があったといえる。そして，スワットらは被告人の警護のために本件けん銃等を所持しながら終始被告人の近辺にいて被告人と行動を共にしていたものであり，彼らを指揮命令する権限を有する被告人の地位と彼らによって警護を受けるという被告人の立場を併せ考えれば，実質的には，正に被告人がスワットらに本件けん銃等を所持させていたと評し得るのである。したがって，被告人には本件けん銃等の所持についてC，D，E，F及びGらスワット5名等との間に共謀共同正犯が成立するとした第1審判決を維持した原判決の判断は，正当である。」

4. 違法と責任

違　法　犯罪が成立するためには，構成要件に該当する行為が違法でなければならない。違法とは，社会的相当性を逸脱した法益侵害・危険のことをいう。構成要件該当性の判断が形式的であるのに対し，違法性の判断は個別具体的なものである。構成要件は，違法行為を類型化したものであるから，ある行為が構成要件に該当する場合，その行為は，通常は違法である（構成要件の違法推定機能）。言い換えれば，構成要件に該当する行為で

220 **Chapter 14** 犯罪と法

> ⋯⋯⋯ **Reference ㊻** ⋯⋯⋯
> **可罰的違法性**
>
> 刑法上の違法性は，質・量ともに刑罰による干渉に適するものでなければならない。こうした可罰的違法性の考え方は，謙抑主義に由来する考えであるが，「法は些事に関知しない」とするローマ法の格言に通ずるものである。わが国においては，明治の一厘事件判決が有名である。最高裁判所が可罰的違法性の考え方を採用しているかについては，議論のあるところである（全逓東京中郵事件判決（昭和41年），全逓名古屋中郵事件判決（昭和52年）など）。

も，例外的に違法でないとされることがある。そうした例外的事情を違法性阻却事由という。

現行刑法は，違法性阻却事由として，①法令または正当な業務による行為（35条），②正当防衛（36条），③緊急避難（37条）を規定している。①の法令行為とは法律などに基づいて権利・義務として行われる行為をいい，公務員による死刑の執行がその例である。また正当業務行為とは，医師の手術，力士の相撲やボクサーの挙闘のように，社会生活上認められた仕事としてなされる行為を指し，これらの場合には，たとえ構成要件（例えば，傷害罪）に該当する行為があっても，違法性を欠くとされる。②の正当防衛は，何者かに襲われようとしたとき，反撃してけがをさせても犯罪とならないような場合を指し，正当防衛が認められるためには，次の要件を充たさなければならない。第一に，急迫不正の侵害に対するものである。第二に，自己または他人の権利を防衛するための行為である。第三に，やむを得ないでなした行為である。第四に，正当防衛の意思がある。③の緊急避難とは，切迫する危難を避けるために，本来この危難の発生原因とは無関係な第三者の法益をやむなく侵害する行為をいう。その典型的な事例としては，ギリシャ哲学者カルネアデスによって作られた「カルネアデスの板」と呼ばれる設例（難船中に一枚の板にすがるため他の者を犠牲にして自分だけ助かるという事例）があげられる。

責　任　犯罪が成立するためには，構成要件に該当する違法な行為について，行為者に責任があることが必要である。ここで，責任とは，行為者を道義的に非難しうること，すなわち，非難可能性である。近代刑法は，こうした責任がなければ刑罰は科してはならないこと（「責任なければ刑罰なし」）を基本原則と考えており，責任主義と呼ばれる。

4. 違法と責任　*221*

責任能力　行為者に責任非難を加えるためには，責任能力，すなわち，行為の違法性を認識し，それに従って自分の行為をコントロールする能力が必要である。例えば，精神病者が物事の善悪がわからないままに人を殺したとしても，その者を非難できない。責任能力を全く欠く場合を責任無能力，きわめて弱い能力しか有しない場合を限定責任能力という。前者は責任阻却事由（→不処罰）であり，後者は責任減軽事由（→刑の減軽）である。現行刑法は，責任能力に関する責任阻却・減軽事由として，①心神喪失者・心神耗弱者（39条），②刑事未成年者＝14歳未満の者（41条）を規定している。なお平成7年5月の刑法改正までは，瘖唖者に対する責任阻却・減軽事由の規定があったが，瘖唖者であっても精神の障害がない場合が一般であるから，こうした特別な規定を置くことに合理性は認められないため削除された。

故意・過失　行為者に非難を加えるためには，行為の際に行為者に故意または過失があったことが必要である。現行刑法は「罪を犯す意思がない行為は，罰しない。ただし法律に特別の規定がある場合は，この限りでない」と規定している（38条1項）。これは，原則として故意（犯罪事実を認識しつつ，それを実現する意思）による行為のみを処罰する一方，過失（不注意）による行為はとくに法律が規定する場合にだけ，例外的にこれを処罰するとする趣旨である。故意による行為は，過失による行為に比べ重く処罰される。故意か過失かの区別（未必の故意か認識ある過失か）は，実際の場面では困難なケースもある。また，行為者本人の主観と実際に生じた客観的事実とがくい違う場合に（事実の錯誤），故意の成立をどのように考えるかについても議論がある。なお，次の判例は，複数の者が関与する場合に，他の関与者が規則を守り適切な行動をとるであろうと信頼するのが相当な場合には，他の関与者が不適切な行動をとったために被害が発生しても，その結果について過失責任を問わないとする「信頼の原則」を認めたものである。

判例〔48〕

自己の対面信号の表示を根拠に対面信号の表示を判断し，それに基づき対向車両の運転手がこれに従って運転すると信頼することは許されない（最決平成16年7月13日刑集58巻5号360頁）

222　**Chapter 14**　犯罪と法

〈**事実**〉　被告人は，午後 9 時30分頃，普通乗用車を運転して片側 2 車線の幹線道路の中央線寄り車線を走行中，本件交差点を右折するため時速約40km に減速し，右折の合図を出しながら更に減速したところ，同交差点入口の停止線手前約27m の地点で対面信号が青色から黄色に変わるのを認めた。被告人は，そのまま右折しようと思い，時速20から30km で走行を続け，自車の前輪が同交差点の停止線を越えた辺りで対面信号が赤色に変わったのを認めるとともに，対向車線上を時速約70ないし80km で進行してくる A 運転の自動二輪車のライトを前方約54m の地点に一瞬だけ見た。交差点には信号機が時差式であるとの標識がなかったため，被告人は，対向車線の対面信号も赤色に変わっており A がこれに従って停止するものと判断し，A 車の動静に注意することなく時速約20km で右折を開始した。しかし，実際には同交差点の信号機は時差式であり，A 車の対面信号は青色だったため，これに従って進行してきた A 車と衝突し，A は死亡した。

　第一審は無罪を言い渡したが，第二審は原判決を破棄自判し，業務上過失致死罪の成立を認めた。これに対し，被告人は，時差式信号機である旨の表示がなかったため，A 車の対面信号も赤色であり A 車が停止すると信頼したことに落ち度はなかったと主張して，上告した。

〈**決定要旨**〉　「被告人は A 車が本件交差点に進入してくると予見することが可能であり，その動静を注視すべき注意義務を負うとした原判断は，相当である。」「自動車運転者が，本件のような交差点を右折進行するに当たり，自己の対面する信号機の表示を根拠として，対向車両の対面信号の表示を判断し，それに基づき対向車両の運転者がこれに従って運転すると信頼することは許されない」。

期待可能性　行為者に責任非難を加えるためには，さらに，適法行為を期待することのできる具体的状況が必要である。具体的事情のもとで行為者に犯罪行為を避けて適法行為をなしえたであろうと期待できることを期待可能性という。行為者が責任能力者であって，故意または過失があっても，期待可能性がない場合には，責任非難を加えることはできない。期待可能性の考え方は，わが国の学説では一般化しているが，判例では積極的な形で認められていない。

Chapter **15**

労働と法

Essence

1. 労働者保護法

憲法27条⇒労働者の保護
↓
労働基準法

労働契約法

労働契約の成立　—内定と試用期間⇒解約権留保付労働契約

労働契約の展開　—配転と出向┐
　　　　　　　　　　　　　├⇐権利の濫用

労働契約の終了　　　解雇

労働と男女の平等—男女雇用機会均等法
　　　　┌募集・採用・配置・昇進・降格
　　　　└教育訓練・福利厚生・定年・退職・解雇・契約更新

非正社員と外国人の雇用

2. 労働基本権

団結権・団体交渉権⇐不当労働行為⇒労働委員会

団体行動権＝争議権　　刑事免責
　　　　　　　　　　　民事免責

224 **Chapter 15** 労働と法

1. 労働者保護法

労働者の保護 憲法27条2項は，「賃金，就業時間，休息その他の勤労条件に関する基準は，法律でこれを定める」とし，3項は，「児童はこれを酷使してはならない」と規定して，労働条件の保護をうたっている。資本主義社会では，原則として契約は自由であるから，雇用者と労働者がどのような形式・内容の契約を結んでも自由なはずである（➡157頁）。しかしながら，両者の間には強者—弱者の関係が成立し，労働者にとって苛酷な条件が提示されることになりかねない。そこで，登場したのが労働者保護という考え方であり，その重要性に鑑み，労働条件の基準を法律で定めることが憲法に規定されることになったのである（➡129頁）。

労働者保護を具体的に規定する労働基準法は，「労働条件は，労働者が人たるに値する生活を営むための必要を充たすべきものでなければならない」（1条）と定め，その後に，労使対等（労働者と使用者が対等の立場で労働条件を定めること—2条1項）や均等待遇（労働者の国籍，信条又は社会的身分による差別的取扱の禁止—3条），男女同一賃金の原則（4条）を掲げ，また，強制労働の禁止（5条），中間搾取の排除（6条），公民権行使の保障（7条）などの規定を置いている。

労働基準法は，労働契約締結時の規制として，①契約期間について，期間の定めのないものを除き原則として3年を超える期間について締結してはならないと定めるほか（14条1項），②労働契約締結時に労働条件を明示する義務を使用者に課している（15条1項）。また，退職の自由を保障するために，労働契約不履行の際の違約金・損害賠償額をあらかじめ定める契約を禁止し（16条），さらに，前借金相殺と強制貯金を禁止している（17条，18条1項）。

Terms ⑮
公民権

国家または地方公共団体の公務に参加する権利のことで，具体的には，憲法上のものとして，選挙権，被選挙権，最高裁判官の国民審査権，特別法の住民投票権，憲法改正の国民投票権，地方自治に関するものとして，住民による条例の制定・改廃請求権，住民監査請求権などがある。

労働契約の成立 2007年に成立した労働契約法によれば，労働

契約は,「労働者が使用者に使用されて労働し,使用者がこれに対して賃金を支払うことについて,労働者及び使用者が合意することによって成立する」(6条)。また,「労働契約は,労働者及び使用者が対等の立場における合意に基づいて締結し,又は変更すべきもの」(3条)である。なお,労働者とは,使用者に使用されて労働し,賃金を支払われる者をいい,使用者とは,使用する労働者に対して賃金を支払う者をいう(2条)。

　ここで特に問題となるのは,採用の内定と採用後の試用期間の法的性質である。わが国の慣行として,採用時よりもかなり早い時期に採用試験を実施して採用を内定し,また,採用後には一定の試用期間が設けられている。そこで,内定が取り消された場合や試用期間終了後に本採用されなかった場合の労働者の地位が問題となる。一般には,両者とも解約権留保付労働契約と解されており,その趣旨・目的に照らして,客観的に合理的な理由が存在し,社会通念上相当なものとして是認される場合には解約権の行使が許される。なお,内定の方が試用期間の場合よりも,解約が相当と認められる範囲が広いと考えられている。

判例〔49〕

留保解約権の行使は,その趣旨・目的に照らして客観的に合理的な理由が存し社会通念上相当と認められる場合にのみ許される——三菱樹脂事件——(最大判昭和48年12月12日民集27巻11号1536頁)

〈事実〉　➡判例〔8〕75頁。

〈判旨〉　本件本採用拒否は雇入れ後における解雇にあたるが,解約権が留保されているものであり,Y社には,通常の解雇の場合よりも広い範囲における解雇の自由が認められるとした後で,「…法が企業者の雇傭の自由について雇入れの段階と雇入れ後の段階とで区別を設けている趣旨にかんがみ,また,雇傭契約の締結に際しては企業者が一般的には個々の労働者に対して社会的に優越した地位にあることを考え,かつまた,本採用後の雇傭関係におけるよりも弱い地位であるにせよ,いったん特定企業との間に一定の試用期間を付した雇傭関係に入った者は,本採用,すなわち当該企業との雇傭関係の継続についての期待の下に,他企業への就職の機会と可能性を放棄したものであることに思いを致すときは,前記留保解約権の行使は,上述した解約権留保の趣旨・目的に照らして,客観的に合理的な理由が存し社会通念上相当として是認されうる場合にのみ許されるものと解するのが相当

である。換言すれば，企業者が，採用決定後における調査の結果により，または試用中の勤務状態等により，当初知ることができず，また知ることが期待できないような事実を知るに至った場合において，そのような事実に照らしその者を引き続き当該企業に雇傭しておくのが適当でないと判断することが，上記解約権留保の趣旨，目的に徴して，客観的に相当であると認められる場合には，…解約権を行使することができる」。

　労働契約の展開過程の中で，特に問題となるのは配転と出向である。配置転換＝配転（配置換えと転勤）とは，同一企業内において職種や業務，勤務地を長期にわたって変更する人事異動のことである。出向とは，労働者が雇用されている企業の従業員としての地位を保持しながら，他企業において労務を提供し，一定期間の経過後，元の企業に復帰することをいう。配置転換は，労働契約において一般に予定されているときは，その範囲の異動であり，使用者の権利の濫用にわたらない限り適法となる。一方，出向は労働条件の重要な変更を招くので，出向命令には，当該労働者の承諾（民法625条1項参照）その他これを法律上正当づける特段の根拠が必要である。労働契約法は，出向命令について，「その必要性，対象労働者の選定に係る事情その他の事情に照らして，その権利を濫用したものと認められる場合には」，無効とするとしている（14条）。

　2018年には，働き方改革関連法が成立し，2019年4月から順次施行されることになっている。主要なものは，時間外労働の上限規制と同一労働同一賃金原則の導入である。前者は，時間外労働の上限について，月45時間，年360時間を原則とすることとし，後者は，正規雇用労働者と非正規雇用労働者（パートタイム，有期雇用，派遣）の間の不合理な待遇差を禁止することとしている。

労働契約の終了　労働契約は，期間の定めのある場合は期間の満了によって終了し，期間の定めのない場合は労使の合意によるか，あるいは当事者の一方の解約告知等によって終了する。なお，懲戒事由のあるときは，懲戒解雇という処分を受けることもある。懲戒事由の例としては，業務命令の不遵守・拒否，経歴詐称，兼業禁止違反，職務怠慢，犯罪などがある。判例は，解雇の相当性について，ここでも，権利の濫用という基準を

用いている。

判例〔50〕

解雇に処することが著しく不合理であり，社会通念上相当なものとして是認できないときには，解雇権の濫用として無効になる━━高知放送事件━━（最判昭和52年1月31日最高裁裁判集民事120号23頁）

〈**事実**〉　Y放送局のアナウンサーXは，宿直の際に二度にわたって寝過ごして，ニュース放送事故を起こした。また，二回目の事故については虚偽の事故報告書を提出していた。そこで，Y社はXを解雇したが，懲戒解雇とすべきところを本人の将来を考慮して普通解雇とした。そこでXが，Yの従業員たる地位の確認を求めて出訴したところ，第一審，第二審ともXの請求を認容した。これに対してYが解雇権の濫用などの法令解釈の適用を誤ったことなどを理由に上告した。

〈**判旨**〉「就業規則所定の懲戒事由にあたる事実がある場合において，…普通解雇に処することは，…必ずしも許されないわけではない。

しかしながら，普通解雇事由がある場合においても，使用者は常に解雇しうるものではなく，当該具体的な事情のもとにおいて，解雇に処することが著しく不合理であり，社会通念上相当なものとして是認できないときには，当該解雇の意思表示は，解雇権の濫用として無効になるものというべきである。」

本件事故は，寝過ごしという過失行為によるものであること，先に起きてアナウンサーを起こすことになっていた者も寝過ごしてXを起こさなかったこと，また，その者はけん責処分しか受けていないこと，Xは第一の事故については直ちに謝罪し，第二の事故についても起床後一刻も早くスタジオ入りしようとしたこと，放送の空白時間は短時間であったこと，Y社も早朝の放送の万全を期すべき措置を講じていなかったこと，Xには，これまで放送事故歴がなく，平素の勤務成績も悪くないこと等の事実があり，「右のような事情のもとにおいて，Xに対し解雇をもってのぞむことは，いささか苛酷にすぎ，合理性を欠くうらみなしとせず，必ずしも社会的に相当なものとして是認することはできないと考えられる余地がある。したがって，本件解雇の意思表示を解雇権の濫用として無効とした原審の判断は，結局，正当と認められる」。そして，この法理は，2003年の労働基準法改正の際に，「解雇は，客観的に合理的な理由を欠き，社会通念上相当であると認められない場合は，その権利を濫用したものとして，無効とする」として，明文化され，その後，労働契約法が成立したときに，同法16条に移されている。

労働と男女の平等　戦後の女性労働者の増加には著しいものがあるが，憲法14条において男女平等の原則が定められているとはい

228 **Chapter 15** 労働と法

え，労働法上は，労働基準法4条で男女同一賃金の原則が規定されているだけであった。しかし，国連の「女子に対するあらゆる形態の差別の撤廃に関する条約」の批准に伴って，1986年に男女雇用機会均等法（雇用の分野における男女の均等な機会及び待遇の確保等に関する法律）が施行され，その後数次の改正を経て，法的整備が施されている。とくに，2006年には，①女性に対する差別を両性に拡大すること，②間接差別禁止規定の導入，③妊娠等を理由とする不利益取扱いの禁止(従来は解雇の禁止のみ)，④セクシャル・ハラスメントの両性への拡大と防止対策の強化などの改正が行われた。

男女雇用機会均等法の概要　男女雇用機会均等法は，「雇用の分野における男女の均等な機会及び待遇の確保を図るとともに，女性労働者の就業に関して妊娠中及び出産後の健康の確保を図る等の措置を推進することを目的とする」(1条)。そして，事業主に対して，労働者の募集，採用について均等な機会を与える（5条）ことと，①配置，昇進，降格及び教育訓練，②福利厚生，③定年，退職，解雇，契約更新などについて，「労働者の性別を理由として，差別的取扱いをしてはならない」（6条）ことを定めている。したがって，これに反するものは違法あるいは無効とされることになる。従来は，結婚退職制や男女別定年制について，「性別のみによる不合理な差別を定めたものとして民法90条の規定により無効である」（最判昭和56年3月24日民集35巻2号300頁──日産自動車事件──）と解されていたものが，立法的な解決をみることになったのである。

　また，1992年に育児休業法が制定され，さらに1995年には介護休業を加えた育児・介護休業法(育児休業，介護休業等育児又は家族介護を行う労働者の福祉に関する法律)とする改正が行われ，これまで主として女性の負担となっていた育児及び介護に関して改善が図られた。本法は，原則として，1歳未満の子を養育するための休業と，負傷，疾病又は身体上若しくは精神上の障害により常時介護を必要とする家族の介護のための休業を認めるものであるが，その後も，主として少子化対策の観点からの改正が数回に亘って行われてきた。2009年の改正では，①子育て中の短時間勤務制度の創設及び残業免除の制度化，②父親の育児休業取得の促進(取得可能期間の延長等)，③介護休暇の創設などが実現している。

さらに，1999年の男女雇用機会均等法の改正によって，セクシャル・ハラスメントに関する規定が置かれたことも注目に値する。セクハラに関しては，女性労働者の就業に関して配慮すべき措置のひとつとして定められたが，前述した2006年の改正によって，性差別一般を禁止するものとなった。つまり，「事業主は，職場において行われる性的な言動に対するその雇用する労働者の対応により当該労働者がその労働条件につき不利益を受け，又は当該性的な言動により当該労働者の就業環境が害されることのないよう，当該労働者からの相談に応じ，適切に対応するために必要な体制の整備その他の雇用管理上必要な措置を講じなければならない」のである（11条）。

> ### Reference ㊼
> ### セクシャル・ハラスメント
> ### (Sexual Harassment)
> 「性的いやがらせ」「性的脅迫」「セクハラ」などの表現があるが，その内容は，「職場などにおいて，意思に反する性的な言動によって，不快・不安な状態に陥れること」である。解雇や昇進拒否などの不利益を与える権限や地位などを利用して性的関係を強要する「対価型」と性的言動によって不快な労働環境を作り出す「環境型」に大別される。上司の不法行為責任と会社の使用者責任が認められた判例（福岡高裁平成4年4月16日）を嚆矢として，その後数多くの判例が出されているし，セクハラのために懲戒解雇などの処分を受ける事例も増加している。

パワーハラスメント　職場のパワーハラスメントとは，「同じ職場で働く者に対して，職務上の地位や人間関係などの職場内の優位性を背景に，業務の適正な範囲を超えて，精神的・身体的苦痛を与える又は職場環境を悪化させる行為」のことである。上司から部下に対するものに限られないが，業務上必要な指示や注意・指導は対象とならない。国は，法律で企業に防止措置を義務付けることを検討している。

非正社員と外国人の雇用　有期雇用労働者，パートタイマー，派遣社員，アルバイト・フリーターなどの非正社員の雇用が増加している。パートタイム労働法（「短時間労働者の雇用管理の改善等に関する法律」）は，短時間労働者として，「1週間の所定労働時間が同一の事業所に雇用される通常の労働者の1週間の所定労働時間に比べて短い労働者」（2条）としており，アルバイト，嘱託，契約社員，臨時社員，準社員などの保護を目指している。事業主は，就業の実態等を考慮して，適正な労働条件の確保，教育訓練の実施，福利厚生の充実などの措置を講ずることにより，均衡のとれた待遇の確保を図

230 **Chapter 15** 労働と法

> ### Reference ㊽
> #### 労働審判
>
> 　2004年に，労働者と事業主との間における労働関係に関する紛争の増加に対する対策として設けられたものである。その目的は，「裁判所において，裁判官及び労働関係に関する専門的な知識経験を有する者で組織する委員会が，当事者の申立てにより，事件を審理し，調停の成立による解決の見込みがある場合にはこれを試み，その解決に至らない場合には，労働審判を行う手続を設けることにより，紛争の実情に即した迅速，適正かつ実効的な解決を図ること」である（1条）。不況などの影響で，申立件数は増加しているが，制度の特徴である「迅速な解決」に支障が生じることも危惧されている。

ることとされている（3条）。

　派遣労働者については，労働者派遣法（「労働者派遣事業の適正な運営の確保及び派遣労働者の就業条件の整備等に関する法律」）に規定されている。同法では，労働者派遣を，「自己の雇用する労働者を，当該雇用関係の下に，かつ，他人の指揮命令を受けて，当該他人のために労働に従事させること」と定めている（2条1号）。同法の目的は，「派遣労働者の雇用の安定その他福祉の増進に資すること」（1条）である。

　外国人労働者については，単純労働を目的とする在留は認められていないため，不法就労が問題となってきた。外国人研修制度が設けられ，技能実習制度も導入されているが，本来の趣旨とは異なる利用が行われていることも指摘されている。また，在留資格を有する外国人労働者の保護も重要な課題である。2018年に，国は，外国人労働者の受け入れを拡大するために，出入国管理法を改正した。そこでは，熟練した技能ではない「特定技能」という新たな在留資格が設けられた。

　以上の雇用に関しては，経済の不況などによる労働環境悪化も懸念されるところであり，今後の対策の充実が望まれる。

2. 労働基本権

労働組合　　憲法28条は，「勤労者の団結する権利及び団体交渉その他の団体行動をする権利は，これを保障する」と規定して，いわゆる労働三権—労働者の団結権，団体交渉権，団体行動権—を保障している（➡129頁）。この労働基本権を根拠として労働者は，労働組合を結成し，団体交渉を通じ使用者との間に労働協約を締結し，また，要求が容れられない場合は争

議行動に訴えることができるのである。

労働組合とは,「労働者が主体となって自主的に労働条件の維持改善その他経済的地位の向上を図ることを主たる目的として組織する団体」(労働組合法[労組法]2条)をいい,その形態としては,産業別組合や職種別組合などもあるが,我が国ではほとんどが企業別組合である。労働者は,組合に加入した場合に,組合費を納入し,組合の統制に服する義務を負う。ただし,組合が参議院選挙の際に特定の候補者を支持することを決議したのに対して,それに従わずに他の候補者を応援する活動を行った者を組合から除名したときは,組合の統制権の限界を超えるものとして無効であるとする判例がある(最判昭和44年5月2日裁判集民事95号257頁)。

不当労働行為 労組法7条は,労働者の団結権等を保護するために,使用者の次のような行為を不当労働行為として禁止している。すなわち,①労組への加入,労組の結成および組合活動を理由として解雇等の不利益な取扱をすること,および労働者が組合に加入しないことや労働組合から脱退することを雇用条件にすること,②労働者の代表者との団体交渉を拒否すること,③組合の結成,運営を支配し,これに介入すること,④使用者がこのような行為をした場合に,労働者は,独立の行政機関である地方労働委員会や中央労働委員会に申し立て,救済を求めることになるが(27条),それを理由として解雇などの不利益な取扱をすること,以上が不当労働行為として禁じられている。

では,栄転した場合でも,それが組合活動を阻害するようなものであったときは不利益な取扱とされるであろうか。次の判例は,そのことを認めたものである。

判例〔51〕

労働組合法7条にいう「不利益な取扱」には,労働組合員としての活動に対し不利益を与える場合をも含む——関東醸造事件——(東京高判昭和34年4月28日労民集10巻2号257頁)

〈事実〉 XはY社の見習社員として雇用され,Y社のA工場に勤務していたが,労働組合が結成されたときに書記長に就任した。その後,Y社は,組合の存在し

232 **Chapter 15** 労働と法

ない東京本社へ正社員として転勤することを命じた。Xは転勤命令を拒否したので懲戒解雇の処分を受けた。そこで、Xは、解雇の効力停止、地位保全の仮処分を申請した。Xの主張は、本件転勤命令は組合の弱体化を狙ったものであり、不当労働行為であるから、転勤命令も懲戒解雇も無効である、というものであった。

〈判旨〉 Xが本社勤務となれば本社と組合事務所間の距離的関係から書記長として…組合業務を処理するに著しい困難を伴う…から、Xを本社に転勤させることは組合役員としてのXに不利益を与えることは明かである。…労組法第7条第1号にいわゆる不利益な取扱…は…労働組合員としての活動に対し不利益を与える場合をも含むものと解すべきで…命令に従うことが組合役員としてのXに対し右の如き不利益を与えることが明かである以上、…Xを待遇上有利と認められる正社員に昇格させる予定であったとしても、なお、右転勤命令を…不利益な取扱と解することを妨げるものではない。

不当労働行為に対する救済措置 不当労働行為として解雇が行われた場合、通例として、労働委員会は、使用者に対して、労働者を従来の職場に復職させるとともに、解雇の日に遡って賃金を支払うことを命じている。しかし、労働者が解雇されてから復職を認められるまでの間に、他で労働して収入を得ていたときに、この中間収入を控除すべきかどうかについて、控除必要説と不要説とに見解が分かれていたが、最高裁は、中間収入の控除については、労働者の蒙る経済的被害と組合活動一般に対して与える侵害との両面を考慮して決定すべきであるとして、組合活動一般への侵害のみを重視して控除不要説の立場をとる労働委員会の見解を否定したのである（最大判昭和52年2月23日民集31巻1号93頁）。

団体交渉 労組法7条は、労働者の代表者が、労働条件の維持改善を図るために、使用者との団体交渉を申し込んだときに、使用者が正当な理由がないのに、これを拒むことを不当労働行為として禁止している。最近の判例によれば、「労働組合法7条の規定は、単に労働委員会における不当労働行為救済命令を発するための要件を定めたものであるにとどまらず、労働組合と使用者との間でも私法上の効力を有するもの、すなわち、労働組合が使用者に対して団体交渉を求める法律上の地位を有し、使用者はこれに応ずべき法律上の地位にあることを意味する」（最判平成3年4月23日労判589号6頁）とされており、これによれば、使用者は労働者との団交に応ずべき義務を有することになる。ただし、労働組合が団体交渉請求権を有し、

2. 労働基本権　　*233*

裁判所に対して団交応諾の仮処分を求めることが可能かどうかに関しては争いがある。

争議行為　　憲法28条の規定を受けて，労組法1条2項は，労働組合の団体交渉等の行為に関して，刑法35条（正当行為➡220頁）が適用されるとしている。つまり，威力業務妨害罪，脅迫罪，強要罪等の構成要件に該当する行為であっても，違法とはされないことになる（刑事免責）。ただし，争議行為は，目的，手段とも正当なものでなければならない。目的について，判例は，「政治的要求（だけ）を掲げて争議行為，特に就労拒否をすることは…争議行為としての限界をこえるものと言わざるを得ない」（名古屋高判昭和46年4月10日労民集22巻2号453頁）としており，また，手段について，労組法1条2項は，「いかなる場合においても，暴力の行使は，労働組合の正当な行為と解釈されてはならない」と規定している。争議手段としては，同盟罷業（ストライキ）や怠業（スローダウン），生産管理，ピケッティング，ロックアウトなどのものがあるが，暴力を含めて，いずれも社会的に相当なものであるかどうかによって，その違法性が決定されることになる。また，労組法8条は，「使用者は，同盟罷業その他の争議行為であって正当なものによって損害を受けたことの故をもって，労働組合又はその組合員に対し賠償を請求することができない」として，民事上の免責を規定している。

しかしながら，これを逆から見ると，争議行為が正当でない場合は，犯罪の成立が認められることとなるし，また，損害賠償責任を負うことになる。次の判例は，争議行為が違法であるとして，組合だけでなく，組合員と組合の支援労働者にも損害賠償責任を認めたものである。

判例〔52〕

争議行為が違法である場合は，組合と組合員，支援労働者は不法行為責任を負う——書泉事件——（東京地判平成4年5月6日労民集43巻2・3号540頁）

〈**事実**〉　書籍雑誌販売会社の労働組合は，1978年の春闘以降，ストライキを頻繁に行っていたが，11月には，無期限の全日ストライキを行うこととした。その際に行われたピケッティングの態様は以下のようなものであった。まず，組合員らは，

刑法35条「法令又は正当な業務による行為は，罰しない。」

234 **Chapter 15** 労働と法

店舗の出入り口で立ち塞がったり，あるいは座り込みを行ったりした。さらに，ハンドマイク等を使用し，顧客に対し，ストライキ中なので入店購買しないように呼び掛け，これに応じない顧客に対しては入店を阻止した。そして，強引に入店した顧客については，組合員が取り囲んで押し戻して，書籍購入を断念させた。

会社は，本件ピケストにより損害を被ったとして，組合と組合員ならびに組合の支援労働者に対して，損害賠償を請求した。

〈**判旨**〉 …本件ピケストは平和的説得の範囲を超えたものであって違法であるといわざるをえない。

争議行為が集団的団体行動の性質を有していることは事実であるとしても，そのことが直ちに個々の組合員の行為が法的評価の対象外になるとの結論には結びつかず，むしろ被告組合員の行動は一面社団である被告組合の行為であると同時に，組合員個人の行為である側面を有すると解されるから，組合員個人についても…不法行為責任が成立するものというべきである。

（組合の支援労働者は），本件ピケストの実施につき助言，指導を与えていたことを推認することができ，しかも…ピケストにも一部参加していたということができるから，…共同不法行為者としての責任を負うべきである…。

Chapter **16**

事故と法

Essence

1. 事故と被害者の救済

現代社会—危険と隣り合わせの生活⇨事故の発生

事故発生⇨加害者の責任┬─刑事責任

└─民事責任

2. 加害者の民事責任

過失責任主義┬─債務不履行責任（民法415条）

└─不法行為責任（民法709条）

故意・過失の存在

特殊な不法行為責任┬─使用者責任（民法715条）

├─土地工作物責任（民法717条）

└─共同不法行為者責任（民法719条）

損害賠償の範囲＝金銭賠償が原則（民法417条，722条1項）

3. 不法行為責任の限界

無過失責任主義の登場

製造物責任法（PL法）の制定

不法行為責任と保険⇨責任保険への強制加入

4. 各種事故の被害者救済対策

自動車事故—自動車運行供用者の責任強化

労働災害—「過労死」など業務上災害の認定の困難性

公害・環境—公害対策と全地球的規模の環境保護

食品・薬害事故—健康食品ブームの落し穴⇨製造業者等の責任

学校事故—教師・学校の管理責任と災害救済制度

236　**Chapter 16**　事故と法

1. 事故と被害者の救済

危険と隣り合わせ　科学技術や産業の目覚ましい発達は，大変便利で快適な生活をもたらしている。しかし，その反面，社会環境が著しい変貌をとげ，われわれは生命・健康に対する危険と隣り合わせの生活を送っている。たとえば自動車が出す騒音や排気ガスは，道路周辺住民が気管支炎等の疾病に罹患する原因となったり，二酸化炭素による地球温暖化の一因ともなっている。このような大気汚染や環境破壊は，産業の発達や高度経済成長の付けとなって現れている。また，動力機械による死傷事故といった従来型のものから，「過労死」にいたるまで，労働災害は大きな社会問題となっている。さらに，新開発の薬品の服用により他の健康な臓器が副作用を受けたとか，ガス機器や家電機器等の火災等製品の欠陥により消費者が被害を受けるといった事故が，しばしば報道されている。

このように，社会生活上起こりうる生命・身体その他の人格的，財産的利益の侵害の危険性は数えあげれば切りがないほどであるが，被害者の救済や事故の防止について，どのような法対策がとられているのであろうか。

事故発生と加害者の責任　人的な原因により事故が発生した場合，加害者は刑事責任と民事責任の両方を問われる可能性がある。たとえば自動車を運転していた者が不注意で人を撥ねて傷害を負わせた場合，運転者は，自動車の運転により人を死傷させる行為等の処罰に関する法律5条の「自動車の運転上必要な注意を怠り，よって人を死傷させた者」に当たるとして，過失運転致死傷罪で処罰される。一方，運転者には，民法709条により被害者に対する損害賠償責任が生ずる。ところで，刑事責任と民事責任の目的と機能は，それぞれ異なっている。古代ローマ法やゲルマン法のように，二つの責任が区別されず，罰金や贖罪金が刑罰と損害賠償の機能を合わせもった時代もあったといわれる。しかし，今日では，刑事責任は，一定の有害な行動をとった者を処罰することにより，被害者の報復心や社会の応報感情を満足させ，加害者だけではなく社会の一般人に対しても犯罪を行わないよう警告を与える機能をもつ。これに対し，民事責任は，加害者に生じた損害を補塡さ

せることにより損害の公平な配分を行う機能をもっている。このような両者の差異から，刑事責任はないとされた事案について，民事責任が問われることも珍しくはない。

2. 加害者の民事責任

民事責任の種類 　民事責任は，債務不履行責任（民法415条）と不法行為責任（同709条）とに分かれる。前者は，欠陥商品の販売により売主が買主に負う損害賠償責任等のように，売買契約や委任契約等の契約関係にある者との間で，契約の不履行から生じた損害の賠償が問題となる場合の責任である（➡156頁）。後者は，通常，特別の契約関係のない当事者間で発生した損害について賠償が問題となる場合の責任である。一般に，事故は契約関係のない者の間で発生するので，不法行為責任が問題となる。もっとも，航空機，列車，タクシー等の乗物による事故では，運送業者と乗客との間に運送契約が成立しているから，契約責任が問題となる。このように，事故の民事責任は，契約関係の有無により，債務不履行責任と不法行為責任に分かれる。また，責任の成立要件についても，債務不履行責任では加害者側が過失のなかったことを立証しない限り責任を免れないと解されるのに対し，不法行為責任では被害者側が加害者の故意・過失を立証しなければならない。その他，時効などの点でも，両者の法的効果は異なっている。

　ところで，加害者と被害者との間に契約関係がない場合には不法行為責任しか問われないが，両当事者間に契約関係がある場合，債務不履行責任と不法行為責任のいずれを追及しうるのかが問題になっている。通説・判例は，契約当事者間でも，不法行為責任の成立要件を満たす場合には二つの責任のいずれを選択してもよいとしている。

過失責任主義 　民法709条は，「故意又は過失によって他人の権利又は法律上保護される利益を侵害した者はこれによって生じた損害を賠償する責任を負う」と規定し，過失責任主義の原則をとる（➡155頁）。すなわち行為者が損害が発生すると分かりつつ行動したか（故意），または職業，地位等からみて一般的に要求される注意を払っていれば，損害の発生を予見

238 **Chapter 16** 事故と法

でき回避できたのに，不注意（過失）で他人の生命・健康・財産等保護すべき利益や権利を侵害した場合で，かつ行為と結果との間に相当な因果関係が認められた場合に，加害者は損害賠償責任を負わねばならない。過失に要求される注意義務の程度は，業務の種類などによって異なるが，具体的事案ごとに，予想される被害の種類，程度，回避措置の困難性などを総合的に考慮して，裁判所が認定する。

特殊な不法行為　民法は，709条以外に特殊な不法行為として使用者責任，土地工作物責任，共同不法行為者責任等を定めている。使用者責任とは，被用者が事業の執行に際して不法行為により第三者に損害を与えた場合に，その使用者が損害賠償責任を負うことをいう（民法715条）。たとえば踏切番が過失により遮断機を降ろさなかったため，踏切を渡っていた通行人が電車に撥ねられたという場合，使用者たる鉄道会社が被害者に対する賠償責任を負う。なお，使用者は，被用者に対して求償権を行使できる（同条3項）。また，公務員が公権力を行使する際に他人に損害を与えた場合は，国家賠償法1条1項により国または地方公共団体が賠償責任を負う。ただし，公権力の行使ではない職務執行に際して損害を与えた場合には，民法715条の問題となる。

　土地工作物責任とは，土地の工作物の設置や保存に瑕疵があるために他人に損害を与えた場合，その工作物の占有者は被害者に対して賠償責任を負うことをいう（民法717条）。ただし，占有者に過失がない場合には，所有者が責任を負う（同条但書）。土地の工作物とは，建物，道路，橋梁，トンネル，石垣，電柱等，土地に接着した工作物をいうが，それらが瑕疵，すなわち通常備えているべき安全性を欠いたために倒壊などして損害が発生した場合に，賠償責任を負うのである。道路や河川等公の営造物の瑕疵による損害に関しては，国または地方公共団体が賠償責任を負う（国家賠償法2条）。

Terms ⑯
求償権

求償権は，一般に他人のために弁済をした者がその他人に対してもつ返還請求権をいう。たとえば連帯債務者の一人または保証人が弁済をした場合に，他の連帯債務者または主たる債務者に対して返還を求めることができる。しかし，本文のように，他人の行為によって賠償義務を負担させられた者が，その者に返還請求権を行使できるなどの意味で用いることも多い。

共同不法行為者責任とは，数人が共同の不法行為によって他人に損害を加えた場合，各自が連帯して賠償責任を負うことをいい，行為者のなかで誰がその損害を加えたかが判明しない場合にも連帯責任を負う（民法719条1項）。不法行為を教唆，幇助した者も共同行為者となる（同条2項）。たとえば同一のコンビナートで操業している数社の工場から出る排煙により地域住民に公害被害が生じた場合などに，煤煙排出行為が客観的に関連した共同不法行為となるか否かが問題となる。

損害賠償の範囲　賠償される損害の範囲は，損害賠償責任を生ずる原因となる事実と相当な因果関係のあるものに限られ，金銭賠償が原則である（民法417条，722条1項）。損害項目は，財産的損害と精神的損害とに分かれる。前者は，積極的損害として治療費，入院費，車両等の修理費等と，消極的損害として休業補償，死亡や後遺障害による労働能力の喪失または低下のため所得が失われたり減少したりした場合の逸失利益（得べかりし利益）が入る。また，精神的損害は，被害者が被った精神的苦痛であり，慰謝料として支払われる。以上の合計額が損害賠償額となる。

　賠償額の算定は，実務上ある程度定額化されている。なお，損害発生につき被害者側にも過失がある場合には，過失相殺により，賠償額が減じられる（民法418条，722条2項）。死亡の場合の逸失利益については，年収額，生活費控除率（世帯主30〜40%，独身男子50%等），就労可能年数（死亡時の年齢から67歳まで），中間利息控除（ライプニッツ方式またはホフマン方式）を認定して算出する。失業者や未成年者等未就労者の場合は，賃金センサスが示す平均給与額によって算出される。賃金センサスによる平均賃金は，全年齢をとおしてみると，2007年で男子が年額554万7200円，女子が年額346万8800円である。最高裁は，未就労の女児が死亡した場合において，女子労働者平均賃金により逸失利益を算定しても不合理なものではないとした。（最判昭56年10月8日判時1023号47頁，最判昭61年11月4日判時1216号74頁，最判昭62年1月19日民集41巻1号1頁）。従来は，就労の始期を男子が大学卒，女子が高校卒であることを前提に計算されていたため，たとえば死亡した男子小学生は大学卒，女子高校生は高校卒が基準となり，性別の平均賃金が基準とされるので，前者の賠償額が後者よりも高くなる結果になっていた。しかし，最近，

240　**Chapter 16**　事故と法

男女間の不平等な賠償額の算定基準を，早急に是正すべきであるという声の高まりを背景に，交通事故の損害賠償請求訴訟などで男女格差を是正する判決が相次いでいる（最決平成14年5月31日交通事故民事裁判例集35巻3号607頁等）。

3. 不法行為責任の限界

過失責任主義の問題点　過失責任主義は，法的人格の平等，私的所有権の不可侵，契約の自由などと並んで，近代私法制度の基本原理である。「過失なければ責任なし」という原理は，経済活動を活発にし，資本主義経済の発展に役立ったが，科学技術の発達に伴い，企業活動で使われる機械や設備が相当危険性を帯び，従来予想もされなかった種類・規模の事故・損害が発生するようになった。しかし，実際には，開発途上の技術や設備に関して十分な注意を払っていたので過失はないとして，企業は責任を免れて利益を上げ，被害者側は泣き寝入りせざるをえないことが多かった。

　こうした事態は，社会正義や衡平の観点から是認できない。そこで，過失責任主義の貫徹に対する批判が大きくなっていった。批判のポイントは，以下の点である。第1に，不法行為制度では，過失や因果関係の存在は被害者側に立証義務があるが，被害原因となる証拠資料の収集など，立証が非常に困難である。第2に，当事者間での話し合いで決着がつかなければ，裁判に訴えるしかないが，被害者側から提訴することは，裁判所に支払う裁判手数料が損害賠償請求額とリンクしているため，請求額が高くなればなるほど手数料も高くなるなど，訴訟費用面などで困難である。第3に，仮に損害賠償請求が認められても，賠償義務者が無資力であれば，その請求は意味がなくなる。以上の問題点から，とくに加害者が企業である場合には，その活動により利益を得ているのであるから，責任をより重くすべきだとする考え方が登場するようになった。

無過失責任主義の登場　危険を伴う活動をしながら巨額の利益を挙げている企業の責任をより重くして，その危険から生じた損害に対して常に賠償責任を負わせることが損害の公平な負担であるとする主張が高まった。これが，

3. 不法行為責任の限界　　*241*

無過失責任主義の思想を登場させる契機となった。その理論的根拠として，危険責任と報償責任の考え方が主張された。危険責任とは，社会に危険な物や活動を持ち込む者は，その危険から生じた損害につき，過失の有無を問わず賠償すべき責任があるとする考え方をいう。土地の工作物責任が，その例である。報償責任とは，企業活動において大きな利益を得ている者は，その収益活動から生ずる損害に対して常に責任を負うべきだとする考え方をいう。使用者責任が，その例である。これらを根拠として，労働災害や社会一般人への危害に対して企業の無過失責任を認める法制定が行われるようになり，それを認める裁判例も出るようになった。

　なお，国家賠償法は，過失責任主義を採用しているため，違法であっても無過失の行為には適用されない。また，公法上の損失補償は，違法行為に対するものである。したがって，違法ではあるが無過失である行為による損害は救済されず，「補償の谷間」となってしまう。そこで，このような場合に，過失の有無を問わず，国家賠償を認めるべきだとする「行政上の無過失責任」という主張が可能な場合がある。現行法上，消防法6条3項，国税徴収法112条等特別の定めがある場合に認められているが，過失の客観化や推定により無過失責任に近い形態の運用がなされることがあるといわれる。

製造物責任法（PL法）
と　　は　　何　　か

　なかば無過失責任主義に近いものとして，製造物責任法の立法化が注目される。製造物責任は，英語で〈Product Liability〉というところから，PL法とも呼ばれる。アメリカでは，1998年に全州を対象とした統一PL法として，Biomaterials Access Assurance Act of 1998が成立した。同法は，消費者側に企業の過失に関する立証責任を求めず，製品の欠陥と被害との間の因果関係を証明すれば足りるとする無過失責任主義を採用している。もっとも，その結果，訴訟が頻発し，賠償責任保険がパンクしかけるなどの事態も生じた。一方，ヨーロッパでは，1985年にEUの市場統合に際して加盟国間に共通するPL制度を導入することを目的としたEC指令が発令されており，EU各国でPL法の立法化がほぼ完了している。

　わが国のPL法は，1995年7月1日から施行されている。同法の趣旨は，たとえば普通に使っていたテレビから突然発火したというような製品事故に関

242 **Chapter 16** 事故と法

して，従来の過失責任主義下での不法行為責任や契約責任に加え，新たに，製造物の欠陥を責任原因とする損害賠償制度を導入することにあり，過失責任主義の例外を認めることにある。PL法は1980年代半ばから世界各国で立法化されはじめたが，この背景には，製品事故の被害者保護の必要性に対する関心が世界的に高まったこと，流通が国際化しているこんにち，欠陥製品による事故の製造業者等の責任が国によって異なるのは企業の負担が異なることになり企業間の平等な競争を阻害するおそれのあることといった考慮が働いている。わが国のPL法1条にも，製造物の欠陥により人の生命，身体，財産に係わる被害が生じた場合の製造業者等の損害賠償責任を定めて被害者保護を図り，もって国民生活の安定向上と国民経済の健全な発展に寄与することを目的とすることが明記されている。

「製造物」と「欠陥」の意義については，第2条1項が，前者を「製造又は加工された動産」と定義している。問題は，その具体的な範囲であるが，民法上，「動産」とは不動産以外のすべての物をいう（同法86条1項，2項）から，不動産の欠陥による損害についてはPL法の適用はないことになる。しかし，不動産でもその原材料や構成部分については，「動産」として製造物責任の対象となろう。また，民法上，「物」とは「有体物」をいう（同法85条）から，電気や電磁波等の無体エネルギー，コンピュータ・ソフトウェアのプログラムなどの「無体物」はその対象とはならない。さらに，「加工」の意義が問題となる。未加工の農産畜産物は「製造物」でなく，血液製剤等は加工されているから「製造物」に当たると解されるが，加工・未加工の区別は実際には困難であり，個別具体的な判断が必要となろう。

次に，PL法を適用するには，民法上の「過失」に代えて，「欠陥」の存在を被害者側が立証しなければならない。問題は，「欠陥」の内容をどのように考えるかということである。「欠陥」の意義につき，同法2条2項は，「当該製造物の特性，その通常予見される使用形態，その製造業者等が当該製造物を引き渡した時期その他の通常有すべき安全性を欠いていること」と定義している。したがって，「欠陥」を判断するに際しては，「製造物の特性」，「通常予見される使用形態」，「製造業者等が当該製造物を引き渡した時期」の事情の他，同法には明記されていないが，製造物の表示や警告，通常の使用期

3. 不法行為責任の限界　　243

間ないし耐用年数，損害発生の蓋然性や損害の内容等を考慮する必要があろう。そのうえで，同法3条に規定する，①製品の欠陥の存在，②損害の発生，③欠陥と損害との因果関係の存在の各要件について，科学的知見を基にした一般人の観点から，それらの存在が経験則に従った判断により立証されれば，製造業者等に賠償責任が生ずる。このように，製造業者や従業者の過失を要件としない点で，製造物責任は，民法上の不法行為責任の特則となっている。正確な判断を行うためには，製造業者等が被害者側にこれらの情報を開示するディスクロージャー（disclosure）が求められよう。

　なお，同法には免責事由規定（4条）があり，①当該製造物をその製造業者が引き渡した時点における科学的・技術的知見によっては，当該欠陥が認識できなかったこと，または②当該製造物が他の製造物の部品または原材料として使用された場合において，その欠陥が他の製造物製造業者の設計に関する指示に従ったことにより生じ，かつ，その欠陥の発生につき過失のないことが証明されれば，免責される。①はいわゆる「開発危険の抗弁」であり，②はいわゆる「設計指示の抗弁」と呼ばれているものであるが，製造業者等が製造物責任を免れるためには，これらの証明が必要となる。その判断も，その時代の科学的・技術的知見を基にした社会の経験則に従うことになろう。

　PL法の運用にあたっては，製造業者等の製造物責任を明らかにすることにより，被害者の迅速かつ適正な保護を図ることと同時に，製品の安全性を向上させ，製品事故をめぐる国内外の紛争の防止・解決を図ることが求められるのであり，被害者保護のために「欠陥」の内容を緩めて解釈したり，反対に，製造業者等の言い逃れを認め企業保護に傾いた解釈を行ってはならないことはむろんである。

不法行為責任と保険　不法行為制度により損害賠償責任が生じても，加害者が個人である場合には，多額の賠償金の請求に応じられる資力に欠けることが多く，被害者は結局泣き寝入りせざるをえない。また，加害者が企業である場合には，企業が生活活動のコストに組み入れて価格に転嫁し，最終的に消費者がその付けを負わせられるという事態になることが少なくない。そこで，偶然の事故により生命・健康・財産等に損害を加える可能性のある社会活動や企業活動を行う者が，あらかじめ一定の金額をプールしてお

244 **Chapter 16** 事故と法

き，事故が発生した場合にはその財源から賠償金を支払うという制度ができた。これが保険制度であり，賠償資力を担保することにより，加害者側の一時的な賠償負担を軽減すると同時に，被害者の救済を実効あらしめる効果をもつ。不法行為に関連する保険としては，被害者となる危険のある者が自ら加入する損害保険や生命保険があるが，とくに重要なのは，加害者となる危険のある者が加入する責任保険である。責任保険とは，被保険者が法規定または契約で定められた損害の発生により第三者（被害者）に対する賠償義務が生じた場合に，契約で定められた一定の給付を行う保険である。このように，被害者救済の必要性が社会的に強く要請される事故については，不法行為責任を負う可能性のある者に対して，責任保険の加入を法的に義務付けている。

4. 各種事故の被害者救済対策

自動車事故　わが国は1955年以降，経済の高度成長により本格的なモータリゼーションの時代を迎えたが，それに伴い交通事故も増加し，交通事故死者数は，1970年に16,765人とピークに達したが，総合的な交通安全施策が推進された結果，1979年には半減した。しかし，その後増加傾向に転じ，1988年には10,000人を突破し，1994年には10,649人となって第2次交通戦争といわれる時代に入った。もっとも，2017年には3,694人にまで17年連続して減少している。

国は，種々の交通事故防止対策とともに，モータリゼーションが本格化する前から，被害者救済に万全を期するため，1955年に自動車損害賠償保障法（自賠法）を制定した。同法は，人身被害について自動車運行供用者の責任を強化し，賠償資力を確保するため，原則的にすべての自動車保有者に自動車損害賠償責任保険または自動車賠償責

━━━ Terms ⑰ ━━━
運行供用者

「自己のために自動車を運行の用に供する者」（自賠法3条）を運行供用者という。自動車の保有者，すなわち「自動車の所有者その他自動車を使用する権利を有する者で，自己のために自動車を運行の用に供するもの」（同法2条3項）と，保有者でない者（例―自動車泥棒）とが含まれるが，自動車の運行に直接従事している者でも，保有者に雇われている運転手のように「他人のために自動車の運転又は運転の補助に従事する者」は含まれない。その運転手には，民法709条による責任問題が生じる。

任共済の契約の締結を義務付けている。前者は損害保険会社が保険者となり，後者は農業協同組合の組合員等を対象に農業協同組合および同連合会が保険者となって運営される保険であるが，両者とも政府（運輸省）が６割の再保険を引き受けている。迅速な救済の観点から，被害者は直接保険者へ損害賠償額の支払い請求ができる。また，責任保険による救済を受けられないひき逃げや無保険車による事故の被害者に対しては，政府による補償事業がある。これは，すべての自動車から徴収する賦課金等を財源としており，損害補填の限度額や基準等は責任保険と同様である。

　自賠責保険の給付額は逐次引き上げられ，1991年４月より，死亡が3,000万円，傷害が120万円（据置），後遺障害が第14級75万円（据置）から第１級3,000万円（常時介護を要する場合は4,000万円）を限度として支払われる。しかし，実際の賠償請求のケースでは，１億円をこえる賠償額が認められることも珍しくなくなっており，責任保険だけでは対応できなくなっている。そのような超過損害部分については，自動車の保有者が任意に加入する任意対人賠償責任保険により補填する。現在では，任意保険の契約金額が１億円を超えるものが半数近くなり，その高額化が顕著な反面，2017年現在での加入率は約74％程度（対人賠償保険・対物賠償保険）であるといわれる。

　自賠法３条は，運行供用者の賠償責任につき，その運行によって生じた他人の生命または身体に対する損害を賠償する責任が生ずると定めるが，但書に「自己及び運転者が自動車の運行に関し注意を怠らなかったこと，被害者または運転者以外の第三者に故意・過失があったこと並びに自動車に構造上の欠陥または機能の障害がなかったことを証明したときは，この限りでない」と規定しており，加害者側は無過失であることを立証すれば，賠償責任を免れる（挙証責任の転換）。この挙証責任の程度は，民法709条の場合よりも重い。それゆえ，実務上は裁判所が加害者側の無過失をほとんど認めないので，実際には無過失責任に近い責任が課せられている。また，自賠法の解釈論上，賠償義務のある運行供用者の範囲，同法上の「他人」に運行供用者の親族や近親者，または無償ないし好意同乗者，あるいは共同運行供用者も含まれるかなどが問題となる。

246 **Chapter 16** 事故と法

判例〔53〕

被害者である共同保有者が事故自動車の所有者自身である場合は，自賠法3条の「他人」にあたらない（最判昭和57年11月26日民集36巻11号2318頁）

〈**事実**〉　Aは，自己所有の自動車の運転を友人Bから交替して欲しいと要求されたので，これを承諾し，自らは後部座席に同乗したところ，Bの運転操作ミスによる事故で，死亡した。Aには，Bの飲酒運転を許した過失があった。Aの遺族は，Bに対する損害賠償請求を提訴したが，一・二審とも，Bが事故回避をすべき運行供用者であり，Aは単なる同乗者にすぎないとして，1,000万円の賠償額の請求を認めた。これに対し，最高裁は原判決を破棄し，原審に差し戻した。

〈**判旨**〉　「原判決の認定するところによれば，本件事故当時Aは友人らの帰宅のために本件自動車を提供していたというのであるから，その間にあってBが友人らの一部の者と下宿先に行き飲み直そうと考えていたとしても，それはAの本件自動車の運行目的と矛盾するものではなく，Aは，Bとともに本件自動車の運行による利益を享受し，これを支配していたものであって，単に便乗していたものではないと解するのが相当であり，また，Aがある程度B自身の判断で運行することをも許していたとしても，Aは事故の防止につき中心的な責任を負う所有者として同乗していたのであって，同人はいつでもBに対し運転の交替を命じ，あるいは，その運転につき具体的に指示することができる立場にあったのであるから，BがAの運行支配に服さず同人の指示を守らなかった等の特別の事情がある場合は格別，そうでない限り，本件自動車の具体的運行に対するAの支配の程度は，運転していたBのそれに比し優るとも劣らなかったものというべきであって，かかる運行支配に服すべき立場にあるBに対する関係において同法三条本文の他人にあたるということはできないものといわなければならない。」

労働災害　労働災害とは，労働者の就業に係わる建設物，設備，原材料，ガス，蒸気，粉じん等により，または作業行動その他業務に起因して労働者が負傷し，疾病にかかり，または死亡することをいう。産業の発展に伴い，生産性を高める動力機械や設備等が導入されたり，化学物質の製造や使用が多くなったりして，労災が増加した。厚生労働省の調査によると，労災の死傷・疾病とも近年減少傾向にあるといわれる。ちなみに，全産業の死傷者数は，1980年に335,706（死亡者3,009）人であったが，2011年には120,460（死亡者978）人で過去最少になった。

業務上の災害について，労働基準法（労基法75条）は，被災労働者の保護の

ため，民間労働者の業務上の負傷・疾病につき，使用者に過失の有無を問わず一定額の療養補償を行うことを義務付けている（国家・地方公務員にも同様の災害補償制度がある）。しかし無過失責任主義の立法化による企業の財政的負担を軽減するため，1947年に労働者災害補償保険法が制定された。同法は，使用者が費用を負担して，業務上の災害について医療補償，休業補償，死亡に対する遺族補償等を行い，本人や遺族の所得を保障する点で社会保障法的性格を有している。

　業務上の災害の範囲は，現行法に規定がないため，個別具体的に判断するほかない。もっとも，行政機関は，労基法の補償規定または労災保険法の補償給付規定の適用につき，業務上災害の認定基準を示している。それによると，労働者の被災が業務上災害に当るか否かは，当該労働者が労働契約に基づき事業主の支配下にあるという「業務遂行性」の有無，かつ業務と傷病等との間に相当因果関係があるという「業務起因性」の有無によって判断するものとされている。この点を，過労死を例にして説明しよう。過労死とは，一般に労働の過程で過労により脳血管疾患（脳出血，くも膜下出血，脳梗塞等），または虚血性心疾患（一次性心停止，狭心症，心筋梗塞等）が原因で死亡した場合をいう。最近，働きすぎなどが原因で過労死に至ったケースの労災認定請求件数が増加している。厚生労働省が2001年に通達で出した新しい『脳血管疾患及び虚血性心疾患等（負傷に起因するものを除く。）の認定基準』によると，過労死の労災認定の基準について，①脳・心臓疾患の発症に影響を及ぼす業務による明らかな過重負荷として，長期間にわたる疲労の蓄積を考慮することとした（長期間の過重業務），②①の評価期間を発症前のおおむね6ヵ月とした，③長期間にわたる業務の過重性を評価するに当たり，労働時間の評価と目安を示した，④業務の過重性を評価するための具体的な負荷要因（労働時間，不規則な勤務，交替制勤務，深夜勤務，作業環境，精神的緊張を伴う業務等）やその負荷の程度を評価する視点を示した。過労死は，これらの点を総合判断して決定される。これにより，発病直前または当日に身体的・精神的負担が医学的に認められる必要があるとした従来の基準よりも，幾分認定が緩和された。しかし，過去1年や2年の蓄積疲労では認定基準にあてはまらないことや，とくに精神的ストレスに起因するものについては業務と疾病との間

248 **Chapter 16** 事故と法

の因果関係や医学的経験上の判断が困難なこともあり，過労死の労災認定は検討すべき点が多い。近時，過労死を理由として雇用者側に損害賠償を求める訴訟が増えつつある。上記の過労死認定基準改正の契機となった事例として，会社の支店長付きの運転手（当時54歳）が慢性疲労からくも膜化出血を発症したことにつき，業務と死亡との間の相当因果関係を認める判例（最判平成12年7月17日労働判例785号6頁）が出た他，2002年には過去最高の317件が過労死と関わる労災認定がなされた。これが増加し始めたのは，1995年2月に認定基準の見直しが行われ，発症前1週間以内の業務が日常業務を相当程度超える場合には，発症前1週間より以前の業務を含めて総合的に評価することとされたためであると考えられる。

過労自殺も大きな問題となっており，厚生労働省は，過労を原因とする自殺を労災と認定するための判断基準を策定し，1999年9月に各都道府県労働基準局長に通達を出したが，2000年に，最高裁は，長時間労働による心身の影響により入社後1年5ヵ月に自殺した社員（当時24歳）について，過重労働とストレスがうつ病のり患に関わり自殺に至ったことを認定した（最判平成12年3月24日労働判例799号13頁）。その後，2009年4月に労災認定の見直しが行われた。これにより，パワハラ等によるストレスで自殺したりうつ病等の精神疾患にかかったりした人は労災の対象となろう。

公害の防止と救済　公害の概念は必ずしも明確でないが，公害対策基本法によると，公害とは，「事業活動その他の人の活動に伴って生ずる相当範囲にわたる大気の汚染，水質の汚濁（水質以外の水の状態又は水底の底質が悪化することを含む…），土壌の汚染，騒音，振動，地盤の沈下（鉱物の掘採のための土地の掘さくによるものを除く…）及び悪臭によって，人の健康又は生活環境に係る被害を生ずることをいう」（2条1項）と定義されている。

大気汚染，水質汚濁，騒音等による公害被害は，昭和30年代以降の高度経済成長政策の下では放置されていた。しかし，昭和40年代に入り国民の権利意識が向上するにつれ，悲惨な被害を被った住民が相次いで訴訟を提起し，またそれを支援する世論が盛り上がって，被害者救済が大きく前進することになった。いわゆる四大公害訴訟，すなわち富山イタイイタイ病事件，新潟水俣病事件，熊本水俣病事件，四日市ぜんそく事件では，いずれも多数の住

4. 各種事故の被害者救済対策　*249*

民の生死に係わる悲惨な被害がもたらされたが，従来の不法行為理論よりも賠償責任の成立を容易にする理論的展開が示され，救済の道が大きく開かれた。

　一方，国も公害の法的対策に本格的に乗り出し，1967年に公害対策基本法を制定したのを皮切りに，大気汚染防止法，水質汚濁防止法，騒音規制法等を相次いで制定して，企業の無過失責任を明文化したほか，国が公害紛争について調停や仲裁を行うなどの対策を講じるようになった。他方，地方自治体も，これらと同様の条例を制定した。こうした動きのなかで，1973年に公害健康被害補償法が制定された。同法は，企業から賦課金をとって公害健康被害補償協会に集め，協会が地方自治体に納付した費用に基づいて，指定地域の大気汚染や水質汚濁の影響による指定疾病に罹患した認定患者に対し，医療費，遺族年金，障害年金等の支給を行うことを規定している。しかし，同法は，費用を負担する産業界の廃止主張を受け入れて改正され，1988年からは，大気汚染による公害病の指定地域を全面解除し，大気汚染に起因する呼吸器系疾患の新たな患者認定を行わないことになっている。

　その他の公害被害の救済については，損害賠償請求と差止め請求に依拠するしかない。前者は，民法709条のほかに上記の各種規制法や，国・地方自治体に営造物責任に基づく賠償責任を負わせる国家賠償法等の特別法によって請求がなされる。後者は，侵害から権利や利益を保護するためには，損害賠償だけでは不十分であるという理由から行う侵害原因排除の請求である。

　救済の現状をみると，公害健康被害補償法による認定制度や，被認定者に対する特別医療事業だけでは，紛争解決は図れない。水俣病が公式に発見されて以来，水俣病未認定患者やその遺族が，国，熊本県，チッソとその関連企業に対して，一人あたり1,980万円の損害賠償を求めた訴訟は，患者の高齢化や死亡などにより，被害者救済が無に帰するおそれが出ていた。そこで，紛争の早期解決を図るべく，1990年9月28日に東京地裁は，原告と被告双方に和解を勧告した。熊本県とチッソは和解に応じる姿勢を示し，国も1995年に入り政治結着を図る姿勢を見せ，同年9月，政府・与党が「最経解決案」を患者側に提示し，受け入れられたが，被害の拡大に関しての国の責任を明確にしなかった。一方，水俣病と認定されていない被害者らで構成する水俣病不知火患者会（原告2018人）が，国，熊本県，チッソに損害賠償を求めた集

250　**Chapter 16**　事故と法

団訴訟において，2010年1月に入って裁判所による和解勧告を原告，被告とも受け入れることに合意し，水俣病問題は最終解決へと大きく弾みがついた。

地球環境問題　地球環境については，次の四つの問題がある。①フロンによるオゾン層破壊や空気中のCO_2濃度の著しい増加などによるグローバルな地球環境の汚染ないし破壊問題，②ブラジルのアマゾン川流域などにみられる熱帯雨林の乱伐のような地域開発による環境破壊が地球環境の破壊に至る問題，③酸性雨や有害廃棄物等が国境を越えて環境破壊をもたらす問題，④とくに発展途上国に進出した外国企業が，自国では規制対象となっている公害をたれ流すなど，多国籍企業の公害輸出問題がある。これらの問題を解決するための国際的，国内的取り組みとして，たとえばフロン問題について，1985年のウィーン条約や1987年のモントリオール議定書でフロンの生産・消費の削減，2000年までの全廃といった解決の枠組みができている。国内でも，1988年に特定物質の規制等によるオゾン層の保護に関する法律が制定され，これらの物資の製造，使用が規制されるようになっている。その他，欧米では，ドイツのように「環境に対する罪」を刑法典の中に規定して環境破壊行為に対して刑事規制を行う環境刑法が整備されている国があるが，わが国を含め多くの国では，環境刑法は各種の特別法の中に散在しているにとどまっている。

ゴミの不法投棄については，1997年に改正された廃棄物処理法は，排出者の監督責任を明記し，管理者に廃棄物の流れを監視することを義務づけた。しかし，罰則が軽く，同法はほとんど遵守されていないため，警察庁は，1999年4月に不法投棄等の悪質な環境破壊を環境犯罪とみなし，刑事責任の追及に乗り出した。ダイオキシン汚染については，1997年7月に特定化学物質の管理促進法（PRTR法）が成立し，内分泌かく乱物質である環境ホルモンや，ダイオキシンなど，産業廃棄物から出る有害化学物質の排出量の報告を事業者に義務づけ，これを行政側が2002年から公表することになった。

なお，廃棄物処理法は2011年4月に改正され，排出事業者の責任を強化・徹底し，不法投棄に対する罰金額を引き上げるとともに，優良な処理業者を育成するため，「優良産廃処理業者認定制度」が創設された。

一方，環境影響評価法（環境アセスメント法）が1997年6月から施行されて

いる。これに伴い，希少動物など生息する各地国立公園や林道など着工済みの道路工事について環境への影響を理由に工事の中止が行われるようになった。2011年4月に同法の一部改正法が成立し，生物多様性の保全，地球温暖化対策の推進，地方分権の推進等の社会情勢の変化に対処しようとしている。

　地球環境問題は，一地域・一国だけの問題に留まらず，全地球的規模の問題である。1997年12月に締結された京都議定書では，二酸化炭素やメタンなど6種の温室効果ガスの合計排出量を2008年から2012年までに1990年と比べて少なくとも5％削減することを目標とすることを定めた。とはいえ，自国の産業発展や経済情勢等の関係から批准を見送る国や，批准しても数値目標の達成について意見が分かれるなどその後も，地球温暖化の防止に向けた取組みは，順調にはすすまなかった。そこで，2015年には，新たな国際的な枠組みとして、パリ協定が採択された。この協定は、京都議定書が十分機能しなかった反省を踏まえて、長期目標を、気温の上昇幅を2度未満（できれば1.5度以内）に収められるよう、今世紀末までに人為的な温室効果ガス排出量を実質ゼロにまで減らすことと定める一方で、各国の義務としては、途上国を含むすべての国が参加できるよう、排出量目標の設定と定期的な見直しのみを求め、国ごとの自主性に委ねた。また、途上国の対策を支援するために基金を設立し、先進国だけでなく、その他の国に対しても自発的な資金供与を促した。ところが、今回も、2017年になって、アメリカが離脱を表明したため、パリ協定の今後の展開は不明確になっている。ちなみに，日本は2030年までに2013年比で26％温室効果ガスの排出を削減するとしており、世界を大きくリードしている。それゆえ、わが国のような技術先進国は、科学技術の面でも法的規制の面でも真っ先に国内における対応策を整備して、世界に模範を示す必要があろう。

食品・薬害事故　近年，国民の健康の保持・増進への関心の高まりから，健康食品に対する需要が伸びている。その一方で，ダイエット食品等による死亡事故など健康被害が発生し，安全性の確保が緊急の課題となっている。このような食品や医薬品の副作用については，とくに昭和30年代以降，森永砒素ミルク事件，サリドマイド事件，スモン事件，カネミ油症事件などの大規模な人身事故の発生を通して，法的対応が問題となってき

た。食品や医薬品の欠陥から生ずる損害については，自動車や家電製品等の欠陥から生ずる事故の場合と同様，製造業者や販売業者に対して，製造物責任法（PL法）に基づく損害賠償責任を追及できる。他方，業者だけではなく，これに対して監督権限を有する国や地方公共団体にも，安全確認のための適切な権限行使をしなかったという理由で，国家賠償法1条に基づく損害賠償請求がなされてきた。森永砒素ミルク事件やサリドマイド事件は和解したが，スモン事件やカネミ油症事件は各地で裁判となり，製造業者や国の責任を認める下級審判決が，多く出ている。

医薬品の副作用により重度の障害や死亡にいたる事故が近時問題となっているが，これについては医薬品副作用被害救済制度がある。医薬品を適正に使用して発生した副作用による健康被害に対しては，民事責任とは別に，各種の救済給付が行われる。すなわち，副作用による疾病につき入院を要する程度の医療を受けた場合は医療費と医療手当が，副作用により日常生活が著しく制限される程度の障害の状態となった場合は障害年金と障害児養育年金が，副作用により死亡した場合は遺族年金，遺族一時金および葬祭料がそれぞれ給付される。また，最近クローズ・アップされている血液製剤によるHIV（エイズウィルス）感染者がエイズを発症した場合や死亡した場合などについても，医薬品副作用被害救済制度に準じた各種の給付が行われている。

学校事故　学校事故とは，一般に学校の管理下における児童，生徒または学生の負傷，障害または死亡をいう。学校の管理下には，児童や生徒が，授業とか課外活動指導等の教育活動中，休憩時間中，その他校長の指示ないし承認に基づいて学校にいるときから，通常の経路，方法により通学するときも含まれる。類型別では，教師の教育活動中の事故，生徒間の事故，学校施設の管理や保存上の瑕疵による事故に分かれる。学校事故が発生しており，独立行政法人日本スポーツ振興センターの災害共済給付の対象となる件数は2017年度で205万件を超えている。

学校事故で損害を受けた者は，独立行政法人日本スポーツ振興センターの災害給付制度，または独立行政法人日本学生支援機構を保険契約者とする学生教育研究災害傷害保険制度によって，救済が行われる。前者は大学以外のすべての学校を対象とし，学校管理下での被害児童・生徒の死傷に対する医

4. 各種事故の被害者救済対策　*253*

療費や見舞金等の給付を行う。後者は大学での正課中または正課に準じた教育活動中の事故を対象とする保険制度である。義務教育諸学校では，そのほとんどが災害共済に加入しているものの，任意加入の相互援助的な共済制度であり，給付はあくまで見舞金であるため，十分な救済制度となっていない。たとえば日本スポーツ振興センターの災害共済給付は，死亡見舞金2,800万円，障害見舞金の第1級で3,770万円であり，現在の物価水準からみると少額といわざるをえない。そこで，裁判に訴え，損害賠償を請求するケースが多くなっている。賠償請求のためには，被害児童または生徒の側が，教師や学校設置者等の故意または過失で事故が発生したことを証明する必要がある。責任負担の主体は，学校設置者，校長や園長等の管理職者，担当教師，加害生徒とその父母に分かれる。ただし，たとえば教育活動に伴う事故について，国公立の教師が個人責任を問われないのに対し私立学校の教師は問われるなど，国公立か私立かによって責任の範囲が異なる。裁判例では，中学3年生の生徒が正課授業中に体育担当教師の指導で「助走付飛び込み」を練習していて，水深約1メートルのプールの底に頭部を激突させて全身麻痺になった事件で，1億4,000万円の賠償額が認められた（横浜地判昭和57年7月16日判時1057号107頁）など，高額の賠償額を認定する判決が出ている。

　過失の認定については，いわき「いじめ訴訟」判決にみられるように，下級審判決が学校側の責任を厳しく追及し，賠償責任を積極的に認める傾向にあるのに対し，最高裁は，学校側の過失を否定して，賠償責任に消極的な態度をとる傾向がみられる。

判例〔54〕

いじめによる自殺について，学校側の過失判断に際しては，悪質・重大ないじめがあることの認識の可能性があれば足りる（福島地いわき支判平成2年12月26日判タ746号116頁）

〈**事実**〉　Y市立B中学校3年生であったAが自殺したことにつき，X等Aの家族は，Aは同級生C等の長期間にわたる金銭強要や暴行その他のいじめを苦にして自殺したものであるところ，B中学校の校長以下の教師等は，生徒の安全を保持すべき義務があるにもかかわらず，いじめを看過し放置するなどした過失があると

254 **Chapter 16** 事故と法

して，Ｙに損害賠償を請求した。

〈判旨〉「学校側の安全保持義務違反の有無を判断するに際しては，悪質かつ重大ないじめはそれ自体で必然的に被害生徒の心身に重大な被害をもたらし続けるものであるから，本件いじめがＡの心身に重大な危害を及ぼすような悪質重大ないじめであることの認識が可能であれば足り，必ずしもＡが自殺することまでの予見可能性があったことを要しないものと解するのが相当である。」

　いじめによる自殺は典型的な学校事故とはいえないが，昭和60年頃から大きな社会問題となり，今日いじめによる不登校や神経症，さらには自殺といった悲劇的な事態に至るケースが少なくない。従来，いじめを含めて学校教育活動に起因する子供の自殺事例は，本件以前に数件の裁判例があるが，いずれも学校側の責任を認めていない。本判決は，いじめと自殺の因果関係を肯定し，学校側がいじめを解消するための適切な手段をとらなかった点において，生徒に対する安全保持義務違反があることを認めたが，過失判断に際しては，学校側に悪質・重大ないじめがあることの認識が可能であれば足り，被害生徒が自殺することまでの予見可能性があることを要しないと判示した点で注目される。すなわちこの判決は，心身ともに重大な障害を予期していれば十分であり，自殺についての予見までは必要でないとしており，いじめによる被害の実態を見据えた判断をしている。本判決は確定しており，いじめを原因とする自殺についての学校の賠償責任を認めたリーディングケースとなっている。なお，本判決は，Ａの自殺については，損害の公平な分担という理念からすれば同生徒自身も一定の責任を負うべきであり，また，家族等にも同生徒に対する指導監督上の問題などがあるとして，過失相殺により被害者側に７割の責任を負担させた。

Chapter 17
社会保障と社会福祉

Essence

1. 社会保障制度とは何か
社会保障制度←憲法第25条「国民の生存権」
戦後の社会保障制度の変遷
「生活の最低限度の保障」（救貧・防貧）から「広く国民に安定した生活を保障するものへ」
社会保障の目的・機能←相互扶助・社会連帯（公助・共助）
社会保障の仕組み・財源
社会扶助（無拠出制），社会保険（拠出制），国民負担率

2. 医療保障制度
医療保険制度―医療保険（被用者保険，国民健康保険）
　　　　　　―後期高齢者医療制度
介護保険制度
要介護認定（要支援1・2，要介護1〜5）
ケアプラン（在宅サービス，施設サービス，地域包括ケアシステム）

3. 年金制度
年金制度の体系
公的年金制度―国民年金（基礎年金），厚生年金保険
私的年金制度―企業年金，国民年金基金等

4. 社会福祉制度
生活保護制度
生活保護の原理・原則（生活保護法）
保護の内容（8種類）
ホームレスおよび生活困窮者の自立支援施策
児童福祉・児童福祉施設
児童福祉の対象―特別な支援を必要とする児童に対する支援
　　　　　　　＋次世代育成支援対策，児童虐待防止対策
障がい者保健福祉

256 **Chapter 17** 社会保障と社会福祉

1. 社会保障制度とは何か

社会保障
制度とは　社会保障制度とは，日本国憲法第25条が規定する国民の生存権を基礎として，すべての国民の生活を保障するための国・地方公共団体の施策ないしこの施策に基づいて実施される制度のことをいう。同条第1項は,「すべて国民は，健康で文化的な最低限度の生活を営む権利を有する」として生存権の保障を規定している。これをうけて，同条第2項は,「国は，すべての生活部面について，社会福祉，社会保障及び公衆衛生の向上及び増進に努めなければならない」と規定している。したがって,「広く国民に健やかで安心できる生活を保障する」(1995年（平成7年）社会保障制度審議会「社会保障体制の再構築に関する勧告」) 社会保障制度の利用は，国民の権利であるといえよう (➡121頁以下)。

社会保障制
度の変遷　わが国おいて,「社会保障」(social security) という言葉は，日本国憲法に用いられたことを契機に一般化したと言われている。社会保障の定義は国によって異なっており，わが国においても，社会保障制度の範囲，内容，対象者の変化等に応じ，時代の変化とともに変わってきている。

　では，わが国の社会保障制度は，どのような変遷をたどってきたのであろうか。昭和20年代，すなわち第二次世界大戦後の復興期は，経済的困窮者に対する生活援護施策のほか，当時の食糧事情や衛生環境に対応した栄養改善，結核やコレラ等の感染症・伝染病予防が急務の対策として求められ，新憲法の下，社会保障についての基本的な理念の構築および各種法制度の創設，行政機構の整備等が進められていった。そして，昭和30年代以降の高度経済成長により，国民の生活水準が向上するに伴い，経済的困窮者に対する救済対策（救貧）に加え，一般国民の医療費や高齢者の所得を保障するための施策（防貧）が求められ，1961年（昭和36年）にはすべての国民が公的な医療保険制度や年金制度に加入する「国民皆保険・皆年金制度」が実現し，その後も，高度経済成長の下で，高齢者福祉，障害者福祉，児童福祉に関する制度が構築され，わが国の社会保障制度の体系はほぼ整備された。特に,1973

年 (昭和48年) は，年金給付額の改善や老人医療費支給制度 (無料化) が実施された
れたため，「福祉元年」と呼ばれている。昭和50年代以降は，1973年および
1979年に始まった二度にわたるオイルショック等の経済社会の変化をうけ
て，財政問題との調和を図るため，行財政改革の一環として社会保障制度の
全面的な見直しが行われた。そこで，社会保障関係予算の歳出削減・合理化
を進めるため，老人医療費については，1982年（昭和57年）に制定された老人
保健法により，老人福祉法に基づく老人医療費支給制度は廃止され，高齢者
にも一部負担を求めることにより，全国民が公平に負担することとなった。
また，公的年金制度についても，基礎年金制度の創設や給付水準の見直しに
よる負担の公平化が図られた。

　平成以降は，少子・高齢化の急速な進展およびバブル経済の崩壊による低
経済成長時代に対応するために，長期的な社会保障給付の伸びを抑制しつ
つ，新たなニーズへの対応と既存の制度の持続可能性を確保するための様々
な制度設計・経済構造改革が進められている。たとえば，子育て支援の分野
では，1994年（平成6年）にいわゆる「エンゼルプラン」がとりまとめられ，
低年齢児保育の待機期間の解消のための施策や延長保育の拡大等が実施され
た。高齢者福祉の分野では，2000年（平成12年）に介護保険制度が開始され
た。

　社会保障制度は，戦後の復興と経済成長，人口の急増，産業構造の大転換，
国土開発，人口移動，少子高齢化の進展など，経済社会や人口構造のめまぐ
るしい変化に直面しながらも，各時代における国民各層の様々なニーズに応
え，その充実が図られてきた。社会保障制度は，国民の安心や生活の安定を
支えるセーフティネットとして，公的年金，医療・介護保険，雇用・労災
保険，子育て支援，生活保護，福祉，公衆衛生等，私たちの暮らしを支える
最も重要といっても過言ではない社会基盤である。

社会保障の　　　社会保障は，既述のように，特定の階層・階級ではなく，
目的・機能　　　社会を構成するすべての国民の生活を保障することを目的と
しており，社会を構成する人々がともに助け合い支え合うという「相互扶
助」や「社会連帯」の考え方（公助・共助）が基盤となっている。すなわち，
社会保障制度は，「国家による血縁・地縁機能の代替」であり，社会の他の

Chapter 17 社会保障と社会福祉

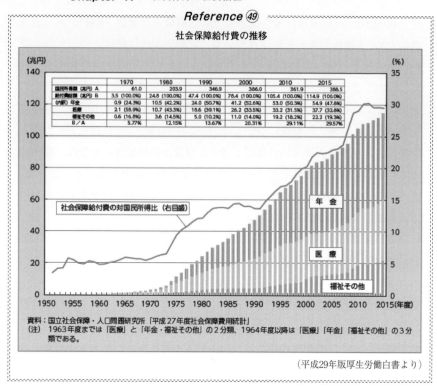

Reference ㊾
社会保障給付費の推移

(平成29年版厚生労働白書より)

人々の生活だけでなく，自分や家族にとっても役立つものである。社会保障の目的は，主として，①国民の生活の保障・生活の安定（救貧・防貧の範囲にとどまらず，広く国民全体を対象にして，健やかで安心できる生活を保障すること），②個人の自立支援（疾病・障害や高齢化等，自立した生活を維持できない場合において，人間としての尊厳を保って，その人らしい自立した生活を送れるように支援すること），③家庭機能の支援（核家族化の進展等により，介護や老親扶養等といった私的扶養による対応のみでは家庭機能に限界がある分野について社会的に支援すること）の三点をあげることができる。

また，社会保障の機能としては，主として，①生活安定・向上機能（生活のリスクに対応し，国民生活の安定を実現する），②所得再分配機能（社会保障制度等を通じて，所得を個人や世帯の間で移転させることにより，所得格差を縮小し，

低所得者の生活の安定を図る），③経済安定機能（経済変動の国民生活への影響を緩和し，経済を安定させる）の三点をあげることができる。

社会保障の仕組み・財源 国が社会保障制度を実施するためには，その財源の負担を国民に求める必要がある。社会保障の仕組みとしては，社会扶助（公的扶助）と社会保険に大別できる。社会扶助とは，負担能力のある国民から徴収した租税を財源として，事前の拠出の有無に関係なく，貧困状態に陥った者等に対し，憲法第25条が保障する最低生活水準を保障するもの（無拠出制）である。社会扶助として，生活保護制度の他，児童福祉，障害者福祉等の社会福祉制度があげられる。社会扶助の長所は，一定の要件に該当すれば，負担とは無関係に現金または現物（主にサービス）の給付対象になることや，特定の需要にきめ細かく対応することができることである。一方，その短所は，制度に安住する人が生じがちであること，財政負担の増大につながりやすいこと，資力調査を行って所得制限をかけるなど制度的な運用になりがちなことにある。

社会保険とは，将来起こりうる個人の生活上の危険（リスク）に備えて事前に保険料を拠出し，実際に危険が発生した際に保険料を基礎とした財源から給付を受ける仕組み（拠出制）であり，自立・連帯という近現代の社会の基本原則の精神を生かしながら，社会福祉・共助の理念を基盤にしてともに支え合う性質のものである。現在，わが国の社会保険には，①病気・けがに備える「医療保険」，②年をとったときや障害を負ったときなどに年金を支給する「年金保険」，③仕事上の病気，けがや失業に備える労働保険（労災保険，雇用保険），④加齢に伴い介護が必要になったときの「介護保険」がある。社会保険の長所は，保険料拠出の見返りとしての受給権が明確であること，租税よりも負担の合意が得られやすいこと等があげられる。一方，その短所として，一律の定型的な給付になりがちなことや未納・徴収漏れの問題を回避できないこと等が指摘されている。

国民は，国・自治体に対して税金や社会保障にかかる費用をどの程度負担しているのか。国民負担率（社会保障負担と租税負担の合計額の国民所得比）は，2016年度（平成28年度）の42.8％をピークに最近はやや減少し，財務省の公表資料によると，2018年度（平成30年度）は42.5％（国民負担に財政赤字を加

260 **Chapter 17** 社会保障と社会福祉

えた潜在的国民負担率は48.7%）の見通しである。

2. 医療保障制度

医療保障制度とは　医療保障制度とは，貧富や階層のいかんを問わず，広く国民に医療を施すことを保障すること，またはそのシステムをいう。わが国では，1961年（昭和36年）の国民健康保険法の施行により，全ての国民に公的医療保険への加入を義務づける「皆保険」を内容とする医療保険制度が確立され，国民は，誰でも，いつでも，どこでも，保険証1枚で安心して医療を受けることが保障されている。医療保険制度は，受診の際に，被保険者証（共済組合の場合は組合員証）を提示し，かかった費用（医療費）の原則3割を医療機関の窓口で患者本人が支払い，残りの7割相当分は保険財政から支払われる仕組みとなっている（患者一部負担）。なお，高齢者の自己負担については，原則として現役世代よりも低く抑えられている。現在のわが国の医療保障制度は，職域，地域，年齢に応じて，①医療保険制度と②後期高齢者医療制度の二つに分かれている。

医療保険制度　医療保険制度は，職域を基にした各種被用者保険と居住地（市町村）を基にした国民健康保険とに分かれる。被用者保険には，①大企業の労働者が加入する「組合管掌健康保険」，②中小企業の労働者が加入する「全国健康保険協会管掌健康保険」，③各種共済組合（国家公務員共済組合，各種地方公務員共済組合，私立学校教職員共済制度等)がある。国民健康保険は，自営業者，年金生活者，非正規雇用の労働者等が加入するものである。

後期高齢者医療制度　75歳以上の高齢者等については，2008年度（平成20年度）から創設された後期高齢者医療制度の対象となる。後期高齢者医療の保険料は世帯人員・所得などに応じて決まり，市町村が徴収する。

介護保険制度　社会全体で高齢者介護を支える仕組みとして，2000年度（平成12年度）に介護保険制度が創設された。同制度の基本的な考え方は，①自立支援（単に介護を要する高齢者の身の回りの世話をするという

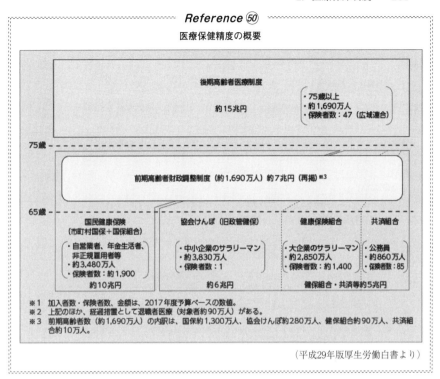

(平成29年版厚生労働白書より)

ことを超えて，高齢者ができるだけ自立した生活を送れるよう支援する)，②利用者本位（利用者の選択により，多様な主体から保険医療・福祉サービスを総合的に受けられる)，③社会保険方式（給付と負担の関係が明確な社会保険方式を採用）の3つである。運営主体（保険者）は市町村および特別区であり，国・都道府県は財政面・事務面から市町村を支援する体制となっている。介護保険制度の対象は，①65歳以上の者（第1号被保険者）と②40歳から64歳までの者で医療保険に加入している者（第2号被保険者）のうち，要支援・要介護状態となった者である（第2号被保険者は，加齢に伴う特定疾病が原因である場合のみ対象となる)。保険料は，第1号被保険者は所得段階別に定額が公的年金から特別徴収（天引き）され，第2号保険者は医療保険料と一括して徴収される。要介護認定は，被保険者からの申請に基づき全国一律の基準で調査・判定がなされ，日常生活に支援が必要な状態である「要支援（1・2)」から，

Reference (51)

介護保険制度の仕組み

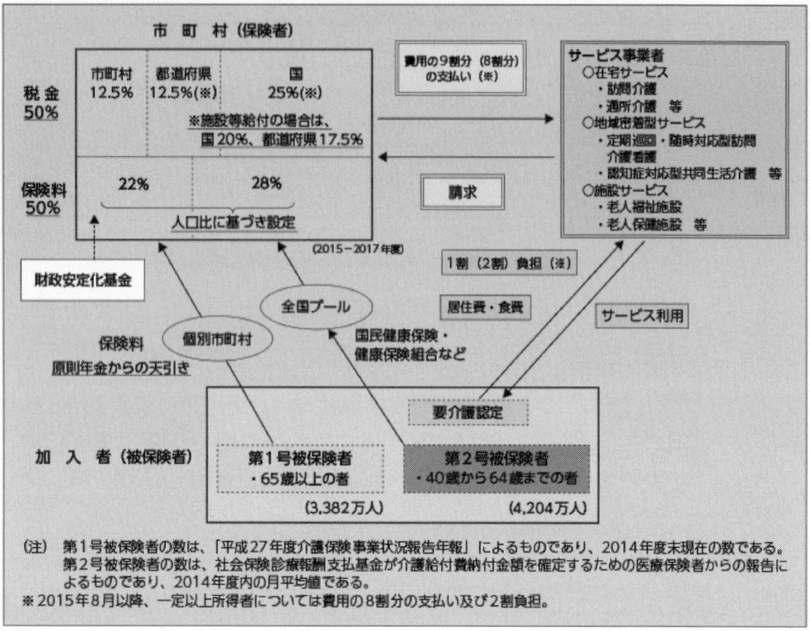

（平成29年版厚生労働白書より）

寝たきりや認知症等で介護が必要な状態に応じて区分する「要介護（1から5）」までの計7段階の中で介護保険サービスが提供される。要介護認定の区分を基本として，利用者は介護支援専門員(ケアマネジャー)と相談の上ケアプラン(介護サービスの利用計画等）を作成し，①在宅サービス（訪問介護，訪問看護，デイサービス，ショートステイ等)，②施設サービス（介護老人保健施設，介護老人福祉施設)，③地域包括ケアシステム（24時間対応の定期巡回・随時対応サービスや複合型サービス）からケアプランに基づいて必要とするサービスを選択・利用することができる。介護保険制度によるサービスに係る費用のうち，所得にかかわらず1割を利用者が負担し，本人の負担分を除く給付費は公費と保険料から支払われる。

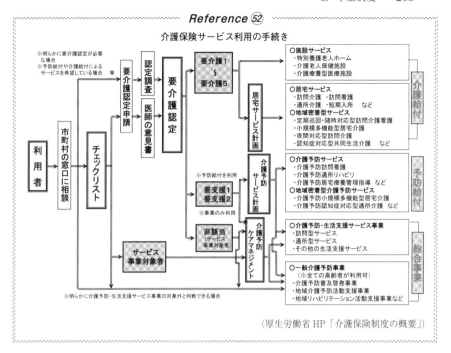

(厚生労働省HP「介護保険制度の概要」)

3. 年金制度

年金制度の体系　わが国は，「国民皆年金」制度を採用しているため，現役世代はすべて国民年金の被保険者となり，高齢者世代になると国民年金（基礎年金）等の給付を受ける（賦課方式）。しかし，社会保障給付費の推移（➡Ref.㊾ 258頁）からも分かるように，近年のわが国の社会保障給付費に占める年金の割合は約50％であり，人口減少社会の到来や急速に進行する少子高齢化を見据え，将来にわたり年金制度を安定的かつ持続可能なものとするための制度設計・運用が重要・急務である。

　わが国の公的年金制度は，①すべての国民を対象とする「国民年金」（基礎年金）と，②会社員等の被用者が対象となる所得比例年金としての「厚生年金保険」の2階建ての構造となっている。その他，「私的年金制度」は，公的年金を補完し，老後の生活をより豊かにすることを目的とした年金のことで

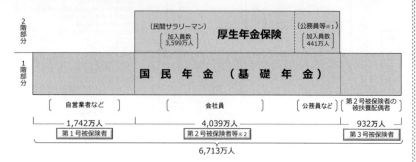

あり，①従業員の福利厚生の一環として会社が任意に厚生年金に上乗せ給付を行う企業年金（厚生年金基金，確定給付企業年金，確定拠出年金等）のほか，②自営業者等が任意に加入する国民年金基金や③個人型確定拠出年金等がある（3階部分）。

　国民年金（老齢基礎年金）および（老齢）厚生年金の支給開始年齢は65歳である。国は，急速な高齢化の進行に対応し，高年齢者が少なくとも年金受給開始年齢までは意欲と能力に応じて働き続けられる環境の整備を目的として，2012年（平成24年）に高齢者雇用安定法を改正し，希望者全員を65歳まで再雇用するよう企業に義務付けることにより，賃金も年金もない空白期間を回避できるようにしたが，企業側や現役世代への負担・影響が避けられず，課題も多い。

　年金の保険料率は，第一号被保険者（日本国内に居住する20歳以上60歳未満の自営業者，学生，無職の者等）は定額であり，第二号被保険者（会社等に勤務して厚生年金等に加入している者）は労使折半である。　なお，第二号被保険者に

4. 社会福祉制度　　*265*

扶養されている配偶者，すなわち第三号被保険者は，自らは保険料を負担せず，給付に必要な費用は扶養している者が加入する厚生年金等が負担し，国民年金に財源として拠出している。これがいわゆる「第三号被保険者問題」である。

4. 社会福祉制度

　社会福祉（social welfare）制度とは，児童，高齢者，経済的困窮者，ホームレスや心身に障害のある者など，日常生活を営むうえで社会的なハンディキャップ（handicap）を抱える者に対して，生活の質を維持・向上させるためのサービス（非金銭的な給付）を提供し，社会全体の福祉の向上および権利擁護を図るための制度のことである。

生活保護制度　　既述のように，わが国は，経済的困窮者に対しては，憲法第25条（生存権）に基づき，困窮の程度に応じ必要な保護を行って健康で文化的な最低限度の生活を保障するとともに，そのニーズに応じた自立生活支援を行っている。生活保護制度の準拠法は，1950年（昭和25年）に制定された生活保護法である。同法は，生活保護の一般原理として，①無差別平等の原理（第2条），②最低生活保障の原理（第3条），③保護の補足性の原理（第4条）の三つの原理を掲げている。また，同法は，生活保護制度の実施にあたり，①申請保護の原則（第7条），②基準及び程度の原則（第8条），③必要即応の原則（第9条），④世帯単位の原則（第10条）の四つの原則を掲げている。

　生活保護は，国民の生活を保障するための最後の手段（セーフティネット）として行われるものであるため，その世帯で利用できる資産，働く能力，年金・手当・給付金等を活用してもなお最低生活が維持できない者が対象となる。保護の内容として，生活扶助，教育扶助，住宅扶助，医療扶助，介護扶助，出産扶助，生業扶助及び葬祭扶助の8種類があり，憲法第25条第1項にいう「健康で文化的な最低限度の生活」を送る上で必要な範囲で，これらの扶助を単独または組み合わせて給付する（第11条）。なお，生活保護法は，①就労による自立の促進，②健康・生活面等に着目した支援，③不正・不適正

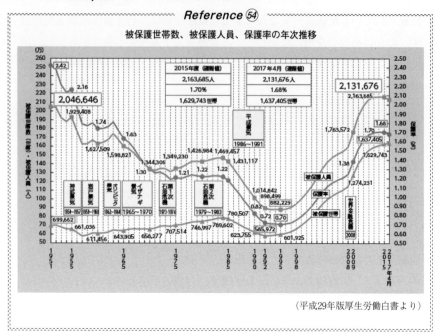

（平成29年版厚生労働白書より）

受給対策の強化，④医療扶助の適正化を主な改正内容として，2018年（平成30年）6月に一部改正がなされた（施行は同年10月）。

ホームレスの自立支援　昨今の厳しい雇用・失業情勢により，ホームレス（路上生活者）の増加や高齢化・長期化の問題は深刻である。そこで，国は，ホームレスの自立支援対策として，2002年（平成14年）に10年間の限時法として「ホームレスの自立の支援等に関する特別措置法」を制定し，2003年（平成15年）および2007年（平成19年）に実施したホームレスの実態に関する全国調査（生活実態調査）の結果を踏まえ，2003年（平成15年）および2008年（平成20年）にホームレスの自立の支援等に関する基本方針を策定して，雇用，住宅，保健医療，福祉等の各分野にわたる総合的な自立支援施策を推進している。最近では，2012年（平成24年）に上記の特別措置法が5年間延長されたことにより，引き続き法に基づく基本方針を作成し，総合的な施策の推進を図るとともに，生活保護に至る前の自立支援策の強化を図るため，生活困窮者自立支援法が2015年（平成27年）4月から施行されている。なお，同法は生

4. 社会福祉制度 267

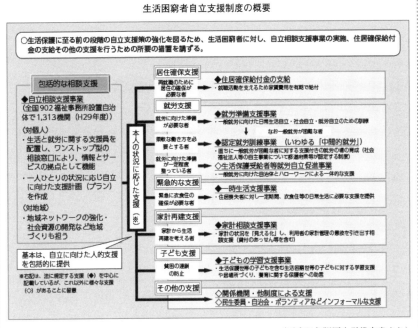

(平成29年版厚生労働白書より)

活困窮者等の一層の自立の促進を図るため，2018年（平成30年）に生活保護法とともに一部改正がなされ，①生活困窮者に対する包括的な支援体制の強化，②子どもの学習支援事業の強化，③居住支援の強化等に関する措置が講じられることになっている。

児童福祉　児童福祉とは，児童に対して行われる福祉施策のことである。1959年（昭和34年）に国連が採択した「児童権利宣言」は，心身ともに未成熟な子どもが，健全な成育と幸福と社会的諸権利を保障されるべきことを確認し，その実質的保障として，無差別の平等，社会保障，愛情と理解のもとでの養育，初等教育，心身障がい児の治療と教育，放任や虐待や搾取からの保護などの諸原則をうたっている。わが国においても，児童福祉法が，「全て児童は，児童の権利に関する条約の精神にのっとり，適切に療育されること，その生活を保障されること，愛され，保護されること，その

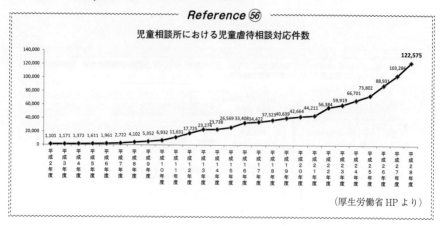

(厚生労働省 HP より)

心身の健やかな成長及び発達並びにその自立が図られることその他の福祉を等しく保障される権利を有する」(第1条)とし，国・地方公共団体は，児童の保護者とともに，児童を心身ともに健やかに育成する責任を負う(第2条第3項)と規定している。こうして，児童の健全育成は，児童の保護者だけでなく社会の責任であることを明らかにしている。なお，児童福祉法にいう「児童」は18歳未満の者をいい，そのうち，満1歳未満を「乳児」，満1歳から小学校就学の始期に達するまでを「幼児」，小学校就学の始期から満18歳に達するまでを「少年」と区分している（第4条）。

児童福祉は，従来は，心身の障害を有する児童，両親のいないまたは片親の児童等，特別な支援が必要な児童に対する施策が中心であったが，児童と家庭を取り巻く環境の変化（核家族化・少子化）や児童虐待事件の増加等から，現在は，児童の健全育成等を内容とする総合的な次世代育成支援施策や児童虐待への対応も児童福祉の重要な課題となっている。

児童福祉施設　児童福祉施設とは，児童福祉法をはじめとする法令に基づき児童福祉に関する事業を行う施設の総称をいう。児童福祉法に定めのある児童福祉施設は，助産施設，保育所，児童厚生施設（児童館等），児童養護施設，知的障害児・盲ろうあ児・肢体不自由児・重症心身障害児施設，児童自立支援施設等の14施設がある。さまざまな理由で両親や家族と暮らすことができない子どもたちについては，保護者に代わって社会が

公的な責任の下で育てるという「社会的養護」の観点から，乳児院や児童養護施設などが設置されている。

総合的な次世代育成支援対策　厚生労働省「平成30年　我が国の人口動態」によると，2016年（平成28年）の出生数は98万人，合計特殊出生率は1.44と統計史上最低の数値であった。わが国の少子化の原因として晩婚化の進行や夫婦の出生力の低下があり，少子化の背景要因としては，女性の高学歴化・職場進出による労働力率の上昇と子育てとの両立の難しさ，育児の心理的・身体的負担，教育費等の子育てコストの増大等が指摘されている。近年の急速な少子化の進行の現状に対応するため，国は，2003年（平成15年）に「少子化社会対策基本法」，2005年（平成17年）に企業・地域等の子育て支援を促進する「次世代育成支援対策推進法」を施行した。次世代育成支援対策推進法は10年間の時限立法であったが，2015年4月に「改正次世代育成支援対策推進法」が施行され，さらに10年間延長されている。同時に，ひとり親家庭や父子家庭に対する支援施策の充実のため，母子及び寡婦福祉法および児童扶養手当法の一部改正を行い，次代の社会を担う子どもの健全な育成に関する施策のさらなる推進・強化を図っている。

児童虐待防止対策　児童虐待とは，児童に対する保護者からの身体的，性的，心理的虐待およびネグレクト（育児放棄）をいう（児童虐待防止法第2条）。児童虐待は，児童の心身の発達および人格の形成に重大な影響を与えるため，国は，2000年（平成12年）に「児童虐待の防止等に関する法律」を制定し，児童虐待の発生予防，虐待の早期発見・早期対応，虐待を受けた子どもの保護・自立支援に関する支援体制の整備等が図られた。しかしながら，児童虐待の発生・相談対応件数は年々増加する一方であり，依然として，社会全体で取り組むべき重要な課題となっている。

障がい者保健福祉　社会福祉の究極の目的はノーマライゼーション（normalization）の達成である。ノーマライゼーションとは，障がい者等の社会的弱者が，そうでない人と同じ条件で自立した生活を送ることができる社会・環境を作ることである。国連は，1981年（昭和56年）を国際障害者年とし，「完全参加と平等」をテーマに，全世界に対して，障がい者が社会の中で同じように，また普通に生活することができるように考え行動することを求め

Chapter 17 社会保障と社会福祉

た。わが国では，1993年（平成5年）に制定された障害者基本法（旧心身障害者対策基本法）第6条が，国および地方公共団体は，障がい者の自立および社会参加の支援等のための施策を総合的かつ計画的に実施する責務を有すると規定した。これにより，現在は，障がい者の権利擁護や障害および障がい者に対する差別・偏見をなくす取り組みを図りつつ，障がい者の自立および社会参加を支援するための施策が展開されている。また，2003年（平成15年）度からは，行政がサービス内容を決定する「措置制度」に代えて，障がい者が自らサービスを選択し，事業者との対等な関係に基づき，契約によりサービスを利用する「支援費制度」が導入された。さらに，障がい者に対するサービスの計画的な整備，就労支援の強化，地域生活への移行の推進等を通じ，障がい者が安心して暮らすことのできる地域社会の実現を目指すため，2005年（平成17年）に障害者自立支援法が制定された。

　同法施行により，これまで障害の種別によって異なっていた各種サービスが一元化され、市町村は利用者の障害特性などを踏まえたサービス（障害福祉サービスおよび地域生活支援事業）を提供することができるようになった。現在は，2013年（平成25年）に制度の谷間のない支援の提供、個々のニーズに基づいた地域生活支援体系の整備等を内容とする「障害者総合支援法」（障害者の日常生活及び社会生活を総合的に支援するための法律，2018年（平成30年）一部改正）が施行されたことにより，障害者自立支援法は廃止されている。

Chapter 18

医療と法

Essence

1. 医療と法との関係
　医事法の確立
　専断的医療行為＝患者の気持を考慮しない医療
　患者と医師の関係＝権利義務の関係
　←個人の尊厳＝自己決定権

2. 医療訴訟

　医療過誤┬民事責任
　　　　　└刑事責任

　説明と同意（インフォームド・コンセント）

3. 生命をめぐる法律問題
　生命の誕生　堕胎

　　　　　　　人工生殖┬人工授精
　　　　　　　　　　　└体外受精

　生命の終焉　脳死＝脳幹を含む全脳の不可逆的停止⇒臓器移植
　　　　　　　安楽死
　　　　　　　植物状態⇒尊厳死
　　　　　　　　　　　↑
　　　　　　　　　リビング・ウイル

4. 精神医療
　責任無能力⇒刑事・民事免責⇒強制入院←人権保護
　　　　　　　　　　　　　　　　↓
　心神喪失者等医療観察法による入院・通院　措置入院・医療保護入院
　　　　　　　　　　　　　↓
　　　　　　　　　　　　任意入院
　　　　　　　　　　　　　↓
　精神保健福祉法改正の目的┬脱入院化（通院医療）
　　　　　　　　　　　　　└強制入院の濫用防止
　　　　　　　　　　　　　↓
　　　　　　　　　　　精神医療審査会

5. 感染症（新型インフルエンザ）

272 **Chapter 18** 医療と法

1. 医療と法との関係

医事法　　健康の維持増進は，人間の最も基本的な願望である。それゆえ，病気を治し予防する医学は，人間の歴史上最も古くから発達したのであり，また，近年の医学技術の急速な進歩・発展には目を見張るものがある。一方，健康の維持増進が誰もの願望であるとすると，国は国民の健康を回復し，保持し，または増進するための責務を負うことは当然である。こうしてわが国では戦前から国民の健康を保持増進することを目的とする衛生法とよばれる法分野が発達してきたのである。しかし，第二次世界大戦後，新しい憲法が制定され，「すべて国民は，健康で文化的な最低限度の生活を営む権利を有する。国は，すべての生活部面について，社会福祉，社会保障及び公衆衛生の向上及び増進に努めなければならない」(25条➡121頁) と規定されたところから，その健康権の保障に基づき医療法，医師法，伝染病予防法といった医療に関する法領域が整備され，それに伴って医事法という名前で呼ばれる法分野が確立したのである。

専断的医療行為　　人間誰しも，病気にかかれば医者にかかり，病気を治してもらいたいと願うのは当然である。国はこうした国民の願望に答えるために，適切な医療を供給できるように医療の資質向上を図る一方，経済的負担を軽減し，気軽に医者にかかることができるように，社会保障的な観点から健康保険制度を整備し，今では国民皆保険制度が完備するに至ったのである(➡260頁)。こうして，病気になればすぐに治療を受けられる体制が整ってきたのであるが，その反面，病院は患者であふれ，医師は一挙に沢山の患者を治療しなければならないなどの理由から，診療は事務的・機械的となり，患者の意思を無視した官僚的なものとなる傾向が見られるようになった。戦後の医療と法をめぐる最大の課題は，患者の気持ちや希望を考慮しないで行われる医療,すなわち専断的医療行為の排除にあったのである。

患者と医師の関係　　古くからわが国では「医は仁術なり」といわれてきた。医療は人助けでありそれ自体善なるものであるから，医師は自ら正しいと信ずる医療を行えば足りるのであり，いちいち患者の意思を確かめて治

療を行う必要はないと考えられてきた。しかし，現代の医療は「仁術」といえるようなものでなく，一種の商売として極めて営利性に富んだものである。そうだとすると，医師は患者の希望に副うように診療を行うとは限らない。そればかりではなく，ときには失敗して患者を死なせたり，病気を悪化させて患者側に大変な損害を加えることもしばしば見られるところである。このような医療の実態に加えて，個人の尊厳を基調とする憲法的な価値観が国民一般に浸透し，その権利意識が変化したことも大きく影響し，昭和30年代から，患者は自己の意思に副わない医療がなされると，医師を訴えて法律で争う傾向が顕著になってきたのである。このようにして，患者と医師の関係は，学界ばかりでなく法律実務においても次第に法律関係として捉えられるようになってきた。ここで法律関係とは権利義務関係をいうが，医師と患者の関係はまさに診療契約に基づく権利義務関係であるということになるのである。

医療と自己決定　このような患者と医師の関係を支える法律上の根拠は，憲法13条の個人の尊厳である（➡47頁）。同条は，「生命，自由及び幸福追求に対する国民の権利」を保障しているのであるが，ここにいう幸福追求権は，人間がどのように生きるかは究極においてその個人の自己決定に係ることであり，他の者から干渉されない権利をいう。患者が医療を受けるということはまさにその個人の幸福追求のためであるから，医療は患者の意思に即して行われなければならないのである。このことから，二つの要請が生じてくる。一つは，いかに医学上優れた医療であっても，患者の意思を無視した医療は違法であるということである。後述の「説明と同意」の問題はこの要請に基づく。他は，本人が希望する診療は，他人や社会の利益を害さない限り原則としてこれを認めるべきであり，倫理上好ましくないといった理由でこれを禁止すべきではないということである。人工授精，体外受精などの人工的な生殖及び臓器移植の是非も，この要請に係る問題である。要するに，現代の医療問題を解決するための価値基準は，先に述べた健康権の保障と幸福追求権に基づく自己決定権の保障にあるといってよいのである。

274 **Chapter 18** 医療と法

2. 医療訴訟

医療過誤訴訟 　医療行為は，疾病の治療・予防に役立つものであるが，人体への侵襲を伴うものであるから，通常，人の精神・身体にとって危険なものである。それゆえ，医療行為は医学的知識を有する医師のみがこれを行うことができるものとされているのである（最判昭和30年5月24日刑集9巻7号1093頁）。また，医療行為が正当なものとされるためには，医療技術の適用が許容されるもので医療の技術に即したものであることを要する。したがって，以上の要件を満たさない行為は，民事あるいは刑事上の責任を問われることになる。その代表的なものが医療過誤である。医療過誤とは，不注意に基づく診療によって患者に心身上の損害を加えることをいう。我が国では，医師と患者の間に上下＝支配関係があると考えられてきたため，比較的最近までは，医療過誤が裁判で争われることは少なかったが，昭和30年代から頻繁に争われるようになり，昭和40年代には，医師が治療の失敗の責任を問われるのを恐れて積極的に治療を行わないという「消極医療」が問題化したこともあり，最近においても医療過誤訴訟は多発している。

誤　　診 　問診に関しては，インフルエンザの予防接種を行う際に，適切な問診を尽くさなかったために，接種対象者の異常を認識できず，対象者が死亡した場合は，「担当医師は接種に際し…結果を予見しえたものであるのに過誤により予見しなかったものと推定するのが相当である」（最判昭和51年9月30日民集30巻8号816頁）とした判例がある。また，未熟児網膜症に関する次の判例は，医療水準に拠った医療を施すことに加えて，誠実な医療を尽くす義務があることを認め，それを怠った場合に，患者の精神的苦痛に対する慰謝料を認めている。

判例〔55〕

医師には緻密で真摯かつ誠実な医療を尽くすべき義務がある（名古屋高判昭和61年12月26日判時1234号45頁）

---

2. 医療訴訟 *275*

〈事実〉 Xは，未熟児として出生した3か月後に眼科医Yの診察を受けて，異常なしと診断されたが，その3か月後の診断では，白内障に罹患していると診断された。しかし，その2か月後に別の病院で診察を受けたところ，未熟児網膜症により既に失明していると診断された。そこで，Xは，Yに慰謝料を請求したところ，原審はYの過失を認めXの請求を認容した。Yの控訴に対して，本件判決は以下のように述べて慰謝料を認めた。なお，責任原因は，「不法行為責任ないしは債務不履行責任によって」とされている。

〈判旨〉 医師と患者の医療契約の内容には，単に当時の医療水準に拠った医療を施すというのみでなく，そもそも医療水準の如何に拘らず緻密で真摯かつ誠実な医療を尽くすべき契約が内包されているというべきであり，また医師は本来そのような注意義務を負うものと解するのが相当である。換言するならば，医師が右の義務に反して粗雑・杜撰で不誠実な医療をしたときは，医師のその作為・不作為と対象たる病患について生じた結果との間に相当因果関係が認められなくても，医師の不誠実な医療対応自体につき，これによって患者側に与えた精神的苦痛の慰藉に任ずる責があるというべきである」。

手術ミス　治療の際に過失によって患者に被害を与えたときは，民法上の不法行為ないし債務不履行責任が認められるし，また刑事上は，業務上過失致死傷罪の責任を問われることもある。

次の判例は，手術の際のミスに関して，過失を犯した看護婦とその監督者である医師の刑事責任が追及された事案である。とくに，医師の責任については，信頼の原則（➡221頁）が適用されるかどうかが問題とされている。

判例〔56〕

電気メスのケーブルの誤接続について，ベテランの看護婦が適切な行動をとることを信頼していた医師には注意義務の違反はない──北海道大学電気メス事件──（札幌高判昭和51年3月18日高刑集29巻1号78頁）

〈事実〉 北海道大学医学部付属病院で行われた手術の際に，看護婦が電気メスの誤接続をした結果，患者が重度の熱傷を負い，右下腿を切断せざるを得なくなった。そこで，医師と看護婦が業務上過失傷害罪で起訴された。

〈判旨〉 （看護婦の過失責任を認めた後で，）「執刀医である被告人甲にとって，…ケーブルの誤接続のありうることについて具体的認識を欠いたことなどのため，右誤接続に起因する傷害事故発生の予見可能性が必ずしも高度のものではなく，手

276 **Chapter 18** 医療と法

術開始直前に，ベテランの看護婦…を信頼し接続の正否を点検しなかったことが当時の具体的状況のもとで無理からぬものであったことにかんがみれば，被告人甲がケーブルの誤接続による傷害事故発生を予見してこれを回避すべくケーブル接続の点検をする措置をとらなかったことをとらえ，執刀医として通常用いるべき注意義務の違反があったものということはできない。」

なお，厚生労働省が平成20年（2008年）に公表した「医療の安全の確保に向けた医療事故による死亡の原因究明・再発防止等の在り方に関する試案——第三次試案——」では，刑事責任を問われる医療事故を「故意や重大な過失のある事例」に限定することが提案されている。

説明と同意　治療行為が正当化されるためには，患者の同意が必要である。これは，患者の自己決定権を重視する立場からは当然の帰結であり，わが国の判例でも，昭和40年代に認められている。

判例〔57〕

患者の承諾を得ないで行われた手術は違法な侵害である（東京地判昭和46年5月19日下民集22巻5＝6号626頁）

〈事実〉　原告は，乳腺癌のため右乳房の手術を受けたが，手術中に左乳房の腫瘍の検査をしたところ，癌でないが，乳腺症であることがわかったので，医師は，将来癌になるおそれがあると判断して，原告の承諾を得ずに乳腺の剔出手術を行った。これに対して，患者の承諾を得ないで行われた手術は違法であるとして，損害賠償請求の訴が提起され，請求の一部が認容された。

〈判旨〉　「医師が行う手術は，疾患の治療ないし健康の維持，増進を目的とするものではあるが，通常患者の身体の一部に損傷を生ぜしめるものばかりでなく，患者に肉体的苦痛を与えることも少なくないのであるから，治療の依頼を受けたからといって当然なし得るものではなく，原則として，患者（患者が承諾能力を欠く場合にはこれに代わって承諾をなし得る者）の治療の申込とは別の手術の実施についての承諾を得たうえで行うことを要すると解すべきであり，承諾を得ないでなされた手術は患者の身体に対する違法な侵害であるといわなければならない」。

現在では，単なる同意では不十分であり，医師が十分な説明を与えたうえで患者が治療に同意することが必要であり，しかも，この同意は真意に基づくものでなければならないと解されている。これを，インフォームド・コンセント（Informed Consent―説明と同意）という。わが国でも，1989年に実施された生体肝移植手術において，この点にかなりの注意が払われていたところからも看取されるように，この考え方は医療の現場に確実に浸透してきているといってよい。そして，現在では，医療者が，イニシアティブをとって患者との対話を行い，説明と質疑応答を繰り返し，医療者と患者が共同で意思決定を行い，結果責任をも共有する，という理解も普及している。さらに，何が患者の真意であるかを確定することも重要な課題である。

Reference ㊗
エホバの証人輸血拒否事件

キリスト教の一派である「エホバの証人」の場合，輸血してもらうのは教義に反するので，重傷を負って死に瀕しているときでも，輸血を拒否する。たとえば，子供が交通事故で危篤に陥っていたのに，親が輸血を拒否して死亡した事件がある。加害者は業務上過失致傷罪ではなく，業務上過失致死罪で有罪となった。患者の自己決定権を考えるうえで参考となる事例であろう。

最高裁は，エホバの証人に輸血を行った医師らに対する慰謝料の賠償について，輸血以外に救命手段がない場合には輸血を行うという方針をとっていることに関する説明を怠ったことにより，患者の意思決定の権利を奪い，人格権を侵害したものとして，請求を認めた（最判平成12年2月29日民集54巻2号582頁）。

3. 生命をめぐる法律問題

生命の操作
医学の発展には著しいものがあり，生命の操作も一定程度可能になってきた。しかし，そこから，人類自体の将来を脅かしかねない事態も生じている。そこで，このような生命操作に関する行動基準の確立が要請されている。これが「生命倫理」の問題であるが，法的観点からこの問題にいかに対応するかが課題となる。ここでは，その問題を，生命の誕生と終焉という側面から見ていきたい。

278 **Chapter 18** 医療と法

> **Terms ⑱**
> **ないし** (乃至)
> 条文中に連続するものがある場合
> に，最初と最後のものを掲げて中間
> を省略するときに用いる表現。「～か
> ら～まで」と同義。

堕　　胎　　堕胎に関して刑法は，212条ないし216条において，妊婦自身による堕胎から，妊婦の同意を得た場合，同意を得なかった場合，医師などによる業務上堕胎に至る場合を処罰の対象としている。しかしながら，母体保護法14条が，一定の要件を満たす場合には，医師による人工妊娠中絶を認めているところから，堕胎罪で処罰される者は皆無に近いのが現状である。とくに，母体保護法については，妊娠中絶手術の実施される者の中に，14条1項1号の「妊娠の継続又は分娩が身体的又は経済的理由により母体の健康を著しく害するおそれのあるもの」に該当するものが多いことから，対象を拡大しすぎているという批判が見られる。しかし，他方では，女性の「産む権利」を尊重する立場から，中絶が認められる要件として，本人の同意以外に配偶者の同意が必要とされていることに対する批判も提起されている。また，未熟児の成育可能性が高くなってきたことをふまえて，1990年から，厚生省の通達によって，人工妊娠中絶の可能な期間が妊娠24週未満から22週未満に短縮されたことも論議を呼んでいる。

生殖補助医療　　子供が欲しくても授からない夫婦のために開発された医療技術として生殖補助医療がある。生殖補助医療には，代表的なものとして，人工授精と体外受精の2つの形態がある。人工授精とは，注入器を用いて人工的に精子を女子の性管内に注入して受精を行う不妊症治療の一方法をいい，他方，体外受精とは，精子と卵子とを体外に取り出し，試験管内で受精させ，その受精卵を子宮内に戻し着床させる方法をいう。人工授精は古くから実施されているが，生命倫理の観点から関心を集めたのは，体外受精の技術が開発されたからである。体外受精が可能になったのは，精子，卵子，胚の冷凍保存技術が発達したためであり，そこから，その所有権や保護の問題が生じてきた。また，生殖補助医療の形態にも，胚移植や顕微授精などの様々なものが出現し，複雑な問題が提起されている。例えば，非配偶者間人工授精（AID）については，わが国では，産婦人科医の自主規制によって不妊の夫婦に限り実施されているようであるが，その場合でも，人工

授精子に嫡出推定が及ぶのか，及ぶとしても，夫が嫡出否認の訴え（民法774条）を提起する可能性は残り（➡195頁），子の地位はきわめて不安定となる。また，代理母については，アメリカにおいて，出産した女性が子供の引渡しを拒むという事件が発生しており，訴訟にまで発展している。代理母とは，体外で精子と卵子を受精させて，その受精卵を第三者の女性の体内に移植して出産してもらうことをいうが，これには，不妊夫婦の夫の精子と代理母の卵子とを体外受精させるものと，不妊夫婦の精子と卵子を体外受精させるもの（代理出産）がある。後者について，最高裁は，日本人夫婦がアメリカ合衆国において行った代理出産に対して，「出生した子を懐胎し出産した女性をその子の母と解さざるを得」ないとして，代理出産を依頼した女性との間の母子関係を否定した（最決平成19年3月23日民集61巻2号619頁）。

　このような不自然な生殖は倫理的に許されないから，法律上も禁止すべきであるという主張もある。しかし，人工生殖が他人や社会にとって有害でない限り，個人の自己決定の問題とすべきであって，他人がとやかくいったり，ましてや法律で禁止すべきではない。問題は，生まれてきた子の幸福が普通の場合と同様に保護できるかにある。これまでのところわが国では子の保護のための法律はつくられていないが，外国の例を参考にしながら法的整備を図る必要がある。

脳死と臓器移植　これまで人の死の判定は，呼吸・脈拍の不可逆的停止と瞳孔散大―肺臓・心臓・脳の機能停止によって行われていた（三徴候説）。しかし，人工呼吸器の開発によって，脳の機能が停止しても心肺機能を維持することが可能になったので，人の死を脳死で判定しようとする考え方が登場してきた。脳死とは，脳幹を含む全脳の機能の不可逆的停止のことをいう。脳死の判定は，以下のような基準に基づいて実施される。①深昏睡，②瞳孔(固定し，径は両側4mm以上)，③脳幹反射の消失，④平坦脳波，⑤自発呼吸の消失，⑥時間的経過(6時間後でも変化がないこと)である。脳死を人の死とする考え方の論拠には，第一に，脳の機能が不可逆的に停止した以上，治療を継続するのは無駄であるとする経済的な観点からのものがあり，第二に，脳死体からの臓器移植を行って治療に役立てたいとする医学的観点からの要望がある。そして，国の「臨時脳死及び臓器移植調査会」（脳死臨調）

280 **Chapter 18** 医療と法

> ·········· **Reference 58** ··········
> **ドナーカード**
> 脳死状態に陥った場合に臓器を提供
> する意思を表明するカード。外国で
> も，運転免許証と組み合わせている
> 例がある。我が国では，臓器提供意思
> 表示カードが発行されているが，十
> 分に普及していない。

が1992年に提出した最終答申でも，多
数意見は，脳死を人の死とした。しか
しながら，その後の立法化には時間を
要し，1997年に漸く「臓器の移植に関
する法律」が成立した。この法律は，
「臓器の移植術に使用されるための臓
器を死体から摘出すること，臓器売買
等を禁止すること等につき必要な事項を規定することにより，移植医療の適
正な実施に資することを目的と」し（1条），臓器移植について同法6条は以
下のように規定していた。「医師は，死亡した者が生存中に臓器を移植術に使
用されるために提供する意思を書面により表示している場合であって，その
旨の告知を受けた遺族が当該臓器の摘出を拒まないとき又は遺族がないとき
は，この法律に基づき，移植術に使用されるための臓器を，死体（脳死した者
の身体を含む。）から摘出することができる」。

　しかし，臓器移植法は制定されたものの，脳死及び臓器移植に関して，臓
器提供者（ドナー）本人と家族の同意が要求されていたため，実施された臓器
移植の数は100件以下にとどまっていた。そこで，2009年に臓器移植法の改正
が行われた。改正の概要は，①脳死判定や臓器提供について，本人が拒否し
ていなければ，家族の判断で臓器提供が可能とされたこと，②臓器を提供で
きる年齢に関する年齢制限（15歳以上）を撤廃したこと，③親族への優先提供
を認めたことである。

　なお，死亡する際に脳死に陥る事例は限られているので，外国においても
ドナー不足は重大な問題となっている。そこで，人工臓器の開発や動物の臓
器利用（異種間移植）の研究が活発に行われているが，完全な実現にはかなり
の時間を要すると思われる。他方，最近では，ips細胞やクローンなどを用い
る再生医学及び医薬品の発展や開発には著しいものがあるし，人の遺伝子の
解明も進んでいるところから，今後は臓器移植の位置付けも変わってくると
思われる。

　また，このような医学の急速な発展によって，今後は，我々の人生計画の
変更が迫られるような事態が出現することも予想される。平均寿命は飛躍的

に延びているし，超高齢出産も可能になっている。遺伝子の解明が進めば優生学的な問題も出てくるであろう。生命倫理の問題は今後の重要な課題であり，一人一人の自己決定権の重みが一層増してくるものと思われる。

安楽死・尊厳死　　安楽死とは，現代の医学において不治の病に冒され，かつ死期が迫っている病者の激しい肉体的苦痛を緩和・除去して，安楽な死をもたらすことをいう。これが病者の自然の死期を早める場合には，殺人罪（刑法199条）または嘱託殺人罪（202条）が成立しうる。安楽死については，名古屋高裁が昭和37年（1962年）に正当化の要件を示した。すなわち，⑴不治の病で，死が目前に迫っていること，⑵病者の苦痛が甚だしいこと，⑶病者の死苦の緩和が目的であること，⑷病者の同意のあること，⑸医師の手によること，⑹方法が倫理的に妥当なこと，である。

　その後，安楽死の問題は，苦痛を緩和する医療技術の向上によって，関心が低下したが，1991年には，大学病院の医師が，家族の懇請に応じて安楽死を施した事件が発生し，殺人罪で有罪とされた（横浜地判平成7年3月26日判タ877号148頁）。この判決は，患者を苦痛から免れさせるため意図的積極的に死を招く措置をとる「積極的安楽死」について，上記の⑴，⑵の要件を承認したうえで，医師による場合は，⑶と⑹の要件は不要であるとし，さらに，⑷，⑸の要件を，「患者の肉体的苦痛を除去・緩和するために方法を尽くし他に代替手段がないこと」，「生命の短縮を承諾する患者の明示の意思表示のあること」に変更した。また，オランダでは，1993年に，死期が目前に迫っていない患者の安楽死を認める安楽死法が成立して施行されているが，この制度では，担当医師に過大な負担を強いることになるのではないかという危惧がある。

　尊厳死は，医学の発達によって，植物状態でも生存できるようになったことから生じてきた問題である。植物状態とは，動物機能は失われているが，植物機能（呼吸・消化・血液循環等）は残っているもので，意識をほぼ不可逆

> *Reference* ㊿
> **リビング・ウイル**
> **(living will)**
> 生存中に効力を発揮する遺言（生前遺言）のことで，末期症状になったときに過剰な延命措置を拒否することを表明するのに用いられるもの。このような事前の意思表明は，文書の形式を採らなくても，近親者の証言などによって事前の意思が確認できればよいとする見解も有力である。

282 **Chapter 18** 医療と法

的に喪失した状態をいう。苦痛がない点で安楽死とは異なり，短時日のうちに確実に死に至る脳死状態とも全く異なるものである。植物状態に陥った場合に，患者の正常時の意思(リビング・ウイル) に基づいて，「品位ある死」を迎えさせるために生命維持治療を断念もしくは中止することが許されるかどうかが尊厳死の問題である。アメリカには，自然死法を制定して，これを認めている州も存在しており，わが国でも，日本尊厳死協会 (旧日本安楽死協会) が運動を行っているが，現在では，回復の見込みのない末期状態の患者に対して，無益な生命維持治療＝延命治療を中止し，人間としての尊厳を保たせつつ，自然の死を迎えることを承認すべきであるとする見解が台頭している。

2009年には，医師が行った延命治療の中止に関して，被害者の回復可能性や余命について的確な判断を下せる状況になく，治療中止を承諾した家族にも適切な情報が与えられていなかったとし，被害者の推定的承諾を否定して，殺人罪の成立を認める判断を最高裁が示した(➡判例〔58〕)。他方で，富山県で起きた医師による延命中止について，富山地検は不起訴とした(平成21年12月21日)。被害者の死期を早めたわけではなく，取り外しと死亡との因果関係が認定できないというのが，その理由とされていた (射水市民病院事件)。

判例〔58〕

こん睡状態にある患者の気管内チューブの抜管は，法律上許容される治療中止には当たらない──川崎協同病院事件──(最決平成21年12月7日刑集63巻11号1899号)

〈事実〉 気管支喘息重積発作に伴う低酸素症脳損傷により，意識が回復しないまま入院している患者に対して，その回復を諦めた家族からの要請に基づき，担当医師が，気道確保のために患者の気管内に挿管されていたチューブを抜き取り，呼吸確保の措置を取らずに，患者の死亡するのを待っていたところ，予期に反して患者が苦悶様呼吸を示したため，事情を知らない准看護婦に命じて筋肉弛緩剤を投与して，患者を死亡させた。

第1審の横浜地裁は，本件は死期が切迫していた場合に当たらず，治療が尽くされたとも言えないとして，殺人罪の成立を認めた。第2審の東京高裁は，治療中止が正当化される根拠として，自己決定と治療義務の限界とを挙げたが，いずれも認められないとして，担当医師の行為は殺人罪を構成するとした。

〈判旨〉　被害者が…入院した後，本件抜管時までに，同人の余命等を判断するために必要とされる脳波等の検査は実施されておらず，発症からいまだ2週間の時点でもあり，その回復可能性や余命について的確な判断を下せる状況にはなかったものと認められる。…（家族からの抜管の）要請は，…被害者の病状等について適切な情報が伝えられた上でされたものではなく，上記抜管行為が被害者の推定的意思に基づくということもできない。以上によれば，上記抜管行為は，法律上許容される治療中止には当たらないというべきである。

　国は，2007年に終末期医療の「決定プロセスに関するガイドライン」を作成し，改訂版が2018年に公表されている。そこでは，患者本人による意思決定を基本としたうえで，終末期医療においては，①本人の意思は変化しうるものであるから，医療・ケアチームが支援し，本人との話し合いを繰り返し行うことが重要であり，②そのプロセスにおいて話し合った内容は，その都度，文書にまとめておくものとする（アドバンス・ケア・プランニング），とされている。また，日本救急医学会などの3学会が2014年に公表した「救急・集中治療における終末期医療に関するガイドライン」においても，「患者に意思決定能力がある場合や，本人の事前指示がある場合，それを尊重すること」が原則とされている。事前指示とは，患者の「事前の意思表示」（advance directive）のことであり，日本尊厳死協会も，「人生の最終段階（終末期）を迎えたときの医療の選択について事前に意思表示しておく文書（リビング・ウイル）」の作成を推奨している。

4. 精神医療

精神保健福祉法　精神病とくに統合失調症は，社会の近代化に伴って増加してきたものであり，また，最近では，コンピュータの出現に伴うテクノストレスやネット依存，ゲーム依存などの精神障害も問題となっている。法律上は，精神障害のために，心神喪失の状態（是非善悪を弁別で

Reference ⑥
宇都宮病院事件
1984年に栃木県の宇都宮病院で入院患者が看護職員に殴打されて死亡したことに端を発して，病院の無資格診療や患者の超過収容，無許可解剖，不必要な強制入院，不正経理などが次々と発覚した事件。我が国の精神医療の実態が明らかになり，国際的にも批判を浴びたことから，精神衛生法改正の端緒となった。

284   **Chapter 18** 医療と法

きないか，または弁別に従って行動することができない状態)に陥って他人に損害を与えたときは，民事上は損害賠償の責任を負わないし（民法713条），刑事上も犯罪とされない（刑法39条)ことになっている。では，このような精神障害者は，どのような取扱いを受けるのであろうか。以下では，それを定めた精神保健福祉法を中心に概観する。

精神医療の特徴　精神障害者は，意思能力や社会適応能力が欠けるため，自らの利益となる医療を選択することができないことがあるから，強制的に治療を受けさせる必要が生じる。また他方で，精神障害者は，自らの権利を自分で守ることができないので，患者の人権保護のために，法による規制が必要になる。これらが，他の医療とは大きく異なる点である。

精神衛生法は1987年に改正され，精神保健法と名称が変更されたが，その改正の主たる目的は，脱入院化（＝通院医療）と強制入院の濫用防止であった。精神障害者に対する治療が，拘禁治療から開放治療へと重点を移行させてきたのに対応することと，宇都宮病院事件などで見られた精神障害者の人権軽視を防止することを目的として，法改正が行われたわけである。したがって，現在は，患者本人の同意に基づく「任意入院」が原則とされている。

さらに，本法は，1995年に保健福祉対策の充実を図るための改正が行われ，「精神保健及び精神障害者福祉に関する法律」（精神保健福祉法）という名称に改められている。この改正では，精神障害者保健福祉手帳制度が導入されることになり，また，社会復帰施設を充実することによって障害者福祉の一層の推進が図られている。

強制入院の諸形態　主要なものは，措置入院と医療保護入院である。措置入院とは，自傷他害のおそれがある場合に行われるもので，犯罪を犯したが，心神喪失のために処罰されないときにも，このような処遇を受けることになる。医療保護入院は，医療および保護のために入院の必要があると認められたときは，保護者の同意があれば，患者本人の同意がなくても入院させることができるというものである。保護者とは，精神障害者の後見人，又は保佐人，配偶者，親権を行う者及び扶養義務者の中から選任される者で，「精神障害者に治療を受けさせ，及び精神障害者の財産上の利益を保護しなければならない」（22条）。

5. 感染症（新型インフルエンザ）　*285*

　精神保健福祉法の1999年の改正では，医療保護入院の場合に，「任意入院が行われる状態にないと判定された者」という要件が加えられ，その明確化が図られた。また，保護者の自傷他害防止監督義務の規定が廃止されるとともに，成年後見制度の見直しに伴って，保護者となることができる者に「保佐人」が加えられた（➡199頁）。

　精神医療審査会　精神障害者の権利を保護するために創設されたもので，各都道府県に設置され，医師，法律家，その他の学識経験者で構成される。審査は，措置入院患者の定期報告，医療保護入院患者の入院時の届出，患者からの退院請求や処遇改善請求について行われる。

　心神喪失者等　2003年に成立した本法の目的は，「心神喪失等の状態で重大な
　医療観察法　他害行為を行った者に対し，その適切な処理を決定するための手続等を定めることにより，継続的かつ適切な医療並びにその確保のために必要な観察及び指導を行うことによって，その病状の改善及びこれに伴う同様の行為の再発の防止を図り，もってその社会復帰を促進すること」（1条）である。その概要は，①重大な犯罪を犯して心神喪失又は心神耗弱とされた者に対して，指定医療機関への入院もしくは通院を命じる，②決定は，地方裁判所において，1名の裁判官と1名の精神保健審判員（精神科医）の合議体で行う，③医療機関は国公立病院を指定する，④審判には付添人（弁護士）を付し，治療開始後も，退院許可や医療終了の申立を行うことができる，⑤通院治療の場合は，精神保健観察に付される，というものである。

5. 感染症（新型インフルエンザ）

　感染症に関しては，従来の伝染病法が改正されて1998年に感染症法が制定された。感染症の場合も行動制限や強制入院が行われるので，人権擁護のために感染症診査協議会が設けられることになった。感染症のために強制入院となる場合，72時間を超えて入院を継続するときは，10日以内の期間を定めて2回の延長が可能であるが，その際に診査協議会を開催し，協議を行うこととされている。2009年に流行した新型インフルエンザも，診査の対象となっていたので，若干の混乱が生じた。重症化の可能性の高い強毒性インフル

286　Chapter 18　医療と法

エンザの大流行（パンデミック）については，2012年4月に新型インフルエンザ等対策特別措置法が成立した。そこでは，ワクチン接種の順位および副反応，学校・興行場等の閉鎖，検疫法の停留処分などの問題が取り上げられている。これらについては，国民の人権侵害が最少のものとなるかという点に注目すべきであろう。

Chapter **19**

情報化社会と法

Essence

1. 情報化社会

情報化社会＝情報の重要性が高まった社会

情報との適切な関係の構築 ┬情報の自由な流通の保護
　　　　　　　　　　　　　 └不適切な情報などの規制
　　　　　　　　　　　　　　　　　⇧
　　　　　　　　　　　　　　法の果たす役割

2. 情報の発信と法

情報の発信の保護＝表現の自由（憲法 21 条）…検閲の禁止

表現の自由の優越的地位（優先的な保護）
　　　　　⇧
民主主義的な意義の尊重
　　┌①個人の自己実現┐
　　│②国民の自己統治│
　　│③思想の自由市場│
　　└④社会の安全弁┘

3. 情報の受信と法

情報受信の保護＝「知る権利」┬①情報受領権
　　　　　　　　　　　　　　├②情報収集権（取材の権利）
　　　　　　　　　　　　　　└③政府情報開示請求権
　　　　　　　　　　　　　　　　　⇩
　　　　　　　　　情報公開法制によって保障

4. 情報保護と法

プライバシー権＝個人が自らに関する情報をコントロールする権利
　　　　　　　　　　　　⇩
　　　　　　情報保護法によって保障

5. マスメディアへのアクセス権

意義…自由な意見表明を活性化させ，国民主権の基礎を構築

1. 情報化社会

> **Reference ⑥**
> **サイバースペース**
>
> サイバースペースとは，インターネットの普及によって誕生したコンピュータネットワーク上の仮想空間であり，コンピュータ・ユーザーが情報交換や商取引などの社会的な活動を行う際の新しい生活空間である。この言葉が社会に広まる契機となったのは，アメリカのSF作家ウィリアム・ギブスンが1984年に発表した小説『ニューロマンサー』であったといわれる。
>
> 　サイバースペースでは，現実社会の国境に妨げられることなく，国際的な交流が可能であるため，最近では，「サイバースペースに特定の国の法律を適用することは不適切で，不可能である」といった見解が主張されるようになっている。たしかに，サイバースペースでの情報の交流は地理的制約を受けない点で既存のものとは一線を画している。その意味では，近い将来，サイバースペースでの国際的な統一ルールが設定される日が来るかもしれない。

情報化社会　現代社会の特徴として，衛星放送，ケーブルテレビ，インターネット，携帯電話など情報媒体の急速な発展を指摘することができる。こうした情報媒体の発達によって，われわれは大量の情報を短時間に安価で入手することが可能になった。このように多くの情報が，迅速かつ容易に入手できるようになったことで，情報そのものの価値が高まり，地域間・個人間の情報格差が減少するなど新しい生活環境が生み出されつつある。今日の社会において，情報がわれわれの社会生活に与える影響は計り知れない。このように情報の重要性が，高まった社会を「情報化社会」と呼ぶ。

情報化社会と法　情報化社会において，われわれの情報への依存度は益々高くなっている。もはや情報は欠くことのできない便利な道具であり，快適な日常生活を送るためには，その自由な流通を保障する必要性がきわめて高い。他方で，強い影響力を持つようになった情報は，秘密の暴露，誹謗，中傷などといった形で，人を傷つける凶器にもなりうる。したがって，誤った情報や不適切な情報の濫用を規制する意義も同様に大きいといえよう。このように情報化社会においては，情報と上手につきあっていくことが求められるのである。こうした情報との適切な関係を築くうえで，法が果たす役割は小さくない。

2. 情報の発信と法

表現の自由　情報の自由な流通を保障するためには，情報の発信についての自由を保護しなければならない。この点について，憲法21条1項は，「言論，出版その他一切の表現の自由を保障する」と規定している。このような規定がおかれている背景には，明治憲法下において，検閲などによって政府に対する批判が弾圧され，さらに第二次世界大戦中には，マスメディアが軍の宣伝機関とされてしまったことによって，国民への情報提供が適正になされなかったことへの反省の意味が込められている。

　ただし，こうした背景があるからといって，ここで保障される「表現の自由」が，政治的表現に限定されることにはならない。政治的表現か否かという区別は必ずしも明確でないし，表現の自由の民主主義的意義（➡Ref. ㉖）を尊重するという観点からは，表現一般についての自由を保障する意味が大きいと解されるからである。したがって，検閲など表現の自由を完全に奪う制度は，政治的表現に対してだけでなく，表現活動一般に対して否定されることになる。

表現の自由の制限　このように強く保障されているといっても，表現の自由も他の基本的人権と同様に，「公共の福祉」を図るために一定の制限を受けることはある。たとえば，わいせつ表現を禁止した刑法175条や名誉毀損表現を禁止した刑法230条は，公衆の性風俗や個人の名誉を保護するために，必要最小限度で表現の自由に制約を加えている（➡判例〔14〕93頁）。また，放送法が，テレビ局を免許制にし（4条），番組内容について教養，教育，報道，娯楽の4種類の調和を保つことを

Reference ㉖
表現の自由の民主主義的意義

表現の自由は，他の基本的人権にも増して強い保護を受けるべきものとして，「優越的地位」が認められてきた。その根拠として，アメリカのT・I・エマーソンは，表現の自由のもつ次の4つの価値を強調した。

①個人の人格の形成と展開にとって不可欠である（個人の自己実現）。②公開討論の場を確保し，国民主権に直結する（国民の自己統治）。③自由な意見交換を通じて審理に到達することができる（思想の自由市場）。④社会の安定と変化の間の均衡をとる（社会の安全弁）。

このように民主主義の根幹と密接に結びつくことから，表現の自由の制限は，必要最小限でしか認められないのである。

290　**Chapter 19**　情報化社会と法

求めている（3条の2第1項・2項）のも，放送に利用できるチャンネル数が有限である中で，極端に偏った番組編成を防ぐことが影響力の大きなテレビ放送の活用にとって望ましいとの判断からの表現の制限である。

さらに，現行の教科書検定制度（学校で使用する教科書として発行するために検定に合格することが必要とされ，その合格のためには，学習指導要領に合致していることが求められるという制度）についても，一般図書として出版することまで禁止されているわけではないとして，最高裁判所は，検閲にあたらないとしている。しかし，この点については，教科書としての出版を全面的に閉ざすのは，検閲にあたるのではないかとの批判も根強い。

判例〔59〕

教科書検定は，一般図書としての発行を何ら妨げるものではなく，発表禁止目的や発表前の審査などの特質がないから，検閲にあたらない──家永教科書訴訟──（最判平成5年3月16日民集47巻5号3483頁）

〈**事実**〉　被告人等は，自らが著した図書が1962年度の教科書検定で不合格となり，1963年度に条件付合格処分となったことに対して，これらの処分における文部大臣の措置は，違憲・違法であるとして国家賠償を求めた。

〈**判旨**〉　検定不合格図書は，教科書として発行することはできないが，こうした「制約は，普通教育の場において使用義務が課せられている教科書という特殊な形態に限定」され，「一般図書として発行」し「思想の自由市場に登場させること」は何ら妨げられない。また，「一般図書として発行済みの教科書をそのまま検定申請することももとより可能である」。

「憲法21条2項にいう検閲とは，行政権が主体となって，思想内容等の表現物を対象とし，その全部または一部の発表の禁止を目的とし，対象とされる一定の表現物につき網羅的一般的に，発表前にその内容を審査した上，不適当と認めるものの発表を禁止することを特質として備えるもの」である。本件で問題となっている教科書検定は，「一般図書としての発行を何ら妨げるものではなく，発表禁止目的や発表前の審査などの特質がないから，検閲にあたら」ない。

憲法21条1項にいう表現の自由といえども「公共の福祉による合理的で必要やむを得ない限度の制限」を受ける。普通教育においては，「教育の中立・公正，一定水準の確保等の要請」があり，「これらの観点に照らして不適切と認められる図書の教科書としての発行，使用等を禁止する必要がある」。本件で問題となっている教科書検定は，この「観点からして不適切と認められる内容を含む図書のみ」を教科書と

して発行することを禁止するに過ぎず，「本件検定による表現の自由の制限は，合理的で必要やむを得ない限度のもの」である。

3. 情報の受信と法

知る権利　情報の自由な流通を確保するためには，情報の発信者側に表現の自由を保障するだけでは不十分である。発信された情報を受け取る受信者がいてこそ，情報の伝達が実現するからである。そうした観点から重要となるのが，「知る権利」である。知る権利の中身は多義的で，一言で説明するのは難しいが，今日では，具体的な権利として，おおよそ次の三つの意味が含まれていると考えられている。①すでに報道・公表された情報を受け取る権利（情報受領権）。②自由に情報を収集する権利（情報収集権）。③積極的に政府の情報の公開を求める権利（政府情報開示請求権）。

情報受領権　「知る権利」のうち，すでに報道・公表された情報を受け取る権利について，最大判昭和58年6月22日民集37巻5号793頁（未決拘禁者新聞閲読制限事件）は，「その者が個人として自己の思想及び人格を形成・発展させ，社会生活の中にこれを反映させていくうえにおいて欠くことのできないものであり，また，民主主義社会における思想及び情報の自由な伝達，交流の確保という基本的原理を真に実行あるものたらしめるにも，必要」であり，憲法21条の「趣旨，目的から，いわばその派生原理として当然に導かれる」ものであるとの理解を示している。

　もちろん，情報の入手経路が多数存在する今日では，すでに発信されている情報が受領する側で制限されるケースはあまり見られない。しかし，たとえば，新聞・雑誌の閲読を拘置所長によって制限された未決拘禁者のように社会の情報と遮断されている場合や「わいせつ」な写真集の輸入を税関職員によって禁止された者のように情報の発信場所が海外である場合には，「公共の福祉」の観点から，拘置所内の規律・秩序の維持や公衆の性風俗の保護のために制限されることもあり得る。

292 **Chapter 19** 情報化社会と法

判例〔60〕

税関検査によってわいせつ物の輸入を禁止することは，検閲に該当せず，また知る権利の侵害でもない。──ポルノ税関検査訴訟事件──（最大判昭和59年12月12日民集38巻12号31308頁）

〈事実〉 原告は，外国に8ミリ映画フィルムや雑誌などを注文したが，税関支署長から，これらの物件が男女の性器，性交行為等を描写したもので，関税定率法21条1項3号所定の輸入禁制品である「公安又は風俗を害すべき書籍，図画，彫刻物その他の物品」に該当する旨の同条3項の通知を受けたので，1980年改正前の同条4項に基づき税関長に対して異議申立をした。しかし，税関長はこれを棄却する決定を行ったので，原告はこの通知および異議棄却決定の取消しを求めて提訴した。

〈判旨〉 「憲法（21条2項前段）が…検閲の禁止についてかような特別の規定を設けたのは，検閲がその性質上表現の自由に対する最も厳しい制限となるものであることにかんがみ，これについては，公共の福祉を理由とする例外の許容（憲法12条，13条参照）をも認めない趣旨を明らかにしたものと解すべきである。…『検閲』とは，行政権が主体となって，思想内容等の表現物を対象とし，その全部又は一部の発表禁止を目的として，対象とされる一定の表現物につき網羅的一般的に，発表前にその内容を審査した上，不適当と認めるものの発表を禁止することを，その特質として備えるものを指すと解すべきである」。税関検査により「輸入が禁止される表現物は，一般に国外においては既に発表済みのものであって，その輸入を禁止したからといって，それは，当該表現物につき，事前に発表その物を一切禁止するというものではない。また…税関検査は，関税徴収手続きの一環と

Reference ㊿
サイバーポルノ

サイバーポルノとは，デジタル・データ化されたポルノ画像を指し，インターネット上で大量に流布している。サイバーポルノの中には，その画像が店舗などで販売された場合，刑法175条のわいせつ物頒布等罪に該当するような内容のものが数多く含まれているため，そうしたわいせつ画像データの規制が現行刑法においても可能かが問題となる。しかし現行のわいせつ物頒布等罪は，形のある「有体物」のみを規制の対象としており，情報のように形のない「無体物」は規制の対象外と考えられてきた。このため判例では，わいせつ画像データを蔵置したハードコンピュータを「わいせつ物」と捉えて，データが不特定多数の者に閲覧可能になった時点でわいせつ物頒布等罪が成立するという結論を下した。しかし，こうした対応では、特定の者に，メールでわいせつ画像データを送信した場合が含まれないなどの問題があった。そこで、2011年に刑法175条が改正され，客体に「電磁的記録に係る記録媒体」を追加するっともに，「電気通信の送信によりわいせつな電磁的記録その他の記録を頒布した者」にも，175条の罪が成立することを規定した。

して，これに付随して行われるもので…思想内容等それ自体を網羅的に審査し規制することを目的とするものではない」。「以上の点を総合して考察すると，3号物件に関する税関検査は，憲法21条2項にいう『検閲』に当たらないというべきである」。また税関検査によって，「わいせつ表現物…の輸入が一切禁止されることとなる結果…国民の…知る権利が制限されることとなるのは否定しがたいところであるが，かかる書籍，図画等については…もともとその頒布，販売は国内において禁止されており，これについての発表の自由も知る自由も，他の一般の表現物の場合に比し，著しく制限されているのであって，このことを考慮すれば，右のような制限もやむを得ないものとして是認せざるを得ない」。

情報収集権　「知る権利」の二つ目の類型である「情報収集権」は，情報収集活動の自由を認めるものであり，とりわけ収集の主体が報道機関である場合には，「取材の自由」と呼ばれる。重要な情報の発信の大部分がマスメディアに委ねられている今日においては，発信される情報源である取材活動の自由を保障しなければ，知るべき情報が発信されないことになり，「知る権利」は「絵に書いた餅」になりかねない。最大判昭和44年11月26日（博多駅事件取材フィルム提出命令事件）は，憲法21条の精神に照らし，「取材の自由」も「十分尊重に値いする」ことを明言している。したがって，たとえば，一定の取材行為を禁止した法令の制定など「取材の自由」の制限は，表現の自由の優越的地位を考慮し，極力控えることが求められる。

判例〔61〕

取材対象者の人権を蹂躙して国家機密を持ち出させた行為は，憲法21条による正当な行為ではない――西山記者事件――（最決昭和53年5月31日刑集32巻3号457頁）

〈事実〉　いわゆる沖縄返還協定は昭和46年6月17日，日米間で調印され，同年暮れに強行採決によって国会で批准された。この協定の交渉過程において，密約がとりかわされたのではないかという疑惑が各方面から表明されていたが，翌年3月の衆議院予算委員会で，社会党代議士によって秘密電文の存在が明らかにされた。政府は，秘密電文漏えい事件として警察に告発し，捜査当局は，外務省事務官Hおよび毎日新聞の西山記者を逮捕し，それぞれ国家公務員法100条1項（守秘義務違反罪）および同法111条（秘密漏示そそのかし罪）により起訴した。第一審はHを有罪とし，

294 **Chapter 19** 情報化社会と法

そのまま確定した。西山記者については無罪としたが，検察官が控訴し，第二審は
一審判決を破棄し有罪としたため，西山記者が上告した。

〈判旨〉「報道機関の国政に関する報道は，民主主義社会において，国民が国政
に関与するにつき，重要な判断の資料を提供し，いわゆる国民の知る権利に奉仕す
るものであるから，報道の自由は，憲法21条が保障する内容をもつためには，報道
のための取材の自由もまた，憲法21条の精神に照らし，十分尊重に値するものとい
わなければならない」。「報道機関の国政に関する取材行為は，国家秘密の探知とい
う点で公務員の守秘義務と対立拮抗するものであり…報道機関が取材の目的で公
務員に対し秘密を漏示するようにそそのかしたからといって，そのことだけで，直
ちに当該行為の違法性が推定されるものと解するのは相当ではなく，報道機関が公
務員に対し根気強く執拗に説得ないし要請を続けることはそれが真に報道の目的
からでたものであり，その手段・方法が法秩序全体の精神に照らし，正当業務行為
というべきである」。

また，このように取材活動に対して直接向けられるような規制だけでなく，
捜査機関が取材源の開示を求めたり，取材フィルムの提出を命令するなど将
来の取材行為を困難にするような場合についても，謙抑的な制限だけが認め
られる。

判例〔62〕

刑事裁判の証拠として必要な場合に，報道機関のニュース・フィルムの提出を
命じることも許される――博多駅事件取材フィルム提出命令事件――（最大決
昭和 44年11月26日民集 23 巻 11号1490 頁）

〈事実〉　昭和43年1月，アメリカ合衆国の原子力空母エンタープライズの佐世保
港寄港阻止闘争に参加するために国鉄博多駅に下車した学生約300名に対し，機動
隊員らが警備規制を行い，学生を公務執行妨害罪で逮捕した（博多事件）。他方，学
生側弁護団らは，むしろ学生は機動隊員らの暴行を受けるなどの被害にあったとし
て，福岡県警本部長をはじめとする機動隊員らを特別公務員暴行虐虐罪（刑法194条）
などで福岡地検に告発したが，不起訴処分とされたため，福岡地裁に付審判請

　　国家公務員法100条1項「職員は，職務上知ることのできた秘密を漏らしてはならない。…」
　　同　109条「左の各号の一に該当する者は，1年以下の懲役又は3万円以下の罰金に処する。…
第12号第100条第1項または第2項の規定に違反して秘密を漏らした者」
　　同　111条「第109条第2号より第4号まで及び第12号…に掲げる行為を企て，命じ，故意にこれ
を容認し，そそのかし又はそのほう助をした者は，それぞれ各本条の刑に処する。」

求を行った。福岡地裁は，審理に当たり，NHK 福岡放送局等報道 4 社に対して，博多駅事件の状況を撮影したニュース・フィルムの任意提出を依頼したが，報道 4 社がこれを拒否したため，刑事訴訟法99条 2 項によりニュース・フィルム全部について提出命令を発した。この命令を不服とした報道 4 社は福岡高裁に通常抗告を申し立てたが，抗告棄却の決定を受けたため，最高裁に対して特別抗告を行った。

〈決定要旨〉「報道機関の報道は，民主主義社会において，国民が国政に関与するにつき，重要な判断の資料を提供し，国民の『知る権利』に奉仕するものである。したがって，…報道の自由とともに，報道のための取材の自由も，憲法21条の精神に照らし，十分尊重に値する…。報道機関がその取材活動によって得たフィルムは，報道機関が報道の目的に役立たせるためのものであって…他の目的，すなわち，本件のように刑事裁判の証拠のために使用されるような場合には，報道機関の将来における取材活動の自由を妨げることになるおそれがないわけではない。

Terms ⑲
付審判手続

準起訴手続ともいう。職権濫用罪（刑法193条～196条，破壊活動防止法45条）について，告訴または告発（いずれも，捜査機関に対して犯罪事実を申し立て，犯人の処罰を求める意思表示であるが，前者は被害者などが〔刑訴法230条以下〕，後者は犯人および告訴権者以外の者が行う〔刑訴法239条以下〕）をした者が，検察官の不起訴処分を不服とする場合に，裁判所に対して審判に付すように請求し，裁判所がその請求を認めたときに，当該事件を地方裁判所の審判に付す旨の決定をする手続であり，審判に付する決定によって公訴提起の効果を生じる（刑訴法262条以下）。職権濫用罪の性質から，公務員による人権侵害が看過されるのを防止するために設けられた制度であり，検察審査会の二度の「起訴議決」で，裁判所に指定された弁護士が，検察が不起訴とした被疑者を起訴する検察審査会制度（検察審査会法41条の9・41条の10）と並ぶ検察官の起訴独占主義（刑訴法247条）に対する例外である。

しかし，公正な裁判を実現することは，国家の基本的要請であり，刑事裁判においては，実体的真実の発見が強く要請されることもいうまでもない。…報道機関の取材活動によって得られたものが証拠として必要と認められるような場合には，取材の自由がある程度の制約を蒙ることとなってもやむを得ないところというべきである。しかしながら，…これを刑事裁判の証拠として使用することがやむを得ないと認められる場合においても，それによって受ける報道機関の不利益が必要な限度をこえないように配慮されなければならない」

政府情報開示請求権　「知る権利」の三つ目の類型である「政府情報開示請求権」は，行政プロセスを開かれたものとし，国民による行政の監視・

296 **Chapter 19** 情報化社会と法

統制を可能にすることによって，実質的な国民主権を実現するために必要とされる。こうした権利は，情報公開制度を整備することによって保障される。情報公開制度とは，国民の請求に応じて，政府・行政機関が保有する情報を原則として開示する制度をいう。この制度の導入は，地方自治体レベルが先行し，1982年に山形県金山町で「公文書公開条例」が施行されたのを皮切りに，今日までに，47都道府県を始めとするほぼすべての自治体で整備されるに至っている。

　これに対して，国政レベルでは，従来政府を始めとした行政機関が有する情報の公開は，それぞれの行政機関の裁量に委ねられていた。しかし，近年では，憲法が定める国民主権の理念にのっとれば，行政機関には自らの諸活動の状況を説明する責務（説明責任）があるという見解が強まっていた。また，わが国でも知る権利に対する意識が急速に高まりつつあった。こうした事情を背景にして，1999年5月に「行政機関の保有する情報の公開に関する法律」と「行政機関の保有する情報の公開に関する法律の施行に伴う関係法律の整備等に関する法律」（情報公開法）が成立した。

情報公開法　　情報公開法は，国民に対する説明義務を全うしながら，国民の的確な理解と批判の下にある公正で民主的な行政の推進に資することを目的としている（1条）。この法律によって，国民は行政に対して情報の開示を請求する権利を認められたのである（ただし，情報公開法には，情報の公開が，国民の「知る権利」に基づくものであることは明記されなかった）。ここで請求の対象となる機関は，国のすべての行政機関と会計検査院である。また，請求の対象となる文書の範囲は，情報公開法の目的を達成するために必要十分な範囲とするため，行政機関が組織として業務上の必要性に基づき保有しているものであれば，法律の施行前に作成・取得された文書も含み，フロッピーや録音テープなどに保存されている記録も含むなど広範なものとされた。他方では，行政文書が，個人のプライバシーや国の安全や公共の安全にかかわる事項を含む場合には，不開示とされている。

4. 情報の保護と法

プライバシー権　今日のわが国においては，表現の自由が尊重される中で，情報の自由な流通が広く保障されており，情報化社会の恩恵を享受している。しかし，最近では，情報の自由な流通がもたらすマイナス面も強く意識されるようになっている。とりわけ，流通している情報が，個人的な内容に関するものである場合，本人の知らない間に，他人に知られたくない情報が広く社会に知れ渡る危険がある。こうした危険を取り除くことは，個人の人格や精神的な平穏を保障するためだけでなく，個人の自由な政治参加を保障するためにも必要となる。そこで，憲法13条の幸福追求権の一環として，個人が自らに関する情報をコントロールする権利が認められるようになった。これがプライバシー権である。

　プライバシー権を保護するためには，収集，利用，開示・提供のすべての段階について，個人情報を保護する必要がある。つまり，プライバシー権は，情報発信の自由（表現の自由）や情報受信の権利（知る権利）と衝突し，これらを制限する可能性をもっているのである。最高裁判所も，プライバシーという言葉を正面から認めるには至っていないが，最判昭和56年4月14日民集35巻3号620頁（京都市前科照会事件）では，前科や犯罪経歴などのある者もそうした「人の名誉，信用に直接かかわる事項」を「みだりに公開されないという法律上の保護に値する利益を有

> **Reference 64**
> **ハッカーと不正アクセス禁止法**
> インターネット時代のプライバシー侵害として注目されるのが，ハッキングである。ハッキングとは，コンピュータ・ネットワークを通じて，許可なく他人のコンピュータに侵入し，そのコンピュータのプログラムやデータを改ざん・消去したり，覗き見たり，ダウンロードして窃取する行為などを指す。今日のわが国では，多数の重要な個人データがコンピュータに記録されており，こうしたデータへの不正アクセスを放置しては，コンピュータ・ネットワークに対する社会的な信頼が失われかねない。そこで，わが国でも1999年8月に「不正アクセス行為の禁止等に関する法律」（不正アクセス禁止法）が制定された。同法3条は，アクセス・コントロールが講じられているネットワーク上のコンピュータに，次のいずれかの方法でアクセスした者を処罰する旨を規定した。①他人のIDやパスワードなどの利用者識別符号を入力する（なりすまし）。②アクセス・コントロールを回避する情報や指令を入力する（セキュリティー・ホールの攻撃）。また，不正アクセスを助長する行為を規制するため，他人のIDやパスワードを提供する行為も処罰することが規定された。

298 **Chapter 19** 情報化社会と法

する」と判示しており，基本的には，プライバシー権を承認している。

**個人情報保護
法の成立経緯** 高度情報化社会の進展にともない，個人情報によって，個人の権利や利益が不当に侵害される可能性が高まり，重要な社会問題として広く認識されるようになっていった。そこで，日本も，21世紀を迎える頃から，本格的に個人情報を保護するための法制の整備に向けた議論が活発化した。そうした議論をふまえ，個人情報の保護に関する法律（個人情報保護法）が，2003年5月23日に成立され，同月30日に公布された。同法の導入によって，個人情報の適正な取扱いを確保し，個人情報の有用性にも配慮しつつ，個人の権利利益を保護することが目指されたのである（1条）。ところが，その後も，個人情報の重要性は高まるばかりで，SNSの普及，マイナンバー制度の導入，ビッグデータを活用した新しい情報サービスの登場など，個人情報を取り巻く環境に大きな変化が生じていたことから，こうした新しい動きに対応するため，2015年9月には，同法の大幅な改正が実施され，2017年5月30日から全面施行されている。

個人情報とは 改正後も，個人情報保護法の目的は変わらない。こうした目的は，個人情報が個人の人格尊重の理念の下に慎重に取り扱われるべきものである（3条）という基本理念から導かれている。

同法が保護する個人情報には，生存する個人に関する情報であって，当該情報に含まれる氏名，生年月日その他の記述等により特定の個人を識別することができるもの（2条1項1号）に加え，2015年改正によって，個人識別符号が追加された（同2号）。個人識別符号とは，①指紋データやDNA情報など，特定の個人の身体の一部の特徴をコンピュタ用に変換した文字，番号，記号その他の符号であって，当該特定の個人を識別することができるもの（2条2項1号），および②パスポート番号や基礎年金番号など，個人に提供される役務の利用や個人に販売される商品の購入に関し割り当てられ，または個人に発行されるカードなどに記載され，データ化された文字，番号，記号その他の符号であって，特定の利用者もしくは購入者または発行を受ける者を識別することができるもの（同2号）をいう。いずれも，近年の情報化技術の進展にともない，普及した個人情報といえよう。また，個人情報保護法は，本人の人種，信条，社会的身分，病歴，犯罪の経歴，犯罪により害

4. 情報の保護と法　　*299*

を被った事実など，第三者に知られることで，本人が差別などの不利益を被る可能性があることから，特別に配慮の必要な個人情報を，要配慮個人情報として位置づけている（2条3項）。

個人情報取扱　個人情報保護法は，1条に定められた目的を達成するため，
業者の義務　個人情報をデータベース化する等して事業の用に供している（社会的事業として反復継続して行っている）個人情報取扱業者に対して，次の14の義務を定めている。①取り扱う個人情報の利用目的をできる限り特定し（15条），その目的を達成するために必要な範囲で個人情報を取り扱うこと（16条）。②個人情報を偽り，その他の手段で取得しないこと（17条）。③個人情報を取得した場合は，利用目的を本人に通知し，または公表すること（18条）。④利用目的の達成に必要な範囲内において，個人データを正確かつ最新の内容に保ち，利用する必要がなくなったときは，当該個人データを遅滞なく消去するよう努めること（19条）。⑤取り扱う個人データの安全管理のために必要かつ適切な措置を講じること（20条）。また，個人データを取り扱わせる従業者や委託事業者に対する必要かつ適切な監督を行うこと（21・22条）。⑥原則として，本人の同意なく，個人データを第三者に提供しないこと（23・24条）。⑦個人データを第三者に提供したときは，当該個人データを提供した年月日，当該第三者の氏名または名称などに関する記録を作成すること。⑧第三者から個人データの提供を受けるに際しては，当該第三者の氏名または名称および住所など，ならびに当該第三者による当該個人データの取得の経緯などの事項の確認を行うこと（26条）。⑨保有する個人データの利用目的や開示などの求めに応じる手続につき，本人の知りうる状態に置くこと（27条）。⑩本人からの求めに応じて，保有する個人データを開示すること（28条）。⑪本人から保有する個人データの訂正，追加または削除を求められた場合は，利用目的の達成に必要な範囲内で遅滞なく必要な調査を実施し，訂正などを行うこと（29条）。⑫個人データが目的に反して利用され，または適正な手続によらず取得されたことを理由に，本人から，当該保有個人データの利用の停止や消去の請求を受けた場合，違反を是正するために必要な限度で，遅滞なく，当該保有個人データの利用停止等を行うこと（30条）。⑬本人から求められ，または請求された措置の全部または一部について，その

300   *Chapter 19* 情報化社会と法

措置をとらない旨を通知する場合，またはその措置と異なる措置をとる旨を通知する場合，本人に対し，その理由を説明するよう努めること（31条）。⑭個人情報の取扱いに関する苦情の適切かつ迅速な処理とその目的を達成するために必要な体制の整備に努めること（35条）。

その他の規定内容　個人情報保護法は，その他にも，個人情報を加工し，復元不可能な（個人の特定ができない）匿名加工情報を扱う匿名加工情報取扱事業者の義務，個人の権利利益を保護するため，個人情報の適正な取扱いの確保を図ることを任務として，個人情報取扱事業者や匿名加工情報取扱事業者を監督する個人情報保護委員会の権限や役割，認定個人情報保護団体の認定制度などを定め，さらに，個人情報取扱業者が，主務大臣の命令に従わなかったときなどの罰則も定めている。

忘れられる権利　近年，メディアによるプライバシー侵害からの救済の一環で論じられるようになったのが，忘れられる権利である。忘れられる権利は，インターネット上で誹謗・中傷が書き込まれたり，私的な写真が流出したりし，拡散した結果，その情報が，半永久的に残ってしまう事態に対して，その被害者に，プロバイダーなどのデータ管理者に対してデータの削除や拡散の防止を求めたり，第三者に対して，データのリンク，コピー，複製を禁止したり，さらには，検索エンジン事業者に，検索リストからの削除を求めたりする権利を指す。ヨーロッパでは，ＥＵ司法裁判所が，そうした権利を認めたことから，日本での展開が注目されている。さいたま地判平成27年12月22日判時2282号78頁は，日本で初めて「忘れられる権利」に言及し，原告の申立により，エゴサーチで過去の逮捕歴が表示される検索結果の削除を認める仮処分決定を下したが，抗告審の東京高判平成28年7月12日民集71巻1号82頁は，「人格権の一内容としての名誉権ないしプライバシー権に基づく差止請求の存否とは別に，『忘れられる権利』を一内容とする人格権に基づく妨害排除請求権として差止請求権の存否について独立して判断する必要はない」と述べた上で，さいたま地裁の決定を取り消した。さらに，許可抗告審の最決平成29年1月31日民集71巻1号63頁も，忘れられる権利には言及しないまま原審の判断を支持した。

5. マスメディアへのアクセス権

アクセス権 　　表現の自由が保障されているといっても，現実には，われわれがマスメディアを介して自らの意見を表明する機会はほとんどない。大多数の人々にとっては，情報は受信するだけの一方通行なものとなっている。言い換えれば，情報を発信する側のマスメディアと受信する側のわれわれが，完全に分離してしまっているのである。このように情報の発信者と受信者が完全に分離した中では，本当に必要な情報がマスメディアによって発信されない危険が生じる。こうした現状を打破し，自由な意見交換ができる真の「思想の自由市場」を構築するために，マスメディアに対して積極的にアクセスする権利が主張されるようになった。こうした権利によって，自由な意見表明を活性化させ，国民主権の基礎を築くことが可能になるというのである。

反論権 　　マスメディアへのアクセス権の具体例としては，新聞・放送などによって個人や団体の名誉や信頼が傷つけられた場合に，その回復のために，マスメディアに反論の機会を提供させる「反論権」があげられる。マスメディアは，「第四の権力」と呼ばれる。その権力によって傷つけられた個人の名誉や信頼を回復するために，損害賠償とあわせて反論の機会を認めることは傾聴に値する。しかし，こうした権利を認めれば，過度にマスメディアを制限する機会をつくることになり，慎重な検討が必要となる。

判例〔63〕

憲法21条などを根拠として反論権を認めることはできない——サンケイ新聞意見広告事件——（最判昭和62年4月24日民集41巻3号490頁）

〈事実〉　サンケイ新聞社は，昭和48年12月2日に，A政党を広告主とする意見広告を掲載したが，その内容は，X政党を誹謗・中傷するものであるとして，これに対する反論文を同紙上に無料で掲載することを要求したが，サンケイ新聞社がこれを拒否したために，X政党は，サンケイ新聞紙上への反論文掲載を求めて提訴した。第一審，第二審ともXの請求を否定した。これに対してX政党が上告した。

302 **Chapter 19** 情報化社会と法

〈**判旨**〉「憲法21条…の規定は，国又は地方公共団体の統治行動に対して基本的な個人の自由と平等を保障することを目的としたものであって，私人相互の関係については…適用ないし類推適用されるものではな」く，「当事者の一方が情報の収集，管理，処理につき強い影響力をもつ日刊新聞紙を全国的に発行・販売する者である…でも，憲法21条の規定から直接に，所論のような反論文掲載の請求権が取り上げられた者が，その記事によって名誉毀損の不法行為が成立するかどうかとは無関係に…新聞を発行・販売する者に対し，当該記事に対する自己の反論文を無修正でしかも無料で掲載することを求めることができるものとするいわゆる反論権の制度は…名誉あるいはプライバシーの保護に資するものがあることも否定し難いところである。しかしながら，この制度が認められるときは，新聞を発行・販売する者にとっては，原記事が正しく，判論文は誤りであると確信している場合でも，あるいは判論文の内容がその編集方針によれば掲載すべきでないものであっても，その掲載を強制されることになり，また，そのために本来ならば他に利用できたはずの紙面を割かなければならなくなる等の負担を強いられるものであって，これらの負担が，批判的記事，ことに公的事項に関する批判的記事の掲載をちゅうちょさせ，憲法の保障する表現の自由を間接的に侵す危険につながるおそれも多分に存するのである。このように，反論権の制度は，民主主義社会において極めて重要な意味をもつ新聞等の表現の自由…に対し重大な影響を及ぼすものであって…不法行為が成立する場合にその者の保護を図ることは別論として，反論権の制度について具体的な成文法がないのに，反論を認めるに等しい上告人主張のような反論文掲載請求権をたやすく認めることはできないものといわなければならない」。

303

Chapter **20**

国際社会と法

── *Essence* ──

1. 国際社会と国際法

国際社会の分権的構造⇒統一的立法機関，司法機関，判決の確実な執行の保
⇓　　　　　　　障の不存在

国際社会の組織化

国際法の主体…①国家，②国際組織，③個人―受動的主体

法源 ┬ 形式的法源 ┬ ①条約 ┬ 立法条約―開放条約
　　 │　　　　　　│　　　　└ 契約条約―閉鎖条約
　　 │　　　　　　└ ②慣習国際法←一般慣行と法的確信
　　 └ 実質的意味 ┬ ③法の一般原則
　　　　の法源　　 └ ④国際判例・学説

2. 国際法と国内法の関係 ┬ 二元論
　　　　　　　　　　　　　 └ 一元論 ┬ 国内法優位論
　　　　　　　　　　　　　　　　　　└ 国際法優位論

国際法の国内的妥当←包括的受容・国内法への変型

国際法と憲法・法律…国際法は法律より優位で憲法より下位

3. 国際紛争の平和的解決

平和的解決方法…①外交交渉，②周旋・仲介，③国際審査・調停，④国際裁
判

4. 戦争の違法化と国際安全保障

正戦論⇒無差別戦争観⇒戦争の違法化⇒戦争の禁止⇒武力行使・威嚇の禁止

集団安全保障…国際連盟⇒国際連合

平和維持活動…平和維持軍と非軍事的監視活動

5. 国際的人権保障

人権問題…国内管轄事項⇒国際的人権保障

国連憲章（1945年）⇒世界人権宣言（1948年）⇒国際人権規約（1966年）

6. 国際社会の組織化

国際組織…国際行政連合⇒政治的国際組織⇒一般的・普遍的国際組織―国際
連合

1. 国際社会と国際法

総　　説　現在，世界には190余の国家が存在しており，人は原則としていずれかの国家に属している。領土･国民･政府を有する国家は，主権を持ち，対内的には統治権を有し，対外的には独立権を有する。このような主権国家を中心として形成されている国際社会において，主権国家相互間の関係を調整するために，主権国家間の統治権行使の範囲を定め，主権国家の行動を規律する法規範が国際法である。近代国際法の特色は，国家の主権および平等性の尊重を前提とした法であるという点にある（国連憲章2条1項）。なお，国際私法はこの意味での国際法ではなく，国内法の一分野であり，法の適用に関する通則法(➡Ref. ④ 27頁) 4条以下がその主な法源である。

現在の国際社会は，権限が分散しており，いまだ組織化されていない。したがって，国内法のように統一的立法機関，司法機関が存在するわけではなく，判決の確実な執行の保障もない。国際法は，国家間の合意に基づいて定立されているにすぎず，強行法規はなく，直接法を強制する組織を持たない。その意味では，未成熟な法ともいえる。しかし，国際社会が組織化され，地理的範囲が拡大されるにつれて，諸国の共通の利益の実現にむけて，国家を規制・整序する積極的役割が要請される。この見地から，①強行規範の実定化，国家の国際犯罪概念の承認など，普遍的･客観的内容の国際法上の権利･義務の形成，②形式的平等に基づき実質的不平等を是正し，具体的妥当性を実現するために，配分的正義の実現，国際法の規律事項の拡大，法主体の修正などが行われつつある。

> **Reference (65)**
> **強行規範（ユス・コーゲンス）**
> 強行規範とは，国際社会の秩序維持のために不可欠の基本的法規で，いかなる逸脱も許されない絶対規範として，また後に成立する同一の性質を有する一般国際法の規範によってのみ変更することのできる規範をいう（条約法に関するウィーン条約53条)。強行規範として認められているものとしては，集団殺害禁止，違法な武力行使禁止，奴隷貿易禁止，海賊行為禁止等がある。

国際法の主体　国際法は，国家の権利義務関係を規律の対象とする法であり，国際法の主体は国家である。ただし，国家間の関係が緊密化するにつれて，各国の共通の利

1. 国際社会と国際法　　*305*

益に係わる国際問題を集中的に処理するために設立された国際組織は，一定の範囲内で条約締結権能が与えられており，また，一定の特権も認められている。例えば，国際連合には，条約締結能力(国連憲章43条3項，63条)，施政権（同81条)，損害賠償請求権が認められている（➡判例〔64〕)。

判例〔64〕

国際連合は，国家とは別個の国際法人格を有し，その職員に生じた損害賠償を請求する資格を有する——ベルナドッテ伯殺害事件——（国際司法裁判所勧告的意見 1949 年 4 月 11 日 ICJ Reports, 1949, 174）

〈**事実**〉　1948年のパレスチナ紛争に際し，国際連合から派遣されていた調停官であるベルナドッテ伯が現地で殺害されたが，国連自身が職員の傷害に対する補償を請求できるかが問題となった。国連総会は，国際司法裁判所に対して，国連職員が職務中に損害を受け，ある国家がその責任を負うべき場合に，国連が補償請求権を行使できるかについて，勧告的意見（➡Ref. ⑥⑨ 310頁）を求めた。

〈**意見要旨**〉「国際連合が法人格を有するかどうかは，憲章には明示的には定められていないが，…国連のような国際機構は，法人格をもつことなしには活動をなしがたい。国連加盟国は，機構に一定の任務とそれに付随する義務と責任を委ねることにより，任務の実効的な遂行を可能にするために必要な能力を付与したものと認められる。また請求相手が非加盟国であっても，国際社会の大多数の国から成る国連が，独自の法人格をもって請求権を行使することを否定できないであろう。」

　個人も，限られた場面ではあるが，国際法の主体となりうる。例えば，国際人権規約選択議定書（➡313頁）により，個人に対して人権専門委員会に人権の救済を要求する道が開かれている（人権及び基本的自由保護のための条約25条，国際労働機関(ILO)憲章24条参照)。また，ヨーロッパ共同体司法裁判所では，個人に出訴権が認められている（EC 条約173条)。さらに，ジェノサイド（集団殺害罪の防止及び処罰に関する）条約は，集団殺害について告発された個人を，国際刑事裁判所で審理・処罰すると定めている（6条)。1998年には，民族紛争・国際紛争に絡む戦争犯罪や重大な人権侵害などの国際犯罪を裁く常設の国際刑事裁判所の設立条約が採択された(2002年7月1日発効，2003年3月11日発足)。2007年には，わが国も加盟国となった。

306 **Chapter 20** 国際社会と法

> **Reference ㊅**
> ジェノサイド（集団
> 殺害）
>
> ある国民・民族・人種や宗教的集団の
> 絶滅を目的として，①その構成員の
> 殺害，②構成員に対する身体的・精神
> 的迫害，③肉体的破滅を目的とした
> 生活条件を集団に課すること，④集
> 団内における出生防止を目的とした
> 措置，⑤集団の児童を他の集団に強
> 制的に移動させることである（集団
> 殺害罪の防止及び処罰に関する条約
> 2条）。集団殺害は，平時，戦時を問
> わず，国際法上の犯罪である。（同1
> 条）。

ただし，国際法が個人の権利義務に
ついて規定している場合に個人は主体
となりうるにすぎず，国際法上自己の
名において権利を主張できるわけでは
ない。このように，国際法は，国家の
みならず，一定限度で国際組織や個人
をも主体とする法であるが，ほとんど
の場合は国家を主体とするものである
ことはもちろんである。

法　源　国際法の主たる法源は，
条約と国際慣習である。

条約とは，文書による国家間の合意をいう（ウィーン条約法条約2条1項a）。
その名称は，憲章，規約，規程，協定，協約など様々であるが，文書による
国家間の合意であるかぎり，名称のいかんにかかわらず「条約」である。国
際社会をより明確に秩序づけるためには，不文の慣習法より成文法である条
約の方が適切であることから，今日で

> **Reference ㊆**
> 条約の交渉・署名・
> 批准・発効・終了
>
> 条約が有効に成立するためには，一
> 定の締結手続を踏むことが必要であ
> る。①各当事国の全権委任状を与え
> られた代表者が相互に交渉を行う。
> ②交渉により確定した条約に代表者
> が調印（署名）する。③署名だけで発
> 効する条約を除き，権限のある国家
> 機関が最終的に条約を承認＝批准
> し，2国間では批准書を交換し，多数
> 国間では特定国または，国連事務総
> 長等に寄託する。④2国間条約は，批
> 准書の交換後に，多数国間条約は一
> 定数の批准完了の場合に発効する。
> ⑤条約の終了原因が生じた場合や，
> 当事国が終了に同意した場合，重大
> な違反等の特別の事情（ウィーン条
> 約法条約60条～63条）の場合に，条約
> はその効力を失う。

は国際法の条約化が進められている
（国連憲章13条1項a）。条約は，その内
容によって，立法条約と契約条約に分
類される。立法条約とは，締約国間の
共通目的を実現するために，一般（普
遍）条約，多数国間条約として，共通の
規則を定める条約である。ただし，現
在まで普遍条約は存在しない。立法条
約は，海洋法条約や外交関係条約のよ
うに，慣習法を明文化したものと，国
際人権規約や国連憲章のように，新た
に定立するものがある。その形式は，
多数の国が参加できる開放条約の形を
とるのが普通である。契約条約とは，

当事国のみを規律するためものであり，領土割譲・国境画定条約のように，1回かぎりの給付・行為を約束するものと，通商航海条約や犯罪人引渡条約のように，将来において継続する行為を規定するものとがある。契約条約は，原則として二国間で締結される閉鎖条約である。また，国際法は，適用される範囲により，すべての国家に適用される一般国際法と，特定の限定的な国家についてのみ効果が及ぶ特別国際法に分類される。

慣習国際法は国際社会全般に妥当する普遍的国際法であり，一般慣行と法的確信によって成立する。一般慣行とは多数国家による同一行為態様の繰り返しを基礎とする規範であり，法的確信は多数国家がそれを法的義務と認める「法的または必要的信念」を基礎とする規範である。しかし，慣習国際法は，その成立の有無，成立時期の認定の困難，内容の不明確性のために，国連に設置された国際法委員会等により法典（条約）化の努力がなされている。

その他の法源　その他の法源としては，法の一般原則と国際判例がある。国際裁判における紛争処理にあたって，適用できる条約や国際慣習が存在しない場合，裁判不能を避けるために，補助的手段として，「文明国が認めた法の一般原則」が裁判準則となる。文明国が認めた法の一般原則とは，文明国の国内法において共通に認められている法原則をいい，義務違反に対する賠償責任，信義誠実の原則，権利濫用の禁止，禁反言(エストッペル)の原則，既判事項の原則等が認められている。国際司法裁判所の判決は，当該事件に関してのみ拘束力をもち，先例拘束性をもたない。また，国際社会においては，統一的司法機関は存在せず，紛争当事国の同意がなければ裁判を行うことはできない。したがって，国際判例は，学説と同様に補助的手段にとどまるが，具体的事件の審理に際しては国際判例を参照するのが通常であり，この意味で国際判例も重要な法源である。

2. 国際法と国内法の関係

二元論と一元論　国際法と国内法は，その法的根拠，目的および対象を異にし，相互に独立の法体系であるから両者に抵触はありえず，国際法は国内法に取り入れられないかぎり国内では効力を有しないと考えら

308 **Chapter 20** 国際社会と法

れてきた（二元論)。しかし，国際法もまた国内での個人生活を規制対象とする場合があることは否定できず，両者に矛盾が生じる場合，国家は国際法上の責任を負うべきものとされている。そこから，一元論は，両者は同一の法的根拠に基礎を置く統一的法秩序の構成部分を形成するとする。一元論においても，国際法優位論と国内法優位論との対立があるが，現在では，国際法優位の一元論が，両者の関係の説明としてふさわしいものとされている。

国際法の　条約が国内法として妥当するためには，包括的に受容されるか，
国内的妥当　国内法へと変型される必要がある。日本を始めとして多数の国は，包括的受容方式を採用する。これによれば，批准された条約は国内法の一部となる。変型方式を採用するのは，イギリスなど少数の国である。

判例〔65〕

条約は，批准を経て国内に公布することにより，法律と同一の効力を有する

（東京地判昭和7年6月30日法律新聞3446号7頁）

〈事実〉　原告は，第一次大戦での日本による占領当時から，膠洲湾青島において，許可を受けて製塩・塩輸出業を経営してきた。大正11年のワシントン会議において成立した「山東懸案解決に関する条約」により，旧ドイツ領膠洲湾の日本の租借地が中国に還付されることになり，膠洲湾の日本人経営の製塩業も中国政府により買収される旨が定められ，原告に国から28万円余の補助金が支払われたが，原告は，これは公正な価格とは認められず，私法上の売買ないしこれに類似の有償契約であるとして，相当な買収代金の支払を国に請求する訴えを提起した。

〈判旨〉　請求棄却。「条約が批准を経て条約として完全なる効力を生ずると共に，之を国内に公布するに依りて別段帝国議会の協賛を経ずして法律と同一の効力を有するに至るものと解すべく我が国の従来の先例も亦此の解釈に従ひたり…右条約の公布に依りて膠洲湾沿岸に於て当時製塩業に従事したる日本国臣民または日本会社は公正なる補償のもとに右製塩業を国家に買収せらるることを認容すべき義務を負担するに至りたるものと謂うべし。」

慣習国際法は，憲法の規定または憲法慣行により，国内においても効力を有することが認められている。日本国憲法には明文規定はないが，国内において効力があると解されている。

3. 国際紛争の平和的解決　　*309*

国際法と
憲法・法律　わが国においては，条約・慣習国際法は，法律より上位の法であるが憲法より下位の法であると解されている。国際関係においては，国際法の優位が確立しており，国際法上の義務を回避するために国内法を援用することは許されない（ウィーン条約法条約27条等）。そこで裁判所は，憲法・法律を条約と調和するように解釈したり，統治行為（➡64頁）として，条約を違憲審査の対象から除外することにより，国際法と国内法が矛盾する場合の調整を図ろうとしている。

3. 国際紛争の平和的解決

強制的解決と
平和的解決　国際紛争が生じた場合，これを組織的・統一的に解決する機関が存在しないために，戦争などの実力行使による解決（強制的解決）が自力救済として認められてきた。しかし，戦争が違法とされ，実力行使が国際的に非難されるようになるにつれて，平和的解決が要請されるようになる。平和的解決方法には，①外交交渉，②周旋・仲介，③国際審査・調停，④国際裁判等の国際組織による紛争解決がある。

　周旋の例としては，日露戦争においてポーツマスを会談場所として提供したルーズベルト大統領の行為がある。仲介の例としては，フォークランド紛争におけるアメリカ国務長官や国連事務総長の斡旋などがある。国際審査は，当事国の合意で国際審査委員会を設置し，委員会が公平誠実に事実を審査・報告するものであるが，委員会は常設でなく，報告は当事国を拘束しない不

> *Reference* **68**
> **外交交渉・周旋・仲介・**
> **審査・調停・国際組織に**
> **よる紛争解決**
> ①外交交渉とは，当事国間の直接の話し合いである。②周旋・仲介とは，第三者が当事国間に介入して和解を図るもので，周旋は紛争の内容に立ち入らず，手続的に外部から交渉の便宜を図るものであり，仲介は紛争の内容に立ち入って，譲歩を勧め，自らの紛争解決案を作成して和解を促すものである。③審査・調停とは，独立の国際機関が介入して紛争の解決を図るもので，国際審査は紛争の事実問題を解明し，それを基礎に解決を図るものであり，国際調停は法律問題を含めてあらゆる観点から紛争を調査し，必要な場合には解決条件を示し，その受諾を勧告するものである。④国際組織による紛争解決としては，当事国に対して拘束力のある判決を下すことにより，紛争を解決する国際裁判などがある。

310 **Chapter 20** 国際社会と法

> **Reference ⑥⑨**
> **勧告的意見**
>
> 国連の諸機関の要請に基づき，法律問題について，国際司法裁判所が提出する法的拘束力を持たない意見である。勧告的意見を直接要請できる主体は国際機関に限られ，勧告的意見を求める問題は，法律問題に限られる。勧告的意見には法的拘束力はないが，国際的に最高の司法機関が与えた権威ある法的見解であり，法的指針として尊重される。また条約により勧告的意見を拘束的なものと認めることに同意している場合には，法的拘束力を持つことになる。

完全なものであった。1928年の国際紛争の平和的処理に関する一般議定書は，常設調停委員会に紛争が付託されれば，当事国の合意がなくても，一方の付託で活動を開始する国際調停を定めたが，委員会の報告書や解決条件の提示には，当事国を拘束する効力はない。第一次大戦後，一国の影響を受けずに公正に紛争を解決するために，政府間国際機構による紛争解決制度が登場したが，ここでも国連等の第三者の介入は，両当事国に勧告し，和解の促進を図るにとどまり，拘束力のある決定を下すものではなかった。

国際裁判　国際裁判には，紛争の発生するごとに当事国の合意によって選ばれた裁判官によって行われる仲裁裁判と，前もって選任された裁判官により構成される常設的な裁判所によって行われる司法的解決とがある。なお，国際紛争平和的処理条約により創設された常設仲裁裁判所があり，当事者の一方が裁判を拒否した場合でも手続きが進められる（2016年7月17日判決参照）。第二次大戦後，国連の一機関として国際司法裁判所が設立された。国際司法裁判所に係属する事件の当事者たりうるのは国家に限られ（ICJ規程34条1項），裁判は，紛争当事国の合意があるときにのみ行われる。しかし，一方当事国の提訴後，相手当事国が何らかの形で裁判に同意すれば，裁判を行うことができる。また，裁判を義務化する制度として，国家間で条約により一定の紛争について特別の合意なしに裁判を義務化する制度および，選択条項（任意条項）の制度がある（36条2項）。これは，裁判所への一方的付託により裁判を可能とするものであるが，現在までに受諾宣言をしているのは全体の3分の1程度の国にすぎない。国際司法裁判所の判決には法的拘束力があり（59条），一審で終結し，上訴を許さない（60条）。また，一定の国際組織の要請に基づいて，法律問題について勧告的意見を与えることができる（65条～68条，国連憲章96条）。

4. 戦争の違法化と国際安全保障

戦争の違法化
　　　　　　伝統的国際法は，国際紛争の強制的解決手段として，戦争を認めてきた。近世初頭には，戦争は正当な原因に基づく場合には合法であるとする「正戦論」が主張された。しかし，原因の正・不正の判定者が不明であり，当事国は自国の正当性を主張し，また不正国に対して制裁を加える国際組織も存在しなかったために，結局戦争自由論に至った。こうして，18世紀後半から，主権国家が一定の形式的手続に従って戦争を開始するかぎり，それは合法であるとする「無差別戦争観」が支配した。

　第一次大戦後，無差別戦争観は大きく修正され，合法的な戦争の範囲を制限した最初の多数国間条約である1928年の「戦争放棄に関する条約」（不戦条約）は，戦争を禁止し，第二次大戦後の国連憲章は，加盟国に対して国際紛争の平和的解決を義務づけるとともに，戦争および武力の行使・威嚇をすべて禁止した（2条3項，4項）。ただし，自衛権行使の場合（51条）と，集団安全保障としての軍事的措置への参加の場合（42条）の例外がある。

集団安全保障
　　　　　　第一次大戦まで採られていた安全保障としての勢力均衡政策は，同盟対敵対同盟という緊張を生じさせ，その結果として第一次大戦に至った。国際連盟は，これに代えて集団安全保障方式を採用した。これは，国際社会・組織において，それに属する国が相互に不侵略を約束し，この約束に違反して武力を行

> **Reference ⑦**
> **平和維持軍の事例**
>
> 1956年　スエズ動乱—国連緊急軍
> 　　　　（UNEF Ⅰ）
> 1960年　コンゴ内戦—コンゴ国連軍
> 　　　　（ONUC）
> 1964年　キプロス内戦—国連平和維
> 　　　　持軍（UNFICYP）
> 1973年　第4次中東戦争—第二次国
> 　　　　連緊急軍（UNEF Ⅱ）
> 1974年　　　同　　　—国連兵力引
> 　　　　離し監視軍（UNDOF）
> 1978年　イスラエル・レバノン紛争
> 　　　　—国連レバノン暫定軍（UNFIL）
> 1991年　旧ユーゴスラビア紛争—国
> 　　　　連保護軍（UNPROFOR）
> 1992年　カンボジア内戦—国連カン
> 　　　　ボジア暫定統治機構
> 　　　　（UNTAC）
> 1992年　ソマリア内戦—国連合同軍
> 　　　　（UNITAF）
> 　　⋮
> 2011年　スーダン内戦—国連南スー
> 　　　　ダン派遣団
> 　　　　（UNMISS）

312 **Chapter 20** 国際社会と法

使する国があれば，それ以外の諸国家が協力して被害国を援助し，侵略国に対して制裁措置を加え，集団の圧力によって戦争を防止し，安全を保障する制度である。しかし，戦争行為をなした国に対する制裁（国際連盟規約16条）の発動は，各国の判断に委ねられていたために，実効性を欠くものであった。

これに対して，国連憲章は，集団安全保障の発動について中央集権化し，安全保障理事会の決定に拘束力を認める（国連憲章25条，39条～42条）。ただし，安全保障理事会が強制措置を発動するためには，常任理事国の一致が必要であり（27条3項），拒否権の行使により有効に機能しないという問題がある。強制措置の例として，1990年のイラクによるクウェート侵攻への対応として，安全保障理事会は，「経済断絶」を内容とする決議，加盟国に「あらゆる必要な手段」をとることを許可する決議などを採択した。これは，軍事的措置にわたる個別的制裁を許容したものである。これと類似した例として，ボスニア・ヘルツェゴビナ上空の軍事飛行禁止措置の履行確保のために必要なあらゆる措置をとることを認める1992年安全保障理事会決議816がある。

これ以後，各国からの自発的な軍隊の提供による多国籍軍に，安全保障理事会が国連憲章第7章に基づく武力行使を容認して，多国籍軍に国連の集団安全保障に代わる活動を求めるという図式ができあがっていった。

平和維持活動　国連が有効に機能してこなかった一方で，局地紛争・武力紛争の拡大を防ぐために，国連が，その権威を背景として小規模の軍隊ないし軍事監視団を現地に派遣し，事態を平和的に収拾するための活動を行っている。これが平和維持活動（Peace Keeping Operations ― PKO）である。これに伴う平和維持軍は，本来の国連軍と異なり，国連総会で編成でき，事務総長が統轄する。派遣・駐留には受け入れ国の同意が必要である（同意の原則）。また，侵略を前提とせず，紛争当事国に対して，政治的には中立を保ち，内政に干渉しない（中立性の原則）。これまでに，平和維持軍による活動と非軍事的な監視活動等を合わせると，60例ほどの平和維持活動が数えられる。2018年現在，15のミッションが展開中である。

5. 国際的人権保障

人権保障の国際化 伝統的国際法においては，人権問題は国内管轄事項とされていた。しかし，人権問題が国際平和の維持と密接に関係することが明らかになり，国際化に伴って，人権の普遍性，永久不可侵性が認められるようになり，外国人の人権保障問題から始まった国際的人権保障が実定化されるに至った。もっとも，国連憲章中の人権保障規定は，内容が抽象的で実効性があるとはいえなかった。そこで，これを具体化するために，1946年に人権委員会が設置され，1948年には，「世界人権宣言」が国連総会において採択された。これは，すべての国が達成しなければならない人権保障の共通の基準を示すものであるが，直接国家を拘束するものではなかった。

国際人権規約 人権委員会は，法的拘束力をもつ規約および実施措置を作成し，1966年に，「経済的・社会的及び文化的権利に関する国際規約」(国際人権規約A規約)，「市民的及び政治的権利に関する国際規約(国際人権規約B規約)，「市民的及び政治的権利に関する国際規約についての選択議定書」が，国連総会で採択された。国際人権規約は1976年に発効し，わが国も1979年に批准した。ただし，B規約の選択議定書についてはまだ批准しておらず，A規約については三点の留保，両規約について一点の解釈宣言を行っている。

A規約は社会権的基本権を保障す

> **Reference ㉑**
> **国際人権条約の例**
>
> ［個別的条約］
> 1948年　結社の自由及び団結権の保護に関する条約
> 1951年　難民の地位に関する条約
> 1957年　強制労働の廃止に関する条約
> 1958年　雇用及び職業における差別に関する条約
> 1960年　教育における差別を禁止する条約
> 1965年　人種差別撤廃条約
> 1973年　アパルトヘイト罪の鎮圧及び処罰に関する国際条約
> 1979年　女子差別撤廃条約
> 1989年　子どもの権利に関する条約
> 2006年　障害者権利条約
> ［地域的条約］
> 1950年　人権と基本的自由の保護に関する条約（ヨーロッパ人権条約）
> 1969年　米州人権条約
> 1979年　人権と人民の権利に関するアフリカ憲章

314 **Chapter 20** 国際社会と法

るが，締約国への「漸進的」達成義務とするにとどまる。これに対して，B 規約は自由権的基本権を保障し，締約国に対して即時的実施義務を課している。実施措置に関しては，A 規約が締約国からの報告を義務づけるにとどまるのに対して，B 規約は，このほかに審査権をもつ「人権委員会」を設置し，選択議定書により，B 規約に定める人権侵害があった場合に，人権委員会に対して個人が直接申し立てることができる道が開かれた。

6. 国際社会の組織化

国際組織　　国際組織とは，構成国の共通目的を達成するための合意を基礎として形成され，固有の機関をもつ常設の機能的団体をいう。国家により構成される点で非政府間組織（NGO）と異なり，常設の専門機関を有する点で単なる国際会議とも異なる。国家間の関係が緊密化してくるにつれて，これまでのように国家間の問題を二国間だけで解決するのではなく，各国共通の利益に係わる国際問題を集中的に処理する必要性が生じ，次第に国際社会の組織化が進んだ。初めは，国際電信連合(1865年)などの国際行政連合であり，経済・社会・文化の分野において，技術的・事務処理的性質の強いものであった。次いで，国際連盟や国際連合などの戦争・平和問題の処理のための政治的国際組織が現れた。現在，国際連合は，世界のほとんどの国が加盟し，広く経済・社会・文化問題に及ぶ普遍的国際組織となっている。

Reference ⑫
国際組織の例

［一般的・普遍的国際組織］
1945 年　国際連合
［地域的国際組織］
1967 年　ヨーロッパ共同体（EC）
1951 年　米州機構（OAS）
1963 年　アフリカ統一機構（OAU）
　　　　（2002 年アフリカ連合（AU））
1945 年　アラブ連盟（LAS）
1967 年　東南アジア諸国連合（ASEAN）
1993 年　ヨーロッパ連合（EU）
［政治的・軍事的国際組織］
1949 年　北大西洋条約機構（NATO）
1955 年　ワルシャワ条約機構（1991年解体）
［経済的国際組織…一般的国際組織］
1944 年　国際通貨基金（IMF）
1995 年　世界貿易機関（WTO）
［経済的国際組織…地域的国際組織］
1960 年　経済協力開発機構（OECD）

6. 国際社会の組織化　315

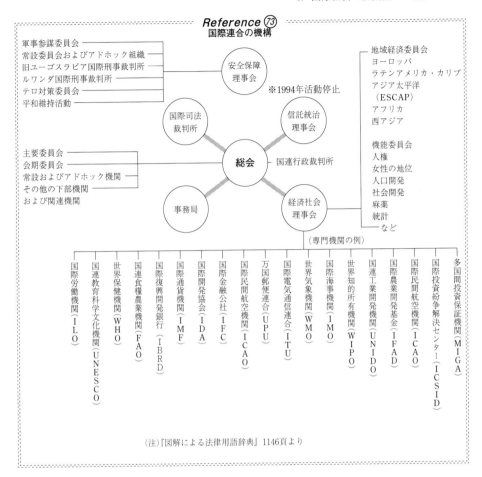

国際組織の分類　　国際組織は，構成国の地理的範囲および存立目的の地域性により，構成国の地理的範囲が全世界に及び，存立目的が一般的・普遍的性質を有する一般的・普遍的国際組織と，構成国が特定の地域に限定され，存立目的が当該地域に係る問題処理にある地域的国際組織に分けられる。また，組織の目的の内容により，政治的・軍事的国際組織や経済的国際組織に分けられる。

表決手続　　国際社会においては，主権国家の併存という特質のために，全会一致の原則が採用されていた(国際連盟規約5条)。しかし，最

316　*Chapter 20*　国際社会と法

近では，組織の活動をより機能的にし，議事の能率化・円滑化を図るために，多数決の原則が一般的になってきている。また，すべての国が平等であり，一国一票が原則であるが，組織に対する貢献度を考慮して，実質的平等を図るために，特定の国を有利に扱う加重投票制度を採用している組織も例外的にある。国際通貨基金や国際復興開発銀行において，出資金の額に応じて表決権が加重されているのがその例である。

日本国憲法

朕は，日本国民の総意に基いて，新日本建設の礎が，定まるに至ったことを，深くよろこび，枢密顧問の諮詢及び帝国憲法第73条による帝国議会の議決を経た帝国憲法の改正を裁可し，ここにこれを公布せしめる。

御名御璽

昭和21年11月3日

内閣総理大臣兼外務大臣			吉田茂
国務大臣	男爵		幣原喜重郎
司法大臣			木村篤太郎
内務大臣			大村清一
文部大臣			田中耕太郎
農林大臣			和田博雄
国務大臣			斉藤隆夫
逓信大臣			一松定吉
商工大臣			星島二郎
厚生大臣			河合良成
国務大臣			植原悦二郎
運輸大臣			平塚常次郎
大蔵大臣			石橋湛山
国務大臣			金森徳次郎
国務大臣			膳桂之助

日本国憲法

日本国民は，正当に選挙された国会における代表者を通じて行動し，われらとわれらの子孫のために，諸国民との協和による成果と，わが国全土にわたつて自由のもたらす恵沢を確保し，政府の行為によつて再び戦争の惨禍が起ることのないやうにすることを決意し，ここに主権が国民に存することを宣言し，この憲法を確定する。そもそも国政は，国民の厳粛な信託によるものであつて，その権威は国民に由来し，その権力は国民の代表者がこれを行使し，その福利は国民がこれを享受する。これは人類普遍の原理であり，この憲法は，かかる原理に基くものである。われらは，これに反する一切の憲法，法令及び詔勅を排除する。

日本国民は，恒久の平和を念願し，人間相互の関係を支配する崇高な理想を深く自覚するのであって，平和を愛する諸国民の公正と信義に信頼して，われらの安全と生存を保持しようと決意した。われらは，平和を維持し，専制と隷従，圧迫と偏狭を地上から永遠に除去しようと努めてゐる国際社会において，名誉ある地位を占めたいと思ふ。われらは，全世界の国民が，ひとしく恐怖と欠乏から免かれ，平和のうちに生存する権利を有することを確認する。

われらは，いづれの国家も，自国のことのみに専念して他国を無視してはならないのであつて，政治道徳の法則は，普遍的なものであり，この法則に従ふことは，自国の主権を維持し，他国と対等関係に立たうとする各国の責務であると信ずる。

日本国民は，国家の名誉にかけ，全力をあげてこの崇高な理想と目的を達成することを誓ふ。

第1章 天皇

第1条 天皇は，日本国の象徴であり日本国民統合の象徴であつて，この地位は，主権の存する日本国民の総意に基く。

第2条 皇位は，世襲のものであって，国会の議決した皇室典範の定めるところにより，これを継承する。

第3条 天皇の国事に関するすべての行為には，内閣の助言と承認を必要とし，内閣が，その責任を負ふ。

第4条 天皇は，この憲法の定める国事に関する行為のみを行ひ，国政に関する権能を有しない。

②天皇は，法律の定めるところにより，その国事に関する行為を委任することがで

318 日本国憲法

きる。

第5条 皇室典範の定めるところにより摂政を置くときは，摂政は，天皇の名でその国事に関する行為を行ふ。この場合には，前条第1項の規定を準用する。

第6条 天皇は，国会の指名に基いて，内閣総理大臣を任命する。

②天皇は，内閣の指名に基いて，最高裁判所の長たる裁判官を任命する。

第7条 天皇は，内閣の助言と承認により，国民のために，左の国事に関する行為を行ふ。

1 憲法改正，法律，政令及び条約を公布すること。

2 国会を召集すること。

3 衆議院を解散すること。

4 国会議員の総選挙の施行を公示すること。

5 国務大臣及び法律の定めるその他の官吏の任免並びに全権委任状及び大使及び公使の信任状を認証すること。

6 大赦，特赦，減刑，刑の執行の免除及び復権を認証すること。

7 栄典を授与すること。

8 批准書及び法律の定めるその他の外交文書を認証すること。

9 外国の大使及び公使を接受すること。

10 儀式を行ふこと。

第8条 皇室に財産を譲り渡し，又は皇室が，財産を譲り受け，若しくは賜与することは，国会の議決に基かなければならない。

第2章 戦争の放棄

第9条 日本国民は，正義と秩序を基調とする国際平和を誠実に希求し，国権の発動たる戦争と，武力による威嚇又は武力の行使は，国際紛争を解決する手段としては，永久にこれを放棄する。

②前項の目的を達するため，陸海空軍その他の戦力は，これを保持しない。国の交戦権は，これを認めない。

第3章 国民の権利及び義務

第10条 日本国民たる要件は，法律でこれを定める。

第11条 国民は，すべての基本的人権の享有を妨げられない。この憲法が国民に保障する基本的人権は，侵すことのできない永久の権利として，現在及び将来の国民に与へられる。

第12条 この憲法が国民に保障する自由及び権利は，国民の不断の努力によって，これを保持しなければならない。又，国民は，これを濫用してはならないのであつて，常に公共の福祉のためにこれを利用する責任を負ふ。

第13条 すべて国民は，個人として尊重される。生命，自由及び幸福追求に対する国民の権利については，公共の福祉に反しない限り，立法その他の国政の上で，最大の尊重を必要とする。

第14条 すべて国民は，法の下に平等であつて，人種，信条，性別，社会的身分又は門地により，政治的，経済的又は社会的関係において，差別されない。

②華族その他の貴族の制度は，これを認めない。

③栄誉，勲章その他の栄典の授与は，いかなる特権も伴はない。栄典の授与は，現にこれを有し，又は将来これを受ける者の一代に限り，その効力を有する。

第15条 公務員を選定し，及びこれを罷免することは，国民固有の権利である。

②すべて公務員は，全体の奉仕者であつて，一部の奉仕者ではない。

③公務員の選挙については，成年者による普通選挙を保障する。

④すべて選挙における投票の秘密は，これを侵してはならない。選挙人は，その選択に関し公的にも私的にも責任を問はれ

ない。

第16条　何人も，損害の救済，公務員の罷免，法律，命令又は規則の制定，廃止又は改正その他の事項に関し，平穏に請願する権利を有し，何人も，かかる請願をしたためにいかなる差別待遇も受けない。

第17条　何人も，公務員の不法行為により，損害を受けたときは，法律の定めるところにより，国又は公共団体に，その賠償を求めることができる。

第18条　何人も，いかなる奴隷的拘束も受けない。又，犯罪に因る処罰の場合を除いては，その意に反する苦役に服させられない。

第19条　思想及び良心の自由は，これを侵してはならない。

第20条　信教の自由は，何人に対してもこれを保障する。いかなる宗教団体も，国から特権を受け，又は政治上の権力を行使してはならない。

②何人も，宗教上の行為，祝典，儀式又は行事に参加することを強制されない。

③国及びその機関は，宗教教育その他いかなる宗教的活動もしてはならない。

第21条　集会，結社及び言論，出版その他一切の表現の自由は，これを保障する。

②検閲は，これをしてはならない。通信の秘密は，これを侵してはならない。

第22条　何人も，公共の福祉に反しない限り，居住，移転及び職業選択の自由を有する。

②何人も，外国に移住し，又は国籍を離脱する自由を侵されない。

第23条　学問の自由は，これを保障する。

第24条　婚姻は，両性の合意のみに基いて成立し，夫婦が同等の権利を有することを基本として，相互の協力により，維持されなければならない。

②配偶者の選択，財産権，相続，住居の選定，離婚並びに婚姻及び家族に関するその他の事項に関しては，法律は，個人の尊厳と両性の本質的平等に立脚して，制定されなければならない。

第25条　すべて国民は，健康で文化的な最低限度の生活を営む権利を有する。

②国は，すべての生活部面について，社会福祉，社会保障及び公衆衛生の向上及び増進に努めなければならない。

第26条　すべて国民は，法律の定めるところにより，その能力に応じて，ひとしく教育を受ける権利を有する。

②すべて国民は，法律の定めるところにより，その保護する子女に普通教育を受けさせる義務を負ふ。義務教育は，これを無償とする。

第27条　すべて国民は，勤労の権利を有し，義務を負ふ。

②賃金，就業時間，休息その他の勤労条件に関する基準は，法律でこれを定める。

③児童は，これを酷使してはならない。

第28条　勤労者の団結する権利及び団体交渉その他の団体行動をする権利は，これを保障する。

第29条　財産権は，これを侵してはならない。

②財産権の内容は，公共の福祉に適合するやうに，法律でこれを定める。

③私有財産は，正当な補償の下に，これを公共のために用ひることができる。

第30条　国民は，法律の定めるところにより，納税の義務を負ふ。

第31条　何人も，法律の定める手続によらなければ，その生命若しくは自由を奪はれ，又はその他の刑罰を科せられない。

第32条　何人も，裁判所において裁判を受ける権利を奪はれない。

第33条　何人も，現行犯として逮捕される場合を除いては，権限を有する司法官憲が発し，且つ理由となつてゐる犯罪を明示する令状によらなければ，逮捕されない。

第34条 何人も，理由を直ちに告げられ，且つ，直ちに弁護人に依頼する権利を与へられなければ，抑留又は拘禁されない。又，何人も，正当な理由がなければ，拘禁されず，要求があれば，その理由は，直ちに本人及びその弁護人の出席する公開の法廷で示されなければならない。

第35条 何人も，その住居，書類及び所持品について，侵入，捜索及び押収を受けることのない権利は，第33条の場合を除いては，正当な理由に基いて発せられ，且つ捜索する場所及び押収する物を明示する令状がなければ，侵されない。

②捜索又は押収は，権限を有する司法官憲が発する各別の令状により，これを行ふ。

第36条 公務員による拷問及び残虐な刑罰は，絶対にこれを禁ずる。

第37条 すべて刑事事件においては，被告人は，公平な裁判所の迅速な公開裁判を受ける権利を有する。

②刑事被告人は，すべての証人に対して審問する機会を充分に与へられ，又，公費で自己のために強制的手続により証人を求める権利を有する。

③刑事被告人は，いかなる場合にも，資格を有する弁護人を依頼することができる。被告人が自らこれを依頼することができないときは，国でこれを附する。

第38条 何人も，自己に不利益な供述を強要されない。

②強制，拷問若しくは脅迫による自白又は不当に長く抑留若しくは拘禁された後の自白は，これを証拠とすることができない。

③何人も，自己に不利益な唯一の証拠が本人の自白である場合には，有罪とされ，又は刑罰を科せられない。

第39条 何人も，実行の時に適法であつた行為又は既に無罪とされた行為については，刑事上の責任を問はれない。又，同一の犯罪について，重ねて刑事上の責任を問はれない。

第40条 何人も，抑留又は拘禁された後，無罪の裁判を受けたときは，法律の定めるところにより，国にその補償を求めることができる。

第4章　国　会

第41条 国会は，国権の最高機関であつて，国の唯一の立法機関である。

第42条 国会は，衆議院及び参議院の両議院でこれを構成する。

第43条 両議院は，全国民を代表する選挙された議員でこれを組織する。

②両議院の議員定数は，法律でこれを定める。

第44条 両議院の議員及びその選挙人の資格は法律でこれを定める。但し，人種，信条，性別，社会的身分，門地，教育，財産又は収入によつて差別してはならない。

第45条 衆議院議員の任期は，4年とする。但し，衆議院解散の場合には，その期間満了前に終了する。

第46条 参議院議員の任期は，6年とし，3年ごとに議員の半数を改選する。

第47条 選挙区，投票の方法その他両議院の議員の選挙に関する事項は，法律でこれを定める。

第48条 何人も，同時に両議院の議員たることはできない。

第49条 両議院の議員は，法律の定めるところにより，国庫から相当額の歳費を受ける。

第50条 両議院の議員は，法律の定める場合を除いては，国会の会期中逮捕されず，会期前に逮捕された議員は，その議院の要求があれば，会期中これを釈放しなければならない。

第51条 両議院の議員は，議院で行つた演説，討論又は表決について，院外で責任を問はれない。

第52条 国会の常会は，毎年1回これを召集する。

第53条 内閣は，国会の臨時会の召集を決定することができる。いづれかの議院の総議員の4分の1以上の要求があれば，内閣は，その召集を決定しなければならない。

第54条 衆議院が解散されたときは，解散の日から40日以内に，衆議院議員の総選挙を行ひ，その選挙の日から30日以内に，国会を召集しなければならない。

②衆議院が解散されたときは，参議院は，同時に閉会となる。但し，内閣は，国に緊急の必要があるときは，参議院の緊急集会を求めることができる。

③前項但書の緊急集会において採られた措置は，臨時のものであつて，次の国会開会の後10日以内に，衆議院の同意がない場合には，その効力を失ふ。

第55条 両議院は，各々その議員の資格に関する争訟を裁判する。但し，議員の議席を失はせるには，出席議員の3分の2以上の多数による議決を必要とする。

第56条 両議院は，各々その総議員の3分の1以上の出席がなければ，議事を開き議決することができない。

②両議院の議事は，この憲法に特別の定のある場合を除いては，出席議員の過半数でこれを決し，可否同数のときは，議長の決するところによる。

第57条 両議員の会議は，公開とする。但し，出席議員の3分の2以上の多数で議決したときは，秘密会を開くことができる。

②両議院は，各々その会議の記録を保存し，秘密会の記録の中で特に秘密を要すると認められるもの以外は，これを公表し，且つ一般に頒布しなければならない。

③出席議員の5分の1以上の要求があれば，各議員の表決は，これを会議録に記載しなければならない。

第58条 両議院は，各々その議長その他の役員を選任する。

②両議院は，各々その会議その他の手続及び内部の規律に関する規則を定め，又，院内の秩序をみだした議員を懲罰することができる。但し，議員を除名するには，出席議員の3分の2以上の多数による議決を必要とする。

第59条 法律案は，この憲法に特別の定のある場合を除いては，両議院で可決したとき法律となる。

②衆議院で可決し，参議院でこれと異なつた議決をした法律案は，衆議院で出席議員の3分の2以上の多数で再び可決したときは，法律となる。

③前項の規定は，法律の定めるところにより，衆議院が，両議院の協議会を開くことを求める事を妨げない。

④参議院が，衆議院の可決した法律案を受け取つた後，国会休会中の期間を除いて60日以内に，議決しないときは，衆議院は，参議院がその法律案を否決したものとみなすことができる。

第60条 予算は，さきに衆議院に提出しなければならない。

②予算について，参議院で衆議院と異なつた議決をした場合に，法律の定めるところにより，両議院の協議会を開いても意見が一致しないとき，又は参議院が，衆議院の可決した予算を受け取つた後，国会休会中の期間を除いて30日以内に，議決しないときは，衆議院の議決を国会の議決とする。

第61条 条約の締結に必要な国会の承認については，前条第2項の規定を準用する。

第62条 両議院は，各々国政に関する調査を行ひ，これに関して，証人の出頭及び証言並びに記録の提出を要求することができる。

第63条 内閣総理大臣その他の国務大臣は，両議院の1に議席を有すると有しな

322 日本国憲法

いとにかかはらず，何時でも議案につい
て発言するため議院に出席することがで
きる。又，答弁又は説明のため出席を求
められたときは，出席しなければならな
い。

第64条 国会は，罷免の訴追を受けた裁判
官を裁判するため，両議院の議員で組織
する弾劾裁判所を設ける。

②弾劾に関する事項は，法律でこれを定め
る。

第5章 内 閣

第65条 行政権は，内閣に属する。

第66条 内閣は，法律の定めるところによ
り，その首長たる内閣総理大臣及びその
他の国務大臣でこれを組織する。

②内閣総理大臣その他の国務大臣は，文民
でなければならない。

③内閣は，行政権の行使について，国会に
対し連帯して責任を負ふ。

第67条 内閣総理大臣は，国会議員の中か
ら国会の議決で，これを指名する。この
指名は，他のすべての案件に先だつて，
これを行ふ。

②衆議院と参議院とが異なつた指名の議決
をした場合に，法律の定めるところによ
り，両議院の協議会を開いても意見が一
致しないとき，又は衆議院が指名の議決
をした後，国会休会中の期間を除いて10
日以内に，参議院が，指名の議決をしな
いときは，衆議院の議決を国会の議決と
する。

第68条 内閣総理大臣は，国務大臣を任命
する。但し，その過半数は，国会議員の
中から選ばれなければらない。

②内閣総理大臣は，任意に国務大臣を罷免
することができる。

第69条 内閣は，衆議院で不信任の決議案
を可決し，又は信任の決議案を否決した
ときは，10日以内に衆議院が解散されな
い限り，総辞職をしなければならない。

第70条 内閣総理大臣が欠けたとき，又は
衆議院議員総選挙の後に初めて国会の召
集があつたときは，内閣は，総辞職をし
なければならない。

第71条 前2条の場合には，内閣は，あら
たに内閣総理大臣が任命されるまで引き
続きその職務を行ふ。

第72条 内閣総理大臣は，内閣を代表して
議案を国会に提出し，一般国務及び外交
関係について国会に報告し，並びに行政
各部を指揮監督する。

第73条 内閣は，他の一般行政事務の外，
左の事務を行ふ。

 1 法律を誠実に執行し，国務を総理す
ること。

 2 外交関係を処理すること。

 3 条約を締結すること。但し，事前に，
時宜によつては事後に，国会の承認を
経ることを必要とする。

 4 法律の定める基準に従ひ，官吏に関
する事務を掌理すること。

 5 予算を作成して国会に提出するこ
と。

 6 この憲法及び法律の規定を実施する
ために，政令を制定すること。但し，
政令には，特にその法律の委任がある
場合を除いては，罰則を設けることが
できない。

 7 大赦，特赦，減刑，刑の執行の免除
及び復権を決定すること。

第74条 法律及び政令には，すべて主任の
国務大臣が署名し，内閣総理大臣が連署
することを必要とする。

第75条 国務大臣は，その在任中，内閣総
理大臣の同意がなければ，訴追されない。
但し，これがため，訴追の権利は，害さ
れない。

第6章 司 法

第76条 すべて司法権は，最高裁判所及び
法律の定めるところにより設置する下級

裁判所に属する。

②特別裁判所は，これを設置することができない。行政機関は，終審として裁判を行ふことができない。

③すべて裁判官は，その良心に従ひ独立してその職権を行ひ，この憲法及び法律にのみ拘束される。

第77条 最高裁判所は，訴訟に関する手続，弁護士，裁判所の内部規律及び司法事務処理に関する事項について，規則を定める権限を有する。

②検察官は，最高裁判所の定める規則に従はなければならない。

③最高裁判所は，下級裁判所に関する規則を定める権限を，下級裁判所に委任することができる。

第78条 裁判官は，裁判により，心身の故障のために職務を執ることができないと決定された場合を除いては，公の弾劾によらなければ罷免されない。裁判官の懲戒処分は，行政機関がこれを行ふことはできない。

第79条 最高裁判所は，その長たる裁判官及び法律の定める員数のその他の裁判官でこれを構成し，その長たる裁判官以外の裁判官は，内閣でこれを任命する。

②最高裁判所の裁判官の任命は，その任命後初めて行はれる衆議院議員総選挙の際国民の審査に付し，その後十年を経過した後初めて行はれる衆議院議員総選挙の際更に審査に付し，その後も同様とする。

③前項の場合において，投票者の多数が裁判官の罷免を可とするときは，その裁判官は，罷免される。

④審査に関する事項は，法律でこれを定める。

⑤最高裁判所の裁判官は，法律の定める年齢に達した時に退官する。

⑥最高裁判所の裁判官は，すべて定期に相当額の報酬を受ける。この報酬は，在任中，これを減額することができない。

第80条 下級裁判所の裁判官は，最高裁判所の指名した者の名簿によつて，内閣でこれを任命する。その裁判官は，任期を10年とし，再任されることができる。但し，法律の定める年齢に達した時には退官する。

②下級裁判所の裁判官は，すべて定期に相当額の報酬を受ける。この報酬は在任中，これを減額することができない。

第81条 最高裁判所は，一切の法律，命令，規則又は処分が憲法に適合するかしないかを決定する権限を有する終審裁判所である。

第82条 裁判の対審及び判決は，公開法廷でこれを行ふ。

②裁判所が，裁判官の全員一致で，公の秩序又は善良の風俗を害する虞があると決した場合には，対審は，公開しないでこれを行ふことができる。但し，政治犯罪，出版に関する犯罪又はこの憲法第3章で保障する国民の権利が問題となつてゐる事件の対審は，常にこれを公開しなければならない。

第7章 財 政

第83条 国の財政を処理する権限は，国会の議決に基いて，これを行使しなければならない。

第84条 あらたに租税を課し，又は現行の租税を変更するには，法律又は法律の定める条件によることを必要とする。

第85条 国費を支出し，又は国が債務を負担するには，国会の議決に基くことを必要とする。

第86条 内閣は，毎会計年度の予算を作成し，国会に提出して，その審議を受け議決を経なければならない。

第87条 予見し難い予算の不足に充てるため，国会の議決に基いて予備費を設け，内閣の責任でこれを支出することができる。

②すべて予備費の支出については，内閣は，事後に国会の承諾を得なければならない。

第88条 すべて皇室財産は，国に属する。すべて皇室の費用は，予算に計上して国会の議決を経なければならない。

第89条 公金その他の公の財産は，宗教上の組織若しくは団体の使用，便益若しくは維持のため，又は公の支配に属しない慈善，教育若しくは博愛の事業に対し，これを支出し，又はその利用に供してはならない。

第90条 国の収入支出の決算は，すべて毎年会計検査院がこれを検査し，内閣は，次の年度に，その検査報告とともに，これを国会に提出しなければならない。

②会計検査院の組織及び権限は，法律でこれを定める。

第91条 内閣は，国会及び国民に対し，定期に，少くとも毎年1回，国の財政状況について報告しなければならない。

第8章　地方自治

第92条 地方公共団体の組織及び運営に関する事項は，地方自治の本旨に基いて，法律でこれを定める。

第93条 地方公共団体には，法律の定めるところにより，その議事機関として議会を設置する。

②地方公共団体の長，その議会の議員及び法律の定めるその他の吏員は，その地方公共団体の住民が，直接これを選挙する。

第94条 地方公共団体は，その財産を管理し，事務を処理し，及び行政を執行する機能を有し，法律の範囲内で条例を制定することができる。

第95条 1の地方公共団体のみに適用される特別法は，法律の定めるところにより，その地方公共団体の住民の投票においてその過半数の同意を得なければ，国会は，これを制定することができない。

第9章　改　正

第96条 この憲法の改正は，各議院の総議員の3分の2以上の賛成で，国会が，これを発議し，国民に提案してその承認を経なければならない。この承認には，特別の国民投票又は国会の定める選挙の際行はれる投票において，その過半数の賛成を必要とする。

②憲法改正について前項の承認を経たときは，天皇は，国民の名で，この憲法と一体を成すものとして，直ちにこれを公布する。

第10章　最高法規

第97条 この憲法が日本国民に保障する基本的人権は，人類の多年にわたる自由獲得の努力の成果であつて，これらの権利は，過去幾多の試練に堪へ，現在及び将来の国民に対し，侵すことのできない永久の権利として信託されたものである。

第98条 この憲法は，国の最高法規であつて，その条規に反する法律，命令，詔勅及び国務に関するその他の行為の全部又は一部は，その効力を有しない。

②日本国が締結した条約及び確立された国際法規は，これを誠実に遵守することを必要とする。

第99条 天皇又は摂政及び国務大臣，国会議員，裁判官その他の公務員は，この憲法を尊重し擁護する義務を負ふ。

第11章　補　則

第100条 この憲法は，公布の日から起算して6箇月を経過した日（昭22・5・3）から，これを施行する。

②この憲法を施行するために必要な法律の制定，参議院議員の選挙及び国会召集の手続並びにこの憲法を施行するために必要な準備手続は，前項の期日よりも前に，これを行ふことができる。

日本国憲法　*325*

第101条　この憲法施行の際，参議院がまだ
成立してゐないときは，その成立するま
での間，衆議院は，国会としての権限
を行ふ。

第102条　この憲法による第1期の参議院
議員のうち，その半数の者の任期は，こ
れを3年とする。その議員は，法律の定
めるところにより，これを定める。

第103条　この憲法施行の際現に在職する
国務大臣，衆議院議員及び裁判官並びに
その他の公務員で，その地位に相応する
地位がこの憲法で認められてゐる者は，
法律で特別の定をした場合を除いては，
この憲法施行のため，当然にはその地位
を失ふことはない。但し，この憲法によ
つて，後任者が選挙又は任命されたとき
は，当然その地位を失ふ。

事 項 索 引

あ

アクセス権 ……………301
悪徳商法 ……………173
旭川学テ事件 …………127
朝日訴訟 ……………122
新しい人権 ……………47
周旋 ………………309
安楽死 ………………281

い

家永教科書（検定）訴訟
　………………126
育児・介護休業法 ……228
違憲審査権 ……………63
遺言 ………………204
意思能力 ……………165
医事法 ………………272
いじめ訴訟 ……………253
慰謝料 ………………239
一事不再理の原則 ……116
逸失利益 ……………239
一般法 ………………31
委任命令 ……………33
違法性 ………………219
　——阻却事由 ………220
遺留分 ………………205
医療過誤訴訟 …………274
医療保険 ……………260
医療保護入院 …………284
医療保障 ……………260
因果関係 ……………216
姻族 ………………190
インターネット ………288
インフォームド・コンセント
　………………277

う

疑わしきは被告人の利益に

　………………105
宴のあと事件 …………48
宇都宮病院事件 ………283
宇奈月温泉事件 ………163
運用供用者 ……………244

え

エホバの証人輸血拒否事件
　………………277
LRAの原則 ……………86
冤罪 ………………115

お

押収 ………………110
大阪空港公害訴訟 ……124
親子同氏の原則 ………195

か

海外移住の自由 …………98
解雇 ………………226
外交交渉 ……………309
外国人労働者 …………230
介護保険 ……………260
会社 ………………181
解除 ………………156, 173
外面的自由権 …………86
解約 ………………173
下級裁判所 ……………138
学問の自由 ……………96
確約手続 ……………188
貸金業法 ……………179
家事事件手続法 ………190
家事審判 ……………190
家事調停 ……………190
過失 ………………221
過失責任主義 …………237, 240
過失責任の原則 ………155
家族法 ………………190
課徴金 ………………187

学校事故 ……………252

割賦販売 ……………171
家庭裁判所 ……………138
可罰的違法性 …………220
株式 ………………182
株主 ………………182
　——代表訴訟 ………183
科料 ………………211
カルテル ……………185
過労死 ………………247
川崎協同病院事件 ……282
簡易裁判所 ……………138
環境権 ……………48, 123
勧告的意見 ……………310
慣習国際法 ……………307
慣習法 ………………26
間接民主制 ……………40
感染症 ………………285
関東醸造事件 …………231

き

議員定数不均衡 ………56, 81
議院内閣制 ……………54, 58
議院の自律権 …………57
企業 ………………179
規則 ………………33
期待可能性 ……………222
基本的人権尊重主義 ……45
求償権 ………………238
凶悪犯 ………………208
教育基本法 ……………126
教育の自由 ……………126
教育を受ける権利 ……125
強行規定 ……………159
強行規範 ……………304
強行法規 ……………27
行政 ………………58
　——委員会 …………58
　——行為 ……………60

328　事項索引

――裁判 ………134, 145
――指導 ………………60
――手続法 ……………61
――立法 ………………60
強制捜査 ………………110
共同不法行為者 ………238
強迫 ……………………154
共犯 ……………………218
居住・移転の自由 ……98
挙証責任の転換 ………245
緊急避難 ………………220
禁錮 ……………………211
勤労の権利 ……………129

く

クーリングオフ ………172

け

経済的自由権 ……50, 86, 98
経済法 ……………31, 169
形式裁判 ………………112
形式的意味の法律 ……30
刑事裁判 ………134, 143
刑事責任 ………………236
刑罰 …………61, 211, 212
契約 ……………………154
契約自由の原則 ………157
血族 ……………………190
――相続人 ……………201
検閲 ……………………94
嫌煙権訴訟 ……………136
現行犯逮捕 ……………109
検察官 …………………141
――同一体の原則 ……142
検察審査会 ……………295
――法 …………………295
憲法前文 ………………42
憲法調査会 ……………51
憲法の変遷 ……………43
憲法判断の回避 ………64
権利能力 ………………165
権利の濫用 ……………163
言論・出版の自由 ……92

こ

故意 ……………………221
行為能力 ………………166
公害 ……………………248
公開裁判 ………………111
後期高齢者医療制度 ……260
公共の福祉 ……………49
拘禁 ……………………110
後見 ………………167, 199
合憲的解釈 ……………64
公示の原則 ……………161
公序良俗 ………………158
公信の原則 ……………162
構成要件 ………………216
交戦権 …………………43
控訴 ……………………140
高知放送事件 …………227
高等裁判所 ……………138
幸福追求権 ………47, 273
公平な裁判 ……………111
公法 ……………………31
公民権 …………………224
公務員の労働基本権 ……130
拷問の絶対的禁止 ……113
合理的な差別 …………74
勾留 ……………………110
拘留 ……………………211
超える …………………94
国際慣習法 ……………36
国際刑事裁判所 ………305
国際裁判 …………307, 310
国際私法 ………………304
国際司法裁判所 ………310
国際人権条約 …………313
国際審査 ………………309
国際組織 ………………314
国際調停 ………………309
国際法 ……………30, 304
――一元論 ……………307
――二元論 ……………307
国際連合 ………………314
国事行為 ………………41
国政調査権 ……………57
国選弁護人 ……………113

告訴 ……………………295
国内法 …………………31
告発 ……………………295
国民健康保険 …………260
国民主権 ………………40
国民審査 ………………140
国民年金 ………………264
国民の司法参加 ………8
国務請求権 ……………51
国務大臣 ………………59
国連憲章 ………………313
誤診 ……………………274
個人主義 …………………4, 47
個人情報取扱業者 ………299
個人情報保護法 ………298
個人の尊厳 ………………4, 47
国会 ……………………55
国家訴追主義 …………141
個別的効力説 …………66
婚姻 ……………………191
婚約 ……………………192

さ

罪刑均衡の原則 ………108
罪刑法定主義 ……107, 213
債権 ……………………154
――の消滅原因 ………155
――の発生原因 ………154
債権法改正 ……………153
最高裁判所 ……………137
――規則 ………………33
再婚禁止期間 …………191
財産権 ……………100, 153
――の制限 ……………101
財産分与 ………………194
財産法 …………………152
再審 ……………………115
サイバースペース ……288
サイバーポルノ ………292
裁判 ……………………134
――の公開 ……………146
――を受ける権利 ……146
裁判員制度 …………8, 148
裁判所 ……………62, 137
債務 ……………………153

——不履行 …………156
採用の内定 ……………225
詐欺 ………………154
詐欺的商法 …………173
錯誤 ………………154
残虐な刑罰の禁止 ……117
サンケイ新聞意見広告事件
　………………301
三権分立 ……………54
参政権 ………………51
三徴候説 ……………279
三割自治 ……………67

し

自衛隊 ………………43
ジェノサイド ………306
資格・職業 …………23
死刑 ……………117, 212
　——再審無罪事件 ……116
自己決定 ……………273
　——権 ………………48
自己破産 ……………178
事実たる慣習 …………26
事情判決 ……………82
自然権 ………………47
自然法 ………………29
思想の自由市場 ……289
思想・良心の自由 ……86
執行罰 ………………61
執行命令 ……………33
実体裁判 ……………112
実体的真実主義 ………144
実体的適正 …………107
実体法 ………………32
実定法 ………………29
私的自治の原則 ………153
児童権利宣言 ………267
自動車検問 …………110
自動車事故 …………244
自動車損害賠償保障法 …244
児童福祉 ……………267
自白 …………………113
　——排除法則 ………115
私法 …………………31
司法 …………………62

——消極主義 …………65
——積極主義 …………65
市民法 ………………31
事務管理 …………154, 155
社会規範 ………………2
社会権 ………46, 51, 121
社会福祉 ……………265
社会扶助 ……………259
社会法 ………………31
社会保険 ……………259
社会保障 ……………256
借地 …………………164
借地借家法 …………165
借家 …………………164
集会・結社の自由 ……91
宗教法人の犯罪 ………90
自由権 ………46, 86, 104
自由心証主義 ………141
自由選挙 ……………56
住民自治 ……………66
受益権 ………………51
取材の自由 ………95, 293
出向 …………………226
準起訴手続 …………295
試用期間 ……………225
商行為 ………………180
上告 …………………140
使用者責任 …………238
少数意見 ……………81
上訴 …………………138
象徴天皇制 …………41
証人喚問権 …………113
消費者基本法 ………171
消費者契約法 ………176
消費者裁判手続特例法 …177
消費者団体訴訟制度 ……177
消費者保護 …………169
情報化社会 …………288
情報公開制度 ………296
情報公開法 …………296
情報収集権 …………293
情報受領権 …………291
情報の発信 …………289
条約 ……………35, 306
——の交渉 …………306

——の終了 …………306
——の署名 …………306
——の発効 …………306
——の批准 …………306
条理 …………………28
条例 …………………33
職業選択の自由 ………99
食品事故 ……………251
植物状態 ……………281
職務質問 ……………110
女子差別撤廃条約 ……76
書泉事件 ……………233
所有権 ………………163
　——絶対の原則 ………163
知る権利 ……48, 95, 291
信教の自由 …………87
審決 …………………185
親権 …………………198
人権宣言 ……………71
人権の主体 …………49
人工呼吸器 …………279
人工授精 ……………278
人事院 ………………58
心神喪失者等医療観察法
　………………285
人身の自由 ………51, 105
親族 ……………190, 206
迅速な裁判 …………111
親等 …………………206
信頼の原則 ……221, 275
森林法違憲判決 ………101

す

推定する ……………165

せ

生活保護法 …………265
政教分離の原則 ………88
生殖補助医療 ………278
精神医療審査会 ………285
精神的自由権 ……50, 86
精神保健福祉法 ………283
製造物責任 …………241
生存権 ………………121
——的基本権 ……46, 121

330 事項索引

正当な補償 ……………102
正当防衛 ……………220
成年後見制度 ……………166
政府情報開示請求権 ……295
成文法 ……………26
政令 ……………33, 58
世界人権宣言 ……………313
責任 ……………220
　──主義 ……………220
　──能力 ……………221
石油ヤミカルテル事件 …186
セクシャル・ハラスメント
　……………76, 229
絶対的平等 ……………73
説明と同意 ……………276
選挙 ……………56
戦争の放棄 ……………42
専断的医療行為 …………272
全逓東京中郵判決 ………130
全農林警職法事件 ………131
占有 ……………162
戦力 ……………43

そ

臓器移植 ……………279
争議行為 ……………233
臓器の移植に関する法律
　……………279
捜査 ……………109
捜索 ……………110
争訟 ……………57
相続 ……………200
　──の承認 ……………203
　──の放棄 ……………203
相続分 ……………201
相対的平等 ……………73
遡及処罰の禁止 …………107
訴訟 ……………57
訴訟法 ……………32
措置入院 ……………284
粗暴犯 ……………208
損害賠償 ……………156
　──の範囲 ……………239
尊厳死 ……………281
尊属殺 ……………78

た

体外受精 ……………278
大学の自治 ……………97
対抗 ……………161
　──要件 …159, 161, 162
代襲相続 ……………201
大日本帝国憲法 …………38
代物弁済 ……………156
逮捕 ……………109
代理母 ……………279
高田事件 ……………111
諾成契約 ……………154
多数意見 ……………81
堕胎 ……………278
但書 ……………47
弾劾裁判所 ……………140
男女雇用機会均等法…77, 228
団体交渉 ……………232

ち

地球環境 ……………250
地上権 ……………160
秩序罰 ……………61
地方公共団体の事務 ……68
地方裁判所 ……………138
地方自治 ……………66
嫡出子 ……………195
嫡出否認の訴え …195, 279
チャタレー事件 …………93
懲役 ……………211
調停 ……………134, 309
　──前置主義 …………190
直接選挙 ……………56
直接民主制 ……………40
賃貸借契約 ……………164

つ

通信の秘密 ……………96
津地鎮祭事件 ……………88

て

定型約款 ……………171
適正手続条項 ……………104
適用違憲 ……………66

撤回 ……………155
手続的適正 ……………106
手続法 ……………32
典型契約 ……………157
電子消費者契約法 ………176
天皇の公的行為 …………41

と

登記 ……………161
東京都公安条例事件 ……91
動産 ……………159
当事者主義 ……………144
統治行為 ……………64
徳島市公安条例事件 ……214
独占禁止法 ……………185
特定商取引法 ……………176
特別縁故者 ……………204
特別寄与相続人 …………203
特別裁判所 ……………137
特別受益者 ……………203
特別法 ……………31
特別養子 ……………197
独立宣言 ……………71
独立命令 ……………55, 58
土地工作物責任 …………238
ドナーカード ……………280
取消 ……………155
奴隷的拘束 ……………116

な

内縁 ……………192
内閣 ……………58
内閣総理大臣 ……………59
名板貸 ……………181
内面の自由権 ……………86
長沼事件 ……………44
永山事件 ……………118

に

二院制 ……………56
西山記者事件 ……………293
二重の基準 ……………86
日本国憲法の成立 ………39
任意法規 ……………27
認知 ……………195

事項索引　*331*

ね

年金制度 ……………………263

の

脳死 …………………………279
　——臨調 ………………279
農地改革訴訟 ………………102

は

配偶者居住権 ………………205
配偶者相続人 ………………201
陪審 …………………………148
背信的悪意者 ………………161
配置転換 ……………………226
博多駅事件取材フィルム
　提出命令事件 …………294
派遣労働者 …………………230
跛行的二院制 ………………56
破綻主義 ……………………193
ハッカーと不正アクセス
　禁止法 …………………297
罰金 …………………………211
パートタイム労働法 ………229
犯罪 …………………………215
反対意見 ……………………81
反対尋問権 …………………113
判例 ……………………20, 27
判例集 ………………………21
判例法 ………………………27
反論権 ………………………301

ひ

被害者学 ……………………211
被害者補償 …………………213
比較法学 ……………………6
被疑者 ………………………105
引渡し ………………………162
被告人 ………………………105
非正社員 ……………………229
非嫡出子 …………………195, 201
必要的弁護事件 ……………143
秘密選挙 ……………………56
表現の自由 …………………90
　——の民主主義的意義

…………………………289
表現の自由の優越的地位
　………………………289, 293
被用者保険 …………………260
平等権 ………………………74
平等選挙 ……………………56

ふ

夫婦財産契約 ………………191
夫婦同氏の原則 ……………191
夫婦別姓 ……………………193
福岡県青少年保護育成
　条例事件 ………………108
福祉元年 ……………………257
附合契約 ……………………169
不作為犯 ……………………216
付審判手続 …………………295
付随的違憲審査権 …………63
普通契約約款 ………………169
普通選挙 ……………………56
物権 …………………153, 159
　——の排他性 …………160
物権的請求権 ………………160
物権変動 ……………………160
不動産 ………………159, 161
不当利得 ……………154, 155
不当労働行為 ………………231
不文法 ………………………26
不法行為 ……………………154
　——責任 ………………237
扶養 …………………………200
プライバシー権 ……………297
フランス人権宣言 ……46, 71
プログラム規定 ……………122

へ

平和維持活動 ………………312
平和維持軍の事例 …………311
平和主義 ……………………42
平和的生存権 ………………42
ベルナドッテ伯殺害
　事件 ……………………305
弁護士 ………………………142
　——自治 ………………142
弁護人依頼権 ………………113

弁済 …………………………155

ほ

法益 …………………………208
法解釈学 ……………………6
包括的人権規定 ……………47
法教育 ………………………8
法源 …………………………26, 306
法史学 ………………………6
法社会学 ……………………6
法廷でのメモ採取 …………146
法哲学 ………………………6
法典 …………………………30
報道の自由 …………95, 294
法の一般原則 ………………307
法の解釈 ……………………12
法の適用に関する通則法…27
法律 …………………………3, 30
法令 …………………………27
　——違憲 ………………66
　——と条例の関係 ……67
保険制度 ……………………244
保佐 …………………………167
補助 …………………………167
補足意見 ……………………81
北海道大学電気メス事件
　………………………275
没収 …………………………212
北方ジャーナル事件 ………94
ポルノ税関検査訴訟
　事件 ……………………292
本人訴訟主義 ………………142
本文 …………………………47

ま

マグナ・カルタ ……………46
マクリーン事件 ……………49
マルチ商法 …………………174

み

未遂 …………………………217
未成年者 ……………………166
三菱樹脂事件 ………75, 225
みなす ………………………165
民事裁判 ……………134, 145

民事責任 ……………………236

む

無拠出制 …………………259
無効 …………………………155
無罪の推定 ………………105

め

明確性の原則 ····86, 108, 214
明治憲法 ……………………38
明白かつ現在の危険の
　原則 ………………………86
名誉毀損 …………………92
命令 ……………………33, 58
免訴 ………………………112

も

目的・効果基準 …………88
黙秘権 ……………………113
持分会社 …………………182

や

薬害事故 …………………251

ゆ

有責主義 …………………193
有責配偶者 ………………193

よ

養子 ………………………196
要物契約 …………………154
抑留 ………………………110
四畳半襖の下張 …………93

り

リーガル・マインド ····8, 13
履行強制 …………………157
離婚 ………………………193
利息制限法 …………159, 178
立法権 ……………………55
リビング・ウイル ………281
隣人訴訟事件 ……………135

る

類推解釈 …………………214

れ

令状主義 …………………110
レペタ法廷メモ訴訟 ……147

ろ

労働委員会 ………………232
労働基準法 ………………224
労働基本権 ………………129
労働組合 …………………230
労働契約 …………………224
労働災害 …………………246
労働三権 …………………129
労働者災害補償保険法 …247
労働者派遣法 ……………230
労働審判 …………………230
六法 ………………………19

わ

わいせつ文書 ……………93
和解 ………………………134
忘れられる権利 …………300

著者紹介

*大谷　實（前学校法人同志社総長・第1講）
　瀬川　晃（同志社大学名誉教授・第4,10,14講）
　奥村正雄（同志社大学名誉教授・第3,6,16,17講）
　川本哲郎（元同志社大学教授・第7,9,15,18講）
　松原久利（同志社大学教授・第5,12,13,20講）
　十河太朗（同志社大学教授・第11講）
　川崎友巳（同志社大学教授・第2,8,19講）

（＊印編者）

エッセンシャル法学 ［第7版］

平成 4 年 6 月20日　初　版第 1 刷発行
平成 8 年 4 月 1 日　第 2 版第 1 刷発行
平成13年 4 月10日　第 3 版第 1 刷発行
平成17年 4 月20日　第 4 版第 1 刷発行
平成22年 5 月20日　第 5 版第 1 刷発行
平成25年 3 月20日　第 6 版第 1 刷発行
平成31年 3 月 1 日　第 7 版第 1 刷発行
令和 3 年 8 月 1 日　第 7 版第 2 刷発行

編 著 者　　大　谷　　　實

発 行 者　　阿　部　成　一

〒162-0041　東京都新宿区早稲田鶴巻町514番地

発 行 所　株式会社　成　文　堂

電話 03（3203）9201（代）　Fax 03（3203）9206
http://www.seibundoh.co.jp

製版・印刷・製本　シナノ印刷　　　　　　　検印省略

☆乱丁・落丁本はおとりかえいたします☆

© 2019　大谷實　　Printed in Japan
ISBN 978-4-7923-0640-3 C3032

定価（本体2900円＋税）